周易说解

杨吉德 著

齊魯書社

绪 言

研读《周易》需明确两个概念：一、《周易》卦爻辞是周文王所写；二、《周易》通行本即为周文王所写之原本。研读《周易》需做好三门功课：一、熟知周文王羑里写《易》的时代背景；二、多看《说文解字》，明白字的构造义；三、掌握六十四卦的卦象规则。

从《易传》始，《周易》成为中国文人和思想家最热衷注疏的典籍，西汉时被列为五经之首，隋唐建立科举考试后为历代学子必读书目。中国古代思想家几乎都有释《易》著作问世。随着当今国学热的持续升温，激发了更多国学人士对《周易》的探索，各种解《易》之作争相出版。之所以各种版本的解读著作问世，暴露出一个源头问题，即他们不是围绕着卦爻辞作者周文王的思想来注解文字，而是把不同版本的文字假来借去，或是按照自己的理解没有根据地任意发挥。在笔者翻阅过的许多经典易著中，谬误之处比比皆是。如《周易本义》："屯，难也。""蒙，昧也。""需，待也。"此以字解字，看似为卦辞精准定义，其实与屯、蒙、需字之原义相去远矣！

周文王写辞，其中心卦辞（即卦名）宛如一幅画，每一笔皆有其用意，不作全面解析，怎能尽义？如："乾"，偏旁"乞"何解？"屯"，下笔为何画得长而曲？"蒙"，草在豕上何意？"需"，雨落在地面分流而去何讲？“讼”，公言怎讲？“履虎尾”，虎尾指谁？“否之”，不要做什么？“谦”，兼字何指？“蛊（蠱）”，为什么写三个虫？“坎”土欠怎讲？“离（離）”，为什么要带隹旁？“遁（遯）”为什么是小猪在跑？“晋（晉）”，日为何写到下面？“睽”，癸说明什么？“姤”，女子为王吗？“渐”，为何用斤旁？……这些都是必须要解答的问题，偏旁解不透或略而不解，就像一幅画看了一半，怎能知道其全部呢！

中心卦辞（传统说法为卦名）看似一个字，但把它拆解开，结合卦象，就是一个段落的内容，表达一个完整的主题思想。像“蒙，昧也”以昧的字义解蒙字，思路就不对了。也就是说，中心卦辞（卦名）的字是作者精心构造的，与卦爻辞的其他字有区别，不是后世习惯使用的一字一义。

“亨”“贞”是卦辞中出现频率最高的断辞，也是解辞的关键，应该是所有解《易》作品中最宜读懂的字，其实恰恰是这两个字没解通，导致了通篇错解。因为人们没有意识到，在筮卦体中，这两个字暗含着语法意义。“贞”是指示性代词，代指前面事物的主体，连接后面的结果。“亨”字所形成的词组如“蒙亨”是谓宾词组，前面要设定第一人称主语，形成主—谓—宾词组结构。以此解卦，卦辞的真实意图才能完整地显现出来。

如果用画的意境观赏《周易》，有没有色彩呢？有。阴阳和六位是这幅画的框架和黑白色彩，阶级矛盾和民族矛盾是相互交织的主线条。周文王在每一个中心卦辞中都提出了先进思想和政治意图，兴周灭商的强烈意愿跃然纸上，是色彩中的鲜艳之处，是画作的灵魂。在周文王被囚禁，而兴周灭商已成为基本国策的形势下，指导周国革命的发展作为《周易》的主题思想是毫不奇怪的。

从发展史看,《易》先有六十四个卦符,后有卦爻辞,也就是说最基本的卦象规则是独立于卦辞之外的,卦辞是依据卦象规则来撰写的,不同卦的卦辞之间没有联系,如乾、坤、屯、蒙、需、讼、师,前后之间没有意义上的连接。

2012年,笔者在国际易学联合会大会发言时曾提出四项解《易》原则:一要符合周文王写《易》的时代背景;二要有贯穿始终的卦象规则;三要解卦辞要符合字的构造义;四要体现周文王在每个卦辞中的积极创业思想。这四项基本原则可以作为检验解《易》正确与否的标准。

周文王借六十四卦表达自己的政治理论,提出不同形势下的政治路线和战争策略,以及国家政治基础建设的许多构思和主张,这些后来都被周武王和周公旦得以积极贯彻执行,也由此奠定了此后国家体制的政治思想基础。我们站在这个高度看每一个卦,才能找到中国曾经以强大帝国屹立于世界东方的理由所在。

本书由"解析周易"和"话说周易"两部分组成。"解析周易"按卦象规则排卦,每字必解,就字论义,不作延伸发挥。"话说周易"是笔者2015年在易学群中连续发表的短文,用于表述每卦的主题思想。文中设定《周易》创作背景,周文王因卦象而产生每一卦的主题思想,由随从小丁提出疑惑,文王解答,剖析卦辞含义,提出自己的执政理念,并通过时空穿越镜指出后世解《易》谬误。"话说周易"设定周文王的某一思路顺序出卦,篇幅简短,不作求证。读者尽可把此部分作为虚构小说阅读,但对卦象和卦辞的解析是严谨的,对卦辞思想现实意义的描述也非空穴来风,故建议读者先看"话说周易",明白文王每一卦的创作意图后,再看"解析周易"中的详细论证。

敝人于2004年由齐鲁书社出版《周易卦象与本义统解》，是按通行本顺序解读，形成了解《易》的基本框架。本书《周易说解》创作体裁别具一格，不作为标准读本，只为探索《周易》真理，宣扬周文王的光辉思想，绝无冒犯先圣周文王之意，惟诚惶诚恐，拙心可鉴！

附:《周易本义》上下经卦名次序歌

乾坤屯蒙需讼师，比小畜兮履泰否，同人大有谦豫随，蛊临观兮噬嗑贲，剥复无妄大畜颐，大过坎离三十备。咸恒遁兮及大壮，晋与明夷家人睽，蹇解损益夬姤萃，升困井革鼎震继，艮渐归妹丰旅巽，兑涣节兮中孚至，小过既济兼未济，是为下经三十四。

目　录

绪　言 …… 1

上篇　解析周易

一、评判易学史中的谬误之论 …… 1
二、周文王写《周易》的例证一 …… 11
三、周文王写《周易》的例证二 …… 16
四、周易卦象的基本要素 …… 20
五、周易卦象的取象方法 …… 26
六、周易卦象的分类规则 …… 32
七、乾卦、坤卦 …… 40
八、习坎卦、离卦 …… 52
九、震卦、艮卦 …… 62
十、巽卦、兑卦 …… 70
十一、师卦、比卦 …… 77
十二、谦卦、豫卦 …… 88
十三、剥卦、复卦 …… 98
十四、小畜卦、履卦 …… 108
十五、同人卦、大有卦 …… 115

十六、夬卦、姤卦 …… 123
十七、临卦、观卦 …… 133
十八、萃卦、升卦 …… 140
十九、中孚卦、小过卦 …… 149
二十、无妄卦、大畜卦 …… 160
二十一、遁卦、大壮卦 …… 168
二十二、颐卦、大过卦 …… 176
二十三、泰卦、否卦 …… 184
二十四、咸卦、恒卦 …… 195
二十五、损卦、益卦 …… 202
二十六、既济卦、未济卦 …… 212
二十七、蹇卦、解卦 …… 225
二十八、需卦、讼卦 …… 233
二十九、屯卦、蒙卦 …… 242
三十、革卦、鼎卦 …… 254
三十一、晋卦、明夷卦 …… 267
三十二、家人卦、睽卦 …… 279
三十三、困卦、井卦 …… 289
三十四、涣卦、节卦 …… 298
三十五、随卦、蛊卦 …… 306
三十六、丰卦、旅卦 …… 316
三十七、噬嗑卦、贲卦 …… 327
三十八、渐卦、归妹卦 …… 334
三十九、《周易》“贞”字义解 …… 344
四十、论卦辞“亨”的内涵和语法用途 …… 350

下篇　话说周易

一、话说《周易》之“师”…… 356
二、话说《周易》之“豫”…… 358
三、话说《周易》之“同人”…… 359
四、话说《周易》之“复”…… 360
五、话说《周易》之“小畜”…… 361
六、话说《周易》之“小过”…… 363
七、话说《周易》之“履”…… 364
八、话说《周易》之“夬”…… 365
九、话说《周易》之“睽”…… 366
十、话说《周易》之“艮”…… 368
十一、话说《周易》之“讼”…… 369
十二、话说《周易》之“明夷”…… 371
十三、话说《周易》之“蹇”…… 372
十四、话说《周易》之“否”…… 373
十五、话说《周易》之“坤”…… 375
十六、话说《周易》之“屯”…… 377
十七、话说《周易》之“随”…… 379
十八、话说《周易》之“革”…… 380
十九、话说《周易》之“无妄”…… 382
二十、话说《周易》之“乾”…… 383
二十一、话说《周易》之“谦”…… 385
二十二、话说《周易》之“遁”…… 387
二十三、话说《周易》之“大壮”…… 388
二十四、话说《周易》之“大有”…… 390

二十五、话说《周易》之“泰”…………………………………… 391
二十六、话说《周易》之“离”…………………………………… 394
二十七、话说《周易》之“比”…………………………………… 396
二十八、话说《周易》之“晋”…………………………………… 397
二十九、话说《周易》之“咸”…………………………………… 399
三十、话说《周易》之“解”……………………………………… 400
三十一、话说《周易》之“困”…………………………………… 402
三十二、话说《周易》之“需”…………………………………… 403
三十三、话说《周易》之“习坎”………………………………… 405
三十四、话说《周易》之“既济”………………………………… 406
三十五、话说《周易》之“未济”………………………………… 408
三十六、话说《周易》之“家人”………………………………… 409
三十七、话说《周易》之“颐”…………………………………… 411
三十八、话说《周易》之“蒙”…………………………………… 413
三十九、话说《周易》之“中孚”………………………………… 415
四十、话说《周易》之“贲”……………………………………… 416
四十一、话说《周易》之“蛊”…………………………………… 418
四十二、话说《周易》之“临”…………………………………… 419
四十三、话说《周易》之“剥”…………………………………… 420
四十四、话说《周易》之“恒”…………………………………… 421
四十五、话说《周易》之“井”…………………………………… 423
四十六、话说《周易》之“观”…………………………………… 424
四十七、话说《周易》之“涣”…………………………………… 425
四十八、话说《周易》之“丰”…………………………………… 427
四十九、话说《周易》之“萃”…………………………………… 429
五十、话说《周易》之“升”……………………………………… 431
五十一、话说《周易》之“大过”………………………………… 432

五十二、话说《周易》之“旅”…………………………………… 433
五十三、话说《周易》之“姤”…………………………………… 435
五十四、话说《周易》之“归妹”………………………………… 436
五十五、话说《周易》之“渐”…………………………………… 438
五十六、话说《周易》之“损”“益” ……………………………… 439
五十七、话说《周易》之“大畜”………………………………… 442
五十八、话说《周易》之“巽”…………………………………… 443
五十九、话说《周易》之“兑”…………………………………… 444
六十、话说《周易》之“节”……………………………………… 445
六十一、话说《周易》之“噬嗑”………………………………… 446
六十二、话说《周易》之“震“…………………………………… 447
六十三、话说《周易》之“鼎”…………………………………… 448
六十四、话说《周易》之“小丁论易”…………………………… 449

上篇　解析周易

一、评判易学史中的谬误之论

（一）《周易》研究历史的基本脉络及错误路线的形成

解读《周易》，首先要明确其作者。“周易”严格说是《易经》中的六十四卦卦符及卦爻辞。关于《周易》产生的时代和作者，《史记·太史公自序》：“西伯拘羑里，演《周易》。”《汉书·艺文志》：“至于殷、周之际，纣在上位，逆天暴物，文王以诸侯顺命而行道，天人之占可得而效，于是重《易》六爻，作上下篇。”文王写《周易》自有前史定论。近代史学家顾颉刚在并未精研《周易》的情况下，只根据几个理解不了的句子便贸然提出了疑古说。随着出土文物的新发现，这一谬论已不攻自破。然而又有许多人进而用所谓的“假历史唯物史观”推断，认为《周易》是由不同时代、众多史官集体创作的结晶，否认是周文王创作，这样说无疑改变了《周易》的基本属性。

《周易》学者廖名春在《从语言的比较论〈周易〉本经成书的年代》[《许昌师专学报》(社会科学版)1999 年第 1 期]一文中：“采用语言比较的方法，将《周易》本经中的大部分基本词汇、实词附加成分、虚词的运用等，与殷商甲骨文、《尚书》、《诗经》、《左传》、诸子等先秦文献进行了比较考察，确定《周易》本经成书的时间为殷末周初。”廖氏认为《周易》本经成书在殷末周初和“西伯拘羑里”的时代是相吻合的。

之所以现代许多学者否认西伯演《周易》的史论，客观地讲，是由于从古到今都没有能够通释卦爻辞。从殷末周初到春秋战国时代，历经了五百多年的时间，当《周易》从尘封的档案馆里被人们发现时，历史发生了巨大的变迁，卦象体系的认知已经失传。从文字到思想意识也已迥然不同，而当时正在经历社会变革的学者们并没有意识到这一点，他们用当下的思想观念和文字体系去解读卦爻辞，衍生出更多的卦象和字义，以致离周文王的思想渐行渐远，后世偏离正题解《易》也就不足为怪了。

关于《周易》版本。《周易》研究始于春秋战国，孔子“韦编三绝”，对《易经》颇有研究，后门人将其研究心得集合起来形成了《易传》。由于当时诸侯各国的文字、语言并未统一，学者文字水平也各有所异，经文在抄写过程中就出现了一些假借字和异体字。西汉初田何始传《周易》，形成施仇、孟喜、梁丘贺三家，后来演变为十三家。经过数百年的发展，由于没有官方钦定，各家据本不同，也就各行其是。如1973年长沙马王堆出土的帛书《周易》(简称帛书《易》)把《睽》卦的“睽”写成“乖”，即是明显地受了《序卦》的影响，《序卦》云：“家道穷必乖，故受之以睽。睽者，乖也。”依据片面的理解就随意地改字，表明作为今文标本的帛书《易》许多字不足为据。而且帛书《易》的卦序也不同于原经，这样去解卦爻辞难怪越解越乱。竹书《易》面世后，有些学者又将其作为正宗版本，与通行本有异者，便择取竹书《易》之字为古文。我们庆幸这些无比宝贵的古文《易》被出土发现，但也有些担忧，假如再有一件年代稍前的文字有异的竹书《易》被发现，不知这些学者是不是又要忙活着用前一年代的《易经》文字推翻后一年代的《易经》文字?

笔者推测,秦朝禁书,因《周易》被列为卜筮之书,免遭火焚之灾,正本得以保全下来。从流传看,西汉时民间易学家费直将《易》经传马融又传至王弼,王弼《易》在唐代成为官学本,即现在之通行本。(参见刘大钧《今、帛、竹书〈周易〉综考》前言,上海古籍出版社 2005 年版,第 5 页)本书对卦爻辞的逐字解析,也证实了通行本即为正本的推测。故笔者窃以为,以帛书《易》或竹书《易》证伪通行本者皆有指鹿为马之嫌。

纵观易学史,自《易传》后,对后世影响较大者,首推魏晋时的王弼,王弼扫除了两汉以来的解《易》乱象,独以义理解《易》,提出了"得意忘象"之说,但没有象岂不是无根之木?所以王弼仍然没有脱离开时代的局限性,可总算是把《周易》研究引向了探讨本义的方向。换一个角度说,王弼之所以能独树一帜,扫除易学乱象,应该说与其传承的正宗版本不无关系。唐朝孔颖达及宋朝程朱理学研易各有建树,奠定了《周易》研究的基本路线。明朝学者来知德研究最为认真细致,尽可能做到每字必解,难能可贵,其作品《周易集注》最具参考性,但其偏移周文王思想的基本路线并未改变,后世易学研究基本没有超越其水平。

据笔者研究,《大象》为周公所写(参见杨吉德《周易卦象与本义统解》,齐鲁书社 2004 年版,第 10 ~ 17 页),可以看作是《周易》的组成部分,《易传》的其余九翼应该是《周易》研究的发端,也是后世《周易》研究的模型。笔者的看法,《易传》(不包括《大象》)写作者们犯了两个极大的错误:一是错误地理解了卦爻辞的政治意义,他们仅仅把周文王看成是一个圣人、哲学家,其实周文王更是一个商王朝的革命者、政治谋略家。二是错误地用八卦卦象去解释六爻卦象,这个错误一直持续到今天,是造成《周易》研究错上加错的根本原因。我们如果要深入研究《周易》,首先要批判和纠正错误的《周易》研究路线。

笔者研究《周易》没有师承，只是一个《周易》爱好者，幸运的是在多年的研究中找到了《周易》写作的卦象规则，可以说它是打开《周易》神秘之门的一把钥匙。这把钥匙非常重要，没有它，是打不开这扇坚固的神秘之门的。

（二）文字上的直观错误反映了对卦象规则的误解

错误的《易经》研究方向导致了许多实质性错误，以文字为例，商朝末期正是我国文字创造趋向成熟的时期，文字的含义可以从结构上直接判断出来，而错误的注解导致了文字含义的扭曲。

如“坎”，传统注解为水、陷。既然为水为何不用“三点水”旁字，反而用“提土”旁字？“欠”的含义为上升，反而被解释成下陷。这与造字法的概念完全相反。

“谦”，传统注释为谦虚，你能从造字义上找到合理的解释吗？

“睽”，传统意义为对视，志不同行。那么，“癸”的含义又如何解释？

“遁”（遯），传统注释为大者逃遁，而豚明明是指小猪，为何要反解字义呢？

这里我们探讨的是汉字的构造义。过去有一种普遍的观点认为，字的原有形体经隶书改写后有所改变，叫“隶古定”，即原有的字形改变为统一格式，不能用字的构造义解释原意。关于这一点，上海博物馆收藏的竹书《易》给了我们一个答案，刘大钧先生在《今、帛、竹书〈周易〉综考》一书中经考证：“由今本与竹书本多相同相通者考之，知今本确为古文本无疑。”（刘大钧：《今、帛、竹书〈周易〉综考》前言，上海古籍出版社2005年版，第4页）没有经过任何改写的战国竹书《易》与我们今天所看到的通行本《易》经文字体大体是一致的，也就是说，通行本《易》的文字没有经过隶古定而改变，我们应该用字的原构造义去解析卦辞，而不应当用通假义注解。

对通行本《易》的怀疑似乎是根深蒂固的。通过与竹书《易》的对比看，有些字写法是不同的，竹书《易》有些是异体字，譬如刘大钧先生往往把竹书字定为古文，通行本定为今文。如将通行本之“谦”定为今文，将竹书和帛书之字定为古文。（刘大钧：《今、帛、竹书〈周易〉综考》，上海古籍出版社 2005 年版，第 30 页）笔者发现一个很有意思的现象，很多研究者按竹、帛、通行本排号即帛本早于通行本，竹本早于帛本，也就是说文字有异者，最早的是古文，越晚的越不可靠。其实这种不讲原则的推论根本就是不靠谱。笔者认为，应当设定一个标准来判定竹、帛、通行本这几个版本哪个是原文字。这个标准就是卦象规则。

如《遁》卦之“遁”（遯），卦象的主要意思是逃跑，竹书没有“走”的偏旁，应该不是古文原字。

再如《睽》卦的“睽”，符合卦象，表示下层人看问题，竹书写作“楑”，将“目”写成“木”，不符合卦义，也不是古文原字。

《蹇》卦的“蹇”，适合卦象路难行的含义，竹书写作“訐”，应为后人误解误写。“六二王臣蹇蹇，匪躬之故。”匪是指一个团体内的两种人。帛书《易》与竹书《易》都将“匪”写为“非”，去掉了“匚”，字的意义就改变了，放在今天就是一个错别字。

《蛊》卦的“蛊”（蠱），三个虫方能表示出拼杀、竞胜的概念，竹书《易》写作“蛊”，变成一个虫，失去了原有概念，非原文之字。其实在河南安阳出土的殷墟甲骨文中，有几个“蛊”字，有的蛊写作一个虫，也有的写作两个虫，依笔者看，写成一个虫有一个虫的说法，写成两个虫有两个虫的说法，通行本写成三个虫就有三个虫的概念，不可以异体字或互通随意定论。

由此看,战国时期的文字确为古字,但不一定是《易经》原文之字。事实上传统注释的许多字义违背了它的原创义。究其原因:一是因为秦始皇禁书造成的文明断代,致使西汉初假借字通行,使后人不敢信其真。二是各派依据不同的版本,字不同,自然解释也就不同。三是源于对卦象体系的错误认识。

《周易》是中国历史上现存最早的著作之一,严格说,卦爻辞的字义没有其他著作可供对比参考,故而用原创义解析最为可靠。同时周易卦象规则也是文字的一个佐证。如果不遵守造字法规则,又不遵守正确的卦象规则,那所作出的解释肯定是不可靠的。

文字方面存在的问题首先就出现在八卦的卦名上。

八卦卦符:

☰	☱	☲	☳
乾为天	兑为泽	离为火	震为雷
☴	☵	☶	☷
巽为风	坎为水	艮为山	坤为地

乾、兑、离、震、巽、坎、艮、坤是八卦的原有名称吗?答案是否定的。《系辞下》:"包羲氏之王天下也……始作八卦。"伏羲时代还没有这种复杂的文字出现,《易纬·乾坤凿度》卷上提出:

☰古文天字,今为乾卦;

☷古墬地字,軺于乾,古圣人以为坤卦;

☴古风字,今巽卦;

☶古山字,外阳内阴,圣人以山含元气;

☵古坎字,水情内刚外柔;

☲古火字,为离,内弱外刚;

☳古雷字,今为震;

☱古泽字，今之兑。

认为“天”“地”“风”“山”“水”“火”“雷”“泽”是八卦的原始符号，代表八种自然现象，由符号变为文字，又由文字变成了八卦的专用名称。其实，象辞中对八卦的名称就是很规范的，如《屯·象》“云(水)雷，屯”，指出屯卦是由云(水)卦和雷卦这两个八卦组合而成的；《泰·象》“天地交，泰”，指出泰卦是由地卦和天卦这两个八卦组合而成的；《咸·象》“山上有泽，咸”，指出咸卦是由泽卦和山卦组合而成的；《坤·象》“地势坤”，指出坤卦是由两个地卦组合而成的。后人不明白这一点，错把八卦复卦的卦辞(卦名)反加到八卦身上，于是乾、兑、离、震、巽、坎、艮、坤转而变成了八卦的专用名称。八卦名称的误用，等于把六爻卦的注释工作引进了死胡同。由此还出现了一个重大问题，如《离·象》：“明两作，离。”讲《离》卦是由两个八卦火卦组成，《离·彖》：“离，丽也。日月丽乎天，百谷草木丽乎土。”分明把八卦的组合当成了卦辞的辞义。《坎·象》：“水洊至，习坎。”《说卦》：“坎者，水也。”《坎·彖》：“习坎，重险也。”同样把八卦的水卦当作卦辞的辞义。这个错误是致命的。

再看六爻卦。两个八卦组合为一个六爻卦，共计组合成六十四个卦。

如乾加兑：

䷉

乾加兑为履卦。《大象》称：“天泽履。”

离加坤：

䷢

离加坤为晋卦。《大象》称：“火地晋。”

后人依据两个八卦代表的自然现象解释六爻卦的卦义，结果大部分都解错了。如《晋》卦，解《易》者认为离为日，日在地上，是太阳上升之象，故“晋，进也”。取上升义。既然太阳上行，为何晋字日写在下呢？光从字面上就解不通。其实这个字的中心并不在日，而在日上的“臸”，（小篆晋上为“臸”，）其字义意在针砭寄生在君王身上的蛀虫，即爻辞所言“王母”娘家家族中的“硕鼠”。卦爻辞中带日旁的字大都与君王有关，本卦六二爻是唯一位正之爻，象征家母最为尊贵，卦辞之“晋（晉）”臸在日上，而六二爻之“王母”是唯一能居于君王之上的人，外戚权贵“康侯”借王母的地位不劳而获、投机钻营是卦爻辞鞭挞的主要对象。所以“进”的解释违背造字法和筮法规则，是错误的。

再如坤加艮：

䷎

坤加艮为谦卦。《大象》：“地山谦。”

朱熹解：山在地下，表示谦虚。实际上这种说法没有现实基础。山有石山，有土山，有高山，有矮山，有大山，有小山，就是没有地下之山。古人对词义的界定是很严格的，岩石和山有严格的界定，不能拿原本不存在的后世才产生出来的抽象思维解释字的原义。本卦象三爻独阳，像是边境线上虎视眈眈的军兵；外卦无阳爻，乃我胜于敌，所以应与战争有关。谦的“兼”字旁，指战争必须要产生长远的效果，即达到兼并敌方领土的现实利益。“言”字旁，指舆论宣传。舆论攻势是实现战争胜利的重要手段。笔者认为，谦的真正含义是指战争要有目的性，要有理论性。爻辞言“征邑国”，就是讲要打着维护商王统治的名义，征讨兼并邻国，行扩充自己国力之实。这个“征”字就是一个很好的注解。传统注解的许多字与“谦虚”之说相同，严重偏离了字与卦象的原本含义，应当重新审定。

(三)形成错误认识的原因

1. 对创作《周易》的时代背景及周文王宏大的政治谋略这一思想深度认识不清

研究《周易》的首要问题是要弄清《周易》的作者及其创作的时代背景。不明确这一点,你所做的研究都可能是徒劳无益的。如果《周易》是周文王的作品,《周易》所体现的思想应该与周文王的身份、经历、环境相一致。我们可以作个粗略分析:

(1)他是个卜筮家,精通《易》的筮法规则。(其时的许多氏族首领同时也是巫师)

(2)他是个部落首领,具有贵族的阶级性,负有统领周国的责任。

(3)他是一个革命者,带领许多志同道合的氏族首领意图推翻残暴统治的商王朝。

(4)他是一个伟大的政治谋略家,带领周国由一个商王朝的附属小国发展成为其强大的劲敌,不是寻常之辈所能为。

(5)他是一个文字大家,卦爻辞的每一个字都凝练深刻,蕴含丰富思想。

(6)他是群众中的一员,经常深入群众,关心群众,共同劳作,对生活有深切体验,深受百姓爱戴,卦爻辞许多都是来自生活中的感悟。而后世易学家远离生活,不知卦爻辞所言何物。

(7)他是一个被囚禁者,被商纣王囚禁在羑里七年,时时都受到监控,生命没有保障;周国没有了首领,前途难料;周文王欲言不能,欲罢不能。这种矛盾就构成了《周易》产生的催化剂。

以上所言,符合史实记载,非笔者妄自推测。时人称周文王为“圣人”,是多方面的综合评价,细读《周易》,绝非虚言。反过来说,如果对卦爻辞的注释没体现出以上特征,就应该重新评价自己的作品了。

2. 对筮卦的沿袭缺少发展观

八卦始创于伏羲，经过漫长的历史岁月及《连山》《归藏》两种体裁的变革，周文王还会用那种简单的思维模型来表达他丰富的思想内涵吗？生产力在发展，文化在发展，筮卦的思维模式也会发展，而且在大动荡的社会环境中，会有创造性的发展，六爻卦的作品不会倒推到用八卦思想解释社会问题。反倒是后世学者不知变通，把《周易》前推到伏羲时代去注解。

3. 对周易卦象的脉络及卦爻辞写作的依据把握不清

传统的《周易》研究执泥地认为六十四卦的排列顺序就是写作思路，这样想是错误的。六十四卦的顺序排列和写作思路根本就是两码事。易的卜筮规则是周易六十四卦写作的脉络，懂筮法能据此看懂卦爻辞，不懂筮法的通过研究也能看懂卦爻辞；如果写完卦爻辞后重新排列卦序，懂筮法的还能看懂卦爻辞，而不懂筮法的就如同看天书一般。故而身处囹圄的周文王巧妙地用"乾、坤、屯、蒙、需、讼、师……"这种卦序的排列瞒天过海，不但蒙住了商纣王，同时也蒙住了两千多年来研究《周易》的众多学者，堪称举世无双的千古之谜。其实，我们设身处地地想一想，按照筮卦规则思路写六十四卦，而按另一种思路加以排列，符合当时的严酷环境，是很正常的。如果我们打乱原有卦序，把相同类型的卦重新组合，细细品味，卦象规则就会慢慢地浮现在面前。（关于卦象规则后面单独再讲）

4. 错把卦辞解作卦名

卦爻辞是卦象规则和周文王被囚禁时期的政治斗争形势，以及周文王对建立西周奴隶制国家的展望相结合的产物，体现了周文王大战略大政治的思想，时代特征非常显著。我们所说的卦名如"乾""履"虽然具有卦名的功能，其实是卦辞的核心成分，在解

《易》中决不可当作卦名去解释,因为作为卦名讲就会扭曲周文王的思想。作为卦名讲的危害性:一是卦名会独立于卦辞之外,这样卦辞的吉凶悔吝跟卦名就没有太大的关系了。二是作为卦名讲就会把动词变成名词。例如《困》卦,卦辞曰:“困亨,贞大人吉,无咎。有言不信。”卦象☵三阳爻被分割包围于三阴爻之中,象征着君子被小人所包围和排挤,按照“困”的原义(《说文》:“困,故庐也。”)讲,应回归故里。“困”是动词,君子如果遇到卦象所显示的处境,最好的选择是辞官回到自己的旧宅中,才“亨”。我们看一下孔颖达《周易正义》所言:“困者,穷厄委顿之名,道穷力竭不能自济,故名为困。”解“困”为名词,但既然困又为何还亨呢?其又解释:“亨者,卦德也。小人遭困,则穷斯滥矣;君子遇之,则不改其操;君子处困,而不失自通之道,故曰困亨也。”这是古人最擅长的文字游戏,“君子遇之,则不改其操;君子处困,而不失自通之道”这句话又是从何而来?“困亨”解不通,难道解《易》者就可无中生有地随便添加主观思想吗?古今解《易》者莫不如是。光凭这一条,古今许多学者对六十四卦的解释就难言正确。

二、周文王写《周易》的例证一

《周易》卦爻辞表达了周文王宏大的战略思想,还体现出通盘一致的筮卦规则和写作思路,如果前后矛盾或思绪纷乱就不是一人所写了。这里,笔者举两个例证,也可以说是铁证,说明《周易》写作思路的一致性和强烈的政治谋略性。

“元亨利贞”系列卦

“元亨利贞”是《周易》的最佳断辞。六十四卦中,共有六个卦辞中写有“元亨利贞”，除了临卦䷒另有深意，其余五个卦有着渐次发展的卦象规律，它们是：

䷂	䷐	䷰	䷘	䷀
屯卦	随卦	革卦	无妄卦	乾卦

可以发现，这五个卦起于《屯》卦，在《屯》卦两个阳爻的基础上依次增加，直到《乾》卦全阳爻。阳爻的依次增加代表着新兴政治势力的逐渐增强，而卦辞所表达的政治斗争策略也相应发展。下面我们分析一下这五个卦的递增含义：

《屯》卦。卦辞：“屯，元亨利贞。勿用有攸往。利建侯。”

1. 普遍意义。《屯》卦是系列卦的第一卦，其卦象为二阳爻四阴爻，阳爻居于初爻和五爻。阳爻所居之位，九五至尊，初九得民，既不势孤，又具贵气，是最为尊贵之卦，它是组成国家政权的主体和基础，也是“元亨利贞”系列卦卦象规则的主线。

2. 本卦主旨。从卦象组合看，二阳爻势弱；六爻中，五个爻皆居正位，唯六三爻以阴居阳位，表示从静勿动，这就产生了本卦卦辞的主要思想内容——将卦辞写作“屯”。《彖》解曰：“刚柔始交而难生。”此言不确。《说文》小篆写屯作“屯”，笔画“一”代表地面，上画短小，下画深长而曲。(1)从字的上面看，竖画短小，是因受压制而生长困难。(2)从字的下面看，笔画曲长，表示在受到客观条件制约，不能向上长时，就向下延伸。(3)屯字的现实参照物应是冬麦：在寒雪覆盖下，麦苗无法生长，但它并没有停止自己的生长过程，而是将自己的根部不断往温暖的土壤里伸展，为来年春天的生长打下坚实的基础，这应是该笔画所蕴含的真正意义。(4)从社会意义上讲，当现实环境不允许有所行动时，不能被动地等待，而应积蓄力量，或主动地做些基础工作，故屯又引申为蓄积、发展。“勿用有攸往”，是说不要动于外。“利建侯”，指完善侯的国家建制。在军事上不利于向外进攻的时候，不能消极地等待，而应该积极地进行完善国家政体的工作，在政治上为建立新政权做准备。本卦分别在二、四、上三个静爻位写有“乘马班如”，将原本在外用于战争的马车用于内部迎婚嫁娶，即是出于从静勿动的卦象规则。“六三即鹿无虞。惟入于林中，君子几，不如舍，往吝。”这是批评轻敌冒进的思想。卦符所显示的环境是卦爻辞写作的前提条件，解释卦辞时应把卦象意境体现出来。

本卦辞的意思是：虽然军民同心，有志于创建国家政权，但在敌强我弱的形势下，不宜盲动，应先打好建立新政权的基础。

《随》卦。卦辞：“随，元亨利贞。无咎。”

《随》卦在屯卦二阳爻的基础上增加九四一阳爻，变成了三阳卦，阴、阳爻的数量虽然相等，但下卦二阴爻处在从属之位，上六之宗庙已是名存实亡；阳爻占据的位置得权得利，阳爻的发展趋势显然要强于阴爻。相比之下，《屯》贵而无势，阳弱于阴，是等待时机之卦；《随》贵而得势，形势出现转折，为创业之卦。“随”指追随光明势力，又有弃暗随明之意。论主体的话，阳爻既然有了权、利的强势，就应吸引更多各阶层人士追随自己。六爻之辞都与追随有关。

本卦辞的意思是：新生力量前程光明，观望者应追随革命力量才会有远大前程。

《革》卦。卦辞：“革，已日乃孚。元亨利贞。悔亡。”

《革》卦在随卦的基础上又增加了九三一阳爻，变成了四阳卦；这四阳爻占据着君、臣、民之位，已经拥有了实际政权；两个阴爻，上六为宗庙，六二为家主，阴爻居此二位，象征着旧政权的力量虽已消失而体制尚存。所以此时的任务已经由武装夺取政权发展到改变旧的政治体制，建立新的国家体制，这是“革”的基本内涵。爻辞则根据不同地位（六爻之位）、不同形势（阴阳）提出了在不同阶段使用不同的革命手段。“巳时乃革之”是指革命要讲时机。“元亨利贞”前加上这几个字，说明周文王很重视革命的时机。爻辞“革言三就”是讲建立新政权要集思广益；“大人虎变”“君子豹变”，用虎和豹的区别讲政权变革要从根本上进行。

本卦辞的意思是：在革命形势处于绝对优势时，要不失时机地建立新的国家体制。

《无妄》卦。卦辞：“无妄，元亨利贞。其匪正，有眚，不利有攸往。”

《无妄》卦也是四阳卦，区别于革卦。此卦由《随》的上六变为上九，象征着阳爻已经改变了宗庙，改朝换代的政治任务已经完成，而阴爻已经被围困在二三爻中再也无所作为。《杂卦传》：“《无妄》，灾也。”此为误解。《无妄》所言的主体是二阴爻，指其已经处于阳爻的重重包围之中，没有力量再去扭转乾坤，不要心存妄想。“其匪正，有眚，不利有攸往”指出旧的残存势力如果不能端正心态，说明眼睛有病，没有看清形势，就不要出去做事情。无妄即无灾，有妄则有灾。

本卦辞的意思是：革命已经成功，旧的残存势力不要再心存妄想。

《乾》卦。卦辞：“乾，元亨利贞。”

《乾》卦为全阳卦，表明阳爻一统天下，敌对势力已消灭殆尽，这是“元亨利贞”系列卦的收官之卦。全阳无阴，说明你死我活的政治斗争已经结束，面临着如何巩固和发展新政权。“乾为天”的说法不确切。乾的本义是上升，即不断地追求更高目标。此卦之

“龙”象征着辅佐圣君实现盛德大业的贤臣，“见龙在田”“或跃在渊”“飞龙在天”是贤臣事业的逐步提升，“利见大人”是指君主对贤臣的掌控。

本卦辞的意思是：革命成功之后，敌对势力消灭殆尽，要面临着如何巩固和发展新政权的情况。

以上五卦，以阳爻、阴爻分别代表新兴革命势力和旧的反动势力，君（九五）民（初九）同心是“元亨利贞”系列卦的基础，随着新旧势力力量的转化，应采取不同的政治策略。能够提出如此成熟的政治纲领，在中国古代史上无数次改朝换代的政治斗争中也不多见。在商周之际，只有周文王才会有这样的境遇、这样的学识、这样的责任、这样的谋略。仅从这五个卦看，周文王意在消灭商王朝的政治谋略是显而易见的。而为周王朝奠定八百年基业的还离不开另一位伟大人物——周公。卦爻辞意在破旧，周公写《大象》却意在立新。仔细分析这五个卦的象辞，革命的内容已转变为对新秩序的维护：

《屯·象》曰：“君子以经纶。”将卦辞积蓄力量、打好政权基础变成了要同心协力，拧成一股绳。

《随·象》：“君子以向晦入宴息。”由卦辞的追随新兴力量变成了天黑了就应当睡觉休息，意思是不要搞阴谋诡计。

《革·象》：“君子以治历明时。”将卦辞改朝换代的革命行动变成整治历法，明确四时节气。

《无妄·象》：“先王以茂对时，育万物。”卦辞讲革命已成胜局，要形成对敌对势力的压迫；象辞则讲积极发展农业经济。革命成功了，应将工作重心及时地转移到经济建设上来。

《乾·象》：“君子以自强不息。”呼应卦辞，由国家转向个体，指出君子要自己强于自己，战胜过去的自我，不断追求更高的目标。

周文王把《周易》写成指导周国推翻商王朝的政治纲领，周王朝建立后，周公又以象辞的形式将革命转化为建设，将对立的斗争精神转化到以建设新的政治、经济秩序这个中心上来，使周王朝革命得以善始善终，最终实现了周王朝的长治久安。

三、周文王写《周易》的例证二

爻辞"公"的运用

《周易》爻辞共写有六个"公"字，除去《益》卦两个"公"（笔者认为《损》《益》两卦爻辞系后人伪作），这四个"公"所在的爻位是很有规律的：

䷍	䷱	䷽	䷧
大有卦	鼎卦	小过卦	解卦

《大有》："九三公用亨于天子，小人弗克。"

《鼎》："九四鼎折足，覆公𫗧，其形渥，凶。"

《小过》："六五密云不雨，自我西郊。公弋取，彼在穴。"

《解》："上六公用射隼于高墉之上，获之无不利。"

四个"公"的特色：

①他们处在四个卦的三、四、五、上爻中，没有重叠，规则明显。

②三、四爻之公居阳爻，五、上爻之公居阴爻，尊卑不乱。

翦伯赞在《中国史纲要》中指出：商朝"封君有侯、伯两种"。也就是说，在商朝是没有"公"爵的，周文王写卦爻辞时尚处在商朝末期，"公"字不应按爵位来理解。《史记·殷本纪》："（帝辛）

以西伯昌、九侯、鄂侯为三公。”这里所说的“公”应相同于爻辞所写之“公”,是指权威,而非指爵位。下面就每个“公”所处的卦爻辞来探讨这个问题。

(一)《大有》:“九三公用亨于天子,小人弗克。”

本卦五阳爻一阴爻,六五阴爻居尊位,象征着幼小或柔弱之人为君。卦辞“大有元亨”,“大”是指以阳爻所代表的主体,即朝中重臣。元,指国家。卦辞的意思是在国君柔弱时,重臣代理国政有利于国运长久。与后宫乱政、宦官篡权相比,这是一个最佳执政方案。

“公用亨于天子”是说公可以行使天子之权柄。公居九三爻,位正主动,在天子弱小时,可以名正言顺、主动地去辅佐天子,并行使天子的职权。本爻辞有两个主体:一个是“公”,当朝权贵;一个是“小人”,身份低微之人。为什么会出现两个相反的概念?缘于九三爻的尚武含义,尚武之人既可保朝政,也可乱朝政。勇武之公在国君柔弱之际,能够担当保家卫国、治理朝纲的重任;而身份低微又有尚武精神的人就有可能扰乱朝纲,故不宜承担此责任。

《大象》:“君子以遏恶扬善,顺天休命。”认为此公享有天子之权,就应该遏止邪恶势力,弘扬善美思想,顺应天意,完成重臣使命,其寓意与九三爻辞之思想是相同的。

(二)《鼎》:“九四鼎折足,覆公餗,其形渥,凶。”

鼎的字义,以民讲为食,以官讲为位。卦象阴居尊位,为幼君嗣位之象。六爻中唯九三爻正,九三尚武,又居三阳爻之中,有结伙凌上之象。

九四为国鼎之足,其公为辅君之公,是阻挡九三上凌弱君的一道屏障。尽管九三位正，但上侵国君，总要受到九四之公的阻碍，所以此公最易受到上下的排挤和攻击。不管此公如何做，总会有凶的现象出现。“鼎折足”是受到下面的侵害，“其形渥”是名誉受到玷污。而《大象》言“正位凝命”，是不畏凶险的悲壮之举。

(三)《小过》：“六五密云不雨，自我西郊。公弋取，彼在穴。”

卦辞“小过”。“小”是指阴爻所代表的主体，过是指超过，小过是说弱小之人自己超越过去的自我。从卦象看，上卦和下卦可折而重叠，下面的二阴爻越二阳爻达上二阴爻，取意于小者由下飞跃至上，自己超越自己。

爻辞：“密云不雨，自我西郊。”在《小畜》卦辞中，也写了这八个字，说明这句话与“小”的含义是有关的。“密云不雨”，西北地区干旱少雨，云量难以积聚，此表示力量弱小，需积聚能量，蓄积而不发。“自我西郊”，是指周由西向东渐进渐强的发展史。

此公居君位，非三、四爻之公相比。“西郊”指周国，公应是周国之君，但第五爻是一卦之主，其位之尊贵不可僭越。而其时商王尚存，所以此六五之“公”断非当世之周主。周后来虽有伐商之举，也从来没有将自己凌驾于商王之上，周武王号召诸侯伐商，也是以执行天命为借口：“商罪贯盈，天命诛之。予弗顺天，厥罪惟钧”(《尚书·周书·泰誓上》)，说是奉“天命”而诛商王。此公若指周文王的前人，从史料上看，太王古公亶父最有可能。《诗·大雅·绵》：“绵绵瓜瓞，民之初生，自土沮漆。古公亶父，陶复陶穴，未有家室。”诗中言太王古公亶父之时，掏土穴居，还没有房屋宫室，是一种比较原始的生活方式。

“公弋取，彼在穴”非常符合诗意。穴，穴居的房屋，比喻生活方式落后。弋,《古今韵会举要·职韵》:"弋,取也。"《尚书·周书·多士》:"非我小国敢弋殷命,惟天不畀。""弋殷命"即是周取代殷命。弋取,就是将别人的拿来为自己所用。彼,《说文》:"彼:往有所加也,从彳,皮声。"在,存在。彼在穴,意思是"公"学习外族先进的东西,将其加进自己落后的生活中,这样才使自己的民族渐渐变得强大起来。"公弋取,彼在穴",追述周国的发展历程,重点写学习和变革的重大作用。周族是从西到东,从山区到平原,一步步走出来的;从弱小到强大,一步步成长起来的。只有不断学习别人成熟的经验,才能使自己变得强大起来。卦辞讲超越自己,爻辞之"公"所建树的历史正是这种超越、发展的楷模。

(四)《解》:"上六公用射隼于高墉之上,获之无不利。"

《解》卦,从卦象爻位看,下面五爻中阴爻居一、三、五位,阳爻居二、四位,皆位反,唯上六位正。第一,从阴阳爻的对比看,阳爻处在阴爻的包围中,阳爻势危。第二,从正反位看,本卦的中心爻为上六爻,上六爻的特点一是上者为老,二是阴者为柔,三是居位正。阳爻处于强势时,可以用武力解决矛盾;处于弱势时,就只能用智慧化解矛盾。"解"即为解析问题、化解矛盾。

以本爻之公所处之位推断:其一,上爻有家长之象,此"公"应该是城邑之主或小国之君,朝中重臣是不能居于五爻之上的。其二,六个爻中唯上六位正,显示其德高望重,经验丰富,能够居高临下正确地解决各种矛盾。其三,下面五个反爻与位正的上六形成对立之势,公虽处弱势,但完全可以从容不迫地化解危机。

墉,城墙。高,用为动词。高墉,加高城墙。上六柔弱,只好把城墙建得高高的,以阻止敌人的进攻。隼,一种凶猛的鹰。城墙建得高,有稳固的防御工事,外面的敌人进不来,只有天上的隼鹰能飞过此处。射隼,公周围都是敌人,出不去城,便站在城墙上射隼来显示自己的力量。“获之无不利”，上六之公处于困境时，应采取守势而不要盲目出击，并可表现出一定的震慑力。

《解·象》云：“君子以赦过宥罪。”根据五个爻皆反位、君主势孤力单的卦象，可解释为：罚不责众，宽恕是化解矛盾的最好方法。周公在处理“三监之乱”的事件中，正是采取了“赦过宥罪”的策略，杀掉为首作恶者武庚和管叔，流放蔡叔，废霍叔为庶民，最大限度地稳定了大局，巩固周王朝的统治。

这四个“公”的区别：《大有》卦九三阳爻之公名正言顺，秉天子之权；《鼎》卦九四阳爻之公位不正，令难行，有倾覆之危；《小过》卦六五阴爻之公追溯周国先君由小至大、由弱到强的创业之道；《解》卦上六阴爻之公居高临下，举重若轻地化解危机。这四个“公”构思完整，层次清晰，尊卑有序，主题分明。

从以上两个系列卦看，《大有》《鼎》《小过》《解》这四个有“公”的卦都是阴爻居五爻之尊位，君主弱才显出“公”的价值，中心思想在维护君主统治；《屯》《随》《无妄》《革》《乾》五个“元亨利贞”系列卦都是阳爻居于五爻之尊位，君主强且正，才能创建盛德大业，中心思想在于创建新的国家政权。可以说只有周文王这种具有统治者和革命者双重身份的人才能写出这种革命性、体制性、谋略性的卦爻辞来。

四、周易卦象的基本要素

传说上古伏羲氏创造八卦，后又发展为六爻卦，夏时称为《连山》，商时称为《归藏》，周文王时则称为《周易》。这套筮法由各代巫师掌握，传续下来的主要是筮法，《连山》《归藏》有没有卦爻辞不得而知，但延续卦爻辞的可能性不大，因为周文王是借筮法写兴周灭商的政治纲领，内容上具有独立性。单就看“易”字，上为日，喻君王；下为旗（《说文》解“勿”为“旗”），是旗帜。通俗讲，易就是君王的令旗，他指引着臣民的发展方向，加上“周”字，就是为周国臣民制定的路线和策略。由于周文王处在商纣王的监禁中，无法明确表达自己的政治意图，只能借助于卦象规则，而只有精通筮卦之人才能知其所言，六十四卦的排序是明的，卦爻辞的写作规则是暗的，《序卦传》讲的卦义规则连商纣王都能看懂，还能叫《周易》吗？如果我们带着这个疑问去研究《周易》，破解卦象之谜也就不难了。

卦象是解开卦爻辞的钥匙，破解卦象首先要了解其基本要素和六爻之象。

（一）周易卦象的基本要素

筮卦是由阳爻⚊和阴爻⚋组合而成，三爻组成一个八卦，两个八卦组合成六爻卦，《周易》是由六十四个不同形式的六爻卦组成。阴阳表达了筮卦的哲学属性；八卦表达了由自然延伸至生活的社会属性；六爻表达了不同层次的阶级属性。这些属性是卦爻辞写作的环境和前提，是解读卦爻辞的基本因素。

1. 阴与阳。它们是相互对立、相互依存的对立统一关系，反映在卦爻辞中，主要取对立因素。阳爻为大人、君子、正义、新生力量；阴爻为小人、子女、妻妾、财、万物，在政治上又代表颓败力量。阴阳二爻通过在六十四卦的六个爻位中不同的排列，能够多角度地反映出事物的多面性，体现仁者见仁、智者见智的特征。

2. 动与静。按爻性讲，阳爻为动爻，阴爻为静爻；按爻位讲，初、三、五爻属奇数，为阳爻正位，为动位；二、四、上爻属偶数，为阴爻正位，为静位。既济卦䷾是阴阳全部正位卦，未济卦䷿是阴阳全部反位卦。

3. 刚与柔。阳刚阴柔，突出表现在内卦和外卦相交的第三爻。三爻为阳，则强而盛；三爻为阴，则弱而有吝；阳爻势盛的卦，如果三爻为阳则有凶险。

4. 聚与散。相同的爻聚在一起则有力，被间隔开则力量松散。如咸卦䷞，阳爻聚在上互卦的位置，为有力，故言"咸"；涣卦䷺，阳爻被阴爻间隔开来，力量散乱，故言"涣"。

5. 同类呼应。《易纬·乾凿度》以初与四应，二与五应，三与上应，刚与柔应，用此理论解卦是解不通的。阴与阳在筮卦中是对立的两方，只有同类才会相应，同类之爻连则聚，分则应。如屯卦䷂，九五、初九都为阳，君与民互应，才有"元亨利贞"的断辞。但九二和九五分居内外之中，为分而治之、没有呼应之象。

6. 寡与多。《周易》除了《乾》《坤》为全阳全阴卦外，其余六十二卦都是阴阳相间。数量少的一种爻贵而无势，数量多的一种爻不贵而得势。

7. 升与降。阳爻为升，阴爻为降，主要体现在《乾》《坤》两个全阳全阴的卦中。其他卦因阴阳间隔，无升降之理。

8. 爻位。每卦有六个爻位，由下向上数，初爻为下，上爻为最上，自下而上，依次相序，其象征面包括自然、社会、人的身体部位以及思维等。如《乾》卦，初九"潜龙"，九二"在田"，九五"在天"，上九"亢龙"，各爻由下向上定位于相应的空间位置。《艮》卦，初六"艮其趾"，六二"艮其腓"，六四"艮其身"，六五"艮其辅"，各爻都由下向上定位于相应的身体部位。思维方面，主要表现在认识客观事物上，如《解》卦，上六老而有智，故有解决纠纷之能；《睽》卦，初九少而无知，故看问题多与他人不同。

9. 上与下，取六爻之象以分上下，是周易六爻卦的主要卦象之一。居上位者贵，居下位者贱，反映了奴隶制社会严格的等级观念。

10. 内与外,取八卦之象以分内外。在下面的八卦称为内卦,上面的八卦称为外卦。内与外,是周易六爻卦的主要卦象之一,它表达了强烈的敌我意识。

(二)周易卦象的六爻之象

1. 爻位的含义。前人对爻位含义多有总结,如《易纬·乾凿度》卷上曰:"初,为元士;二,为大夫;三,为三公;四,为诸侯;五,为天子;上,为宗庙。"爻象是《周易》创作的基础,也是六十四卦分类创作的标准之一。通过对爻辞归纳综合,六爻爻位的具体含义是:

(1)初爻位最下,从少、足、始、动,为低贱阶级。

(2)二爻为内卦之中,从静,为内卦之主,也可表示家族、妇女、农田等。

(3)三爻从武尚动,为边界,有小人之义。

(4)四爻从上、外、静,为文、臣、祭祀、历法之类。

(5)五爻位尊,从大人,其爻辞一般可体现卦辞的主旨。

(6)上爻贵居庙堂,位虚而不实,从首,又有年老之象。

这些爻象含义有的明确写在爻辞中,有的没有明确写出来,但它是爻辞的主体或客观条件,在具体解卦中,首先看卦辞表达的主旨,再把卦辞主旨放到各爻的具体环境中,纲举目张。如睽卦䷥,卦象上面五个爻皆阴阳错位,唯有初九爻位正,卦辞写"睽",意在批评那些错误的而又自以为是的世界观,爻辞通过对各阶层社会现象进行反思维的夸张描写,凸显了错误观点的危害性。初九描写在现实中根本就不存在的妄念;九二描写无礼的家奴;六三描写一种思维倒置的世界观;九四描写没有见识的人容易被大千世界的假象所迷惑;六五描写蚕食宗亲的懒惰之人不以为耻,反以为荣;上九描写上流社会的虚伪与无知。可以看出,卦辞根据卦象提出一个中心论点,六个爻辞则根据不同的爻位展开论述。

2. 爻辞的组成。《周易》中三百八十四个爻,各爻辞的字数不尽相同,有的较多,《睽》"上九,睽孤,见豕负涂,载鬼一车。先张之弧,后说之弧。匪寇婚媾。往,遇雨则吉",不算爻题共有二十七个字;有的爻辞仅有二三个字,如《否》:"六三包羞。"还有的只有断辞而没有具体内容,如《恒》"九二悔亡。"不管爻辞字数多少,都应该从三个方面分析:一是爻题,二是爻辞部分,三是断辞。

(1)关于爻题。爻题就是各爻的称谓,如初九、初六、九二、六二等,从《左传》《国语》所记载的有关占筮例子看,没有爻题之说,如:《左传·宣公六年》:

> 郑公子曼满与王子伯廖语,欲为卿,伯廖告人曰:"无德而贪,其在《周易》《丰》之《离》,弗过之矣。"间一岁,郑人杀之。

文中并不提"上六"之辞,只用"《丰》之《离》"就代替了爻题,似乎当时还没有"爻位"一词。《易传》中也没有写。许多人认为,《周易》原文是没有爻题的,爻题乃汉朝学者的创造。高亨又言:"爻题当是晚周人所加。"出土的战国竹书《易》是有爻题的,说明最迟在战国时是有爻题的。如果我们想一想,商朝末期已广泛用数字纪年、月,用六十甲子纪日、时,而用数字表示次序,是最简单的事情了,岂能会省略?《左传》所载,显然有春秋战国时期知识阶层卖弄知识之嫌。从理论上讲应该有六个爻题的名称,再者,有爻题也好分别段落。如筮得屯卦䷂,爻题有初九、六二、六三、六四、九五、上六,用爻题区分每段文字的所属。筮者则根据对卦象的认识逐爻对爻辞予以讲解。

另一种可能是,《周易》最初没有写爻题,因为不需要书写。

负责筮卦的都是史、巫等专职人员，当蓍得某一卦，蓍者在解卦时是用语言向卦主讲解，六个爻就要有六种不同的表达语句，“初六”“九二”“九三”等，或是用其他名称。写出来就是用文字的形式加以提示，不写出来也会用语言的形式加以提示，不过这种可能性不大。

这里重点提出爻题问题，是因为解卦时不能没有爻题，六个爻次各有不同的属性，它划定了爻辞所处的客观环境和本身所具有的特性，而且爻题在很多爻辞中是作为虚拟的主语使用的，不加上爻题这个因素，爻辞根本无从去解。如《同人》：“九四乘其墉，弗克攻，吉。”爻题九四给予的客观环境，从地域讲是外卦，可以代指境外；特性是静中有动。在这种客观条件下，采取什么样的主观行为吉，什么样的主观行为凶，就有了写作的依据。从句子结构看，这段爻辞没有主语，那么谁乘其墉？谁吉？我们必须把九四代表这个虚拟的主语——在境外遭遇强敌的战士。

(2)爻辞部分。卦辞(卦名部分)是爻辞所述内容的纲，依据各爻题显示的爻位特性和阴阳属性，用某种主观行为作为假设，论述卦辞的主题思想。如《同人》卦六二是卦的主题爻，六二表示柔弱，有凝聚力。卦辞“同人”的意思是团结众人犹如一人，即团结产生力量。爻辞“九四乘其墉，弗克攻，吉”。“乘其墉”是说将战车排开像城墙一样，用于抵御敌人的进攻，是一种静的形态；九四在外卦，在外遇强敌，众志成城，以静代动，表现了昂扬的斗志。爻辞体现的主题是：敌人虽然强大，但我们有“同人”的力量，就没有谁能够战胜我们。

(3)断辞。即爻辞的结论部分，是在爻题表示的客观环境中实施某种主观行为后可能产生的结果。断辞有吉、凶、悔、吝、厉等，前面所讲的“同人”之“吉”就是“乘其墉”的结果；反过来说，如果不采取“乘其墉”的行为，就违背了卦辞“同人”的主题思想，可能会出现“凶”的结果。

有的在爻题后面直接写断辞，没有假设主观行为，这样的爻辞给解卦者留出了更大的发挥空间。如《恒》“九二悔亡”，居中而动，则不会有悔恨之事发生，动是指要像“恒”一样的动。但如果不动，或不能像“恒”一样的动，则要有“悔”矣。

还有的只有叙事，没有断辞，这种情况往往是卦辞所反映的主题思想与爻题的关系比较复杂，我们依然可以动态地作出吉凶判断。

这样就有了一个清晰的思路，卦象决定卦辞，卦辞和爻象决定爻辞。在具体的解卦中，首先要根据卦辞来确定六爻的主题思想，再根据每一爻的爻位和阴阳属性来确定该爻的具体含义。爻辞所表达的一般都是现实世界的事物、行为和思想，通过断辞的吉或凶，体现了作者的世界观和主观能动思想。

五、周易卦象的取象方法

卦辞的写作取决于卦象，卦象是对六爻卦的理解规则。其规则的主要功能是将六十四卦进行明晰的分类区别。传统解《易》把八卦卦象作为主要取象方法，导致解卦混乱，是错误的，应当予以纠正。其实，八卦卦象只是筮卦的初级阶段，它表达的是六爻卦的组成和自然之象；六爻卦象形成了完整的社会形态，是筮卦的高级阶段。周文王写《周易》岂能舍高级而返用低级？我们应把六爻作为六十四卦卦象的基本单位，用六爻卦象解释卦爻辞。

总体来说，周易卦象应当从三个方面进行把握：一是思维法则，二是卦的排列规则，三是主动性法则。

(一)周易卦象的思维法则

追溯筮卦思维的产生要结合其时代性。对筮卦的理解应当同其时代人们的思维形式密切相关,从逻辑学上说,这叫“思维结构的定势作用”(夏甄陶等主编:《思维世界导论——关于思维的认识论考察》,中国人民大学出版社 1992 年版,第 323 页),即某一种成熟的思维方式会出现在同一时代的各个领域,在上古时代尤其如此,我们应当用那个时代的思维定式寻找周易卦象。《汉书·艺文志》认为,《易》的发展“人更三圣,世历三古”。蓍卦作为一种巫师法术历时夏、商、周三代,世世相传,也在世世发展,周文王既然用筮卦形式写出《周易》,肯定离不开同时代的思维定式。我们通过殷墟甲骨文可以看到,商朝末期是文字趋于成熟的时期,文字的造字规则可以说代表了同时代的思维定式。东汉许慎称造字法为“六书”,即指事、象形、形声、会意、转注、假借。其中,象形法是最原始的造字法;指事、会意是包含思维系统的造字法;形声是音、义结合的,更加成熟的造字法。文字和筮卦都是由图画而产生意念,思维方式上是相通的。我们可以对应造字法举例予以说明。

象形法 如木字,木(小篆),其形上为树的干支,下为树的根,表示树木。卦象中的象形法是六爻卦的排列与某种现实事物相一致时,取其形为卦辞,是象形法的思维方式。如:

坎卦䷜二、五爻为阳爻,像河道的两个堤坝,坎的原义应该是堤坝。“习坎”就是加高堤坝,堤坝内之水为吉,溃出堤坝之水则凶。

离卦䷝四个阳爻,外阳爻包内阳爻,如同蚕茧与蛹蛾的关系,离就是指蚕茧。

鼎卦䷱有鼎之形。

指事法 如本，（小篆），在木的下部一点或一横，表示树的根。末，，在木的上部一点或一横，表示树枝的末梢。卦象中的指事法是以六爻中独特的一爻为指事爻，并由此而产生卦的主题思想。主要体现在由《乾》《坤》卦演变而来的一爻五爻卦和《既济》《未济》系列阴、阳爻各居反位卦中。如：

1. 一爻卦师卦䷆，是由《坤》卦二爻动变之卦。六个爻中五个为阴爻，仅九二为阳爻，一阳为贵，是本卦的指事爻，九二动居内卦之中，有聚众为师之象，卦辞“师”从九二爻而来。

2. 既济卦䷾阴阳爻各居正位，个爻出现变化，则以所变之爻为指事。䷂，此卦第三爻由《既济》卦的阳爻变为阴爻，六三为指事爻。三爻从武，阴爻柔居刚位，有止进休兵之象，故卦辞写“屯”。“勿用有攸往”就是指不要出外。

3. 未济卦䷿阴阳爻各居反位，各爻出现变化，则以所变之爻为指事。䷃，此卦第四爻由《未济》卦的阳爻变为阴爻，六四即为指事爻。四爻从文，阴小之爻居此位，有在宗祠接受教育之象，故卦辞写“蒙”。“初筮告，再三渎，渎则不告。”渎是指疏通，第一次告诉他，第二次、第三次再问则让他自己去疏通，意在提倡一种解放思想、独立思考的学风。

会意法 如武字，（小篆），如同执戈而行的战士。信字（小篆），人说到做到为信用。会意法的应用最为普遍，是基本的思维方式。如前面所讲师卦䷆九二居内卦之中，有率众伐外之象，九二是指事爻；而比卦䷇则为众阴爻去比附九五尊爻，五个阴爻就是会意之爻。

形声法 形声法是造字的高级阶段，一个字融合了发声规则和形象规则，是文字声音系统化和形体系统化后的产物。如“河”，凡水旁字皆指水，为形意；可为声。“钱”，金旁字与金有关,表形;戋,既表音,又有小金之意。此时的筮卦规则也集合了系统化的各种卦象概念,把阴阳、爻位、上下、内外、强弱、动静等各种元素综合进卦爻辞中。

(二)每组卦的前后排列规则

周易六十四卦每两卦为一组,共三十二组。前面所举例子,《师》《比》为一组,《师》前《比》后,《师》卦九二为指事爻主动,《比》卦五个阴爻为会意爻主动,这样说似乎过于随意,为什么《师》卦九二为指事爻,《比》卦九五就不是指事爻呢?而且南宋末俞琰在《读易举要》卷二中明确讲:“五阴一阳卦,以一阳为主;五阳一阴卦,以一阴为主。”要如此说的话,《比》卦的“比”就写错了,应该写成制,以九五之尊统治五个阴爻嘛。要弄清这个问题,首先要弄清楚为什么周易六十四卦是以三十二组构成的。唐朝孔颖达在《周易正义》中分析了排卦规则:“今验六十四卦,二二相耦,非覆即变。”认为六十四卦的排列是三十二对卦组成的排列顺序,但遗憾的是他没进一步探讨为什么这样排列,难道仅仅是一种排列形式吗?而《序卦传》更不理会这些规则:“有天地,然后万物生焉。盈天地之间者唯万物,故受之以《屯》。《屯》者盈也,物之始生也,物生必蒙,故受之以《蒙》。……”认为六十四卦前后相因。这种理解与周易规则简直是风马牛不相及。如果解决这个问题,就需要触及另一个关键法则——主动爻法则。可以说,指事法、会意法及主动爻法则是周易卦象的真正秘密所在,从古到今之所以没有一个易学家真正能够解通《周易》,就是源于对这些卦象规则的懵懂。

我们知道,六爻卦以阴爻和阳爻为构成主体,代表了社会关系中相互对立、相互依存的矛盾因素,加之六爻位,是社会关系的简易模型。《既济》卦阴阳各安其位,代表了理想的静态社会模型，这种均衡状态一旦被打破，各种矛盾就会凸显出来，而这些矛盾的延伸、发展是有倾向性的，站在不同的角度会有不同的主观倾向，《周易》的思想价值就在于失去均衡后的这种倾向性选择。

这里先谈谈一组卦之间前后排列的规则。这个规则就是：排在前面的卦以数量少的阴爻或阳爻为主动爻，排在后面的卦以数量多的阴爻或阳爻为主动爻。由主动爻而产生卦辞，由卦辞而体现出作者的主观倾向。

比如师卦䷆和比卦䷇，尽管《比》卦的九五居尊，但还是把《师》卦的九二当作指事爻排在前面，为什么？这是因为《师》卦阳爻居内，《比》卦阳爻居外，内为己，外为他，这一组卦的选择上倾向于我强敌弱的趋势，说明作者思想中把民族矛盾或者是周国与商王朝的矛盾放在了中心主题的位置。如果是一个最高统治者，他的倾向性必须选择把《比》卦放在《师》卦的前面，以九五为指事爻，因为九五至尊，可以统领世间万物。周文王作为一个方国首领，作为一个革命者，才可能把《比》卦排在《师》卦的后面，区别就在这里。但这只是一种普遍性的排列，不是一个僵硬的规则，如夬卦䷪在前，以五个阳爻为会意爻，姤卦䷫在后，以初六为指事爻，到了这个卦之后规则就发生了变化。还有几组这类以多数爻为主体爻的卦都放在了这一组卦的后面，例如革卦䷰，其"元亨利贞"卦辞表明这是一个非常重要的卦，之所以排在第四十九的位置，无非是四个阳爻为主动爻的缘故，阳革阴命嘛。

（三）卦爻的主动性法则

主动性法则是周文王赋予周易筮卦全新生命力的着力点。主动性法则分两步理解：

第一步，把阴爻和阳爻分成主体和客体，如师卦䷆在前，九二为主体，五个阴爻为客体；比卦䷇在后，五个阴爻为主体，九五为客体。需要注意的是，确定主体还是客体属于卦象规则，是在写卦辞之前完成的。

第二步，根据六爻卦象体现出来的客观环境和主观倾向性，让主体爻有所行动，即周文王为此写的卦辞，从而推理出相应的结果，即吉、凶、悔、吝、亨等。如这个卦体䷆，六爻外卦无主，内卦九二雄踞中位，在此客观条件下，以九二爻为代表的我方应该聚集民众，加强军事力量。周文王为此所写的卦辞：“师，贞丈人吉。无咎。”“师”就是主体爻应采取的行动方式：将众人聚集在自己的周围。“丈人”是老成持重之人。“贞丈人吉，无咎”是这种主动行动会产生的结果。如卦体䷠，六爻卦象二阴爻为主体爻，四阳爻为客体爻。四阳爻势力强盛，二阴爻柔居其下，势单力弱，岌岌可危，二阴爻面前有三条路：一是投降；二是等死；三是逃跑，日后可以卷土重来。周文王为此写的卦辞：“遁，亨，小利贞。”“遁”就是让处于危险状态下的二阴爻主动摆脱困境，当逃则逃，不要坐以待毙。“亨，小利贞”称赞这种灵活机动的战略战术。“三十六计，走为上”的意思与《遁》卦卦义基本相同。这就是卦辞所赋予的主动性以及这种主动性所带来的结果。至于传统所解之《遁》“阴称小，浸而长，则将消阳”（唐代李鼎祚《周易集解》卷七引荀爽语）是明显的错解，应当以主动性法则为准。

讲到这里，就涉及卦名的问题，如上面所讲，“师”“遁”传统上叫作卦名，现在我们依然可以叫它为卦名，这样容易区分六十四卦。但周文王在写卦辞的时候恐怕不是作为卦名来用的，而是带有主动性的中心卦辞，因为它后面往往紧跟着一句断辞，断辞所判断的是在卦象体现出的客观环境下，卦辞主张的这种主动性倾向是吉还是凶，是对还是错。如果仅仅用作卦名的话，是不存在吉凶的。所以，我们在称呼某卦时，“师”“遁”是卦名；但在解卦时，“师”“遁”只能看作是卦辞的中心词，而不能作为卦名用。

六、周易卦象的分类规则

前几讲分析了周易卦象的基本要素、六爻之象，其中大部分在传统解《易》中为定论；至于阴阳同类呼应及爻题的应用，为本人之独见。还如思维法则、主动性法则和卦的排列规则也完全是笔者的研究成果，学《易》者可能感到陌生。笔者在 2004 年出版的《周易卦象与本义统解》中已有详述，由于该书是按《周易》原有顺序解析的六十四卦，这种顺序和卦象规则不搭调，不利于融会贯通。在本书各讲中，笔者将按照本讲的分类规则形成的顺序解析六十四卦。对于原有排卦顺序，笔者的看法：一是写给商王看的，体现的意义具有哲理性、教育性或者是说教性，而隐藏了《周易》的真实意图；二是也表达了对同类卦之间好与差的主观评价。总体来说，此卦和相邻的彼卦之间意义是不关联的。笔者理解，通行本六十四卦的排列次序是写完卦爻辞后的二次排列，和卦义是无关的。我们解卦，也可以打乱这种排列顺序，如可以先解《需》《讼》，后解《屯》《蒙》，但每一个对卦的前后排列顺序是不能打乱的。因为一对卦的前后顺序体现着主动性法则，是卦辞写作的依据和主题思想所在，此不可不知。原有卦序的意义在此不探讨，重点厘清卦象标准和分类规则及其与卦辞的内在关系。

通行本六十四卦卦序

上经：

䷀乾—䷁坤、䷂屯—䷃蒙、䷄需—䷅讼、䷆师—䷇比、䷈小畜—䷉履、䷊泰—䷋否、䷌同人—䷍大有、䷎谦—䷏豫、䷐随—䷑蛊、䷒临—䷓观、䷔噬嗑—䷕贲、䷖剥—䷗复、䷘无妄—䷙大畜、䷚颐—䷛大过、䷜习坎—䷝离。

下经：

䷞咸—䷟恒、䷠遁—䷡大壮、䷢晋—䷣明夷、䷤家人—䷥睽、䷦蹇—䷧解、䷨损—䷩益、䷪夬—䷫姤、䷬萃—䷭升、䷮困—䷯井、䷰革—䷱鼎、䷲震—䷳艮、䷴渐—䷵归妹、䷶丰—䷷旅、䷸巽—䷹兑、䷺涣—䷻节、䷼中孚—䷽小过、䷾既济—䷿未济。

以上六十四卦是通行本的原有排列顺序，真正分析起来，这种顺序并没有规律性，你浪费多少脑汁也作不出合理解释，反而越想越乱。笔者通过反复研究，发现有六种分类框架，正好囊括六十四卦，称之为横向规则；第五讲谈的卦象规则可称之为纵向规则。每一分类框架中所包含的卦有一个大体上统一的卦象规则。这里根据分类组合对每卦的卦象卦义作一句话分析，阐明每卦包含的意义。详尽的分析请看后面相关各卦。

1. 八卦复卦

这一部分是由八卦☰ ☱ ☲ ☳ ☴ ☵ ☶ ☷中两个相同的卦复合而成，共四对八卦，这些卦以象形和会意思维为主，分别是：

䷀乾　䷜习坎　䷲震　䷸巽

䷁坤　䷝离　　䷳艮　䷹兑（上下为对卦关系）

简单分析：

乾卦䷀六爻全阳，阳为升，“乾”的字义是不断上升。坤卦䷁六爻全阴无主，“坤”为神赐土地，要保守住神赐给我们的这片土地。

习坎卦䷜二阳爻为堤坝，四阴爻为水，坎字从土，为堤，欠为上升，“习坎”就是不断加高堤坝以防水患。离卦䷝外阳包内阳，如同蚕茧及蚕蛹之关系，蛹出茧为蛾，“离”字原义指带羽翅之动物。其义指革命的性质是敌死我活。

震卦䷲阴爻在上为雨，阳爻在下为雷电及地，取雷之形、雷之声，喻人性修养。艮卦☶上面四爻有目形，下面二阴爻，为小人之目，小篆字上目下匕，喻看问题不全面。

巽卦☴两八卦俱一阴爻在下，开口向下；一阴爻为主，取服从命令意。兑卦☱两八卦俱一阴爻在上，为开口向上，献媚敬重之意。

2. 一爻卦和五爻卦

这一部分共六对十二个卦，指的是一阳五阴爻系列卦和一阴五阳爻系列卦。其实，所谓一爻卦或五爻卦是相对而言的，一爻卦也可以说是五爻卦，五爻卦也可说是一爻卦。但按照主动性法则要求，说其是一爻卦，是因为卦中的一爻为主体，卦辞使一爻主动生义；说其是五爻卦，是因为卦中的五爻为主体，卦辞使五爻主动生义。定其为一爻卦，则不复为五爻卦；同样，定其为五爻卦，也不复为一爻卦。凡排在前面的卦以一爻为主动爻，排在后面的卦以五爻为主动爻。只有《夬》《姤》卦组相反，卦象规则的改变也是从这两个卦开始的。

一爻卦属指事类：䷆师　䷎谦　䷖剥　䷈小畜　䷌同人　䷫姤

五爻卦属会意类：䷇比　䷏豫　䷗复　䷉履　䷍大有　䷪夬

简单分析：

师卦䷆九二主动，指内中阳爻应聚众为师。比卦䷇五阴爻主动来比附维护九五为吉。

谦卦䷎九三主动，武士爻动而兼并外邦，“谦”指发动战争要有理论和结果。豫卦䷏五阴爻主动，聚于祠庙，四爻为祠庙，“豫”是指利用祭祀仪式演练技击术。

剥卦䷖上九主动，阳爻居上有威治理众人，“剥”从治义，以上治下。复卦䷗五阴爻主动,众人由外回复于内,“复”的原义是招贤纳士,使出去的再回来。

小畜卦䷈六四主动,小者阴爻也,“小畜”的意思像养小牲畜一样对待六四之类的人。履卦䷉五阳爻主动,五阳爻欺六三武士爻为“履虎尾”,虎尾形弱实强。

同人卦䷌六二主动,阴居内卦中有凝聚力,“同人”谓聚众人之心。大有卦䷍五阳爻主动,大者阳爻也,指出应由大臣辅助六五之幼主,意在排斥后宫或宦官专权。

姤卦䷫初六主动,姤字为女后,后为大,女中壮者,初六最下,指社会底层体格健壮的妇女。夬卦䷪五阳爻主动,以九三武士爻为中心的阳气过盛为夬厉之气。

3. 二爻卦和四爻卦

这一部分皆为会意卦,前卦少数之爻为主动爻,后卦多数爻为主动爻。共有六对十二个卦,包括

二爻卦:䷒临 ䷬萃 ䷼中孚 ䷘无妄 ䷠遁 ䷚颐

四爻卦:䷓观 ䷭升 ䷽小过 ䷙大畜 ䷡大壮 ䷛大过

简单分析:

临卦䷒二阳爻主动,卦辞之“临”讲上要临下,关心群众,才元亨利贞。观卦䷓四阴爻主动,四阴之群众观瞻上位,讲教化之功。

萃卦䷬四阴爻表象上短下长,有嫩草之象,喻弱小之人聚而成群。升卦䷭四阴爻表象上长下短,有上升之象。(《萃》《升》卦在《夬》卦之后,卦象规则有变化)

中孚卦䷼二阴爻主动,是居中位的年轻人,孚指少年。小过卦䷽取下二阴爻超越至上位,过是超越,进步之卦。

无妄卦䷘二阴爻主动,二阴爻被众阳爻困于下位,指不要心存妄想。大畜卦䷙四阳爻主动,大者阳也,阳养阴也。

遁卦䷠二阴爻主动,二阴爻被四阳爻压迫,逃则为妙,“遁”

（遯）字是小猪在跑。大壮卦䷡四阳爻主动，大者阳也，阳爻全居下位，得势不得利，应继续壮大自己。

颐卦䷚二阳爻主动，二阳爻包着四阴爻，大人看管孩子，“颐”字的形义是要用头脑来看孩子，指要掌握好教育方法。大过卦䷛四阳爻主动，大者阳也，阳被弱阴包围，要克服恐惧心理，自己超越自己。

4. 相连的三爻卦

三爻卦是指三个阳爻或三个阴爻连在一起的卦，皆为会意卦。这一部分共有三对六个卦，

䷊泰　䷞咸　䷨损（《咸》《损》相连的三爻为主动爻，居前）

䷋否　䷟恒　䷩益（《恒》《益》分离的三爻为主动爻，居后）

简单分析：

泰卦䷊从内外看，阳爻居内，为有贵人助我；从上下看，阴上阳下，为重视民生，可得民众拥护。小篆的字形是过河有人扶持。否卦䷋阳上阴下，为君民分离，又为拉帮结派；阳外阴内，为贤人外逃。《否》卦的意象为凶，“否”是说不要这样做。

咸卦䷞三阳爻主动，三阳爻聚在上互卦团结有力，“咸”就是都，都团结一心。恒卦䷟取三阴爻主动，阴爻居此三位显示德性不好，应做好事以求自安，小篆舟在两岸之间，应有济人之心。

损卦䷨三阴爻主动，阴爻居上互卦不吉，应“损”其势。益卦䷩三阳爻主动，与恒相反，三阳爻居位德性满溢。但《损》卦和《益》卦的卦爻辞多为后人篡改，等于是空卦。

5.《既济》《未济》系列卦

《既济》《未济》排于六十四卦最后，许多学者在研究首卦《乾》《坤》和末卦《既济》《未济》包含的思想意义，其实这首尾两组卦的真正意义，一方面标明六爻卦的阴阳属性和六位属性，另

一方面在于包含了六十四卦的两大卦象体系，由《乾》《坤》卦可以推衍出八卦复卦、一爻五爻卦、二爻四爻卦、三爻卦，而从《既济》《未济》卦又可推衍出两种系列卦象体系，六十四卦尽在其中矣。

以下各卦皆由《既济》《未济》两卦衍变而来，《既济》六爻各安其位，是安定的社会模型；《未济》六爻皆反居其位，是混乱的社会模型。以这两个卦为原卦，每变一个爻就产生一个卦，所变之爻为卦的指事爻，代表相反的思维模式。此部分为指事兼会意卦。共有七对十四个卦

䷾既济　䷦蹇　䷄需　䷂屯　䷰革　䷣明夷　䷤家人

䷿未济　䷧解　䷅讼　䷃蒙　䷱鼎　䷢晋　䷥睽

既济类，《蹇》变初爻，《需》变二爻，《屯》变三爻，《革》变四爻，《明夷》变五爻，《家人》变上爻。

未济类，《解》变上爻，《讼》变五爻，《蒙》变四爻，《鼎》变三爻，《晋》变二爻，《睽》变初爻。

简单分析：

既济卦䷾三阳爻各居奇数位，三阴爻各居偶数位，皆属正位，是和谐安定之卦。“济”与大禹治理黄河有关，济水通则黄河安，为“既济”。未济卦䷿三阳爻各居偶数位，三阴爻各居奇数位，皆属反位，是动荡不安之卦，“未济”是说未来再济。

蹇卦䷦初爻为变爻，初爻为足，足居反位，象征人生之路难行，“蹇”从足。解卦䷧上爻为变爻，上爻唯正，有下属反叛之象，要善于“解”各种矛盾。

需卦䷄二阴爻为变爻，二为家居，“需”字雨水落地分流而出，讲建宅要预设排水系统。讼卦䷅五爻为变爻，九五为尊，君正臣反，君孤臣众，“讼”指像公一样处理危机。

屯卦䷂三爻为变爻，兵居柔位，弱而不强，不可出外打仗，

"屯"指表面示弱，暗中发展力量。蒙卦䷃四爻为变爻，四为文，主教育，谈教与学应讲究正确方法，"蒙"是棚架植物，有引导之意。

革卦䷰四爻为变爻，四为祭祀历法，动爻居静位，要改变历法，革旧制度的命，"革"是指要彻底改变。鼎卦䷱三爻为变爻，三为武，有恃功犯上之意，"鼎"主位，为君指不可犯，为臣指不可妄动。

明夷卦䷣五爻为变爻，五爻为君，君居反位，是君反臣正，"明夷"暗喻商纣王辱慢大臣。晋卦䷢二爻为变爻，二爻居家位正，家中之女成了尊贵的王母，家族跟着鸡犬升天，晋字小篆臸上日下，日代表王，比喻蚕食君王。

家人卦䷤上爻为变爻，上爻阳居阴位，有家长之象，家长有威，家中秩序井然。睽卦䷥初爻为变爻，初爻为下等人，初九是唯一的正爻，下等人的思想是正确的，这怎么可能呢？"睽"字之癸是天干最末一位，目表示看问题，下等人看问题只不过自以为是罢了。

6.《既济》《未济》的两爻变卦

本系列卦是在《既济》《未济》二卦的卦形基础上每变相连的两个爻就成为一个新卦。这一部分都阴阳各半，主动爻不甚明显，以会意为主。共有六对十二卦：

(䷾既济)䷯井　䷻节　䷐随　䷶丰　䷕贲　䷴渐

(䷿未济)䷮困　䷺涣　䷑蛊　䷷旅　䷔噬嗑　䷵归妹

既济类：《井》变初、二爻，《节》变二、三爻，《随》变三、四爻，《丰》变四、五爻，《贲》变五、上爻，《渐》变上、初爻。未济类：《困》变上、五爻，《涣》变五、四爻，《蛊》变四、三爻，《旅》变三、二爻，《噬嗑》变二、初爻，《归妹》变初、上爻。

简单分析：

困卦䷮阳爻被阴爻分割包围，君子受难，"困"指辞官回家。井卦䷯取八卦之形为象，上为小水，下为大水，以"井"言之。

涣卦䷺阳爻被阴爻分割，各居中位，互不统属，应推动其"涣"散。节卦䷻卦象有竹节之象，喻做事应有节制。

随卦䷐三阳爻主动，阳爻得爻位之利，革命力量强于颓废势力，应识时务而追随新生力量。蛊卦䷑三阴爻主动，阴爻得爻位之利，指大位的继承者，"蛊"意为通过竞争取人才，意在制定用人机制。

丰卦䷶三阴之位太凶，唯利万物，有利于发展农业生产，"丰"(豐)字盘中物盛。旅卦䷷三阳爻在外位高而不尊，虚而不实，只可以"旅"人喻之。

噬嗑卦䷔中间一阳爻居四位，为指事爻，四为宗庙祭祀，"噬嗑"指巫师的通灵之言。贲卦䷕中间一阳爻居三位，为指事爻，三为武士，"贲"是守卫周国国君的军队或警察。

渐卦䷴九三之师居边界之位，外卦实强兵弱，为耀武扬威、虚张声势之象。归妹卦䷵阴阳爻交合，讲婚姻可以为政治服务。

通过以上对各卦的简析，我们便可以把六十四卦按相应标准排排队，在同一个标准下，明白了卦与卦之间有哪些区别，周文王写卦辞的中心思想是什么。本讲许多卦辞的字义与传统定义区别很大，不管您赞成还是反对，笔者认为都应遵循这几个原则：一、取用字的构造义，不乱用通假或假借释义；二、要符合整体卦象规则，至于类似卦主说或消息卦多为误解；三、要符合《周易》写作的时代性，关于史巫占筮之说纯属无稽之谈；四、要符合周文王写作的一贯性原则，你对字辞的解释要保持通篇一致；五、要把卦辞与断辞结果相关联，断辞是对卦辞所表达的主观思想的肯定或否定，不要把卦辞当作卦名去孤立地注释；六、要卦辞和爻辞内容相呼应，卦辞是爻辞的纲领，不能割裂解释；七、要实事求是地探索真理，不宜抱残守缺。

下面对六十四卦分别详尽注释，与齐鲁书社 2004 年版《周易卦象与本义统解》中的卦象体系一致，但卦序不同，卦爻辞注释也有很大改变，同时《大象》象辞也列入解析范围。笔者由于才疏学浅，许多方面难以展开深入研究，望各位专家学者不吝赐教。

七、乾卦、坤卦

䷀ 乾卦

卦辞注释：

◎乾，元亨，利贞。

乾卦和坤卦是周易六十四卦的第一对卦。传统认为，乾为天为父，坤为地为母，故俱以乾天坤地进行注释。此以八卦卦义代替六爻卦象，是一种片面的解释。从八卦看，乾、坤两卦为天地父母的综卦；从筮卦属性看，阴、阳为其基本因素，而乾、坤两卦为全阳全阴卦；从卦象规则看，乾、坤两卦是一爻五爻系列卦及二爻四爻系列卦的基础卦。综合看，乾、坤两卦是周易卦象规则的大宗卦，排在首位是自然之理。

乾，是天天复卦的卦辞。在第二讲谈了"元亨利贞"系列卦，阳爻由屯卦的弱小，经由随卦、革卦、无妄卦，最终发展到乾卦的阳爻一统天下。全阳无阴，即没有了敌人。革命胜利了，下一步该怎么走，是个深层次问题。六阳为上升之气，上升再上升，发展再发展，这是一种大理念。对于一个伟大的事业而言，目标能够实现，而前进却不可停止。故卦辞写"乾"。《说文》："乾，上出也，从乙。乙，物之达也，倝声。"乾字的原义是不断上达，就是追求更高的目标。

元亨,利贞,是筮卦体断辞性质的词组。《文言》:"元者,善之长也;亨者,嘉之会也;利者,义之和也;贞者,事之干也。"从卦辞写作的角度看,"元"指以新兴力量为代表的国家,这样就体现了"善之长"的内涵,简言之,就是"我们的国家"。"元亨""利贞"作为系列卦的标志性词组,描述了从弱小到强大直至全面胜利的革命历程,故应当定性为先进的、革命力量的代表,而"元"字正是浓缩了这些内涵,"善之长也"表述得恰到好处。

亨,嘉之会也,意为汇集了最好的因素,在句子中是一个肯定性的宾语。从语法上讲,凡卦辞中的"亨",都与前面的谓语组成谓宾词组,像"乾元亨",乾是亨的谓语,元是亨的定语。但凡有亨的卦辞,前面必有主语,而这些主语都是被省略掉了,所以我们解词时必须加上这个虚拟主语才能解释清楚到底是谁在亨。乾元亨,加主语,谓语动用,完整的解释是:我们(主语)要不断追求进步(乾),我们的革命事业(元)才会长盛不衰(亨)。

利,断辞,义之和也,就是有利于自己的行为。贞,事之干也,干为主体,指做事的主要方向如何。"贞"字历来争议较大,笔者以为,"贞"字包含着原始的问卜功能和行为代词的功能,代指前面的实体词或词组代指的行为,与"利"连用,意思是这种行为是有利还是不利。利贞就是有利于这样做。需要注意的是,元亨和利贞是个并列断辞,他们都直接给卦辞"乾"提供判断结果,可以解释成"乾元亨,乾利贞"。在六十四卦卦辞中,"元亨利贞"组成了一个专用断辞,凡与"元亨利贞"连用者,应贯穿分析。

乾、坤两卦最显著的特点是都写有龙,写龙的依据和目的是什么?《文言》把龙解释为"君德",那龙就成了爻辞的主体,但典故记载并非如此。

(女娲)乘雷车,服驾应龙,骖青虬……黄云络,前白螭,后奔蛇,浮游消摇,道鬼神,登九天,朝帝于灵门,宓穆休于太

祖之下。(《淮南子·览冥篇》)

东方句芒,鸟身人面,乘两龙。(《山海经·海外东经》)

黄帝采首山铜,铸鼎于荆山下。鼎既成,有龙垂胡髯下迎黄帝,黄帝上骑,群臣后宫从上龙七十余人,龙乃上去。(《史记·封禅书》)

夏后启于此儛九代,乘两龙,云盖三层。左手操翳,右手操环,佩玉璜。……西方蓐收,左耳有蛇,乘两龙。(《山海经·海外西经》)

有人珥两青蛇,乘两龙,名曰夏后开。开上三嫔于天。(《山海经·大荒西经》)

上古神话记载了历史发展轨迹和对伟大人物的崇拜:女娲创造人类并再次拯救了人类;黄帝以正义战胜邪恶;夏后启创建了国家和私有制,这些英雄最后都与龙产生了关系,他们在人间是领袖,是英雄,乘龙上天就变成了神,依然会统治这个世界。以此看,龙不是上升的主体,应该指由人间通向天庭的交通工具。

如果细读卦爻辞,把龙解释为通向天庭的交通工具也不相符。爻辞谈现实社会,乾的主题是上行,人君上位要有贤人辅佐,贤人腾达要有圣君提携,上升是共同目标,而作用是不同的。爻辞中龙和大人并存,龙应该是贤人,大人应该是圣君。文王把龙比喻作贤人是最恰当的解释。

[**译文**](在取得全面胜利后,)我们要继续坚持不懈地提高思想意识,国家才能繁荣富强。有利于不断进步。

象辞注释:

◎象曰:天行健。君子以自强不息。

笔者认为,《象》乃周公所写(参阅杨吉德《周易卦象与本义统解》,齐鲁书社2004年版,第10页),因为就我们现在能看到的所有经文以外的文字，只有象辞最能领悟和体现卦象、卦辞的含义。卦辞体现的是国家和革命的意志，象辞体现的是个人和建设的思想，主体不同、时代清晰、责任明确。从内容看，本卦卦爻全阳，象征新生力量完全战胜颓废势力，卦辞“元亨利贞”表达的正是这种思想，“乾”的上行思想淋漓尽致地体现在爻辞中，六爻全阳，一气上行，爻辞的主角看似是龙，而真正的上升者是人君。《周易》是周文王写的帝王之术，是给周国的继任国君看的，爻辞之龙只配圣君专用，故气势非同一般。而周公写《象》是给后人学《易经》用的，主要围绕着卦辞来讲，教导人们怎样才能洁身自好，提高修养，忠君爱国，针对的是个人。所以《象》中所言“君子”，俱指臣民之个体。自强不息是以个体为中心的思想境界，自己超越自己，永远前进。

按照惯例，《象》先写两个八卦之名，后写卦辞，在《象》中卦辞是作为卦名来使用的。但本《象》有个特别之处，天行后面应该写卦辞乾，写了一个“健”字，即“天行健”，笔者认为有两种可能：第一，乾卦体现的是人君的圣德大业，不适合用于百姓，故写“健”字以区别。第二，由后学改动而成。总之，“天行”后面写“乾”方为合乎体例。

[**译文**]君子在鼎盛时，应再超越过去的自我，不停止地前进。

爻辞注释：

◎初九，潜龙，勿用。

“初九，潜龙”为一句，“勿用”为断辞，应与前面断开读。水乃龙的栖息之所，龙不上行反潜于下。初九为社会底层之人，喻君为粗鄙之君。龙不为其效力，故潜于下。“用”的字义：做……事情。勿用，是说不去为初九做事。《文言》：“子曰‘龙，德而隐者也’。”如果解作隐士，道理就相通了。

[译文]贤人隐藏,不为粗鄙之君效力。

◎九二见龙在田,利见大人。

九二爻为内卦之中,为我之境内。田,庄稼地。代表人民安居乐业,此方之君为有德之人。龙,喻作辅助圣君的贤人。见,出现,展现。见龙在田,龙出现在田中,有圣君的地方才会有贤人出现。利见大人,凡写有此句之卦五爻皆为阳爻,五爻为君,故"见大人"为展现大人身份之意。本爻辞之"大人"是针对龙而言的,在自己境内发现贤人,大人就应该及时展现自己的身份,表现出求贤若渴的接纳诚意。

[译文]贤人出现在境内,大人应及时出现。

◎九三君子终日乾乾,夕惕若,厉,无咎。

九三为尚武之爻,喜妄动,私念重。君子,指有身份的人。终日,整个白天。乾乾,追求上进的举动。终日乾乾,一整天都在忙忙碌碌地工作。夕,从天黑到天亮。惕,敬。若,助词,用在形容词或副词后面,表示事物的状态。夕惕若,晚上也是一副虔敬勤勉的样子。厉,危险。九三尚武,尚武之人上进心太重就危险了。三爻又为小人,如果为了一己私利而无休止地追求,也会潜伏着危险。咎,错。无咎,没错。无咎是为了加重语气,肯定前面"厉"的说法。无咎的前面如果是动词,表示这种行为是对的,没错;如果是断辞,则意在肯定这种判断的正确性。

[译文]尚武之人整天为了提高地位而不断地忙碌,夜晚时还在非常勤勉地思考问题。这样做是很危险的,不会错。

◎九四或跃在渊,无咎。

或,《说文》:"或,邦也。从口从戈以守,一,一地也。"从戈即从武。由《周易》各卦看，“或”多写在第三爻位上，是一个主动性的代词，代指尚武、尚动之人或物。在本卦，“或”写在九四爻，代指动起之龙。但为什么不直接写龙，而是写“或”呢？说明是借势而起，借战争的机会展现自己的才能，为战争而来。再看“渊”字，为水的盘旋处，是借水力而起，其水力，也可体现为渴望贤人出现的乱世之秋。但从另一个角度分析，本爻不写龙，说明还未成为贤人，只能称作胸怀韬略之人；不写大人，说明还在寻找圣主。依此看，《文言》“或之者，疑之也”是有道理的。

[**译文**]胸怀韬略之人如同飞龙借水力而跃起，不会错。

◎九五飞龙在天。利见大人。

九五为卦主且位正。九四跃起于渊，是借势而展现才能；九五飞龙在天，是贤人创造辉煌业绩，功高盖世。此时大人要时时展现自己的君主身份，既要重用贤人，还要驾驭住贤人。

[**译文**]贤人创造了辉煌业绩。大人要保持自己的君主身份。

◎上九亢龙，有悔。

亢，上九之龙居君之上，过于强势。亢龙也代表过于狂热的形势或难以驾驭的强臣。既言“亢龙”，说明还是大人之臣，只是已经难以节制，这是从君臣的关系来理解。如果以大的形势来理解，在现实中所谓时势造英雄，英雄造时势，如果时势的发展超出了英雄的初衷，推动着英雄采取极端狂热行为，将会带来难以预料的后果，即为有悔。

[**译文**]人君难以驾驭狂热之龙(权臣)，会为此而感到后悔。

◎用九见群龙无首，吉。

用九爻辞与卦辞意义不符，不知为何言吉。

卦结：

《乾》卦有两大难解之处，一是关于龙。传统以龙喻君德。但本文以为龙有二解：一、龙是由人间通达天庭的交通载体，只有圣德之君才有资格乘龙飞腾。二、龙又可视为助君实现大业的贤人。初爻位贱，德位不配，龙宁潜不为所用；九二居中，德行已见于田，龙愿为用；九三君子贪欲心重，没有人君之象，故不见龙；九四之龙离隐出潜，寻找圣君出现以相助之；九五贤人创造盛德大业，圣君要及时展现权威；上九升势超越尊位，反为龙害。六个爻位，有真君，有假君；有真贤人，也有假贤人。初九为假君，贤人不辅；上九为假贤人，用强势将人君推到罪人的境地。九三既无君德，也非贤人，故无龙出现。二是关于"利见大人"。此句子分别出现在《乾》《讼》《萃》《蹇》《巽》卦中，五爻皆为阳爻，是卦中有大人，传统多解释"见"为"谒见大人"。本文认为应解为"现"，展现大人权威，以节制群雄或臣属。本卦六阳无阴，君主在贤人的辅助下取得革命成功，但很容易出现两种结局：功臣居功自傲，难以节制；君主兔死狗烹，杀戮功臣。故本卦九五之"利见大人"意在提醒大人要掌握好君臣秩序，防止悲剧的发生。

《系辞上》讲："一阴一阳之谓道。"阴阳是筮卦的主体，《周易》筮辞正是演绎的这个"道"。阴阳之间的对立统一是构成《周易》哲学思想的核心，由于阴阳的不同，卦爻的排列会体现出事物的不平衡性，卦爻辞意在用人的主观能动性来化解这些社会矛盾。《乾》《坤》两卦有所不同，《乾》卦全阳无阴，是革命成功之象。革命的成功必会伴之以圣君和贤臣，文王作为圣君，渴望得到贤臣辅佐，所以他把贤人比喻作龙，又希望贤人能善始善终，复杂的心态尽显于爻辞之中。

☷ 坤卦

卦辞注释：

◎坤元亨。利牝马之贞。君子有攸往，先迷后得，主利。西南得朋，东北丧朋。安，贞吉。

《序卦》："有天地，然后万物生焉。"把"地"当作《坤》的六爻卦卦义，此说不妥。坤字土申结构。申，《说文》："申，神也。七月阴气成体。自申束从臼，自持也。"敬畏神灵之意。土申，为神赐万物于大地。秋季（七月）农作物成熟时节，就是神降食物于土地，此谓降自于天，生于土，养于人，意义最为重大。如果将"坤"解为动词，就是我们要守住神赐给我们的这片土地。元，指我们的国家。此卦六阴无阳，世界一片乱象，在乱世中，保住自己的根据地为第一要务。坤元亨，加主语——在乱世中，我们要坚守住上天赐给我们的这片国土，才能保证事业成功。

利牝马之贞，群马游行，牝类不为首，皆随牡而行，然《坤》卦六阴无阳，无马首可瞻，只是在自己领域随意而行，指不要妄自出行，勿听从别人指令。贞，代指牝马意象，有利于像牝马一样。此句文王意在告诫自己的臣属，在目前乱世之中，周国没有首领的情况下，要守好自己的疆土，不要跟随别人妄动。

攸，助词，所。有攸往，有所往，是有既定目标之往。君子，有身份、有主见之人。君子有攸往，指如果要跟随别人的话，一定要为了实现自己的目的才前往，而不是盲从别人。先迷后得，指没有领导者，如同一盘散沙，前行者难以成功，后行者可以吸取失败者的教训而有所得。主，《说文》："灯中火主也。"取灯火义，在黑暗时有灯火才能看清事理。乱世中，别人昏昏我独明。主利，看清事理才有利于自己，而不是人云亦云。

朋,甲骨字是把贝穿在一起。《集解》引崔憬曰:“双贝曰朋。”朋原是古代货币单位,所表述内容,大都与钱财有关。由此引申,作为朋友讲,原义应是指接受报酬的下属,而友则是前来帮忙的人,二者是有区别的。“西南得朋,东北丧朋”,文王居周地(西南),朋从如云;陷于商地(东北),则孑然一身。《史记·太史公自序》言:“西伯拘羑里,演《周易》。”此句与《史记》所载是一致的,意在说明坚守根据地的重要性。安,静待事变。贞吉,这样做吉。乱世中坚持自己的原则,以静制动是最好的选择。

[译文]我们要守护住上天赐给我们的这片疆土,才能保证事业成功。有利于像牝马一样在领域内随己意而行。也可以怀着自己的目的而出去,跟在后面,以汲取先行者失败的教训。要保持清醒的头脑才有利于自己。(我)在西南之地得到所有人的拥戴,而在东北之地就失去这些下属。静待形势变化,这样做吉。

象辞注释:

◎象曰:地势坤。君子以厚德载物。

地势,两个地卦重成六爻卦,是一种修辞语言,言地下有地,土地深厚。物,泛指万物。古人以为,世间万物皆由神所赐予。象辞的意思似是说,天降万物皆有地来承载。地有肥沃贫瘠之分,即地亦有德厚德薄之分,地德厚者方可承载天赐万物。以君子言之,是一个道德修养的问题。人的品行敦厚,涵养宽广,胸贮万端,方可担当大任。德,泛指某种品行,依附在某一实字的后面,自身不独立表达实质性内容。君子以,意在以物喻人,从个人的角度来领会卦辞含义。

[译文]土地深厚,可以承纳天赐万物。君子要像坤一样,具有深厚的德性才可承载万物。

爻辞注释：

◎初六履霜，坚冰至。

坤卦六阴，没有前程可言，初六是艰险旅途的第一步。至，《说文》"鸟飞从高下至地也"，自上而下的意思。秋季的早晨，寒霜自天而降，而冰是水寒凝结所致，按理说应当写成"霜至，履坚冰"，为何反过来写呢？大概是说要慎重迈出第一步，如果第一步你就踏上寒霜，厚厚的坚冰也就随之来到你的脚下，许多失败都是选择错误的道路所致。

[**译文**]踩到薄霜上，厚厚的冰就会随之而来。

◎六二直方，大。不习，无不利。

直，《文言》"其正也"，意为正直。《说文》："方，并船也，象两舟省总头形。"段注："并船者并两船为一。"有联合在一起的意思。大，大的力量。直方，大，有正直见解的人联合起来，形成强大的力量。

习（習），甲骨文羽在日上，多解为学习。《说文》："习，数飞也。从羽，从白。"郭沫若《卜辞通纂考释》："此字（甲文）分明从羽，从日。"本文以为，此字日表示天，羽表示飞。羽在日上，意谓由下飞上于天。习，有向上飞、起的意思。本卦六阴无阳，没有统领之象，六二居中而静，讲没有统属关系的进行联合，而不要图谋上起做首领。无不利，只有这样才不会出现不利于自己的事情发生。本爻重点讲各自为政，为了各自的利益联合起来。事实上，在文王远离周国的情况下，周国与其他方国平等联合是最符合周国利益的策略。

[**译文**]有正直思想的人联合起来，能够形成强大的力量。不要图谋上起做领导，这样就不会有不利的事发生。

◎六三含章，可贞。或从王事，无成有终。

章，《正义》“美也”，此非本义。《说文》：“乐竟为一章。从音，从十，数之终也。”引申为完整、完满。在其他爻辞中还有两处，《姤》：“九五以杞包瓜，含章，有陨自天。”含章，以小包大。《丰》：“六五来章，有庆誉，吉。”来章，麦粒丰满。这三个章都有圆满、丰大的意思。三爻尚武，六三为阴爻，是明弱暗强的武士。六三含章，表面示弱，心里却暗藏着宏大的志向。可贞，可以这样去想。

王事，《讼》六三亦言“或从王事”，都写于三爻，疑专指调遣本国的军队随王征伐他国。或，代指六三，阴爻为弱，不强健却有志向。或从王事，以弱小之旅跟着王征伐他国。无成，因弱小而没有成就。有终，指锻炼了自己或获得了某些实惠。无成有终，指不在于战功多少，而在于通过征战锻炼了自己，也可以指因满足了王派军征伐的要求而得以平安。本爻讲要把雄心壮志暗藏于心，不可形露于外。

[**译文**]弱小之旅却暗藏着宏大的志向，可以这样想。可派弱小之旅跟随王去征伐他国，即使建立不了功业却得到了锻炼。

◎六四括囊。无咎，无誉。

括囊，《本义》：“言结囊口而不出也。”此囊应该是装粮食的口袋，将装满粮食的口袋扎紧。六四在外，在外面要扎紧口袋不露富，也指不要外借粮食。乱世中，保住粮食财富才能保证持久国力。无咎，没错。无誉，没有赞誉，此为低调行事。

[**译文**]在外面要扎紧口袋不露富，没有错误，也没有赞誉。

◎六五黄裳元吉。

黄裳，似乎与《系辞下》十三卦中所写“黄帝、尧、舜垂衣裳而天下治”有关。文王写《周易》以前,“垂衣裳”句大概就是原卦的筮辞,讲黄帝统一天下而立政道,垂衣裳而为民立风范。裳为下饰,五爻为君位,在六五独写下饰而不写上衣,应该讲为君者要礼贤下士,不可高高在上。

[**译文**]为君者要礼贤下士,我们的事业才会有吉无凶。

◎上六龙战于野,其血玄黄。

上爻也为天位,此龙应该是指传说中由天界下凡的应龙。玄指天,黄指地。龙战于野,说的是应龙自天界下凡在涿鹿之野,帮助黄帝杀掉蚩尤及同党,血溅天地。其血玄黄,是指各有伤亡。从另一个角度讲,本卦六阴无阳,无主之象,上六是难以节制之龙,只是凭借本性而战。战于野,既非我方城垣,亦非敌方城垣,没有攻守,没有目标,乃乱世中的混战之象。言其血玄黄,是互有伤亡,乃争夺天下的初期战争。此龙乃枭雄,是成就不了伟业的枭雄。此爻不言吉凶,说明没有主体,我置身事外,笑看群雄拼杀。

[**译文**]天界下来的应龙与蚩尤战于涿鹿之野,血溅天地。

◎用六利永贞。

六阴皆变为阳,但不知为何写“利永贞”。

卦结:

《乾》卦六爻全阳,为成就大业之卦。《坤》卦六阴无主,宜守疆而不出。用九、六爻辞不知何意,似是后加之辞。初六路线错误会导致大的失误;六二讲合弱为强但不宜露锋芒;六三暗强以内,示弱以外;六四要扎紧口袋,保存好食物;六五礼贤下士;上六乱世中的枭雄互相混战,我只隔岸观火。

八、习坎卦、离卦

䷜ 习坎卦

卦辞注释：

◎习坎。有孚维心亨，行有尚。

《习坎》卦是误解最甚之卦。从传统解卦看基本一致，《本义》尤为详尽："习，重习也。坎，险陷也。其象为水，阳陷阴中，外虚而中实也。此卦上下皆坎，是为重险。"

其一，从卦象看，坎不为陷。本卦由两个水卦组合而成，卦的主题与水有关。根据卦象规则，取二阳爻为主动爻。从卦形看，二阳爻居二、五之位，六三、六四二阴爻被围在中间，有水行河道之象。二阳爻主动，如堤坝，使水行于中不得泛滥为灾，初六、上六如同出堤之水。不但非"阳陷阴中"，反而阳为堤坝，起于水中。

其二，从字的构造义看，坎不为陷。"陷"不等同于"水"。如果坎为水，就应该用水做字的偏旁，这是造字法原则。《本义》解："阳陷阴中。"《说文》解"坎"字："坎，陷也。从土，欠声。"认为坎字是土陷于下。但《说文》在解"欠"时说法相反："欠，张口气悟也，象气从人上出之形。"欠是上出之意，而非凹陷之义。可见，《说文》解"坎"字是有误的。笔者以为，坎的原义应该是高起的土，结合卦象讲，就是堤坝。

其三，习(習)不为重。在坤卦对"习"作过分析，本字日上两羽，原义应是飞上于天，有高起、升起之意。习坎，意为起高堤坝。

起高堤坝是防治水患的基本方法。

由此看,习坎为重险的说法是不成立的,应该是加高堤坝以防治水患之意。

孚,传统解为信,守信用。《说文》:"孚,卵孚也,从爪,从子。"从甲骨文分析,爪为手形,孚像是用手领着小孩。笔者以为,卦爻辞中,"孚"泛指幼年或年轻的子女。有,名词词头。有孚,特指某一部分子女,应该是有担当家庭责任的子女。维,粗绳子,引申为担当重任。心,思想、意识。维心,担当重任之心,指有担当重任的远大志向。"有孚维心",由起高堤坝,防止水患延伸到青少年的教育问题。亨的主语是有孚,年轻人要有担当才能有前途。尚,好的。行有尚,行为有一个好的发展方向。没有堤坝,河水就会泛滥成灾;没有行为规范,年轻人就不会有好的前程。

[**译文**]起高堤坝(才可防治水患)。同样,要教育子女有担当重任的志向才有好的前途。要使其行为沿着好的方向发展。

象辞注释:

◎象曰:水洊至,习坎。君子以常德行、习教事。

水洊至,是指更大的水到来。常,公认的。德,品行。常德行,由建堤坝以防治水患,水行堤内则安得出的道理,将一些约定俗成的或公认的规则作为人们遵循的行为规范。习,提高。教事,教育子女之事。习教事,是指要把提高道德修养作为教育子女的大事来做。这句话从自然现象延伸到社会现象,认为"习坎"原是讲建堤坝使水行其道,其理用之于社会行为,如果制定出相应的道德行为规范,让民众遵守之,就会形成有序的社会。

[**译文**]洪汛到来,就要升高堤坝。君子要用公共道德规范自

己的行为,要加强这方面的教育工作。

爻辞注释:

◎初六习坎,入于坎窞,凶。

窞,同陷。初六在下,阴爻居阳位,是堤坝的低陷之处。初六习坎是从河道的低矮处加高堤坝,洪水却从“坎窞”之处流泻出来,故凶。爻辞的意思是做事情要从大处着眼,小处着手,不要因为一些小的疏忽,使大事前功尽弃。

[译文]在低矮处加高堤坝,洪水却还是从堤坝的缺口流泻出来,凶。

◎九二坎有险,求小得。

险,高,险峻。阴位是水流平缓之处。九二阳爻居阴位,岸高而水小,付出和收获不成正比,喻大材小用,所以只有小得。

[译文]水势平缓的地方,堤岸却很高险。只能有小的收获。

◎六三来之坎坎,险且枕,入于坎窞。勿用。

六三,阴爻居阳位,水大而坝低。坎坎,堤坝没有规则,很凌乱。枕,横担在河道上。此坝与其他坝不同,水来后,堤坝却成了横亘在河道上的拦水坝。险且枕,两边的堤坝不高,阻拦水流的地方却很高。入于坎窞,以致河水绕过河道横流,从堤坝的低矮处流出。此坎成了前进路上的艰难险阻,也比喻做好事不当反添乱。《周书·洪范》:“箕子乃言曰:‘我闻在昔,鲧堙洪水,汩陈其五行,帝乃震怒……’”《史记·夏本纪》:“鲧之治水无状。”六三爻辞的意思与“鲧堙洪水”之事极为吻合。勿用,这种习坎之法不足取。

[译文]河水流经到处都是拦水坝的地方,堤坝建得不高,横

亘在河面上的却很高,河水从相对低的地方冲出去。不要采用这样的方法。

◎六四樽酒簋贰,用缶,纳约自牖。终无咎。

六四阴爻居阴位,水静堤平。四爻从祭祀,爻辞应是讲祭祀水神的活动。樽、簋,祭具。贰,指二个。簋贰,据考证,"贰(二)"是周使用簋最少的数目,"簋,便是用来盛黍稷的,自天子至于庶人,都用以祭祀、宴飨,用器之数,少则二簋,多则十二,或者四簋、六簋、八簋,总之,不同于鼎数用奇,簋数每用偶"(扬之水:《诗经名物新证》,天津教育出版社 2007 年版,第 177 ~ 178 页)。樽酒簋贰是说一樽酒配以二簋食物。缶,瓦器。约,《集解》引崔憬解曰"祭祀省薄",祭品较为节省。牖,宗庙的窗户。自牖,自己宗庙的窗户。《诗经·采蘋》:"于以奠之,宗室牖下。谁其尸之?有齐季女。"讲女儿出嫁前要行祭礼于"宗室牖下"。纳约自牖,用简约的祭品,在宗庙的窗前举行简易的祭礼就可以了。《周礼》:"凡小祭祀不兴舞。"意思是对一般神灵所举行的祭祀从简,不要搞大型的舞蹈活动。这段爻辞可以从两方面解释:一是讲祭祀从简;二是讲整治水患不要依赖大张旗鼓地祭祀神灵,更重要的是依靠人的努力。

[**译文**]要用一樽酒配以二簋食物来祭祀水神,也可用瓦罐盛少量的祭品,在宗庙的窗户前举行祭礼。最终不会有错。

◎九五坎,不盈。祇,既平。无咎。

九五体现了卦的主旨。九五为高坎。不盈,水比坝低,不满溢。祇,敬神。既平,实现了平安无险的状态。爻辞之意是既要敬水神,又要人工筑坝才能平息水患。无咎,是强调这两项工作都要做的重要性。

[译文]建筑起牢固的堤坝,水就不会溢出。同时还要对水神表示虔敬,河水就会沿着原来的河道平缓地流淌而不发生水患。没有错。

◎上六系用徽纆,寘于丛棘,三岁不得凶。

从卦象上看,上六在坝外,为水患。初六是从低陷处泄出,上六是从堤上溢出。低陷处溢出是人为因素所导致;堤上溢出则为凶恶之水神在作怪,因为该做的都做了,水患依然出现,不怪水神怪谁呢。《集解》引马融云:"徽纆,索也。"《释文》:"刘云'三股曰徽,两股曰纆',皆索名。寘,置也。"徽纆,泛指粗的绳子。系用徽纆,用粗绳子把恶神捆起来。丛棘,密集生长的荆棘。此爻写对恶神只宜制之,不宜敬之,体现了一种不盲信天命的革命精神。三岁,指相对短一些的时间。不得凶,不能再逞凶。

[译文]对于作恶的水神要用粗绳子捆绑起来,扔到荆棘丛中,使他短时间内不得再来逞凶。

卦结:

《习坎》卦写如何筑堤坝以防止洪水灾害,并借此比喻人生教育。下卦主要是写人力所为,上卦是写神力所为。下卦的人力所为似乎与传说中的鲧有关,《周书·洪范》:"鲧堙洪水。"《山海经·海内经》:"鲧窃帝之息壤以堙洪水。"单纯以土堙洪水是失败的,所以写"勿用"。上卦描写神力也有得失之说,神也有"好神"和"恶神"之分,对好神要敬畏,对恶神要制伏,其中包含着一种叛逆者的精神,反映了周文王思想的多面性。爻辞的描写也因为西北地区地势偏高,水患较少,所以此卦只写到筑堤坝堙水的得失,而没有写到引泄洪的问题,说明卦爻辞主要是依据生活经验来写的。另外,由防水患联系到防人患,是卦爻辞常用的寓意法。

☲ 离卦

卦辞注释：

◎离利贞，亨。畜牝牛吉。

《彖传》："离，丽也。日月丽乎天，百谷草木丽乎土。"此说以八卦代替卦辞含义，是片面的。《系辞下》："作结绳而为罔罟，以佃以渔，盖取诸离。"这里认为离指渔网。此句可能是《周易》以前的筮卦筮辞，可以看作是卦义的本源，起码否定了"离，丽"之说。欲求真意，需首先分析卦象。前卦《习坎》取少数爻二阳爻为主动爻，《离》是其反对卦，取多数爻四阳爻为主动爻。初九、上九为外阳爻，九三、九四为内含之阳爻，其属性为内含阳动。如果据此卦象看作是果实，但其没有动的属性；看作是家畜，但家畜又没有内含之象。最恰当的莫过于蚕茧，茧内含蛹，与卦象相符；茧丝为织线，与《系辞下》"罔罟"之说也有关联。其次从字的构造看，离（離）字带隹，隹与昆虫有关，可以看作出茧的蛾子。

笔者以为，蚕茧之论较为合理，而且离还包含了蚕茧全部的生命过程。蚕的一生包括：蚕吐茧丝，茧丝中内包蚕蛹；其后或将茧抽丝，或蚕蛹化为蛾破茧而出；蛾产卵，卵又成为蚕。从哲学上讲，它完成了一个"否定之否定"的运动过程，它的自然生化过程，死是生的前提，体现了旧事物必然灭亡，新事物必将产生这一历史发展的必然规律。离的准确定义为：新事物的产生必须以旧事物的消亡为前提。

利贞，有利于按照这种思想去做。利贞写在"亨"字的前面，说明许多人存在封建割据、划河而治的保守思想，没有认识到这种建立新王朝，推翻旧王朝的革命战争的重要意义。亨，这一亨字，说明离的原义有一个延伸义的转化。亨的主语是第一人称我们，离是主动性谓语。离亨，我们要坚持彻底消灭旧政权的前提下建设新政权思想意识，才能保证革命事业的完全成功。从另一个角度看，“亨”字写在利贞后面，也等于把离字的主体思想画了个句号，与后面的句子没有了关联性。

畜牝牛，畜养母牛。“离”和“畜牝牛”意在表达社会发展的两种动力。同样是生，“离”的生命过程是蚕演化生蛹则蚕无，蛹演化生蛾则茧破，蛾生卵则蛾死。原有形态之死是生命重新延续的条件，表达的是社会矛盾的不断斗争和转化，促进了旧事物的消亡和新事物的产生。“畜牝牛”，母牛生小牛，代代繁衍是自然天性，表达的是生命繁衍的生生不息，便有了社会的进步和发展，此生并不以死为代价。

我们可以发现，卦辞由两句话组成，表达两个不同阶段的哲学思想，“离利贞亨”是前一个过程，讲两个对立集团你死我活的斗争，商的灭亡是周王朝诞生的前提；“畜牝牛”是后一个过程，讲周王朝建立后世代繁衍不息。

[译文]我们要按照蚕茧生化的原理，坚持在消灭旧政权的前提下建立新政权，只有这样做才有利，才能保证革命事业的完全成功。后世的政权的延续，则要像母牛生育小牛一样世代相传，吉。

象辞注释：

◎象曰：明两作，离。大人以继明照于四方。

八卦离为火、为日月。明指日月之光。作，起。明两作，太阳和月亮相继而起，形容两个八卦之象。大人，现任的君王。继明，日月更替连续不断。这一“继”字是象辞中的画龙点睛之笔：卦辞出自文王之手，文王的思想是破旧立新，所以只写蚕蛾的某一个过程,死则死矣,生者生矣;《象》出自周公之手,周公希望周王朝国运长久,后继有君,所以写"继明",取更替连续不断、世代相传之意。四方,是指国家疆域。

[**译文**]日与月相继轮回升起为离卦。君主要像日月更替一样永远不断地照耀着国家疆域。

爻辞注释:

◎初九履错然,敬之无咎。

履,鞋。错,《程传》:"其履错然,谓交错也。"多以交错解。《说文》:"金涂也。"段玉裁注:"涂,俗作塗,又或作搽,谓以金措其上也。"此"错"应是用来形容由金黄色蚕丝编织的鞋。此卦起点就很高,初九之人穿着丝织的鞋,说明身份不一般。敬之,同《需》"上六……敬之,终吉"。上六是身份高贵的人,自然要敬之。此初九虽处低位,但穿着贵重,并不是低微之人,所以要敬之。

[**译文**]不起眼的人却穿着金黄色的丝履,对他要多加尊敬,没有错。

◎六二黄离元吉。

黄离,黄色的蚕茧。六二为内中,静而未出,可视为蚕茧中的蛹,不出为孕化,出则为新生。也可视为文王自指,处于孕化之时,周如果新生,商则破败矣!所以此"元"实指周而言,"元吉"即周吉。

[**译文**]黄色的蚕茧孕育着新的希望,就像我们周国的吉祥气象。

◎九三日昃之离。不鼓,缶而歌,则大耋之嗟,凶。

九三为动极之爻,又未出内卦,是蛾欲出茧将破之离。日昃,太阳西沉。日昃之离,如同太阳走到尽头一样,蚕茧将被噬破。

前解多将后面的句子连读为“不鼓缶而歌”,《正义》曰:“不鼓击其缶而为歌。”本文以为,鼓、缶皆为名词动用。鼓,击鼓,主要用于较大型的群乐。不鼓,失去了往日的盛景,表示辉煌不再。缶,击缶。缶而歌,敲着瓦器唱歌,孤独之人唱着悲凉的歌。“不鼓,缶而歌”,暗示商王已成了孤家寡人。耋,八十岁。大耋,大人到了垂暮之年。这段爻辞可能是在影射商王朝就像临近垂暮的老人,显示了即将走向灭亡的凄凉景况。

[**译文**]如同太阳西沉一样,蚕茧将被噬破,走完自己的历程。失去了打鼓庆祝的盛况,自己敲着瓦器唱着孤独悲凉的歌,这是大人到了垂暮之年的嗟叹,凶。

◎九四突如,其来如,焚如,死如。弃如。

九四以动居静,出内卦,有蛾出茧外之象。突,《说文》:“犬从穴中暂出也,从犬在穴中。”暂出即猝出。《玉篇·玉部》:“突,穿也。”由穴中出来是突字的原义,穿是其引申义。解“突”字应着眼于“穴中暂出”。突如,蛾子穿破蚕茧出来了。其来如,意在从茧中出来到飞起来时间上有一个过程。焚如,取自“飞蛾扑火”的道理,喻阳爻居阴位不得时宜的结果。死如,蛾被烧死。弃如,为人所用的物件扔掉方可言弃,与“死如”之物不是同一个物象。蚕茧大部分用来织成丝织物,还留有少部分待来年繁殖蚕虫,飞蛾出蚕茧来却被火烧死,蚕茧也成了无用之物而弃之。

九四得此不好的结局,一是居位不正,不得时宜;二是不在尊贵之位,有实而无名。不当出而出,结果是两败俱亡,同归于尽。此句意在警诫人们做事情要讲究时机。

[**译文**](晚上)蛾子从蚕茧中钻了出来,向着火光飞了过来,扑到灯火上烧着了,被火烧死了。被咬破的蚕茧成了无用之物也被扔掉了。

◎六五出。涕沱若，戚嗟若，吉。

六五以小爻居尊位，为新生之象。蚕茧付出了所有的代价养育了毁灭掉自己的蛾子，致使“涕沱若，戚嗟若”。戚，《说文》：“戉也，从戉，尗声。”《司马法》曰：“夏执玄钺，殷执白戚；周左仗黄钺，右秉白旄。”戚是商王警卫所持的仪仗，而此时成了商王朝行将破败的仪仗。如同蚕茧护卫蚕蛹一样，蛹化为蛾破茧而出，茧自然要有嗟怨之情。吉，新生者即六五吉，毁灭者则不吉。用别人的“涕沱若”换来自己的“吉”，这个“吉”写得稍过刻薄。这段爻辞的哲学思想在于：用蚕蛾出茧的过程说明，新事物的出现，是来自旧事物内部，是在旧事物的“母胎”中孕育成熟的，随着新事物的产生，旧事物的消亡成为不可避免的自然规律。

[**译文**]新生者出来了。毁灭者痛哭流涕，护卫也在发出怨嗟之辞，吉祥。

◎上九王用出征，有嘉。折首，获。匪其丑，无咎。

此爻言借随王出征的机会锻炼自己的队伍，谋取一定的利益。有嘉，受到称赞。折首获，擒获了敌人的首领和其他战利品。匪，《说文》：“器似竹筐。”从字形上看，像是将不同的物品放在一个筐子中。指人而言，似是说虽然在一起处事，却不是同一类人。丑，丑恶。匪其丑，不是与丑恶的人同一路。爻辞的意思是：虽然我们随王出征，立了战功，这说明我们有实力。但我们不能变得和他们一样丑恶。无咎是针对匪其丑而言的，意在强调要保持自己的独立性。

[**译文**]跟随王征伐他国，获得了嘉奖，并擒获了对方的首领和很多物资。但我们不能变得和他们一样丑恶，这样就没错。

卦结：

本卦提出了一个革命性质问题，即坚决消灭腐朽的统治者，建立自己的新政权。观点是用“离”——蚕茧的生化原理隐喻出来的。种桑养蚕，是中国自古以来农耕经济的一大特色。从卦象和爻辞看，卦辞之“离”确实紧扣着蚕茧的演化而展开。从爻辞的内容看，很难说离是蚕、是茧、是蛾。根据卦爻的不同可以说是一个发展的全过程，重要的是在某一个过程中包含了所要表达的哲理。蚕茧是宝物，它可以编织成锦服，当蚕茧孕化成蛾子后，茧却变成了无用之物而被丢弃，周文王将它比喻成行将灭亡的商王朝。初九、六二是美丽的茧丝，九三是动而未破的茧室，九四茧蛾两败俱亡，六五蛾出，上九我被王所养。爻辞以茧蛾为题材，环环相扣，实乃周文王之大手笔。

九、震卦、艮卦

䷲ 震卦

卦辞注释：

◎震亨。震来虩虩，笑言哑哑。震惊百里，不丧匕鬯。

本卦两个雷卦相叠。雷只闻其声，震表示雷雨并作。辰在春季，震中有辰，表示春雷。雨水可以灌溉农田，使庄稼丰收。雷电易生火灾及人畜伤亡，令人惊恐。震亨，加主语，谓语主动，我们面对喜人的春雨要有闲庭信步的修为，才能成就事业。

虩，《程传》：“虩虩，顾虑不安之貌。”“震来虩虩”，惊雷令人恐惧。哑，《释文》：“哑哑，马云‘笑声’。”“笑言哑哑”，春雨带来丰收的希望。“震惊百里”，闪电雷声更加猛烈。丧，亡。匕鬯，王弼：“匕，所以载鼎食。鬯，香酒奉宗庙之盛也。”匕鬯为祭祀用具。丧匕鬯，指失态。不丧匕鬯，是指不为惊雷而失去正常的祭祀行为。这是久旱后的春雨，所以笑言哑哑；这是在祭雨时发生的雷雨，所以不丧匕鬯。卦爻辞借惊雷写人的内心世界，描写有修为的人定力深厚，遇事不慌。“震来虩虩，笑言哑哑”，由惊而喜，是一般人的心态。“震惊百里，不丧匕鬯”，上升到人的修为深度。“惊百里”是百里之人皆有惊惧之色，而主持祭祀的人却依然“不丧匕鬯”。有定力的人才能成大事，也说明这种深厚定力不是一般人能够做到的。

[译文]我们面对伴随着春雨而来的雷电，要保持镇定心态，才能成就大业。雷电到来，众人先是恐惧，(想到丰收的景象，)又谈笑不断。更大的雷电使百里之内的人都感到惊惧，主持祭雨之人却没有倾洒出一点匕勺中的食物和杯中的香酒。

象辞注释：

◎象曰：洊雷，震。君子以恐惧修省。

洊，《集解》引陆绩曰：“洊，再。”洊雷，两雷相连，接连不断。修省，《折中》引胡氏曰：“修，克治之功。省，审察之力。”象辞与卦辞相同，都是由雷电谈到人的思想修养：滚滚的雷电响彻天空，君子如果在雷震面前感到恐惧，就要磨炼自己的胆量，反省自己的思想。

爻辞注释：

◎初九震来虩虩，后，笑言哑哑，吉。

初九描写喜怒溢于言表之人。雷电来时，有惊惧不安之色；雷电过后，又说笑依然。卦辞写“震来虩虩，笑言哑哑”，是写震雨发生时的心态。爻辞中间加了一个“后”字,则表示雷雨过后思想的转变。初九为下层农民,应当只具有普通人的心理,故写“吉”。

[**译文**]面对惊雷感到恐惧,雷声过后,又笑声朗朗,吉。

◎六二震来,厉亿。丧贝,跻于九陵。勿逐,七日得。

六二居内卦之中,从静。《说文》:“亿(億),安也。”安静,安闲。厉亿,描写在危险面前依然保持镇定自若的心态。丧贝,抛弃财产。跻,《程传》:“跻,升也。”登高之义。九陵,形容极高,应该指仙界。跻于九陵,是说登上仙界去修炼自己。勿逐,不要急于追求这种境界。《道德经》第七十三章曰:“天之道,不争而善胜,不言而善应。”“圣人之道,为而不争。”大概是指这种不争之为。七日,十日为一旬,在《周易》中一般用旬来表示人的一生,七日应指人的后半生,大约在中老年的时段上。此句的暗含之意是面对危险能够镇定自若,这是人的一种秉性,具有这种秉性的人才能不断提高自己的修为。而对于修为之事也不能急于求成,功到才自然成。

[**译文**]雷震来势猛烈,面对危险,能够安然处之。丢掉钱财,登上仙界去修炼。但不要急于追求,人到老年时这一切都会悟到。

◎六三震苏苏,震行无眚。

苏,《尔雅·释草》:“苏,桂荏。”邢昺疏:“苏,荏类之草也。以其味辛似荏,故一名桂荏。”又称紫苏。爻辞之“苏”,主要言其形状。六三在内卦的上爻,雷电在天空闪现出如同紫苏的形状。眚,《说文》:“目病生翳也。”指看不清道路。无眚,不会看不清道路。六三又为柔弱之人,借闪电的亮光夜行,喻做事要顺应天时,也谓修炼胆识。

[译文]空中的闪电就像紫苏的枝条。敢在闪电中夜行,就不会看不清道路。

◎九四震遂泥。

《说文》:“遂,亡也。”泥,因下雨之故土变为泥,泥纳天雨又谓天地交合。九四居上临下,雷电再强大也是遇泥则息。如指人可谓器量宽厚,深不可测。

[译文]强大的雷电遇到宽厚的泥地则息于无形。

◎六五震往来,厉亿,无丧。有事。

六二写“震来,厉亿”,是描写地面看到的情景;六五写“震往来,厉亿”,是直接描写天上的震雷纵横驰骋的情景。两爻都写有“厉亿”,是因为都处于中位,尽管外界发生惊天动地的大事,仍然不失其平静的心态。这样越是面临危险,越要保持一种镇静心态,就不会丧失什么东西。但总要有什么事情发生在某人身上。

[译文]雷电在天空中频频击向地面,在危急时保持镇定心态,就不会有什么损失。但有人会出事。

◎上六震索索,视矍矍,征凶。震不于其躬,于其邻,无咎。婚媾有言。

位于全卦的最上一爻,有电闪空中之象。《说文》:“索,草有茎叶可作绳索。从糸。”索索,多条绳索。震索索,闪电在天空像一根根绳索彼隐此现。视矍矍,像鹰搜寻猎物的眼睛,形容那些贪欲强烈的人。闪电只是瞬间的机会,闪电过去后还是一片黑暗。过于贪欲的人如果认为这是难得的机会而出征,定凶无疑。

“震不于其躬,于其邻”,此震为雷劈之意。再就可能与商王帝乙有关。《汉书·郊祀志》“帝乙嫚神而震死”是说帝乙不敬畏神祇，结果被雷劈死了。有言，有说法。婚媾有言，可能是指一种古老的习俗：“布依族订婚那一天忌有响雷，对他们来说，响雷是恶兆，为了辟邪，只有自动解除婚约。”（郑晓江主编：《中国辟邪文化大观》，花城出版社 1994 年版，第 96 页）在少数民族的一些习俗中，很多与鬼神信仰有关，其历史往往可以追溯至数千年，《周易》的卦爻辞中也不乏这种描写。

[**译文**]天上的闪电就像长长的绳索，照亮了夜空。黑暗中的一切景象都尽收眼底，出征有凶。震雷不击向谦恭之人，而击向其邻人，没错。举行婚礼时打雷则有不好的说法。

卦结：

人们在起咒时常常说“天打五雷轰”，可见对于震雷的恐惧根植于心底。本卦卦辞借雷电写人们对突发事件的心理承受能力，强调应该加强思想修为，增加对突发事件的应变定力。卦辞描写了不同境界的不同反映：雷电使人恐惧，但也给人带来希望；更大的雷电使百里之人惊惧，主祭者却镇静自若。初九先害怕而后高兴，乃自然心态；六二是修为之人；六三顺应天时则不受其害；九四器量深厚，能息雷霆之怒；六五遇有害之事而不失其态；上六贪欲强烈的人，逆天行事而有凶。

䷳ 艮卦

卦辞注释：

◎艮其背，不获其身。行其庭，不见其人。无咎。

《彖传》：“艮，止也。”此为误解。《说文》：“艮，很也，从匕目。匕目，犹目相匕，不相下也。”“匕，变化，从到（倒）人。”由此解，艮字像歪倒的人看世界。本卦象从三爻到上爻呈目字形,初爻二爻为阴,如同小人上面长了个眼。卦辞之"艮"似乎是模拟卦象造的字,其含义是小人看问题,或是不能全面地看问题。

背,指后背。身,指全身。"艮其背,不获其身",只看到了他的后背,却不能看到他的全身,喻指看问题过于片面。其,指人。庭,庭院。"行其庭,不见其人",走在人家的庭院中,却看不见庭院中站立的人。这是说能够看到大的方面,却不能看到具体的、小的方面。爻辞中的两句话一近一远,近取诸身,远也只是取诸庭院,说明看问题的片面性和局限性。这段卦辞以最常见的物象作比方,来说明卦象的含义,词语平淡质朴,思想却很深刻。相同的思想,发展到战国时期,则变得夸张而有文采,如《孟子·梁惠王上》:"明足以察秋毫之末,而不见舆薪。"意思大致相同,但这种夸张的对比只有在战国时代才能运用得心应手。

[**译文**]只看到后背而看不到他的全身。走到庭院中却看不见庭院中的人,(卦象就是指这种人)没有错。

象辞注释:

◎象曰:兼山,艮。君子以思不出其位。

卦辞是从宏观上指出有些人思想狭隘,目光短浅。象辞往往从微观着手,具体到个体,意思是:既然你的能力有限,做好自己该做的事情就可以了,不要考虑其他问题了。"以"代指卦辞艮。

[**译文**]两山相连为艮卦。君子如果不能全面看问题,那么想问题时就不要超出自己所处的范围。

爻辞注释:

◎初六艮其趾,无咎。利永贞。

初六阴爻居阳位,指下层民众。趾,从足从止。止,甲骨文像是走步的样子。趾的字义应该是善于走路、步伐矫健,是个动感字。“艮其趾,无咎”,初六只关注自己走路是否矫健就可,没有错。劳动者需要有一双健壮的脚。利永贞,有利于长久这样做。作者希望有一个稳定的社会阶层,统治者和被统治者不可混淆。

[译文]劳动者只需要关注自己的脚力是否健壮,没有错。有利于永远保持这种思想。

◎六二艮其腓,不拯其随,其心不快。

腓,小腿。六二居中位正从静,有自己的志向,而小腿却从静不能动。因卦象目形在上,有向远展望之意,六二又近九三之阳爻,所以有随的念头。拯,拯救。拯其随,宾语前置,指随从别人做拯救国家的事情。不快,不高兴。有拯救之心却不能随从别人去做,心情当然高兴不起来。

[译文]家中之人望着自己健壮的小腿,却不能随从别人做拯救国家之事,心里感到非常难过。

◎九三艮其限。列其夤,厉,熏心。

限,《释文》:“马云‘限,要(腰)也’。郑、荀、虞同。”本文不从此说。《说文》:“限,阻也,一曰门榍。”本义为门限(即门槛),视线局限于门内。艮其限,看问题局限于门内之事。九三动极之爻,功利心强。列,《说文》:“分解也。”排列之意。夤,《正义》:“当中脊之肉也。”《说文》:“敬惕也。”从字的构造义看,前说似有不妥。夤,上夕下寅,夕为夜晚,寅为寅时。由夕到寅,是由天黑到第二天将要放亮的一段时间。如果将此字理解为夜晚还是讲得通的,可以解为黑夜的一段时间。举个旁证,《说文》:“濥,水脉行地中濥濥也。从水,夤声。”水在看不见的暗处流动为“濥”,即取夤字包含的“暗”的意思。“列其夤”,将夜晚的时间都排列出计划。厉,危险。熏,《正义》:“烧灼也。”熏心,利欲把心都熏黑了。九三极动,故白天晚上都在做事情。《周易》中,凡是晚上做事都认为是危险的,如《乾》“九三夕惕若厉”。本段爻辞的主要症结是个人的利益,九三居于内卦,做事情总是计算个人利益的得失,是很危险的。

[**译文**]只看到家庭利益,以致夜晚的时间都安排着做事情。很危险,利欲太大会把心都熏黑了。

◎六四艮其身,无咎。

六四居上卦,为智者,从静又正,能够看到全身,相比而言,属于能够全面地看问题的一类人,但处在静位,多空谈。无咎,强调其有智慧而无行动。

[**译文**]他能够看到全身,没有错。

◎六五艮其辅,言有序,悔亡。

六五以阴爻居卦主之位,在静而不在动,在言而不在行。辅,两颊,意在经常说话,讨论问题。序,《尔雅·释宫》:“东西墙谓之序。”此为序的本义。《广雅·释诂三》:“序,次也。”言有序,讲话有次序,条理清晰。四爻主智,能全面看问题;五爻为君,虽不能全面看问题,却能经常与别人讨论,主次有序,也就避免了悔恨之事的发生。

[**译文**]君主虽不能全面看问题,却经常与人讨论,说话主次有序,悔恨之事就不会发生了。

◎上九敦艮,吉。

敦,厚道的老者。此老者谈不上有学识,但依生活经验看问题,不会出差错。

[译文]厚道的老者虽见识不足,但为人诚实,经验丰富,吉。

卦结:

本卦从认识论上提出了要全面、深刻地看问题。卦象上为目,下为小人,卦辞“艮”合其二义,指许多人不能全面看问题。爻辞叙以身体的部位,意在高下有别,阶级有序,职责分明。初六见识低下,宜做好本职工作;六二好高骛远;九三看问题以金钱为标准,要财不要命;六四看问题较全面但多清谈;六五通过讨论倾听别人意见,说话主次有序;上九凭经验看问题。

十、巽卦、兑卦

䷸ 巽卦

卦辞注释:

◎巽,小亨。利有攸往。利见大人。

两个风卦相叠,二阳爻在上,一阴爻在下,有口之象。可以从两个角度看卦象:开口向下,是上级向下级下达命令;小爻在下,是小人执行命令做事情。《广雅·释诂一》:“巽,顺也。”卦辞之巽,意在指小人顺从大人意旨,执行大人命令。小,指小人、百姓。小是巽的定语,为定语后置,这是卦辞语法的特殊格式。亨的省略主语是我们,我们亨。巽是主动性谓语。巽小亨,我们(加主语)要建立使百姓(小)能自觉遵守上级命令(巽)的体制,社会才会有序发展(亨)。

攸,助词,所。攸往,所往。利有攸往,指那些能自觉遵守命令的人,能够放心地让他们出去做事情。见,体现。利见大人,在小人面前要体现出大人的威严,小人才会毕恭毕敬地执行命令。利有攸往的主体是小人,利见大人的主体是大人。

周文王写卦辞,多是提出一些体制建设方面的指导思想。本卦写了顺从,但哪部分人顺从,如何去自觉顺从,还需要形成一种体制来制约,《周礼》应该属于本卦的衍生品。

[**译文**]我们要建立使百姓能自觉遵守上级命令的体制,社会才会有序发展。这样有利于让服从命令的人出去做事。(大人)有利于展现出大人之威严。

象辞注释:

◎象曰:随风,巽。君子以申命行事。

随是修辞语言,二风相随。君子是顺从命令者。申,《尔雅·释诂下》:"申,重也。"重复命令,是下级重复上级指令。行事,落实在实际行动上。

[**译文**]随风而动地执行命令。君子要重复上级指令并落实在实际行动中。

爻辞注释:

◎初六进退,利武人之贞。

初六在最下,阴爻居阳位,属静。进退,士兵操练,静爻只讲训练,不讲打仗。武人,士兵。士兵进行集体的操练,意在强调军队的执行力。

[**译文**]依照命令前进或后退,有利于士兵这样做。

◎九二巽在床下,用史巫纷若,吉,无咎。

床,古礼尊者在床上,卑者在床下,此为正常的办公形式。史巫,是接神灵的官员,泛指君主治下的官员。纷,大概指官员帽子上的飘带。纷若,表示众多。九二阳爻居内卦之中,应是君主居于家中。巽在床下,在家中君主也应正襟危坐,众人在床下等待指示,不可乱了上下之别。用史巫纷若,指要像在朝廷中众史巫在下面等待指示一样。如果是写朝廷,就会只写"史巫纷若",加一"用"字,变成了在家中做事要像"史巫纷若"一样。这段爻辞讲朝有朝纲,家有家规,不可乱了秩序。

[**译文**]家臣或子女在床下接受命令,就像朝中众大臣接受君主指示一样。吉,没有错。

◎九三频巽,吝。

频,《周易注疏》王弼注:"频,频蹙不乐。"吝,从口,受指责。九三武士爻,自以为是,不情愿地执行命令,会招致领导的批评。

[**译文**]不情愿地执行命令,会招致领导的批评。

◎六四悔亡。田获三品。

六四从静位正,是君主身边的大臣,尽职责地随从君主。三品,《本义》:"一为干豆,一为宾客,一以充庖。"此说与田获关系不大,真正所指不详。《谷梁传》曰:"春猎曰田。"田获三品,应该是臣属田猎,有很多收获。言只要忠心随主,即便没有战功,也会有所收获。

[**译文**]随从君主,悔恨就不会存在。田猎时捕获了很多野兽。

◎九五贞吉,悔亡,无不利。无初有终,先庚三日,后庚三日,吉。

九五以阳爻居尊,是君主之位,发号施令者。贞,代指君主,果断地发号施令,显示尊者之威。贞吉,这样做才吉,优柔寡断则不吉。悔亡,主弱臣欺,主强臣属才会忠心效主,才不会有悔恨之事发生。悔是主观,不利是客观。

初,始。终,结局。无初有终,指没有权力时就没有忠心的臣属,有了强权,才会有众多的追随者。“先庚三日,后庚三日”,《正义》:“申命令谓之庚。民迷固久,申不可卒,故先申之三日,令著之后,复申之三日,然后诛之,民服其罪,无怨而获吉矣。”但不知以庚表诛起于何时,此说显然有失偏颇。以十天干而言,甲乙丙丁戊己庚辛壬癸。庚前三日不从甲始,庚后三日以癸而终,其意与“无初有终”相同,指执政者常常经历三个阶段:第一个阶段为生长过程,无职无权,受人鄙视;第二个阶段有职无权,无人攀附;第三个阶段有职有权,一呼百应。忽略第一个阶段,重视第二个阶段,抓紧第三个阶段。过去的事情就过去了,不要秋后算账,现在手下人只要忠心就行了,这样想才会有吉无凶。

[**译文**]有威严地发号施令,这样才吉,就不会悔恨,也不会有不利的事发生。权势不会生来就存在,而是后来才最终实现,要重视事物的发展阶段,把握住最后的结局。吉。

◎上九巽在床下,丧其资斧。贞凶。

资斧,指家财。上九和九二,都有“巽在床下”之辞,但九二是指家人在床下接受训令,要求的是秩序。上九高于九五,是朝中元老或辈分高于君主的臣,有不服管治之象。这种人即便在床下听令,也会因倚老卖老而“丧其资斧”。

[**译文**]傲慢的大臣在床下听令,会丧失掉家财。这样做有凶。

卦结:

本卦提出一种管理思想,就是要建立令行禁止的管理机制。

初六讲士兵要严格遵从军令；九二讲君主在家中也要像朝中一样有尊卑之别，要管好自己的家人；九三自以为是，对这种不愿执行命令的人要加以训斥；六四忠于职守，必有收获；九五指权力是人生奋斗的终结，不要有了权力再回忆当初，秋后算账；上九有功老臣对君主也要恭敬行事。

䷹ 兑卦

卦辞注释：

◎兑亨，利贞。

两个泽卦相叠，泽卦开口向上，如同以下向上，以幼向长说话，态度应该和颜悦色。《彖》："兑，说也。"说，通悦，即愉快、和悦。兑亨，加主语，谓语主动，我们要倡导和气欢愉的社会风尚，才能造就和谐社会。贞，代指兑。

[**译文**]我们要倡导和气风尚，社会才会和谐安定，有利于这样做。

象辞注释：

◎象曰：丽泽，兑。君子以朋友，讲习。

丽，亮丽，积极欢快。丽泽，用修辞语言表示两个泽卦。朋，原是古代货币单位，作为朋友讲，应是指接受报酬的下属。友，甲骨文所写为两手用力的方向一致，表示志同道合，是平等相助的朋友。《正义》曰："同门曰朋，同志曰友。"此说也表示朋、友有别。朋友，要像对待"友"一样地对待"朋"。讲，《广雅·释诂二》"论也"，意思是谈论。习，上升、进步。（见《坤》卦解）讲习，多谈论一些使人上进的话题。

[译文]君子要像对待朋友一样地对待自己周围的人,多谈论一些使人上进的话题。

爻辞注释:

◎初九和兑,吉。

初九是平民百姓,百姓之间要多些和悦,少些争执,这是在提倡一种和谐的社会风尚。

[译文]要和悦地说话,吉祥。

◎九二孚兑,吉,悔亡。

九二为大人的家,可以是官员、族长、员外。孚是大人家的孩子。孚兑,大人家的公子对外人说话要有和悦之态,不可高高在上、盛气凌人。官二代、富二代为非作歹往往是一种不成熟的社会现象。本爻辞义在规范某些社会意念,不然就会悔矣。

[译文]大人的公子对人要和悦,吉祥。令人悔恨的事不会发生。

◎六三来兑,凶。

六三阴爻居阳位是小人,是口蜜腹剑之人。小人前来甜言蜜语,会有所求。一样的兑,爻位不同,表述的内容当有不同。

[译文]小人前来甜言蜜语地说话,会有凶事发生。

◎九四商兑,未宁。介疾,有喜。

商,协商。九四居外卦,与外族之人进行友好协商。商兑,协商时说话要和气。未,将来。宁,安。未宁,将来安宁。商兑未宁,意思是通过协商的办法,可以考虑到各方的利益,所达成的协议才能保证将来的安宁。这是提出国与国、部族与部族之间的外交基本原则，能用协商的办法解决争端，就避免用战争手段去解决。

疾，在《周易》中共有九个疾字，这些疾字可以归纳为二种意思：一是实意，疾病的意思；二是虚意，即思想上有病。这个疾指的是第二个含义，是错误的观点。介，原义是划分界限。介疾，划分出错误的观点。爻辞的意思是：与外族产生矛盾时，要求同存异，对无法取得一致意见的问题，要先放到一边去。此句显示了一个高明的外交家的谋略。

[**译文**]与外族人愉快地协商，才能够保证将来的安宁。剔除出了彼此间的一些误解，大家心情都很喜悦。

◎九五孚于剥，有厉。

剥，指以上制下，又略有贬义（参见《剥》卦解）。九五孚，指君主的孩子。仍然紧扣“兑”的主题，本卦九五身份尊贵，接受下属的阿谀奉承之辞也无可厚非，但其子（现称官二代）也要求九五的下属对自己这样做就说不过去了。爻辞虽未写“兑”，但卦辞的思想可以说在爻辞中无处不在。

[**译文**]大人之子要求下属对自己阿谀奉承，这样是有危险的。

◎上六引兑。

引，开弓，箭在弦上，引而不发。上六为阅历丰富的老人，指责别人比较含蓄，不似年轻人直来直去。“引兑”就是含蓄而令人愉快地表达自己的观点。

卦结：

创造和谐社会，人与人之间的和悦气氛是不可缺少的，和平共处也是人们乐意接受的。在奴隶制时代,和谐的前提是严格等级观念,但这种等级观念不可滥用。本卦爻辞提出了三种和谐原则与三种不和谐现象。初九百姓之间以和为贵(,勿以斗狠为荣);九二富二代要和悦地与人说话(,勿以炫富为荣);六三小人献媚有凶事(,口蜜腹剑);九四外交以协商为主(,避免兵戎相见);九五官二代不可狐假虎威;上六说话含蓄。

十一、师卦、比卦

䷆ 师卦

卦辞注释:

◎师,贞丈人吉。无咎。

从卦象分析,九二为主动爻。在一爻五爻系列卦中,《师》被排在了最前面,反映了其卦义在周文王的创作思想中占有重要的位置。九二居内卦之中,属家长族长之类;且是六爻中的唯一阳爻,故九二有统领族人之象。

《彖》:"师(師),众也。"表示聚集、号召众人,又有聚众为武之意。师的意思应该是将民众训练为军队。贞,代指聚众为武之事。古时没有专职的军队,平时是百姓,战时就成了战士。丈人,孔颖达疏:"长老之称。"但此处不应作名词解,而是松散的词组,"丈"是"人"的定语,即老成持重之人。因阳爻不在尊位,没有大人之象,故没有节制众人的权威,必以老成持重、有威望之人才能为之。

卦辞的战略意图是很明显的,既谈聚众为武,又讲要由有威望的人来统领，显然不是主张出师征伐，因为有威望未必能打胜仗；再者九二独居内卦，是动在内而非行其外。师只是一种形态，是一种组织形式，其目的是要求建立民兵制，就是把农人以家族为单位，用军事编制组织起来，平时务农，一旦有战事发生，可以直接进入战争状态，便于指挥。

[译文]把众人聚集在一起，要有威望之人来统领才吉祥。不会有错。

象辞注释：

◎象曰：地中有水，师。君子以容民畜众。

容，容纳。民，百姓。众，多。畜，《集解》引虞翻曰："畜，养也。"唐陆德明《释文》："畜，聚也。"以此讲，"容民""畜众"就成了二个并列句子，似有不妥。畜应指牲畜，包括马、牛。民和畜都作名词讲。容民畜众，容纳很多的百姓和牛马，这是作为军队的必要条件。

[译文]君子按师的要求做，要尽可能多地容纳百姓和马牛（，以备战时之用）。

爻辞注释：

◎初六师出以律。否臧，凶。

师字动静有别，静师为非军事组织，动师为军事组织。初六师出，是向外开拔，指军队。律，《说文》："均布也。"《正义》："法也。"爻辞强调军队的行动要一致。由于"师"的含义是聚众为师，所以要求加以严格约束，行动一致，才有战斗力。否，不要。臧，《说文》："善也。从臣，戕声。"杨树达《释臧》："盖臧本从臣从戈会意，后乃加爿声。……甲文臧字皆象以戈刺臣之形，据形求义，初盖不得为善。以愚考之，臧当以臧获为本义也。"（引徐中舒主编《汉语大字典》，四川辞书出版社、崇文书局2010年版，第2995页）据此，臧应是指在战争中被虏获成为奴隶的人。否臧，不要用虏获的奴隶做自己军队的士兵。凶，用奴隶做士兵会有凶险，大概是认为有倒戈之险。

初六从静，"师出"应当是假设出兵，而并非真出师打仗。初六从民，是没有严格训练的准兵员，提出要先行加以训练。

[**译文**]由民众组成的军队出行一定要严格军令。不要用虏获的奴隶做军队的士兵，会有凶。

◎九二在师中，吉，无咎。王三锡命。

打仗时主帅一般要在前线，九二为一军的主帅，居于中军，一方面表示掌握着军队的指挥权，另一方面也表示不主动出击。王，商王，卦爻辞之王皆指商王。锡，传统皆解为赏赐。李孝定在《甲骨文字集释》："锡，卜辞假'易'为之，不从金。"按"易"为王政解，锡即为君王之命令。锡后面连缀的字不同，解释也不同，如《晋》"锡马蕃庶"，锡马是说王赐马予下属；本爻之"王三锡命"，应以"易"解，不以赏赐解，就是王下达命令之意。王三锡命，王多次下达命令，而主帅却按兵不动，消极应付王的战争指令。爻辞似是指跟随王师出征应采取的策略。

[**译文**]主帅在军中吉祥，这样没有错。王多次向主帅下达命令。

◎六三师或舆尸，凶。

尸（屍），大都解为尸体。宋郑刚中《周易窥馀》卷一："舆，载也。尸，神主也。古者行师必载庙社之主，所以示三军，以示不敢专赏罚之义。"在爻辞中，有两处写"舆尸"，应把它看作是一个特定词组。殷商之际，先人或鬼神的旨意往往左右着人们的行为，大军出征,也要将社主或“尸”置于车上,“舆尸”大概就是起着这个作用。《楚辞·天问》:“武发杀殷何所悒?载尸集战何所急?”王逸注:“言武王伐纣,载文王木主,称太子发急欲奉行天诛,为民除害也。”说明周确实有“舆尸”的习俗。爻辞对此不以为然,认为六三为弱旅,或战或罢,应当根据双方力量的对比和其他客观条件来决定,如果一切行动都按照神的意旨去做,那就必凶无疑。

[译文]指挥军队打仗,(如果不按照战争规律去做,)而一味地按照神鬼的意旨去做,就会有凶。

◎六四师,左次无咎。

《广雅·释诂四》:“次,舍也。”次为驻扎之意。左,《兵法》:“上将军居右,偏将军居左。”《乡礼·乡射礼》:“当左物,北面揖。”郑玄注:“左物,下物也。”左有位卑之意。六四以阴爻居外卦,宜静不宜动,又居于六五之下,“左次”的意思好像是指在战争中,当敌方首领以君主的身份高于自己时,宜将军队驻扎下来,先不要进攻。既回避其锋锐,又表示虚意的谦恭。如果单指跟随商王出征,就是说要将军队驻扎下来,不要参与进攻。

[译文]出外打仗的弱旅,应将军队驻扎下来,这样做没有错。

◎六五田有禽,利执言,无咎。长子帅师,弟子舆尸,贞凶。

禽,《尔雅·释鸟》:“二足而羽谓之禽,四足而毛谓之兽。”《说文》:“禽,走兽总名。”二者说法不同。《程传》解为:“禽兽入于田中。”包括了二足之禽和四足之兽。根据“田有禽”分析,“田”有领地、地界之意,陆地上的动物有地界之分,飞鸟则没有地界之分。再根据卦辞“师”分析,师是以敌方为目标,而敌我双方是有明确边界线的,所以应为四足之兽。爻辞以“禽”比喻入侵之敌。执(㚔丸),幸旁,为手械之形,执字像两手枷梏之人形。《说文》:"捕罪人也,从丮从夲,夲亦声。"执言,俘获他们并进行质问。六五柔弱,不具备攻击的实力,但其爻是卦主,必须要体现出全卦的中心思想,写"田有禽",意谓田里出现了野兽,即敌人都侵犯到自己的领地了,有利于俘获他予以谴责。这是指由于自己力量较弱,尽量从道义上使敌人胆怯。

长子帅师,六五柔弱,九二有力,所以让长子替自己帅师打仗。六五爻写长子帅师并不意味着其他爻也为长子帅师,每个爻次各有各的说法。《本义》:"长子,九二也。弟子,三四也。"认为三爻、四爻之象为弟子,恐为误解。弟子只写于五爻,便从五爻解。"弟"是长子的父辈,"子"是长子的同辈。弟子舆尸,《礼记・曲礼上》"孙可以为王父尸,子不可以为父尸",是说只有孙子一辈的人才可做尸,这里的弟和子大概是指他们控制着"舆尸"的权限,动辄以先人或鬼神的意志来左右统帅的命令。因为长子没有绝对的权威,所以弟子们才能够以"舆尸"来参与指挥。长子统率着军队打仗,却还要听从"弟子"的意旨,这样未开打已先败。反过来说,如果是君主亲自统率军队,就完全可以按照自己的意志来行事,社主也就只是一个牌位而已。爻辞的意思是反对由鬼神来指挥人,更反对借鬼神的名义来实现自己的权欲,军队的指挥权只能掌握在统帅手里。

[**译文**]领地有敌人来侵犯,有利于俘获他予以谴责,没有错。君主的长子统率军队,君主的兄弟或其他儿子却利用尸主来指挥长子,这样做有凶。

◎上六大君有命,开国承家。小人勿用。

上六又为宗庙,位正,战争结束,各安其命。大君,大人和君子。有命,各有不同的命运。开国,建国,大人建立新的国家。(竹书《易》写作"启邦",疑汉初抄书者为避汉高祖刘邦名讳及汉景帝刘启名讳而改,即原字可能为“启邦”)。承家,指君子。承,《说文》:“奉也,受也。”李孝定《甲骨文字集释》:“契文象两手捧一人之形,奉之义也。”可以理解为因战功接受包括从奴隶到物质到爵位的各种赏赐。家,家族。由小家扩大成为大的家族为承家。《小象》曰:“小人勿用,必乱邦也。”所言“小人”属于道德范畴。爻辞所言“小人”,应是针对大人和君子而言的,指地位低贱的人,他们只是统治者用来实现自己理想的工具而已。小人勿用,小人不要去做“开国、承家”的事。这句话体现了阶级秩序的观念。

[**译文**]大人君子各有其命,大人建立了新的国家,成了新的国君;君子受到各种赏赐,成了一个新的大家族的首领。小人则什么成就也没有。

卦结:

《师》卦提出了寓兵于民的思想,是周文王战略思想的一个组成部分,并在爻辞中提出重政治、重战略,不重鬼神的思想。《师》卦讲内外卦象,阳爻在内;比卦讲上下卦象,阳爻在上。《师》先《比》后,说明《周易》将敌我矛盾放在首位。九二地位不为最高,但附者甚众,有聚集众人之力,所以用“师”论之。初六为奴隶,有倒戈之象,故用之则凶。九二为我之师;六三为败师;六四为退师;六五为守疆之师;上六为成功。

䷇ 比卦

卦辞注释:

◎比吉。原筮,元永贞,无咎。不宁,方来。后夫,凶。

从卦象看,九五一阳爻独尊,要优于《师》卦,却排在《师》卦后,体现了卦象规则中对卦之间的两大关系,即两个八卦所组成的六爻,有两个视角:上卦和下卦的关系,内卦和外卦的关系。上下分贵贱,上卦贵于下卦;内外分敌我,内卦重于外卦。这两个卦选择了内外关系的视角:《师》《谦》卦以阳爻之师动于内、伐于外,为一阳爻指事卦,皆排列于前;《比》《豫》卦以五阴爻附比阳爻为会意卦,取五阴爻为主动爻,皆排列于后。说明周文王把民族矛盾放在第一位,把阶级矛盾放在次要位置。此排列也表明了只有在商周更替之际才会把民族矛盾放在第一位;也表明了在等级森严的时代只有周文王作为一国之君和商王朝的革命者才有资格这样写。

比,《象》:"辅也,下顺从也。"比附之意。比附行为的主体是五阴爻。比吉,比附君王吉。筮指六爻筮卦。原,《集解》引干宝曰:"原,卜也。周礼三卜,一曰原兆。"从干宝说,"原"指龟卜之象的一种。《周礼·太卜》:"太卜掌三兆之法,一曰玉兆、二曰瓦兆、三曰原兆。"郑玄解释道:"兆者,灼龟发于火,其形可占者,其象似玉、瓦、原之破裂。原,原田也。"从"原田"理解,原兆的形状就像田地因干旱而龟裂成的不规则的小块。虽然在卦辞中没有讲解"原"的具体含义是什么,但我们从《比》的卦象来分析,五阴爻围在九五周围,服从九五的领导,其主题在于领导与被领导的关系;"原"的意思就像是原田一样,将整体分裂成为相互独立的无数个小块,其主题在于化大为小、化整为零。将二者结合在一起就是将一个国家封建成互不统属的无数个单元小国,由王做其共主。这一点在《大象》象辞中表达得尤为明确。其重大意义就是"元永贞"。元,指我们将要建立的国家永为长久。元永贞,只有这样做,我们将要建立的国家才会国运长久。

不宁,不安。方,方国。商周时代对少数部族的称呼。仅据《殷墟卜辞综述》统计,商代武丁时期的方国就有 29 个之多。

《粹》1143:"方其出?"《尚书·汤诰》:"诞告万方。"都是指方国。此处指周边的方国部落。方来,方国都来依附于九五。这句话的意思是如果采取这种松散的既有独立性又有整体性的管理方式,会极大地吸引那些经常受到边远部族的骚扰而感到不安的方国前来加盟。后,指后面的不来依附的方国部落。夫,指个体的人。后夫凶,那些没有来依附的人最终会丢掉自己的部族和利益而光剩下自己,故凶。从追随的意义上来讲,《比》与《随》卦义相近,区别在于《比》提出了一种国家体制。

从卦辞也可看出,《比》所提出的国家体制是得到众多方国支持的。"不宁方来",如果我们提出封建制的国家体制方案,感到不安宁的方国就会因他们的利益有保障而来投奔我们。封建制不光符合当时生产力的发展,也符合参加革命的各派力量的共同利益。

从"西伯拘羑里"的环境看,文王提出建立一个新的封建政体国家,是周国革命的奋斗目标,但只能用"比"来隐喻,周公写《象》才把这个含义解透。

[**译文**]众人比附君王吉。此筮卦如同龟卜原兆之象,按此卦象去做,我们将要建立的国家才会国运长久,没有错。没有安全保障的方国部落都会前来投靠。还在后面观望的部族最终只会剩下其头领一个人,凶。

象辞注释:

◎象曰:地上有水,比。先王以建万国,亲诸侯。

地上有水,是两个八卦名称。先王,是周公对周文王的敬谓。在所有的象辞中共有七个"先王以",是周公借象辞言周文王根据卦象为将来的周王朝制定的治国方略。国,诸侯封地。万国,一万个诸侯国,乃是虚指,言其多。传说武王伐纣时,聚集了"八百之族”，大概也是虚言。“万国”主要是一种概念，包含着重新进行划分领地的意思。《说文》：“建，立朝律也。”徐灏注笺：“凡言建者，皆朝廷之事……律，犹法度也。”建，即制定……政策。建万国，制定了设置众多诸侯国的体制。亲（親），《说文》：“亲，至也。从见，亲声。”段注：“亲，父母者，情之最至者也。故谓之亲。”徐灏注笺：“亲，亲爱者莫如父子、兄弟、夫妇，故谓之六亲。”亲，指有血缘关系或婚姻关系的人。亲诸侯，即让有血缘关系的同姓子弟做诸侯。《荀子·儒效篇》说：周公“兼制天下，立七十一国，姬姓独居五十三人”。《左传·昭公二十八年》也说：“昔武王克商，光有天下，其兄弟之国者十有五人，姬姓之国者四十人，皆举亲也。”象辞有二层意思：一是说周文王依据卦象制定了“建万国，亲诸侯”的建国方略。一是周公的解释，说他是按照周文王的遗志去辅助武王、成王实现“建万国，亲诸侯”的。如果说卦辞中的“原筮”不知所言何意，象辞则给作了明确的表达，卦辞和象辞讲的是同一个意思。应该说在殷末周初，生产力水平（铁器尚未出现）、文字、交通等各方面都相对闭塞和落后，客观上还不具备像秦朝那样能够建立成一个强大的中央集权制的国家条件，而周朝的统辖范围又远远大于商朝，在这样的历史进程中，分封制无疑就是一个时代的伟大创新。可以说，周王朝八百年国运与周公对周文王哲学思想的运用不无关系。

［**译文**］先王根据卦象的显示，制定了设置无数个小的诸侯国、让有血缘关系的人做诸侯的建国纲领。

爻辞注释：

◎初六有孚比之，无咎。有孚盈缶，终来有它，吉。

凡比者，都是身份高贵之人。有孚，应解为九五之子。之，代词，指九五。初六作为事业的起始，只有自己之子相跟随。缶，

《释文》:“瓦器也。”盈,《说文》:“满器也。”盈缶,瓦器中装着满满的粮食。它,家庭成员之外的人。“有孚盈缶,终来有它”,意思是让跟随自己的子女有丰盛的食物,最终才会有其他的人也来跟随自己。

[**译文**]在创业之初,只有自己之子跟随着,这样没有错。子女有丰盛的食物吃,最终才会有其他人也来依附自己,吉。

◎六二比之自内,贞吉。

自内,六二居内卦之中,是自己家族内部的人。六二柔弱,容易主弱客强,主被客欺,故取静守之意,不宜吸纳外来成员。

[**译文**]比附的都是自己部族内部的成员,这样做吉。

◎六三比之匪人。

《本义》曰:“所比皆非其人之象。”匪作非,此解不妥。“非”是相违背之义,写在匚中,是处在一起的两种相斥属性的东西。用以喻人,指同处一体但本质不同的人。本文六三阴爻居阳位,有小人之象,是迫于形势前来比附。匪人,处于一个团体但不是志同道合的人。此卦爻是指要善于分辨那些伪装者。

[**译文**]这些比附者不是与自己志同道合的人。

◎六四外比之,贞吉。

六四居外临内,有外来之象。要吸引外族人来比附以扩大自己的阵营。

[**译文**]外面之人来比附,这样做吉。

◎九五显比。王用三驱,失前禽,邑人不诫,吉。

《说文》:“显(顯),头明饰也。”段注:“头明饰者,冕弁充耳之类。"古时不同级别的人帽子上的饰物不同。九五有大人之象，有着极高的身份。显，大概是身份高贵的人帽子上的饰物。"显比"应是指部族首领一类的人来比附。"王用三驱，失前禽"，王弼注："夫三驱之礼，禽逆来趣己则舍之，背己而走则射之，爱于来而恶于去也。"《程传》云："三驱之礼，乃礼所谓天子不合围也，成汤祝纲是其义也，天子之数，合其三面，前开一路，使之可去。""王用三驱"是指施仁政，"失前禽"是指分敌我。邑人，随从王田猎的平民，不诫，邑人围住三面呼喊，赶出山野中的野兽让王射猎，"失前禽"的一面则不能呼喊。爻辞借商汤事迹来说明开创事业的策略，借围猎规则喻之，要给各方国施加压力，让他们为了生存自愿地投奔我们。

[**译文**]方国首领前来比附。王在田猎时，从三面合围，而对趋向自己的禽兽不杀，也不安排参加合围的邑人在这一面呼喊，吉。

◎上六比之，无首，凶。

首，首领。在九五之上，自己不为首领，又不服从九五管治，为无首。无首者，自己不真心比附别人，别人也不来比附自己，一旦战事降临于己，孤立无援，自然有凶。

[**译文**]前来比附又不受管治，凶。

卦结：

"比"字有现在之比，有将来之比。卦辞之"比"讲建立分封制宗主国，是将来要建立的国家体制，是附属国比附宗主国。爻辞讲比，是根据时势谈扩大阵营的策略，他人来比附我，是现在的比。真比者真心用之，假比者防其二心。初六始兴，唯有子弟相比；六二守于内，只限于家人相比；六三来比者不是同路人；六四接纳外来比附之人;九五讲策略,使他国首领主动来比;上六非真心比之,凶。

十二、谦卦、豫卦

䷎谦卦

卦辞注释:

◎谦亨,君子有终。

从卦象看,九三为主动指事爻。三爻从武,九三独阳爻居内临外,外卦三阴爻无主,有以内攻外、侵伐邻国之意。谦,《说文》:"敬也。"《字汇·言部》:"不自满也。"《集解》引郑玄曰:"谦者,自贬损以下人。"《正义》:"谦者,屈躬下物,先人后己。"古今所解大体一致,但都不符合原字义。

从字的构造义看,谦从言从兼。《说文》:"兼,并也。从右,持秝。兼持二禾。"兼,引申为兼并,结合卦象,可以理解为侵伐邻国并占领之。战争是手段,占领才是目的。言,言论。谦,兼并他国的言论或理论。言兼相合,是指发动侵伐兼并战争还要有相应的政治理论。谦亨,加主语,谓语主动,我们要有理由发动战争,并以占领其领土为目的,才能实现强国的目标。

有,卦爻辞中多用为语助词,作为名词词头,与后面的字组成名词词组,同时还具有介词的功能。有终,指最终结局。君子有终,是说君子要重视事物发展的最终结局,而不要斤斤计较事物发展的过程,也可理解为成者王、败者寇的思想。攻打邻近的弱小国家并且兼并它们,其过程可能极为曲折复杂,但要看到最终的结果是有利于自己，同时，一切工作也都应为这个最终目标服务。

本卦谈战争战略思想，强调战争的正义性和目的性，到战国时进一步演绎为“远交近伐”。两者的区别在于时代环境不同，“谦”是在商王统治时期，有王在；“远交近伐”是指群雄争霸时期，自身为王，没有政治上的顾忌。其实，文王写“谦”也是有历史可借鉴的，《诗经·商颂·长发》：“韦顾既伐，昆吾夏桀。”言商汤先武力兼并了与之接壤的商的亲信诸侯国韦、顾、昆吾（早先还兼并了葛），使自己的实力大增，从而为一举歼灭夏桀铺平了道路。

[译文]我们要有正当理由发动战争，并以占领其领土为目的，这样才能使国家变得更加强大。君子要注重事物发展的最终结局。

象辞注释：

◎象曰：地中有山，谦。君子以裒多益寡，称物平施。

地中有山，是组成六爻卦的八卦名称。《集解》引刘表曰：“地中有山，以高下下，故曰谦。谦之为道，降己升人，山本地上，今居地中，亦降体之义，故为谦象也。”此以象辞的格式来解“谦”义，实为误解。而且这样讲也不符合常理。高出地面的岩石才能称为山，在地之中的又怎么能称之为山呢？更谈不上山在地中就是表示谦虚。《周易》中的理论都是来自现实中合理存在的事物，以不合理的事物进行抽象思维只能得出不合理的结论。作为象辞，讲“地中有山，谦”只是卦体组合的固定格式，不应把格式作为概念去强解。“谦”在象辞中的含义同卦辞一样，也是表示“兼并”之义。

裒多益寡，使多的减少，使少的增多。称，相称。称物，与身份、地位相称的物资。平施，平均分配。称物平施的意思是随着国家政权的更替,要使原有的财产根据身份的不同进行重新分配。象辞与卦爻辞有着性质上的区别:六五爻指出:“不富以其邻,利用侵伐,无不利。”其实,在物质上的贫富不均只是个借口,其中心思想还在于“侵伐”二字上,它体现了周文王先侵伐兼并周边小国,强大自己,最后达到灭商兴周,建立霸王之业的宏伟蓝图。周王朝建立后,这一中心思想又反过来威胁到了周王朝的安全稳定,周公采用偷梁换柱的方法,只提要平均财产,不提侵伐兼并,改变了卦辞原意。通过这一点也可看出,周文王和周公在对卦象的认识上是一致的,只是处在不同的时代,表述不同的思想而已。

[译文]君子要按照这一卦象所显示的,使多的减少,使少的增多,在与每个人身份、地位相称的前提下平均分配财物。

爻辞注释:

◎初六谦谦,君子用涉大川,吉。

谦谦,前为动词,后为名词,积极地从事兼并的宣传或行为。初六身份低微,通过“谦谦”,可以提高自己的社会地位,增加物质利益。大川,比喻国界。涉大川,指走出国界,讨伐他国。君子用涉大川,指这种人可以走出国门建功立业。初六从静,意在基层群众要保持正确的思想方向,是可以出去而并非在动。吉,指民众有积极参与战争的热情才会出现吉的结果。

[译文]普通群众应积极地参与战争的宣传或行为,这样的人可以作为生力军投入到战争中去。吉。

◎六二鸣谦,贞吉。

鸣谦,大张旗鼓地宣传兼并思想。六二居中从静,战争未动,宣传先行。提前对民众做宣传鼓动工作,是战争制胜的法宝。贞吉,意在肯定宣传效果。

[译文](君主)要在内部广泛宣传兼并思想,这样做吉。

◎九三劳谦,君子有终,吉。

劳谦,为兼并而付出劳动。九三作为武士之爻,又是本卦唯一的阳爻,按理说应该体现出勇武之辞,却只言“劳谦”,说明兼并之事是一项极为复杂的工作,需要调动各种积极的因素来完成,而非只是冲锋陷阵,这一“劳”字应包含着劳心、劳力。另外,也意在说明政治思想的宣传作用大于单纯的武装斗争。“有终”,最终结局。“君子有终”,君子注重最终结局。许多工作眼前不见成效,最终作用却是巨大的。

本卦在初六、六二、九三爻连续写了三个“吉”,体现了对舆论宣传工作的重视。用宣传的手段,使战争变成浩大的人民战争,战争未发动,胜券已在握。

[译文]要做许多战前的宣传工作,(不要光看当时的成效,)要看到最终结局,吉。

◎六四无不利,㧑谦。

无不利,可从三个方面作解释:一是六四从弱从静,以静待变,无不利;二是从内卦的角度而言,六四为接壤之弱邻,攻之无不利;三是六四从静从正,已经被兼并,故言无不利。由于“无不利”直接写在“六四”之后,没有其他提示,只好列出几点假设。㧑,《说文》:“㧑,裂也。”指将一体的分裂开。㧑谦,将分裂开的土地再兼并在一起。此义不甚明了,谦是说侵伐、兼并相邻的国家,但“㧑谦”似乎将战争理论又提高了一步:我是为统一大业而战。不过这样解释缺乏历史依据。

[译文](兼并邻国)没有不利,这是将分裂出去的再统一起来。

◎六五不富以其邻,利用侵伐,无不利。

六五为卦主,爻辞体现了全卦主题。富,富庶,富庶之地。以,及,相比。邻,邻国。不富以其邻,因为不如邻国富裕。侵,侵入敌国。伐,征伐。不富以其邻,利用侵伐,因为不如邻国富庶就去攻打它,可以充实自己的国力,这是一种战乱时强者的理论。爻辞无视商王的权威和势力,不加掩饰地发表自己图谋霸王之业的思想,体现了周文王的胆略和自信。

[译文]不如自己的邻国富庶,有利于去进攻打击它,不会有不利的事情发生。

◎上六鸣谦,利用行师征邑国。

上六在外位正。鸣谦,在外广泛宣扬战争的合理合法。征,不同于伐,孟子曰:"征者,上伐下也。"此处写"征",意谓要打着商王的旗号讨伐邑国,是指战争发动者的老谋深算。邑国连用,应是邑为都,国为国土。征邑国为财地两得。另《上海博物馆藏战国楚竹书》此爻写为"征邦",疑因汉初抄写时为避讳汉高祖刘邦而改,"邦"与"邑国"相近。

[译文]要在外大张旗鼓地宣传战争的正义性,有利于借用商王的旗号兴师讨伐和占领别的国都与疆土。

卦结:

谦历来都解作谦虚,但这种说法从六爻卦象和字的构造义上没有依据。其实,《谦》卦是战争卦,讲的是战争中的战略问题。"谦"是指战争既要达到侵占领土的目的,还要发动宣传机器,使战争因其正义性而演变成人民战争。这是从卦象规则、字的构造义、时代性三大原则得出的一致结论。"谦谦",重在做,是初六借以晋身的机会,谦的结果是利益;"鸣谦"在其声,做好内部思想动员;“劳谦”在于努力,九三君子最终必有所得;六四“㧑谦”在于统一,功在后代。六五的“不富”是借口,“侵伐”是手段,充实国力是目的;两个“无不利”,对敌我双方力量的对比是洞若观火;上六在外宣传战争的合法性,打着维护商王的名义行侵伐之实。

䷏豫卦

卦辞注释:

◎豫,利建侯、行师。

会意卦,取五阴爻为主动爻,是五个阴爻围在九四周围而动。第四爻有祭祀之意,五阴爻相聚祭祀宗庙、神祇。《系辞下》:“重门击柝,以待暴客,盖取诸《豫》。”此以九四为假想敌人,其居外临内,如同“暴客”临境,我方当加强戒备,严防敌人来犯。《系辞下》所言卦象规则应当早于周文王时代,它所反映的是早期的部族战争,卦象的取象方法有所不同。

豫,《正义》:“谓之豫者,取逸豫之义。以和顺而动,动不违众,众皆悦豫,故谓之豫也。”《本义》:“豫,和乐也。”和乐之说未必是豫的本义。

《说文》:“豫,象之大者。”关于“象”,可以界定两种含义与豫有关者:(1)古乐名。相传周武王打败商纣王后所作的音乐,《墨子·三辩》:“因先王之乐,由自作乐,命曰象。”《吕氏春秋·古乐》:“商人服象,为虐于东夷。周公遂以师逐之,至于江南,乃为三象,以嘉其德。”高诱注:“象,周武王伐纣之乐也。”(2)古代一种手执干戈的舞蹈。《诗·周颂·维清》序:“维清,奏象舞也。”郑玄笺:“象舞,象用兵时刺伐之舞,武王制焉。”孔颖达疏:“谓文王时有击刺之法,武王作乐,象而为舞,号其乐曰象舞。”这两种说法，一是音乐，二是击刺形式的舞蹈。音乐和舞蹈是古代祭祀活动的象征仪式，如果用编排好的技击动作作为舞蹈内容，再配以鼓乐，那就是祭祀活动了。举办大型以技击动作为主的祭祀活动，应该是“豫”的真实内涵。

侯，方国国君，殷朝称方国国君为伯或侯。建，建制，与侯的地位相称的活动。建侯，完善侯的行政建制，暗指为将来的周王统治预建完善的组织体系。《本义》：“其占利以立君用师也。”似有不妥，因为建侯与立君概念不同。行师，师为民兵组织，行师则变成了军队组织。组织大型祭祀活动，需要多个职能部门的管理和周密部署，实际上也是国家管理和行军打仗的演练，故经常举行大型祭祀活动同时有利于建侯和行军。

文王将“豫”作为本卦卦辞，有其深刻含义。在《师》卦提出寓兵于民，是出于战备的考虑。但有了兵员，能不能形成战斗力，还要看平时的组织训练如何。再者，一旦夺取了天下，能不能短时间内达到驾驭天下群雄的效果，也需要提前做好这方面的组织工作。其时文王深陷囹圄，本身受到商王的猜忌，再大兴民兵训练，肯定会带来灾难性的后果。如果通过演练祭祀的名义，在有条件的地方实施练兵以提高战斗力，就不会引人注目了。所以“豫”的真正含义是借演练舞蹈训练技击术，以加强民兵的战斗力和完善组织系统。

［译文］可以组织大型以技击术为舞蹈内容的祭祀活动。这对完善侯的政府建设和行军打仗都有利。

象辞注释：

◎象曰：雷出地奋，豫。先王以作乐崇德，殷荐之上帝，以配祖考。

雷、地是组成六爻卦的八卦名称。雷出地奋，是彰显威武精神的修辞语。作《说文》:“作,起也。”乐,这里不应单指音乐,还应包括与之相应的舞蹈活动。崇,《玉篇·山部》:“崇,尊也。”有尊崇祖先或上帝之意。作乐崇德,以演奏音乐、跳起舞蹈的形式颂扬祖先和上帝。殷,《广雅·释诂一》:“殷,大也。”盛大的仪式。荐,进献祭品。上帝,《国语·鲁语上》:“周人禘喾而郊稷。”文王时可能将帝喾作为“上帝”来祭祀。殷荐之上帝,用盛大的仪式将祭品进献给帝喾。

祖考,即祖先。配,《礼记·明堂位》:“祀帝于郊,配以后稷,天子之礼也。”按照殷礼,生时称王,死则称帝,商王将历代故王都视为上帝来祭祀,无非是让他们保佑自己的江山稳固。而周只有一个上帝,祭祀的上帝也只有一个,后稷以后的历代君主都是以配祀的资格一同祭祀,说明“以配祖考”是为了纪念祖考,与殷礼相比在思想上无疑是一个很大的进步。随着周的日益强大,周文王欲取商而代之,必须要有天命,于是周以祭祀天帝为主,将自己的祖先后稷作为配祭的对象。从象辞看,似乎是从周文王时就有了“帝喾”的神位,并已经开始隆重祭祀这个“上帝”了。

周公写象辞避开了演练技击术这个关键问题,完全用祭祀为主题解释卦辞,将战争意念变为和平意念,是《大象》思想精华的体现,也是对“豫”概念的转换,学易者不可套用象辞内容解释卦辞。

[**译文**]先王用盛大的音乐舞蹈来祭祀祖先,赞美上帝和祖先的盛大功德,用隆重的礼仪进献上帝,并一同祭奠自己的列祖列宗。

爻辞注释:

◎初六鸣豫,凶。

初六指地位卑贱或处在弱小时期,如果大张旗鼓地举行与自己地位不相匹配的祭祀活动,会招致凶祸。

◎六二介于石,不终日,贞吉。

六二在内里,如果指祭祀宗庙,就是在宗庙之内。介,《集韵·怪韵》:“间也。”处于二者之间。介于石,让石头介于人和神之间。大概是指可以将神像刻在庙内的石头上,人们祭祀神像就等同于祭祀神灵。或把祭祀的场面刻画在庙内的石头上,神灵看到这些画面就等于看到人们随时在祭祀它们。不终日,不会因为太阳西落而停止祭祀。这可能是建议要改革祭祀形式,或许是为了有利于集体训练的开展。贞吉,大概是过去要有活人做尸灵来祭祀,以石像取代尸灵会产生疑虑,所以写“吉”来肯定这种做法。

[**译文**]在庙内置石像介于人和神之间,这样就不会因为太阳西落而停止对神灵的祭祀,这样做吉。

◎六三盱豫,悔。迟有悔。

盱,《说文》:“张目也。”睁大眼睛看。盱豫,消极地看别人演练。迟,《广雅·释诂二》:“缓也。”六三是弱旅,为什么弱,就因为他们光看别人演练而自己不行动,到了打仗的时候才知道后悔。还有演练不认真的,动作总是比别人缓慢,一旦到战场上也是要后悔的。这两个“悔”针对的是两种状态。

[**译文**]睁大眼睛看着别人演练技击术,(自己却不行动,)会后悔的。不认真训练,动作缓慢,到打仗时也会后悔的。

◎九四由豫,大有得。勿疑,朋盍簪。

由,《程传》:“豫之所以为豫者,由九四也。”解为缘由。《方言》卷十三:“由,式也。”法式。法式之意较为贴切。四爻为祭祀之爻,阳为动,是祭祀过程。由豫是讲把技击术编排成祭祀舞蹈的规定动作。大有得，指明是由大人组织编排统一范式推而广之，大人是受益者。

盍簪，《集注》："盍者，合也。簪者，首笄也。"这里有聚拢之意。朋，同一部族或属下的人。朋盍簪，将同一部族的人聚拢在一起。是要求参加这种技击术训练的人限制在同部族之人，是同部族人祭祀族先的形式，不会受到怀疑。打仗时召集的军队是以同部族为一军事组织，故训练时也以同部族为单位展开。

[译文]要将技击术作为祭祀舞蹈的规范动作，这样大人会有所得。不要有疑虑，只是把本部族之人聚拢在一起训练。

◎六五贞疾。恒，不死。

六五之君居位不正，该动却静，不去按照"豫"的方案演练民兵。疾，脑子有病。贞疾，这种消极处世的首领脑子有病。恒（恆），篆字的写法是心舟在两岸之间，有以舟济人过河、接济别人、帮助别人之意。豫和恒是两种概念，豫是积极进取，暗含杀机。恒是满足现状，乐于助人。六五保不住自己的政权，也不会有死的结局。在乱世中胜者王，败者寇，没有更多的选择机会。

[译文]不积极练兵备战，那是脑子有病。以为善良助人就会保住江山，只是不会让你死亡罢了。

◎上六，冥豫，成有渝，无咎。

冥，黑暗，晚上。冥豫，在晚上演练。成，成功。渝，变。成有渝，即便成功了也会发生变化，大概古时祭祀神灵有时间上的要求，不应在晚上搞类似活动。无咎，肯定前面的句子，指做事不可走极端。

[译文]在黑暗的夜晚也举行演练活动，即便是成功了的事情也会发生变化，不会有错。

卦结：

豫是周文王利用雷地卦提出的军训方略。在周军尚弱的情况下，只有通过祭祀活动来提高战斗力，才不会引起商王怀疑。初六鸣豫，不可大张旗鼓地演练技击术；六二以石像替代神灵，方便祭祀活动；六三盱豫，静观别人演练自己会更加羸弱；九四由豫，要把技击术作为规范动作来演练；六五不想消灭敌人，就会被敌人消灭；上六冥豫，夜晚不可有所作为。

十三、剥卦、复卦

䷖ 剥卦

卦辞注释：

◎剥，不利有攸往。

指事卦，上九主动。上九位居五阴爻之上，有统治众人之象，可以家族之长论之。一阳爻卦中《谦》《师》都是主动爻在内，居前，是以内外卦论之。《剥》《复》不同，是以上下卦论之。阳爻在上卦的为主动爻，居前；阳爻居初位的只以五阴爻为主动爻，排后。可见在《周易》思想中，民族矛盾虽然占首位，而到了初爻这个低微阶级时，民族矛盾就放到了次要位置。初爻地位卑微，上爻地位崇高，是不可变更的阶级顺序，故《剥》卦居前。

《正义》："剥者，剥落也。"虞翻曰："阴消乾也，与《夬》旁通，以柔变刚，小人道长，子弑其父，臣弑其君，故不利有攸往也。"(《集解》引)凡以此解"剥"者，皆源于消息卦之论，不可相信。

《说文》："剥，裂也。从刀从录，录，刻割也。录亦声。"剥的本义是以刀砍物而致物裂。从卦形看,上九之下的五阴爻有中间开裂之象,生活中最常见的用斧头劈木头,斧子劈上头一点,即可沿其丝纹裂至于下,由此可以总结出以点带面的道理。如把本卦象的上九作为治理下面五阴爻的家长来比喻,那卦爻辞就顺理成章了。"剥"表达的是概念,如果用一个字概括,应为制。不利有攸往,因为上九只是家长概念,只能用于管理内部,不宜用此方法同外面的人打交道。

[**译文**]治理好家庭,但不利于将这种方法应用于外面的人和事情。

象辞注释:

◎象曰:山附于地,剥。上以厚下安宅。

山、地是组成六爻卦的八卦名称。山附于地,表示管理局限的修辞语。象辞承接卦辞,讲科学管理的意义。上,泛指统治者。厚,仁厚。厚下,以仁厚对待下属。虞翻曰:"君当厚锡于下。"(《集解》引)宅,居住。甲骨文:"三妇宅新寝"(《前》1.30.5)、"今二月宅东寝"(《前》4.15.1)。"新寝""东寝"即先秦典籍和金文中的"新宫""东宫",是王居息、宴饮之所,其中"宅新寝""宅东寝"之"宅"都是指居住的意思。安宅就是要使百姓安心居住。这是保持国家稳定的最基本的要求。

[**译文**]作为统治者应当以仁厚对待下属,使他们安心地居住。

爻辞注释:

◎初六剥床以足蔑,贞凶。

"剥"是讲以上制下,但运用这种管理方法有得当与不得当之说,专用于床第之上的管治妻妾之法,则有所不当了。床,睡觉用的床。剥床，以男人的权力寻求男女间的欢愉。足，初六最下为足。蔑，《本义》："灭也。"以消亡解，此说有误。《说文》："蔑，劳目无精也。从苜，人劳则灭然，从戍。"此为字的本义。爻辞"灭"是形容筋疲力尽的样子。"剥床以足蔑"，因过度寻求男欢女爱而使腿脚疲乏无力。初六低微，专职于劳力，腿脚没有力量就会失去生存能力，故而有凶。

［译文］因过度寻求男欢女爱而使腿脚疲乏无力，这样做有凶。

◎六二剥床以辨蔑，贞凶。

辨，王弼注："辨者，足之上也。"《本义》："辨，床干也。"真不知此解从何而来。二爻为内卦之主，应明断是非。辨指分辨。辨蔑，则指失去了分辨是非的能力。贞，代指"辨蔑"。六二是受宠的女人当家主事，丈夫对枕头风言听计从，故凶。"桀有妹喜，纣有妲己"，爻辞似乎有影射商纣王宠信妲己之事。

［译文］过分地宠幸女人，以致失去了分辨是非的能力，这样做有凶。

◎六三剥之无咎。

三爻为武士或小人，本爻可以小人解。小人沉溺于床笫之乐无害可言。无咎，肯定前语，这是小人的象征。

［译文］小人沉溺于床笫之乐，没错。

◎六四剥床以肤，凶。

六四处上卦，社会地位较高。肤（膚），《广雅·释器》："肤，肉也。"《说文》："胪，皮也。从肉，卢声。肤，籀文胪。"段玉裁注："今字皮肤从籀文作肤，肤行而胪废矣。"笔者以为，此段注不可信。肤(膚),虎胃结构,虎乃食肉动物,与食肉有关。肤也可解作食肉者。《左传·庄公十年》:“齐师伐我,公将战。曹刿请见,其乡人曰:‘肉食者谋之,又何间焉?’刿曰:‘肉食者鄙,未能远谋。’遂入见。”“肉食者”即是有权势的人,与肤字之义正好吻合。在《周易》的爻辞中,所有的“肤”都可解释为有权势的人或有钱财的人。剥床以肤,因为有了钱财、奴婢成群,就整日迷于女色。

[译文]有权势、钱财的人迷于酒色,会有凶。

◎六五贯鱼,以宫人宠,无不利。

《正义》:“贯鱼者,谓众阴也。”此解甚误。《广雅·释言》:“贯,穿也。”贯鱼,讲用枝条把鱼穿在一起,只需抓着枝条就可以拿很多条鱼,从卦象上讲,这个枝条就是六五。为什么这样说?上九不居尊位,众阴爻不会服从上九,如果让六五去领导同类的四阴爻,上九只要控制住六五这个众阴爻之首,就等于控制住了所有的阴爻,就如同王让王后管理后宫一个道理。宠,《说文》:“尊居也。”以宫人宠,让处在尊贵位置上的王后或受宠的嫔妃管理宫人。用在政治上,武王伐纣以后,他让商纣王的儿子武庚去管理商的遗民即同此理。这段爻辞主要谈管理的艺术,提出了凡事要抓主要矛盾的哲学思想。无不利,指这种管理方法可以普遍采用。

[译文]让六五负责管理众人,如同用枝条把很多鱼穿在一起,(你只要抓住枝条就等于抓住了这些鱼,)又如同让王后管理着众多的宫女,不会有不利的事情发生。

◎上九硕果不食,君子得舆,小人剥庐。

硕果,比喻大功。上九为句子的主语,不食是谓语,硕果是宾语。“硕果不食”是宾语前置,可解为:上九不食硕果。在其他爻辞中也有很多这种现象,如“六五贯鱼”,六五用贯鱼的方法进行管理。《讼》:“九五讼元吉。”大人应对一些问题进行争论。当然这种主语是虚拟的,虽然现在无法断定在《周易》创作时就有爻题,但是这种语法形式确实是存在的。硕果不食,不居大功为己有,使有功之人各有所得。

庐,《说文·广部》:“庐,寄也。秋冬去,春夏居。”《诗·小雅·信南山》:“中田有庐。”郑玄笺:“农人作庐焉。”庐就是农人在田间盖的简易小屋,不过从爻辞看,指平民百姓居住的房屋要更恰当一些。剥庐,治庐。小人,没有身份的人。小人剥庐,没有身份的小人也让他们有房子住,使他们能够管理自己的家舍。君子,有身份的人。君子得舆,把车子赏赐给身份较高的人。出入乘舆,是有身份的象征,虽然这里只提到车子,但其所得的赏赐要远远多于车子。上九一阳爻高高在上,又不处尊位,故不应独自享用成功的果实。

本爻的意思是:如果不给下属带来实惠,激发不起他们的积极性,什么样的管理方法都无济于事。

[**译文**]得到大的果子而不自己食用,有了胜利果实大家人人有份,要让君子有车子坐,百姓有房子住。

卦结:

文王利用《剥》卦重点谈管理的体制建设,重点讲分级管理和如何抓主要矛盾。剥床指贪图女色的危害。初六“剥床”导致足下乏力;六二“剥床”导致是非不分;六四“剥床”导致家财散尽;六五“贯鱼”是谈管理的艺术;上九讲要给下属带来实惠。

䷗复卦

卦辞注释：

◎复(復)亨。出入无疾，朋来无咎。反复其道，七日来复，利有攸往。

《集解》引何妥曰："复者，归本之名。"《正义》曰："往前离本处而去，今更反于本处，是反本之谓也。"此解可用。但《彖》："复亨，刚反。"以卦变解卦象，不可取。

本卦象五阴爻在外，主动。初九在内，为根。五阴爻如同游子，终将回归故里，也如同迷失前进方向的人，最终又回到我们这里来。复，是指在外的人都回来。复亨，加主语，谓语主动，我们要让出去的人都回到周国来，国家才有力量。

出入，出去和进来。"疾"，思想上有病。出入无疾，无论是出去还是进来，都不是思想有问题。意思是各自都有各自的想法，不要去勉强别人。朋，指阴爻，前来归附的人。朋来无咎，来归附我们的人没有错。入是无意而来，朋来是投奔而来。上述所讲不论是出去还是进来，我们的大门都是敞开的，但只有来投奔我们的人才真没有错。

道指道路，暗含政治路线。反复，来回地走。反复其道，因为没有正确的思想指引，以致在成功与失败中反复探索。七日，十日为一旬，一旬代表人的一生，七日比喻人在中晚年的时期。七日来复，通过半生的成败经历，晚年才领悟到真理，回归到我们这里来。利有攸往，有利于出去做事。

卦辞借外出之人回归故乡之事，谈通过实践探索真理的道理，具有深刻的政治意义。

［译文］我们要让出去的人都回到周国来，国家才会更加强大。出去的人和回来的人都不是思想上有病(，因为他们没有失败的经历)。前来投奔我们的人没有错。在实践中反复探索，下半生明白了来回归我们，这样就有利于出去做事了。

象辞注释：

◎象曰：雷在地中，复。先王以至日闭关，商旅不行。后不省方。

象辞与卦爻辞所言完全不同，可能有以下原因：一、“复”体现了创业时期周文王招贤纳士的思想，意在壮大自己的力量；周公写象辞主旨在于完善国家体制建设，保证现有统治阶级的利益，故“复”字的主题不可再用。二、从卦象看，初九一阳爻初起，确有阴极而阳生之象。三、从历法上看，夏商周三个朝代的元月各不相同，夏历元月始于寅，符合自然气候和农业生产的需要；商历元月始于丑；而周历元月始于子，近于冬至日，这可能是源自周文王的哲学思想。象辞是借卦象来解释周历的起因。但不论怎样解释，都不应本末倒置地将卦辞服从于象辞去解释。所谓“消息卦”，是得自于象辞，而非卦辞本义。

至日，冬至日，是一年当中白天最短的一天。古时认为冬至乃阴阳交替之日，应当静待其变。故文王在至日闭关，商旅不行。旅，羁旅在外。

后，应专指夏朝天子。《史记·夏本纪》：“禹于是遂即天子位，南面朝天下，国号曰夏后，姓姒氏。”夏后即是夏王。省，巡视。方，四方。后不省方，上古时的君主在冬至日不再到各处巡视。此句意在言周历来自于上古帝皇的思想，符合天意，而不是周文王的独创。

［译文］先王根据卦象所示，在冬至日关闭城门关卡，经商旅

行的也不再通行。即使上古时候，帝皇在冬至日也不再巡视四方。

爻辞注释：

◎初九不远，复。无祇悔。元吉。

不远复，出去不远就回来了。这是从内外的视角讲。祇，《集解》引侯果曰："祇，大也。"《程传》："祇，音宜柢，抵也。《玉篇》云适也，无祇悔，不至于悔也。"此以假借解字。《说文》："祇，敬也。从示，氏声。"敬为本义。无祇，没有敬重之意。这是从上下的角度讲，初九最下，地位卑贱，所以不为人敬重。初九是卦中唯一的阳爻，可以从两个角度理解：一是出去的人不敬重这个没有社会地位的家，但又离不开它；二是众人找不到正确的道路，却又不愿意敬重和遵从初九这个实践出真知的思想。"无祇悔"，为自己的不敬重而悔恨。元吉，我们的事业才会吉祥。悔是元吉的前提，如果不悔就会导致失败。

[**译文**]走到不远的地方就回来了。为不敬重（初九）而悔恨，我们的事业才会吉祥。

◎六二休复，吉。

六二居内卦之中，从静。休，休息，就是无为。当前途迷茫时不如停下来，想清楚再行动。

[**译文**]当前途迷茫需要休息时就回来，吉。

◎六三频复，厉无咎。

频，眉头不展的样子。六三为小人，看不透形势，不情愿地回来。厉，危险。无咎，肯定前面"厉"的判断，其本身没有意义。

[**译文**]眉头不展地回来，很危险，没错。

◎六四中行独复。

四爻贵智，又居五阴爻之中，是同行者的精神领袖，但没有统领之权，别人不听从自己的意见，只好自己回来。“中”言其位，别人围在他的周围，也为思想中正不偏。行，走路，探索道路。独，因没指挥权而孤独，别人不听从自己的话，只有自己管自己。《集解》引虞翻曰：“俗说以四位在五阴之中，而独应‘复’，非也。四在外体，又非内象，不在二、五，何得称‘中行’耳？”此说实非。《中孚》二阴爻居四阳爻之中，故言“中”，不然，卦辞何以言“中孚”？本卦六四居五阴爻之中，是六爻卦象，言其“中行”一点不谬。二、五爻是八卦之象，也可称为“中”。两者所言皆为有据，并不矛盾。

[**译文**]智者甩开同行之人，独自一人回来。

◎六五敦复，无悔。

敦，敦厚之人。六五弱而不正，没有正确的世界观，却有敦厚的品行，凭本性回归。无悔，因选择了正确的道路而无悔。

[**译文**]敦厚之人返回来，不会为此而悔恨。

◎上六迷复，凶，有灾眚。用行师终有大败。以其国君凶，至于十年不克征。

上六走得太远，迷失了回来的方向。眚，《程传》解为“过”，过失，此非本义。《说文》：“眚，目病生翳也。”眼睛生病。有灾眚，因眼睛有病看错了方向，导致了灾难的发生。“眚”虽然是指眼病，但用在句子中，是指看问题的观点有错。

“用行师”，由政治观点延伸到军事路线。用，指用前面所说的错误观点来做事。行师，打仗。大败，大的失败。坚持这样的错误路线，最终会导致军事上的失败。以其，按照这种错误思想。

以其国君凶,如果按照这种错误思想执政,国君也会有凶。

于,介词。十年,卦爻辞中十年的概念等于说永远。至,达。至有两个内涵:一是到达极远之地,表示地点;二是达到十年时间,表示时间。至于,表示完成时态:已经到达极远之地,已经达到十年时间。征,国君征讨外邦小国。至于十年不克征,在外邦征讨永远也不会胜利。

本卦写到上六爻,上升到了极端政治路线问题。上六贵而虚,初九卑而实。上六虽然自身没有成熟的思想,却瞧不起初九这个身份卑微者的高见,一味信奉脱离实际的理论,执行了一条错误的政治路线,只能是一个失败的结局。

[**译文**]走得太远了,迷失了回来的方向,有凶。是因为错误观点而导致灾难发生。如果坚持这种错误的观点行军打仗,最终会以大败而告终。以此思想执政,国君也会有凶险。到外邦征讨,永远不会取得胜利。

卦结:

《复》卦提出了两个主题思想:一是要广泛招贤纳士,扩大自己的阵营;二是实践出真知,英雄不问出处。卦辞之"复"很耐人寻味。复就是走回正确的道路上来。既然回来才是正确的选择,那出去的人或不坚持这一政治观念的人错在哪里,你的思想观点正确的依据又在哪里?这些都需要从卦象和卦爻辞中细细品味。初九为根本,故元吉;六二无知则不为,为"休复";六三小人看不清形势,言其"频复";六四有智无权,只好独自回来,故言"独复";六五凭本心回归,故言"敦复";上六走得太远,找不到正确方向,故言"迷复"。

十四、小畜卦、履卦

☴☰ 小畜卦

卦辞注释：

◎小畜亨。密云不雨，自我西郊。

《释文》："本又作蓄，同敕六反。积也，聚也。"以畜为蓄积。《本义》："小，阴也。畜，止之义也。上巽下乾，以阴畜阳。又卦唯六四一阴，上下五阳皆为所畜，故为小畜。"以畜为止。本文不取此意。

本卦六四为指事主动爻。此卦是一阴卦的最前一卦。六四阴爻独居于上卦，如果作为妇女或子女，处于上流社会，自然有享不尽的荣华富贵，所以《小畜》卦可看作是一阴爻卦的最好卦。

畜的本义是畜养牲口。小，大小的小。小畜，畜养小的牲畜。六四近尊，可以理解成是君王身边的小人，这种小人如果是权臣，就会贻害于世；如果只是服侍君王的人，只有将他当作永远养不大的小牲畜对待，才亨。小畜亨，加主语，谓语主动，我们要像养小牲口一样对待君王身边的小人，（不使他参与政事，）政局才会安定。

后面的句子与前面是两个不同的主体。密云不雨，天空中的云浓厚密集，还不到下雨的时机，尚需要继续积蓄能量。自我西郊。我，指周地。西郊，从含义上讲，它不只是一个地域概念，还应包括时空上的概念。相传周的祖先公刘开始迁移到豳定居，历十代至古公亶父又迁到岐山下的周原，始放弃穴居，建立了房屋和城郭,这些在《诗经》中多有记载。古公亶父是文王的祖父。文王后来又把都城迁到了丰邑。周国就是这样由西向东一次次地迁移,一步步地强大。这段卦辞从表面上看,似是讲西北地区干旱少雨的客观现实,实际上是在讲一个民族在弱小时首先要休养生息的道理,符合六四以弱小近九五的卦象。

本卦辞有两个主题:一是近君之小人要控制其权势,宁养其闲而不可负重;二是讲述周国的创业史,是经过艰难创业而由小变大,由弱变强。

[译文]我们要像养小牲畜一样地控制小人,(勿使他参政,)政局才会安定。天空中不断密集着云层,还不到下雨的时候,就像我周国由西东迁,不断壮大的历史。

象辞注释:

◎象曰:风行天上,小畜。君子以懿文德。

《集解》引虞翻曰:"懿,美也。"文,通纹,花纹。懿文,小牲畜身上漂亮的花纹。牲畜在小的时候首先要长一身美丽的毛色。以此喻人,在小的时候,要学习好文化和礼仪,培养一个好的形象。

[译文]如同小牲畜先长出一身好看的毛色,君子要培养一种良好的外在形象。

爻辞注释:

◎初九复自道,何其咎?吉。

复,回来。初九在下,不入上流,你希望他走上进之道,他却又走回自己熟悉的那条路,可他又有什么错呢?吉。这叫人各有志或禀性难移。

[译文]回来时又走在自己熟悉的道路上,这又有什么错呢?吉。

◎九二牵复，吉。

九二居内卦之中，有动之象。小牲畜乱跑易走失，牵着它回来，吉。牵牲畜用绳子，管人用家法和礼仪。比喻对成长中的小孩要善于引导和管教。

[译文]牵着小牲畜回来，吉。

◎九三舆说辐，夫妻反目。

舆，车厢。辐，车轮上的辐条。说，通脱。舆说辐，大概指车走得太快或过于载重，导致辐条脱离了车厢部分。结合卦辞，九三动极，小牲畜体力尚弱，却让它干无法胜任的工作，这与车轮承载力小，被轧坏辐条的道理是一样的。反目，观点相反，无法同一。夫妻反目，《小象》："不能正室也。"《集解》引《九家易》曰："以妻乘夫，其道逆，故不能正室。"此取阴在阳上之义。爻辞取两个视角：小马拉大车，就如同"舆说辐"；以妻乘夫，肯定会导致"夫妻反目"。意思是不可违背客观规律做事情。

[译文]车厢与辐条相脱离，夫妻观点相反而难以同一。

◎六四有孚，血去惕出，无咎。

有孚，小孩子。六四为唯一阴爻，又出内至外，如同小畜或是婴儿出生。看爻辞之意，上卦三爻皆是指人而言，所以"六四有孚"应是指新生婴儿。血去惕出，描写婴儿出母腹时的情景。无咎，是肯定"血去惕出"的说法，谓有所得必有所失。

[译文]新的婴儿降生，血流出以后，新生儿出了母体，没有错。

◎九五有孚挛如，富以其邻。

《程传》："挛如，谓牵连相从也。"有孚挛如，孩子比肩而长，形容多。富以其邻，比邻家富有。本卦没有尊贵之象，也不准"小畜”尊贵，所以九五取富，孩子生活得比邻家富裕。也可指孩子受到良好的教育，将来家境肯定比邻家富有。

[译文] 孩子很多又都有出息，将来一定比自己邻近的人家富裕。

◎上九既雨既处，尚德载妇，贞厉。月几望，君子征凶。

上九之位表示孩子已长成大人。处，是住下来的意思。既雨既处，出行在外逢到下雨找个地方躲避一下是应该的，住下来则做事太过。尚德载妇，是以载妇为德，男子长大了娶妻生子是很正常的，但如果心里只想着娶老婆，就很危险了。后面有“征”字，也可以解为军队出征，劫掠民妇，车载以归。几(幾)，《说文》：“几，微也，殆也。”指新月。望，望月。《说文》：“望，出亡在外，望其还也。从亡，望省声。”望月的天文概念是日月相望。商周之时是以新月为月初，所以“月几望”实际上就是指从初一到十五。月几望，月亮从新月状态到圆满，形容夫妻两地盼望团圆。远征他乡时如果只想回家团圆，就会失去战斗力。

上九描写的是一种懦弱、恋家、随遇而安、没有创业精神的心态。

[译文] 逢到下雨就找个地方住下来；男人长大了就只想着娶老婆过生活，是很危险的。看着月亮由新月变成望月，心中思念亲人，君子远征作战时这样想就会有凶灾。

卦结：

本卦借畜养小牲畜为养小人立规，既养而勿用。初至三爻，借小畜以喻人；四至上爻，言人由小而至大。初九走其自己的道；九二牵复是指要引导；九三不可用其力；六四新生，有得必有失；九五有教养的孩子多福；上九过于溺爱，长大了也难成大器。

䷉ 履卦

卦辞注释：

◎履虎尾，不咥人亨。

《正义》曰："《履》卦名含二义，若以爻言之，则在上履践于下，六三履九二也。若以二卦上下之象言之，则履礼也。在下以礼承事于上，此象之所言，取上下二卦卑承尊之义。"此言或以六三为履者，或以卑卦为履者，但都不符合卦象规则。

本卦象为会意卦，取五阳为主动爻。履，名词动用，实指五阳，是主动爻之所为，故五阳为履者；虎尾指六三，是被履者。五阳恃其势盛，以强凌弱；六三为武士之爻，以静居动，貌似纤细柔弱，内里却有着强悍的秉性。六三只一阴爻是无势，处三爻是无威，只能算是"尾"，三爻为武士，所以谓之"虎尾"。履虎尾，踩到了老虎尾巴。

咥，《说文》："大笑也。从口，至声。"《广韵·质韵》："咥，笑也。"不咥，不笑。理性之人踩到老虎尾巴，意识到后果的严重性而不笑。有的人喜欢以强凌弱，只看到踩在脚下的是纤细的尾巴而狂妄大笑，却不知硕大的老虎已经扑向自己。亨的主语指"不咥人"。卦辞的意思是：人在得势的时候很容易藐视一切，如果一旦碰到一个看似软弱实则如虎的人时，能够认识到事态的严重性而收敛起来未为晚也。它意在说明强者如以势欺凌弱者，最终会受到弱者的欺凌。另高亨："履字当重。上履字乃卦名，下履字乃卦辞也。"（高亨：《周易大传今注》，齐鲁书社 1998 年版，第 108 页）此言无理，《周易》原本没有卦名，再重一"履"字作卦名，更不可取。所谓"卦名"，其实就是卦辞。

[译文]踩到了老虎尾巴而没有大笑，这样的人才不会有灾难。

象辞注释：

◎象曰：上天下泽，履。君子以辩上下，定民志。

辩，争辩，辩论。上下，辩论的结果有上下之分，实际上就是观点的对与错。卦辞讲不可以势压人、以强凌弱，象辞就讲以理服人。通过辩论各抒己见，对者有理，错者心服，主题是相近的。

[译文]君子要通过讲道理来分清对与错，这样才能够安定民心。

爻辞注释：

◎初九素履往，无咎。

素履，没有色彩的普通的鞋。普通的人穿普通的鞋，指没有爵位官职的平民。或比喻那种朴实而不趾高气扬的人。

[译文]穿着普通的鞋前往，没有错。

◎九二履道坦坦，幽人贞吉。

九二动爻居内卦中、静之位，原在家中做事，有离隐出山之象。幽人，隐居的贤士。贞，指九二之所为，动出内中。从卦辞讲，当出现一个不是以强凌弱，而是重贤任能的君主时，隐居的贤士就该出山发挥才能了。

[译文]出山的道路广阔平坦，隐居的贤士这样做吉。

◎六三眇能视，跛能履。履虎尾，咥人凶。武人为于大君。

眇，瞎了一只眼。跛，腿或脚有毛病。能，《说文》："能，熊属，足似鹿。从肉，声。能兽坚中，故称能杰也。"爻辞之"能"是指自以为能。六三阴爻居阳位,先天不足,却处处逞能。眇能视,瞎了一只眼却认为自己比别人看得远。跛能履,腿脚有毛病却认为自己走得比别人快。履虎尾,咥人凶,踩到老虎的尾巴上,不知危险已经临近,竟狂妄地大笑,这样的人必凶无疑。武人,尚武之人。大君,大国之君。"武人为于大君"是对"凶"这个断辞的一个补充,因为"凶"应是针对着具体事情,而"履虎尾,咥人"只是一个概念。如果尚武之人做了大国之君就会出现这种结局。爻辞似乎在影射商纣王。

[译文]瞎了一只眼却认为自己的视力最好,腿脚有病却认为自己走得最快。踩到了老虎尾巴上,还得意地大笑,这样的人必凶无疑。如果尚武之人做了大国之君,就是这种结局。

◎九四履虎尾,愬愬,终吉。

《正义》:"愬愬,危惧也。"踩到老虎的尾巴上,心里感到害怕,最终吉祥。爻辞的意思是做错了事情并不可怕,只要是有悔过之心,最终还是有好的结果。

[译文]踩到了老虎尾巴,心里惊恐不安,最终吉祥。

◎九五夬履,贞厉。

夬,《程传》:"刚决也。"果决之义,此解有误。夬,盛气凌人的样子。《周易》所有的"夬"字都包含贬义。夬履,形容行走的步子。五阳爻为群,没有贵象,九五居尊,只是阳气过盛,就像某些小人物一旦大权在握,就忘乎所以,藐视一切,走起道来也摆架子,一副自命不凡的神气。九五是卦主,"夬履贞厉"之意也就是全卦的中心思想。

[译文]小人物有了权,走起道来一副不可一世的样子,这样做是很危险的。

◎上九视履考祥，其旋元吉。

考，老。祥，福。考祥，老成持重有福。旋，《说文》："周旋，旌旗之指挥也。"具体到现实生活，可解为指挥家奴，安排家务。上爻为老人、宗庙，此处言"元吉"，应以继承家业的长子来理解。元，指家族。

[译文]看他走路一副老成持重有福的样子，让他继承家业，指挥家奴、安排家务，家族一定吉祥。

卦结：

《履》卦是讲人的品性。履虎尾，指狂妄自大之人以强凌弱，实则危机四伏。初九无官一身轻；九二贤人出隐；六三无能之辈却逞强；九四知错即改；九五小人得志；上九长子知情达理。

十五、同人卦、大有卦

䷌ 同人卦

卦辞注释：

◎同人于野亨。利涉大川，利君子贞。

本卦为一阴指事卦，取六二为主动爻。在宗法制社会，最为牢不可破的关系是宗亲。六二在内卦之中，阳爻为发，阴爻为聚。同，《说文》："合会也。"会合，聚集之意。人，一人。同人，合众人之心犹如一人。《本义》曰："同人，与人同也。"似未尽其义。野，涵盖天下之人。同人于野亨，将天下同心之人聚如一人。这一思想周武王在《周书·泰誓》中有明确表达："同力度德，同德度义。

受有臣亿万,惟亿万心。予有臣三千,惟一心。”我有部属三千,其心凝聚得犹如一人,足以敌你十万之心,就是这个道理。亨的主语是第一人称,同人于野是联合词组。同人于野亨,我们要将天下人团结在一起,才具有强大的力量。

利涉大川,古人部族多以大河或大山为界,过河即为出了国门。小爻居于内卦之中,又为居家之年轻人,应该出去建功立业。贞代指同人。利君子贞,有利于君子去同人。

本卦只有六二一个阴爻,与五阳相敌,力量悬殊,所以在描写敌对双方时,都是以己弱敌强为前提。由此也引申出卦的主题:团结才能产生力量。

[译文]我们要将天下的仁人志士聚合在一起,团结得如同一人,事业就能成功。有利于渡过大河去建功立业,有利于君子这样去做。

象辞注释:

◎象曰:天与火,同人。君子以类族辨物。

族,宗族。类,相同的人或事物。其时社会的矛盾主要表现在宗族之间的利益上,宗族中的利益往往是相对一致的,所以说以族为类。类族,即以族为类,以宗族利益为一个共同的利益,这与周王朝推行的宗法制思想是相符合的。辨物,辨别不同性质的事物。类族辨物,是说人们要以宗族的共同利益作为判断事物曲直的标准。而以此为标准,也就掩盖了人们对阶级矛盾的关注。

[译文]君子讲团结,就是要以宗族的利益为标准来辨别事物的对与错。

爻辞注释:

◎初九同人于门,无咎。

初九为平民,在军队则指士兵。门,家门。作为百姓只和自己家中的人团结一心是没有错的，作为士兵只和自己家族的人团结一心也是没错的。古时军队基层建制是由一个家族的人组成，由家族首领来指挥，一家之人一条心，这个战斗集体就有力量。

[**译文**]和自己家中的人团结如同一人，没有错。

◎六二同人于宗，吝。

宗，祖庙，这里指宗族。阴爻居阴位，不出其位，只团结同宗族的人。吝，嘲讽。指六二只团结自己宗族的人难以强大，而被外族嘲讽欺凌。

[**译文**]只团结同宗族之人，容易受到外族的嘲讽欺凌。

◎九三伏戎于莽。升其高陵，三岁不兴。

戎，《说文》："兵也。"兵器。莽，草丛。伏，藏匿。将武器藏在草丛中，真正含义是形容将军队藏于百姓中。这句话与"初九同人于门"如出一辙，平时在田间耕作，是农人；战时一起去打仗，是士兵。升其高陵，九三为武士，有耀武扬威之态，高陵即为显露自己、脱离民众之意。三岁不兴，用三年表示一段时间，是对前一句话的总结。你如果站在高处，一方面脱离民众，一方面又暴露了自己，实际上自己完全处在了劣势的位置，那你的事业就不会兴旺起来。这段卦爻辞提出了处在劣势中的一种军事战略思想。应用在现实中，要求势弱者应将自己的雄心壮志深藏不露，过早地暴露，就会有夭折之虞。

[**译文**]要把军队隐藏于民众之中。如果将自己暴露于高处，三年也不会兴盛起来。

◎九四乘其墉，弗克攻，吉。

九四出内居外，动居于静，象征着军队征战于外，被动迎敌。

乘,战车。《史记·周本纪》讲牧野之战,周武王“戎车三百乘”,“诸侯兵会者,车四千乘”。可见殷末时,“乘”专指战车。而且在殷墟发掘中,发现五车为一组,二十五车为一大组,每车驾马两匹,车上有甲士三人,一人御车,一人持戈矛,一人操弓箭,战车后面跟有步卒。说明商代后期作战已是以战车为主。墉,城墙,在此指作战用的屏障。军队驻扎于野外,无险可守,将战车摆开做屏障以迎强敌,这样有利于使全体战士同仇敌忾,团结一致。克,战胜。弗克攻,没有谁能够战胜和攻破这样的战斗集体。这段卦爻辞主要是描写如何才能使团结转变为力量。《程传》:“乘其墉欲攻之。”这是说站到了敌人的城墙上,此解改变了“乘”的原字义,也不符合卦辞守而勿攻的主题。吉是凶的反义,不如此则凶。

[译文] 军队驻扎在外,将战车围起来作为城墙,没有谁能够攻克他,吉。

◎九五同人,先号咷而后笑,大师克相遇。

号咷,为战友牺牲而痛哭,这是一种缘于亲情的团结精神,有了这种精神才能战胜敌人而后笑。大师,大人之师。只有这样的军队才可称得上是大人之师。克,战胜。相遇,包括所有的遭遇之敌。大师克相遇,这样的军队就能战胜一切敌人。之所以写“相遇”,是因为卦象太弱,不能主动征伐。九五是卦主,爻辞等于提出了“同人”的概念。

[译文] 所谓的“同人”,就是能够为失去同伴而痛哭,才会因此而产生战胜敌人的力量而后笑。这是大人之师,他能够战胜一切所遇之敌。

◎上九同人于郊,无悔。

郊,出城百里为郊,郊外只有耕种田地的平民或奴隶。意思是包括所有国人,不分贫贱,能够同心同德,就没有可悔恨的。上九爻辞不同于卦辞,包含的概念较小,没有能力"同人于野",所以"同人于郊"才"无悔"。

[**译文**]团结所有的国人,就不会有悔恨。

卦结:

《同人》卦提出了团结就是力量的思想。"同人于野"是指团结天下豪杰;初九团结家人;六二团结宗族之人;九三要藏兵于民;九四讲团结产生力量;九五言"同人"的概念:同悲才有同喜;上九团结国内所有的人。

䷍ 大有卦

卦辞注释:

◎大有元亨。

《彖传》曰:"大有,柔得尊位大中,而上下应之,曰大有。"此言不甚明确,"柔得尊位"可称为"中"而难以称"大"。《本义》:"大有,所有之大也。"所指主体不明确。显然,前贤对六五和大有之间的关系始终模糊不清,不知主体是谁,盖因不懂卦象规则所致。

根据卦象规则,本卦五阳爻为主动爻,大,指五阳爻。凡卦辞言"大"者,皆为阳爻。我们理解"大"的含义,应重在阳爻所表示的概念,而非指其数量或居尊位。此"大"可理解为朝中重臣,区别于君王身边的小臣和后妃。六五象征着以幼小或柔弱之人为君,真正的权力掌握在大爻即重臣手中,这样可保国运长久。"大有"与后宫乱政、宦官篡权相对比,才显示出它的巨大意义。《集解》引郑玄曰:“六五体离处乾之上,犹大臣有圣明之德,代君为政,处其位,有其事而理之也。元亨者,又能长群臣以善使,嘉会礼通,若周公摄政朝诸侯于明堂是也。”其所据卦象不敢苟同,但所解之理甚通甚明。元亨,我们的国家亨。

[译文](幼君嗣位)要有重臣辅政,才能保住我们的国运长久。

象辞注释:

◎象曰:火在天上,大有。君子以遏恶扬善,顺天休命。

这段象辞可以说就是周公的自白。武王死后,周公旦辅政成王,受到流言中伤,后举兵东征平定“三监之乱”,又在洛水北岸修建了东都洛邑。周公的所作所为正好吻合卦中所言。休,完结。句中的顺天休命,不是简单地阐释卦象,而是深刻地表达了对忍辱负重完成先王使命的感慨之情。其与《鼎·象》中的“命”字都放在句子的最后,是指完成使命,而不是将“命”施之于人。这是周公借象辞明心迹于后世:我按照卦辞所言去做,主要是为了遏止邪恶势力,弘扬善美思想,顺应天意,完成先王交给自己的使命。

爻辞注释:

◎初九无交害,匪咎。艰则无咎。

本卦讲的完全是政权政治,初九爻地位低下,随从别人行事。害,有害之人。无交害,没有结交那些坏人。初九位正,不与坏人相交。匪,不是同一类人。咎,错。匪咎,不同有错的人一伙。则,准则。艰则,在艰难的环境中依然坚持自己的准则。

[译文]不去结交坏人,不与有错的人一伙。在艰难的环境中坚持自己的准则,不会有错。

◎九二大车以载,有攸往无咎。

“大车”指大人乘坐的车,与卦辞“大有”有关。如“大舆”,是写在《大壮》卦中,也是与卦辞的“大”有关,没有“大”的卦则不写大车或大舆。九二动出内卦之中,是车的出发点,载着大人到六五所在之处。爻辞重在大臣可行“大有”之事,在国家需要的时候,走出家门去辅佐幼君。有攸往,是有目的地前往,到需要自己的地方去。无咎,排除疑虑,没有错。

[译文]车上载着大人从家中出发,到需要自己的地方去,没有错。

◎九三公用亨于天子,小人弗克。

《正义》:“九三处大有之时,居下体之极,乘刚健之上,履得其位,与五同功。五为王位,三既与之同功,则威权之盛莫盛于此,乃得通乎天子之道,故云‘公用亨于天子’。”此解甚为得当。公,朝中大臣的尊贵之称。用,《说文》:“用,可施行也。”这是指做某种事情。亨,《本义》:“《春秋传》作享,谓朝献也。”将亨解作享,解《易》者大都解作享。本文不赞同此说。亨,同“元亨”之亨,又指具有某种职权。九三位正主动,作为武将,可以名正言顺、主动地去辅佐天子,并行使天子的职权去平定叛乱。小人,指身份。三爻又为小人,是没有尊贵身份的武士。小人弗克,如果仅仅是身份低微又逞勇好胜的“小人”,就不能去做辅佐天子之类的事情。天子,范围比王要广,因为在卦爻辞中的王都是指商王,本爻辞只是讲卦象中的道理,并不是针对商王。弗克,不能胜任。

[译文]朝中尊贵的大臣去行使天子的职权,身份低微的人则不能胜任这项工作。

◎九四匪其彭,无咎。

彭,《程传》:"盛多之貌。"此解不为本义。《说文》:"彭,鼓声也。从壴,彡声。"壴,即鼓之初字;彡,为鼓声的会意之形。"彭"是形容某些人做点事情便大肆张扬。匪其彭,不张扬其事,肩负重任却默默无闻地做实事。三从武,四从文。文治不同于武功,有了功绩也不彰显。无咎,指这样做不会给自己带来灾难。

[**译文**]不是那种好张扬、鼓吹自己的人,没有错。

◎六五厥孚,交如威如,吉。

六五位尊。厥,《正义》:"其也",代词。所代指的范围比较广泛,上至朝廷、方国,下至宗族、家庭。厥孚,继承事业的孩子。交如,交胫而坐的样子。威如,威严的样子。此处指其年龄小却颇有君主的派头。

[**译文**]继承事业的幼君要保持威严地坐着,吉。

◎上九自天祐之,吉,无不利。

自,我。祐,虞翻:"助也。"上爻为宗庙社稷,上九以阳爻居阴位,勤事上帝神祇,所以神祇也会来祐助自己。周武王在《周书·泰誓》中曾谴责商王纣:"弗事上帝神祇,遗厥先宗庙弗祀。"商虽势大,但天不祐,民心背,则必败无疑;本卦中六五虽弱,但下有公辅,上有天祐,又有何不利?

[**译文**]我有上帝神祇来祐助,吉,没有不利。

卦结:

《大有》卦论述的是国家体制建设,指出幼君嗣位需用重臣辅佐。全卦重在言其正,心正才能真心辅佐。初九不交结坏人;九二大人乘车前往辅政；九三武将执天子权以靖国；九四文官辅政不张扬自己；六五幼主要显示威严；上九天祐正、善之人。

十六、夬卦、姤卦

䷪ 夬卦

［**卦象分析**］

《系辞下》中，言《夬》曰："上古结绳而治，后世圣人易之以书契，百官以治，万民以察，盖取诸《夬》。"很明显，其卦象规则是上爻管治下爻，取上六为主动爻。阳爻为武功，阴爻为文治，上六取文治之义。上古时期，人们最初以结绳记事作为管理部族的方法，而后创造了文字，即用书契来记事，更有利于对国家的管理。《系辞下》一方面表述了对创造文字这一人类进程的纪念，另一方面说明《周易》前的筮卦有不同的卦象规则。

周易六十四卦中，《夬》卦是一个界线，这个界线所要区分的规则是：前面的对卦中，数量少者为主动爻的卦居前，数量多者为主动爻的卦居后（三爻卦除外）。如《同人》，取义于六二爻，居于前；《大有》取义于五阳爻，排于后。而自《夬》卦以后则改变了规则，《夬》以五阳爻为主动爻排于前，《姤》以初六为主动爻排于后；《萃》《升》皆取阴爻之义；《革》取四阳爻义，《鼎》取二阴爻义……总之，六十四卦的排序是《周易》再创作的结果，卦象的复杂性决定了无法用一种思维模式演绎到底，但变化的节点还是清晰的。

作为一阴爻卦，不论阴爻处在初爻位置还是上爻位置，排于前卦都不适宜，所以本卦以五阳爻主动排在对卦《姤》的前面。

卦辞注释：

◎夬，扬于王庭，孚号，有厉告自邑，不利即戎，利有攸往。

《彖传》：“扬于王庭，柔乘五刚也。”《本义》曰：“谓以一小人加于众君子之上，是其罪也。”认为卦象是以柔决刚。《正义》：“扬于王庭者，明行决断法。夬以刚决柔，施之于人，则是君子决小人也。”以“夬”为决断之义，是君子决断小人，取阴阳对立。以上所言皆不符卦象规则。

上六弱而孤，但其处于宗庙之位，没有屈从阳爻之意。五阳爻起于初九，以九三为中心，没有贵象，却有炫耀跋扈之意，在上六面前一副盛气凌人、不可一世的样子。因五阳爻连为一体，以党派示威于上，故卦辞以“夬”形容之。夬，卦辞含贬义，有势无威，逞勇好胜，浮躁而不稳重。

王庭，五阳爻上侵至于九五，故言扬于王庭。夬后连写扬于王庭，是说王的部属在朝廷上对着王指手画脚。之所以写“王庭”，是将叛逆的范围锁定在商王朝廷内部的官员，而不包括周文王这样的部族首领。孚，小孩子。号，号令。孚号，在五阳爻的威逼下，上六之王仅剩虚位而已，其下达的命令就像小孩子号令大人一样，已经没有人听从了。

有厉告自邑，将危险告诉自己领地的人。这后面的几句话应该是讲处理这类矛盾的方法，不是围绕“王”而谈的。不利即戎，不利于立即发兵前往，言外之意是投鼠忌器，不要激化矛盾。利有攸往，有利于前往做“即戎”之外的其他事情，用温和一些的手段。

[**译文**]一副不可一世的样子扬威于王庭之上，王所发出的号令就像小孩子说的话，没有人听从。将危险告诉自己领地的人。领地的人不要率领军队前往，有利于前往做其他事情。

象辞注释：

◎象曰：泽上于天，夬。君子以施禄及下，居德则忌。

泽上于天，组成六爻卦的八卦名称。象辞对八卦组合的说法非常讲究，如地天泰卦，写成“天地交”，用一“交”字体现出地在天上的筮卦结构；山天大畜卦，写成“天在山中”，用一“中”字体现出山在天上的筮卦结构。假如将《泰》说成是上地下天，是很不吉利的，岂不成了天地倾圮，国家危在旦夕？由此看本卦象辞“泽上于天”将泽写在天之上，本身就说明作者没有看好这一卦，等于直接将其定性为是对自然现象的一种违逆，认为卦辞“夬”所讲的就是对社会法则的一种违逆行为。

禄，《说文》：“福也。”施，《广雅·释诂三》：“予也。”施禄，将福禄送给别人。及，至。下，下属。施禄及下，作为君主，应将福禄带给属下，这样属下才会忠心服从于君主。此句可能是周公联系卦辞写作的有关历史背景而言。

居，指坐在家里。德，品性，不能理解为赞美词。居德，习惯坐在家里。则，法则，以“居德”作为法则。忌，憎恶。应当憎恶那种不关心别人的生活法则。象辞换了一个角度，针对上六而言。君子在上弱下强的情况下，作为上级要关怀下属，让下属得到实惠。如果只习惯坐在家里而不接触下属，不关心下属的生活，一旦矛盾达到激化的程度，就会出现以下犯上的情况。

[**译文**]君子应当多给部下一些好处，只喜欢坐在家里（而不管下属的困苦）是不应该的。

爻辞注释：

◎初九壮于前趾，往，不胜为咎。

爻辞紧扣“夬”这一主题。趾，形声字，足止结构。甲骨文中将“止”写作ᗐ、ᗐ，起步走路的形态。止加足，趾就是表示脚步行进有力，描写勇武之人矫健的步伐。前趾，勇往直前地走，体现了争强好胜的心态。胜，胜任，掉队的为“不胜”。为咎，为错。不胜为咎，说明争强好胜蔚然成风。行进时，走在前面的人被公认为脚力最健壮，成为学习的榜样，跟不上队伍的如同犯了错误一样。过于争强好胜是“夬”的起点。

[译文]武士将走在队伍最前面的看作是最为强壮。在队伍向前行进时，跟不上队伍的就认为如同犯了错误一样。

◎九二惕号，莫夜有戎，勿恤。

莫，傍晚。莫夜，从傍晚开始的整个晚上。戎，指手持兵器的警卫。九二为内中，是君主之家。因为该卦有以下犯上之象，故爻辞提出在这种形势下需设警卫以防叛乱。惕号，晚上警卫发出的呼号，大概类似于后来村镇安排的巡夜人员喊“平安无事”一样。恤，《说文》：“忧也。”勿恤，只要安排战士在夜晚警卫，就不要忧虑。

[译文]警卫士兵发出平安的呼号，从傍晚开始，整个夜晚都有战士警卫，不要忧虑。

◎九三壮于頄，有凶。君子夬夬独行，遇雨若濡，有愠无咎。

頄：《正义》：“面颧也。”壮于頄，指面部显示出瞧不起别人，自以为是地神色，会因此而生凶。君子，指士的阶层。即称“君子”，说明不是敌我矛盾。夬夬独行，九三虽在五阳爻的中间，但居位不尊，他人不服从其领导，自己又瞧不起别人，不屑与别人同行，故言独行。《复》卦六四居五阴爻之中而无尊位之权，只好“中行独复”，与此意同。三爻从武好强，因势得志，昂昂气概，悻悻光景，自以为是，即为“夬夬”。爻辞既言“君子”，说明此心态乃人生发展过程之常情，而非品行不佳。遇雨若濡，遇到下雨被雨淋湿。愠,怒,听不进别人的劝告。有愠无咎,使他恼怒也没有错。这段卦爻辞的意思是如果他一定要自以为是地按照自己的主观意志去行事,就要让他冷静一下,即便他为此感到恼怒也没有错。

[译文]脸上一副瞧不起别人的神气,会给自己招来凶灾。君子自以为是地独自行走,如果遇到下雨才会把他的火气浇灭,这样做即便他感到恼怒也没有错。

◎九四臀无肤,其行次且。牵羊悔亡,闻言不信。

肤,见《剥》卦六四爻所解,指有钱财、有权势之人。臀无肤,臀部长得不像有钱财的人那样富态,即相书所讲的贫寒之象。其行次且,他走起路来踉踉跄跄,没有稳重的行姿。贵人走路往往是龙行虎步,与此完全不同。牵羊悔亡,手里牵着羊悔恨就消失了,他忘掉了自己目前的困境。九三指小人得势而忘乎所以;九四指小人得财而忘乎所以。闻言不信,将他听到的事情再说出来往往就不真实了。《周礼·秋官·司寇》:“挢诬犯禁者,作言语而不信者,以告而诛之。”大概指的就是这种人。爻辞的意思是,有的人自身没有财运,一旦手中有点钱财,就到处胡吹海唠,招摇撞骗,但他也只能欺骗那些无知的人或者不知情者。九四为出门,走出门去欺骗那些不知情者。

[译文]臀部长得没肉,走起路来踉踉跄跄,一副穷酸样。但手里一旦牵着只羊,就自以为有了钱财,一切悔恨都消失了。这种人将听到的事情再讲给别人就不真实了。

◎九五苋陆夬夬,中行无咎。

苋陆,草名,《程传》:“今所谓马齿苋是也。”其“脆易折”。《折中》引郑汝谐曰:“苋陆,本草云:一名商陆,其根至蔓,虽尽取之，而旁根复生。"苋陆原是路边蔓草，虽挺而易断。苋陆夬夬，路边长的苋陆也觉得很了不起。九五爻写苋陆，一是意在说明《夬》卦阳爻势盛，就如同苋陆一样，虽长得茂盛也是无用之物。二是苋陆看似挺直，比起其他草类长得英俊挺拔，其实一折就断，中看不中用。三是其出身就是一根草，根本就不堪大用。相比人来讲，越是自以为是、急功近利的人，做起事来往往没有恒心，越容易在困难面前退缩、屈服。越是说大话的人，心里越空虚。中行，九五居上卦之中，能够同大家走在一起，多听从别人的意见，有困难一起协商解决，就不会有这些错误。爻辞意在说明"夬"的本性特征。

[译文]那些自以为是的人就像路边长的苋陆草一样，看似茂盛挺直，实则易折无用。能够同大家走在一起没有错。

◎上六无号，终有凶。

上六老而无力，或势孤力单、众叛亲离，身边连守夜呼号的警卫都没有，最终会被五阳爻消灭，故有凶。它主要表现在领导者主观上过于武断、不听从别人的意见、不体恤下属的艰难，故有此结局。这也是象辞写"君子以施禄及下，居德则忌"的依据。

[译文]没有守夜呼号的警卫，最终会有凶事降临。

卦结：

《夬》卦主要谈人的秉性和聚众结党的危害。五阳爻下面结党，扬威于上；初九好胜争强；九二设防，以防叛乱者入侵；九三是满脸争强寻斗之象；九四穷人得财，大言不惭；九五言"夬"本性特征：脆而易折；上六孤家寡人，众叛亲离。

䷫ 姤卦

卦辞注释:

◎姤,女壮。勿用取女。

《彖传》:“姤,遇也。”《正义》:“姤,遇也。此卦一柔而遇五刚,故名为姤。施之于人,则是一女而遇五男,淫壮至甚。”此解甚错,不可取。

从卦象看,初六主动,为指事爻,是处于下层社会的劳动妇女。劳动妇女的体格是非常健壮的。从姤的字形看,后为大,这里指最强的意思。姤的含义应该是指体格强壮的妇女。女壮,既是解释卦象也是解释“姤”的字义。取,通娶,女是未婚的女子。勿用取女,是典型的阶级歧视,认为女子长得粗壮只是干活好手,与上流社会对妇女所要求的文静贤淑不相匹配,所以不能娶这样的女子为妻。

[**译文**]体格过于强壮的女子,不能娶之为妻。

象辞注释:

◎象曰:天下有风,姤。后以施命,诰四方。

与卦辞取象不同,初六开口向下,对下发布命令。后,专指夏朝国君。《史记·夏本纪》:“禹于是即天子位,南面朝天下,国号曰夏后,姓姒氏。”此“后”应指夏禹或夏启,是历史进程中具有标志性的人物。诰,上对下发布命令。施,《广雅·释诂三》:“予也。”施命,发送命令。象辞追述夏禹建立了国家体制,可以借此将他的命令传达到四周的方国部落。

[**译文**]上古的君主向下发布命令,传达到四周的方国部落。

爻辞注释：

◎初六系于金柅，贞吉。有攸往，见凶。羸豕孚蹢躅。

《程传》："柅，止车之物，金为之，坚强之至也。"金柅，金属刹车装置，含义有二：一、其言"金"表示有钱财，初六女子应嫁给一个有钱财的人家；二、其言"柅"，应制止自己出外行动。见，出现，发生。见凶，将有凶事发生。有攸往见凶，指初六为下层小人，不堪大任；以阴爻居阳位，宜静不宜动，故出门会有凶事发生。此凶不一定是发生在自己身上，可能因自己的原因发生在别人身上。羸，瘦弱。豕孚，小猪。蹢躅，到处觅食、走动的样子。羸豕孚蹢躅，初六作为子女讲，就像穷人家里养的小猪那样瘦弱，比喻初六的现实状况。这段爻辞分三句话从三个方面分别作了解释：一是从静；二是从小人；三是从子女。求卦者可以从中各取所需。整个卦以女子为主题，各爻可以女子为主角展开论述。

[**译文**]穷人家的女孩子能够嫁给一个有钱财的人家，不出门，就吉祥了。如果出去做事，会给别人带来凶险。就像瘦弱的小猪到处觅食的样子。

◎九二包有鱼，无咎。不利宾。

包，《释文》："本亦作庖。"庖即厨房。鱼是上等食品。包有鱼，厨房中有鱼。九二主事家务，使家中常有荤腥鱼食，非常能干。"姤"之女不宜主事家务，爻辞写"包有鱼"，实际上为其限定了家务的范围，让她在厨房这个范围内说了算，才不会有错。家庭妇女事事处处都在为家庭打算，如果男人也像妇女一样囿于琐碎的家庭事务，就不能够大大方方地待人接物，于宾客自然不利了。

[**译文**]厨房里面有鱼，没有错。不利于宾客。

◎九三臀无肤，其行次且。厉，无大咎。

臀无肤，与《夬》九四所解相同，臀部长得不像有钱财的人那样富态。次且，《程传》："进难之状。"从卦象看，指事爻初六在最内，从静，不应外出或行动，但九三动极，必有动状，故其走走停停，极不顺畅。做其他事情也如此。当卦象和爻象相互矛盾时，往往会导致不利的结局。

[**译文**]臀部长得不像有钱财的人那样富态，他走走停停，极不顺利，这样会有危险发生，但也不会出现很大的错误。

◎九四包无鱼，起凶。

九四动起于静，居于外，不安于家中，出外做事，结果是厨房中没有鱼可做。起凶，一是指不要离开家庭中厨房的范围，二是不要出外。"姤"在这里是一个概念，不限于指男或指女，是处在下层靠力气生活的人，这种人出外也做不成什么大事，反而会导致家中贫困无食，还会有凶灾发生。爻辞的意思是做人要量力而行，切勿好高骛远。

[**译文**]出外导致厨房中没有鱼做，离开厨房凶。

◎九五以杞包瓜，含章。有陨自天。

王弼《周易注》："杞之为物，生于肥地者也。"孔颖达疏："先儒说杞亦有不同，马云：杞，大木也。《左传》云：杞，梓皮革，自楚往则为杞梓。子夏传曰：作杞瓠瓜。薛虞记云：杞，杞柳也，杞性柔仞宜屈挠，似瓠瓜，又为杞柳之杞。案王氏云：生于肥地，盖以杞为今之枸杞也。"杞，应以枸杞讲。瓜，指瓜果，西瓜、甜瓜之类。枸杞与瓜，不管生于何处，应以大小来解，即枸杞小，瓜大。以杞包瓜，是一种比喻，大包小可以，以小包大怎么能包得住呢？

章,《说文》:“乐竟为一章。从音,从十。十,数之终也。”引申为圆满、丰大的意思。含章,包含得太大了。有陨自天,陨石自天而下,意思是天塌了,天上的石头都掉到地下来了。九五以“以杞包瓜”和“有陨自天”两个例子,说明女人当家的危害性。社会上有句俗话:女人当家,房倒屋塌。意在强调夫权社会男尊女卑的重要性。女人当家,无疑是对夫权社会的严重挑战。夫权制,是宗法制和集权制的基石,这种社会体制不允许夫妻二元制的出现。如果把初六看作是志大才疏、眼高手低之人来对应这段爻辞,也极为恰当。

[译文]用枸杞来包瓜,包含得太大了。陨石从天上掉下来(说明天是包不住的)。

◎上九姤其角,吝,无咎。

上九以阳爻居阴位有动之象,角具有进攻性。有句话:百年的媳妇熬成婆。过去的很多妇女当上婆婆,对儿媳横挑鼻子竖挑眼,就像头上长了角一样。

[译文]老年的妇女就像头上长了角,会受到别人的议论,没错。

卦结:

《姤》卦是站在夫权制的角度谈妇女问题,认为婚姻应门当户对,妇女要做好家务,服从男人管教。初六不要出外做事;九二管理厨房之事;九三外出做事不顺;九四出外做事,家里就会没有鱼吃;九五志大才疏,不堪大任;上九指手画脚,被人讥笑。

十七、临卦、观卦

䷒ 临卦

卦辞注释：

◎临，元亨利贞。至，于八月有凶。

［**卦象分析**］

本卦与《复》卦相近，都是阳爻在下，但一阳爻为指事爻，指六爻中的特定阶层，受阶级思想的影响，一阳爻在最下不可能排为前卦，故《复》卦只能排于《剥》卦之后。两爻为会意，意指某种概念，《观》卦二阳爻在最上，《临》卦二阳在最下，《观》卦理应排在前面，但周文王是商王朝的革命者，他要颠覆这种政权模式，才会把《临》卦排在《观》卦的前面。在周文王之前或者周武王之后都不可能出现这种情况。

临，林义光《文源》："品众物也，象人俯视众物形。"《程传》："临者，临民，临事，凡所临皆是。在卦，取自上临下，临民之义。"此解甚佳。四阴爻在二阳爻之上，阳爻受到压制并非亨通，从政治上讲这是一个凶卦。但文王点石成金，写了一个"临"字，就变成二阳爻主动走下来，意在提出一个政治理念：作为领导干部要深入基层，关心民生，联系群众，才能得到人民群众的拥护，才"元亨利贞"。这是一个阳爻不在尊位上的"元亨利贞"卦，所显示的政治意义非同一般。

至于八月有凶，《彖传》："临，刚浸而长。至于八月有凶，消不久也。"蜀才曰："此本坤卦，刚长而柔消，故大亨利正也。案

《临》,十二月卦也,自建丑之月至建申之月,凡阅八月则成《否》也。《否》则天地不交,万物不通,是至于八月有凶,斯之谓也。”(《集解》引)此以阴阳消息之法解卦,历来解此卦者,皆不出消息卦范围。但事实上,周易卦爻辞中,消息卦是不存在的,凡用消息解卦者,皆为误解。

至,原义是从高处下来,与“临”义相近。于,“犹如也”(清王引之《经传释词》卷一),好像之意。八月,商历建申月,处于尚热交寒时节,时有寒风降临。至于八月,是说大人由上面来到百姓中间,如果就像八月的天一样,给人们带来寒意,那就有凶险了。临和至都是由上到下,但一个是积极的姿态,为亨;一个是消极的姿态,就凶。

[译文]大人能够走到百姓中间,才会国泰民安,有利于这样做。但如果来到百姓中就像八月降临的寒风一样,就会有凶。

象辞注释:

◎象曰:泽上有地,临。君子以教思,无穷,容保民无疆。

教,教诲。思,思想。教思,通过施教于民众展现自己的思想。穷,不得志。《论语·卫灵公》:“君子亦有穷乎?”即为此义。容,容纳。保,《广雅·释诂四》:“定也”,安定。容保民,容纳民众,并使民安定。无疆,是永远之意,同“万年无疆”一样是一句常用的祈福语。象辞的意思是:君子应当把自己的才华施展于民间,为国家的安定与发展做出自己的贡献,与卦辞思想大致相同。

[译文]君子要深入到民众中去,通过施教于民众来展示自己的思想才华,就不会觉得自己不得志了,这样还可以能够容纳民众,使民众万年安定。

爻辞注释：

◎初九咸临，贞吉。

前贤解大都以“感”解咸，本文以本字本义解，《说文》：“咸，皆也，悉也。”全部之意。

[**译文**]全身心地下临于民众，这样做吉。

◎九二咸临吉，无不利。

[**译文**]全身心地下临于民众之中，吉。没有不利的倾向。

◎六三甘临，无攸利。既忧之，无咎。

《正义》：“甘临者，谓甘美谄佞也。”六三为小人，对下面只说好听的，而不干实事。

[**译文**]只说好听的而不干实事的人不要到下面去，能够为自己所做的事情担忧，就不会犯更大的错误。

◎六四至临，无咎。

上卦之爻近下卦，“至临”是人到即为“临”，见其形而不见其心。六四处于上卦，虽临下卦，却不与下卦融为一体，这样做也没错。六四以阴爻居阴位，没有多大作为。

[**译文**]来到民众之中，没有错。

◎六五知临，大君之宜，吉。

《程传》：“以明知临天下，大君之所宜也。”解知为智。从知的本义看，《说文》：“知，词也，从口从矢。”可解为以话语达于人。阴爻居尊位，动口而不动手。《周礼·冬官·考工记》：“坐而论道，谓之王公；作而行之，谓之士大夫。”知临，下临于百姓中嘘寒问暖。大君，大国之君。吉，指这样会受到百姓的拥戴，如果脱离群众，高高在上，则凶。

[**译文**]下临于百姓之中嘘寒问暖，大国之君适宜这样做，吉。

◎上六敦临，吉，无咎。

[**译文**]敦厚的长者到百姓中（会受到百姓的信赖），吉，没有错。

卦结：

周文王在本卦提出了领导干部应坚持密切联系群众、关心群众疾苦的工作作风。“临”指领导下临于百姓之中；初九全身心地下临到群众中；九二全身心地下临到基层；六三不可口惠而实不致；六四防止身临而心未临；六五问寒问暖，大人宜如此；上六以老人的身份到百姓中去。

䷓ 观卦

卦辞注释：

◎观。盥而不荐，有孚颙若。

本卦象有三讲：⑴二阳爻高高在上，像是宗庙或宫廷大门外两旁的高建筑物，古时称之为“观”，又称为阙，《尔雅·释宫》：“观谓之阙。”⑵根据对卦间取爻相反的原则，《临》二阳爻为主动爻，《观》则取四阴爻为主动爻，四个阴爻在下仰视二阳爻，有观看、学习之意。《集注》：“二阳尊上，为下四阴所观，仰观之义也。”此说符合卦象之意。⑶四阴爻在卦的下部，如以子女讲，可以定义为下层社会没有文化教养、智力低下的孩子。卦辞之“观”综合了这三方面的因素，意在论述通过宗庙祭祀活动可以起到教化民众的作用。

盥,《集解》引马融曰:“盥者,进爵灌地以降神也。”《程传》:“盥,将祭而洁手也。荐,奉酒食以祭也。”从程说。不,否定词。盥而不荐,洗了手却不将祭品供奉上去,指祭祀者对神灵不诚心。这句话针对的应当是主祭者,而不是观望者。颙,《说文》:“大头也。”长有“颙”样的头,此人一定是既愚笨又难看,大概是指我们常见到的呆头呆脑、天生智力低下的人。如“愚”,也是以禺为部首,表示很愚钝。若,做事的样子。有孚,特指这种人的子女。有孚颙若,子女都是智力低下的人。这句话与前句话形成因果关系,因盥而不荐,才有孚颙若。

卦辞讲公开进行祭祀礼仪活动,可以教化民众,使他们知道上下有别,进退有序,知道敬天畏神。但如果祭祀者(或领导)心不诚,说一套做一套,子女会受到报应的。

[**译文**]公开举行祭祀活动。如果主祭者对神灵不诚心,子女会成为智力不全的人。

象辞注释:

◎象曰:风行地上,观。先王以省方观,民设教。

先王,周公对周文王的敬称。省,甲骨文所画眼睛向下看,为上级视察下级。方,四方,周边的方国。观,宗庙之观,与卦辞之“观”有别。先王以省方观,先王省视周所属各方国部落中宗庙之观的规模。民,民众。设,《说文》:“施陈也。”《玉篇·言部》:“置也,陈也。”指陈设、设施。教,教育。民设教,民众中用于教化的设施和教育情况。从象辞的内容分析,方观中的神位应该是周国所供奉的祖先和神祇,不然周文王何以要去视察?再者周文王很重视对民众的教化,希望各方国的民众从思想上世世代代归顺周国君主的领导。从全卦看,卦的重点在于爻辞中的“生”字,《象》

的作者是完全明白这一点的，却有意识地避而不谈“生”的问题，只谈城观，这样就巧妙地转换了卦的主题。

[译文]先王视察四方部族庙观的规模以及在民众中用于教化的设施、教育情况。

爻辞注释：

◎初六童观，小人无咎，君子吝。

童观，像无知的儿童一样在观看。意思是对某些问题表现出幼稚和无知。观看是为了学习知识，处在不同的阶层有不同的学习内容，社会生活内容广博，不同的人各有所学。小人，初六为社会下层民众。君子，处在士的阶层的人。

[译文]像儿童一样无知而好奇地观看，处在社会下层的民众这样没有错，而作为有身份的君子也这样看就会被人讥笑。

◎六二窥观，利女贞。

在家中偷着观看管理家务，有利于女孩子这样做。六二观看的内容应是如何管理家务，其含义：一是作为女子将来婚嫁后要成为家庭主妇，一些治家方法和往来礼仪是必须要应用的，现在又不便明问；二是指做人应有心计，凡事都要自己留意观察，潜心学习。

[译文]暗暗地观看学习管理家务，有利于女子这样做。

◎六三观我生，进退。

生，生长。甲骨文写“生”作，植物生长的意思。本卦之象，二阳爻位处最上，但也是从下位一步步升上来的，就像一个弱小的民族，是一步步强大起来的。三爻从武，六三是弱小的有志于

尚武的人。要想成为一个武士，就要先学习进退，即服从纪律号令，这是成为武士的起点。

[**译文**]想成为武士的人看到我现在由小生长至大，先要学习遵守军纪号令才行。

◎六四观国之光，利用宾于王。

国，指大国，即商。光，光彩。国家体制中一切先进完善的东西都可视为“国之光”。宾于王，以宾的身份参加商王的朝会。商作为中原大国，有着富庶的经济、先进的文化、相对完善的政治体制，很多东西都需要偏居一隅的周国来学习。六四为极静之外爻，既然不可妄动，不妨将朝会商王作为观摩学习的好机会，也好为将来打下基础。值得注意的是，在六四之爻写“宾于王”，在九五之爻却写“君子”，而不再写王，显然其用意不在于“王”，而在于“生”；重心不在于他，而在于我。

[**译文**]观看、学习大国的光彩之处，作为商王的宾客时有利于这样做。

◎九五观我生，君子无咎。

六三爻写观我生，是从小生长为大。六四写宾于王，九五又写观我生，暗含之意是我在商王的基础上继续生。这两个“生”都是在学习的基础上上升到更高层次。君子无咎，只要是君子，善于学习、提高自己，都可以这样做。这个“君子”包含着“正人君子”的思想内容和相应的社会阶层，而社会底层的民众这样做就会有暴乱的嫌疑。

[**译文**]看我是怎样上升到这个位置上的，只要是君子，这样做都不会有错。

◎上九观其生，君子无咎。

其，代词，指下面五爻。上九是功成名就，希望看到别人通过学习，提高自己的境界和地位。

[译文]看着别人上升，只要是君子就不会有错。

卦结：

本卦提出要通过宗教观礼活动，使民众得以教化，让人们能够敬天畏神。六爻身份不同，所要学习的内容也就不同。卦爻辞讲观看祭祀，是观礼的主要内容。初六像儿童一样地观看；六二女子躲在家里观看；六三看我生长，先要学习进退之规；六四作为宾客观看学习大国的体制和文化礼仪；九五观看我是怎样由弱小生长至强大的；上九观看着别人生长。

十八、萃卦、升卦

䷬ 萃卦

卦辞注释：

◎萃亨。王假有庙。利见大人亨，利贞。用大牲吉。利有攸往。

萃，《彖传》："聚也。"《说文》："草貌。"这是小草聚集在一起之意。把《萃》与《升》进行对比，《萃》的卦象四个阴爻以二阳爻为界线，下面有三，上面有一，下长上短，上面像是刚刚伸出地面的幼苗。《升》的卦象也以二阳爻为界线，三阴爻在上，一阴爻在下，是已长大之象。《萃》的卦象显现弱小。卦辞写亨，使"萃"延伸到社会层面上,如同势单力薄的人或团体,只有大家组织起来,才会形成强大的力量。萃亨,加主语,谓语主动,我们要把弱者聚集在一起,合成强大的力量,就不会被强者任意欺凌了。

王,指商王。假,王弼、郑玄皆训为"至",后人多从之。《广雅·释诂二》:"假,借也。"应解为凭借,借助。有,名词词头。庙,宗庙。有庙,特指"王"之庙。王假有庙,从这个句子看,此"王"应该指商汤,指商汤借着自己宗族的势力,聚集其他弱小的部落战胜夏桀而创立了商王朝。对这句话可作以下分析:第一,庙是供奉祖先的地方,社是供奉神祇的地方,《中庸》:"郊社之礼,所以事上帝也,宗庙之礼,所以祀乎其先也。"言庙而不言社,意在说明商王只是借用自己宗族的势力,再聚合其他部落而成为大国之王,并非是上天的安排。第二,商的宗族势力起初也是由小发展至大,与周国的现状相同。第三,言外之意,既然商王可以借着这种势力而为王,我也可以发展自己宗族的势力,再联合其他力量而成为王,这一点可以看作是"萃"的意义所在。

利见大人,要展现大人气象。在召集、号召众人时,要坚持自己的领导地位。利贞,有利于这样做,意在强调利见大人的重要意义。

牲,祭祀宗庙的祭品,大牲,宋俞琰曰:"大牲,杀牛以祭也。"(《周易集说》)应该是指祭祀用的祭品规格要高于自己相应的规模。借大牲显示自己宗族的高贵与久远。吉,强调用大牲的作用。

利有攸往,做到上述三项,那就可以出去做自己要做的事情了。

[**译文**]我们要把弱者聚集在一起,就能形成强大的力量,才不会被强者欺凌。商汤就是凭借宗族的势力而为王的。我们要在聚集群雄时坚持自己的领导地位,才能保证事业成功,有利于

这样做。要用大的祭品祭祀祖先，吉。有利于去实现自己的目标。

象辞注释：

◎象曰：泽上于地，萃。君子以除戎器，戒不虞。

象辞对卦象的理解与卦辞不同，甚至是相反的。卦辞是站在革命者的立场上，认为把群众组织起来可以战胜统治者；象辞是站在统治者的立场上，认为群众形成组织会危及统治者，故要加强防备。除，孔颖达疏："除者，治也。"此非本义。《玉篇·阜部》："除，殿阶也。"原指宫殿前面的台阶。戎，士兵。除戎器，宫殿前面的台阶上要有全副武装的士兵把守。虞，《说文》："驺虞也，白虎黑文，尾长于身，仁兽，食自死之肉。"虞首先是一种虎；其次是仁兽，不具有攻击性。"不虞"意在否定其仁兽心性，平常看上去很温顺，可能一下子就变得不温顺了。如果将"不虞"比作商的遗民，应该说是比较恰当的，他们表面上臣服于周，一旦有机会就会发动暴乱，所以要"戒不虞"。

[**译文**]君子要防范自发组织以下犯上的暴乱，应当加强宫殿前的警卫工作，防止不利的事情发生。

爻辞注释：

◎初六有孚，不终。乃乱乃萃，若号，一握为笑。勿恤，往无咎。

初六在下，幼苗长不起来。有孚，子女。阴爻居阳位，自甘在下而不动。有孚不终，如同长不大的幼苗，这样的孩子不会有好的前途。

乃，《广雅·释言》："乃，汝也。"代词，你或某一种人。乃乱乃萃，有的乱哄哄，有的聚在一起，指没有首领。号，号令。若号，有人发出号令。握,屈指成拳。《老子》第五十五章:“骨弱筋柔而握固。”表示攥拳的意思。将手攥起来表示信心和力量。一握为笑,将一只手攥起来,发出笑声。勿恤,不要忧虑自己的弱小。往无咎,跟着发出号令的人前往不会有错。

这句爻辞的意思是:广大民众看起来像地里的草一样乱长,一旦将他们组织起来,这也是一支不可低估的革命力量。

[**译文**]自甘在下的孩子不会有好的前途。社会底层的人有的乱哄哄,有的聚在一起,如果有人发出号令,他们才会露出微笑。不要再忧虑,跟着组织者前进没有错。

◎六二引吉,无咎。孚,乃利用禴。

二爻在内中,从生活中的事物写起。引,《程传》:“引者,相牵也。”此为引申义。《说文》:“引,开弓也。”此为本义。明来知德《集注》曰:“引,开弓也。与君子引而不发之引同。”但其又言:“盖中德不变之象也。二虽中正,居群小之中,少偏私则非中矣。”此言未免迂腐。卦爻辞常常从现实生活的事物中引申出大道理,我们应当贴近生活去理解。从卦象看,六二在内中,位不当出,如同豆苗生长,即使身子拱出地表,头还是扎在地里不出来,其形就像拉开的弓,写作“引”,意谓积蓄力量,等待时机。引吉,意思是在时机尚不成熟时,要像豆苗一样,先把身子长粗壮,时机成熟再抬头才吉。常言说“枪打出头鸟”,你不伸头谁也看不出你来。还有一句话“夹着尾巴做人”,要默默地做事情。

孚,幼小之物。禴,《公羊传·桓公八年》:“春曰祠,夏曰禴,秋曰尝,冬曰烝。”是说夏祭为禴。在夏天举行祭神活动,祈求风调雨顺,使农作物生长健旺。利用禴,有利于举行祭祀仪式。祭祀神就是秉承天意,用天意来赢得人心。“引”是积蓄力量,意在发,但如果老是长不大,就需要用“天意”这个金字招牌,来壮大自己的力量了。

[**译文**]像豆苗一样，虽然身子拱出土层，头仍然藏于地中，吉。没有错。如果老是长不起来，有利于用祭祀天神赢得力量。

◎六三萃如嗟如，无攸利，往无咎，小吝。

如，……的样子。六三是小人，觉得自己很了不起，和大家聚在一起，却总是发出不和谐的怨嗟之言。

[**译文**]和大家聚在一起，就像自己受了委屈一样，这种人不利于做事情。前往没错，小人会受到大家指责。

◎九四大吉，无咎。

大是指已由小变为大。动居静爻，出内至外，就像豆苗自己挺起头来。

[**译文**]长大了吉，没有错。

◎九五萃有位，无咎。匪孚，元永贞，悔亡。

九五居尊，处于领导之位，故写萃有位。“萃”有二义：一是草，喻其小；二是聚，表其力。匪孚，萃是由群小合聚在一起的，但九五不同于一般之小群，而是具有领导能力和地位的“孚”。元，指领导者。元永贞，要长久地领导他们。

[**译文**]要在群体中保持领导地位，不会有错。领导者要表现出不同于其他弱小群体，要长久地领导他们，一切悔恨都会消失的。

◎上六赍咨，涕洟，无咎。

上六为老，高高在上又思想保守，容易错过时机。赍，送物给人。咨，《说文》：“谋事曰咨。”商议、咨询。赍咨，要拿着礼品去请教别人。涕洟,虞翻:“自目曰涕,自鼻称洟。”表示难过。上六是革命运动的观望者,或中间势力。看到原来弱小者变得强大了,后悔自己当初没看准形势,故提拎着礼物去咨询自己的前途。无咎,意在肯定这种结局。

[**译文**]拿着礼物去咨询别人,哭得一把鼻涕一把泪,没有错。

卦结:

萃是草聚集在一起,比喻在乱世中要团结那些受压迫的弱小部族,壮大自己的力量,并且要保持自己的领导地位。初六之小在于没有一个领导核心;六二“引吉”在于先抑后扬;六三是团体中居心叵测之人;九四时机成熟,勇敢地站了起来;九五要做一个领导者;上六观望者也要求加入进来。卦辞言其大义,爻辞重其细节。

升卦

卦辞注释:

◎升元亨,用见大人。勿恤,南征吉。

与《萃》卦相比,《升》卦上面由一阴爻变为三阴爻,如同农作物由苗生长至成熟。《本义》:“升,进而上也。”指要不断上升,厚积薄发。元,我们的国家。升元亨,我们只要坚持不断上升进步的理念,我们的国家就会变得更加强大。用,指在持续上升的过程中。见,显现。用见大人,在成长壮大的过程中,始终要体现自己的领导地位。恤,《说文》:“忧也。”忧虑。勿恤,不要忧虑。因《升》是由《萃》变化而来,始终有弱性思维,“萃”弱小才聚,有了力量的基础上就该升了,不要前怕狼后怕虎的。南,北为己为尊,南为敌为卑。南征吉,攻伐比自己弱小的敌国。可以从两方面分析:一是由于升高有了实力;二是二阳爻在内临外,外卦没有阳爻统领,伐外必胜。

[**译文**]只要坚持不断上升进步的理念,我们的国家就会变得更加强大。可以展现大人身份了。不要忧虑。征讨敌人吉。

象辞注释:

◎象曰:地中生木,升。君子以顺德,积小以高大。

顺,顺其长势。上卦三阴爻,一爻高于一爻,长一点就高出一点,即为顺德。积小以高大,与顺德之意同,意在说明对于你所从事的事业,每做出一份努力,就朝着完成目标迈进了一步。卦辞重在升的结果,指国家或团体;象辞重在升的过程,重在个人。

[**译文**]君子要有顺势发展的思想,积累一点点小的增长,最后才能变得高大。

爻辞注释:

◎初六允升,大吉。

允,《尔雅·释诂上》:"信也。"《书·舜典》:"命汝作纳言,夙夜出纳朕命,惟允。"允即为诚信之意。初六位居最下,将诚信作为自己上升的起点,才会赢得更多的上升空间。大吉,有长大的吉象,与象辞中的"高大"意思相同。

[**译文**]以诚信作为自己上升的起点,有长大的吉象。

◎九二孚,乃利用禴,无咎。

孚,表示小者不能顺利上升。与《萃》卦六二意思大致相同,区别在于萃卦六二不当升,但本卦九二动居静爻,卦辞升的主观意识非常强烈。乃利用禴,你可以祈求上天的神意。神意是做给别人看的,可以提高自己的威信。二爻为内卦之主,《萃》《升》都在二爻写"利用禴",说明希望神灵保佑的是作者自己,希望自己由小变大,上升为大人。

[**译文**]还是很弱小,有利于用祭祀天神(来帮助自己),没有错。

◎九三升虚邑。

《程传》解虚邑曰:"如入无人之邑。"不从此说。《说文》:"虚,大丘也。"虚邑,大国。九三从武士,以武力侵伐、兼并邻近的国家,使自己升格成为一个大国。虚邑是卦辞所讲"南征"的成果。

[**译文**]以武力使自己上升为一个大国。

◎六四王用亨于岐山,吉,无咎。

岐山在周的境内,代指周国。用,《说文》:"可施行也。"指做事情。亨,传统注释多以"享"解,属错解。用亨指实施权力、发号施令。于,介词。于岐山,因岐山(代指周国)的缘故。王用亨于岐山,王之所以能坐在王位上发号施令,主要依赖于周国的支持。五爻为尊,"王"不写在第五爻,却写在六四之爻,显然是有意识地暗压其位。另外,六四从静,不可主动地升,乃是被动地显示其升,商王依赖于周国的力量,使西部边陲的部族听从于商王,说明周国的力量已经上升。《史记·殷本纪》:"西伯出而献洛西之地,以请除炮烙之刑。纣乃许之,赐弓矢斧钺,使得征伐,为西伯。"这段记载或许能说明"王用亨于岐山"的含义。吉,不是王吉,而是周国因此而提高了国力吉,因上升者是小国周,不是大国商。无咎,肯定这种做法,没有错。

《程传》:"昔者文王居岐山之下,上顺天子,而欲致之有道,下顺天下之贤而使之升进，已则柔顺谦恭，不出其位，至德如此，周之王业用是而亨也。”解“亨”依然为“亨”，但解“王”为文王则本文不敢苟同。

[**译文**]商王是因周国的强盛才能保持王权，(周国)吉，没有错。

◎六五贞吉，升阶。

《集注》：“阶(階)者，阶梯也。”升阶，可以有两种解释：一是升高一个台阶；二是升到了台阶的最上方。比较看，升高一个台阶更符合主题。贞吉，指六五以静爻居尊位，做事不好大喜功、急于求成，而是扎扎实实、成一步进一步。

[**译文**]稳重地做事吉，就像上台阶一样，要一步步地上。

◎上六冥升，利于不息之贞。

冥，《说文》：“幽也。”《广雅·释训》：“暗也。”指黑暗、夜晚。冥升，夜晚中继续生长。《乾》卦有“夕惕若，厉，无咎”之辞；《豫》卦有“冥豫，成有渝，无咎”；《艮》卦有“列其夤，厉，熏心”。这些爻辞都是指夜晚不宜有所举动，它们的共同之处都是指人的行为。人的正常生活规律应该是白天劳作，晚上睡觉，违反了这种规律，也就违反了人的本性。而本卦的“冥升”是以农作物为原本，农作物白天晚上都可以生长，所以有“利于不息”之辞。它所反映的思想是：同样的行为，不同的主体有不同的标准规范，人在社会行为中，应该是尊卑有别、动静有常、进退有序；而农作物之类则只需生长，不可同一而论。贞，代指冥升。利于不息之贞，有利于像“冥升”一样不停息地上升。

[**译文**]在黑暗中生长，有利于不停息地这样升。

卦结：

升指由小长大，由弱变强。它既体现了人追求进步的本性，也体现了某个战略阶段的政治任务。初六以诚信为升的起点；九二上升要借用神的旨意；九三利用武力上升成为大国；六四商王依赖周国的力量维持统治，说明周国的国力在上升；六五讲要一步一步地上升；上六植物在晚上也可以上升。前三爻讲到成为大国的三个前提：一要有诚信，使他人信服；二要有神旨，使人相信为天意；三要有武力，是扩充实力的直接手段。后三爻讲成为大国的三个方法：一是借用商的权柄；二是一步步地做；三是连续不断地做。

十九、中孚卦、小过卦

䷼ 中孚卦

卦辞注释：

◎中孚，豚鱼吉。利涉大川，利贞。

《彖传》："中孚柔在内而刚得中，说而巽，孚乃化邦也。豚鱼吉，信及豚鱼也。"《正义》："中孚，卦名也，信发于中谓之中孚。"解"孚"为信，不确。且"信及豚鱼"过于概念化。

孚在甲骨文中写作，从又从子。"子"就是小孩子，"又"像是用手扶着小孩子，"孚"原意为学走路的小孩子，卦爻辞中泛指年轻人。中孚，二阴爻处在四个阳爻中间，指子女行为中正。豚、鱼，笔者分析，它们共同特点是繁殖的数量多，豚一胎可生七八个猪崽，鱼下仔更是不计其数。"豚鱼吉"的寓意大概是说像"中孚”这样的子女越多越好。譬如有些地方的风俗，新婚时，主人家往新人的床上撒些枣、花生、桂圆和栗子，取谐音“早生贵子”，盼望早生儿子。自家庭院种棵石榴树，期望多子多孙。同样道理，“豚鱼”大概是取其繁殖特点，希望多子之意，用来表示子孙多多，繁衍昌盛。利涉大川，行为中正的年轻人应该出去锻炼自己，建功立业。

周易卦辞取动态义，往往根据卦象对主动爻提出要求。因二阴爻被围在阳爻中间，又有被娇生惯养的意思，所以周文王写了“中孚”：要做一个中正勇敢的年轻人。

[译文] 要做一个中正勇敢的年轻人，要像豚、鱼一样多多地生育（这样的子女），吉。这样的年轻人有利于出去锻炼自己，建功立业。有利于这样做。

象辞注释：

◎象曰：泽上有风，中孚。君子以议狱缓死。

从象辞的内容分析，与卦辞有很明显的反差。象辞以为二阴爻被四阳爻困在中间，有小人被禁闭之象，所以用刑狱相论。狱，诉讼。以狱，商议、分析罪犯的诉讼。缓死，不要急于作出死刑的判决。议狱缓死，是主张应重视对案件的审讯，尤其要慎重对死刑的判决，以避免造成冤假错案。

[译文] 君子对待犯罪的人，要认真商议、判断他们的诉讼，不要急于作出死刑的判决。

爻辞注释：

◎初九虞吉，有它不燕。

燕，《程传》：“安裕也。”本文以为，燕即玄鸟，暗指商王朝。商族视玄鸟为自己的图腾。《史记·殷本纪》：“殷契母简狄，有娀氏之女，为帝喾次妃，三人行浴，见玄鸟堕其卵，简狄取吞之，生契。”《诗经·商颂·玄鸟》：“天命玄鸟，降而生商。”在近代考古学中，商代晚期铜器中有“玄鸟妇壶”，于省吾指出，该壶口的铭文为“玄鸟妇”三个字的合书，认为这是商人以玄鸟为图腾的有力证据。虞，《说文》：“驺虞也，白虎黑文，尾长于身，仁兽，食自死之肉。”段玉裁注：“此字假借多而本义隐矣。”从字的本义分析，虞大概是虎类的一种，但不食活动物，专吃已死动物的尸体，故称仁兽。它，指虞。周国近卫军被称虎贲，想必取自“虞”，此“虞”代指周国军队。有它不燕，拥有这么一支勇猛仁义之师，就不会有商朝的残暴统治存在。

[**译文**]有这么一支勇猛仁义的军队吉。有他们在，就不会有商的残暴统治。

◎九二鸣鹤在阴，其子和之。我有好爵，吾与尔靡之。

《诗经·小雅·鹤鸣》：“鹤鸣于九皋，声闻于野。……鹤鸣于九皋，声闻于天。”鹤飞行极高，其鸣响亮悠远，此处之鹤乃周文王自喻。鸣鹤，其静而未起，声传于外。阴，树荫，喻商王。鸣鹤在阴，指周文王虽有通天之志，却也要受制于商的统治。九二虽动，尚不出内中，所以写“鸣”，取人居内中，声出于外之意。其子和之，指周文王手下的人表示赞同的回应之声，对商都是一样的同仇敌忾。

爵，酒具。好爵，身份等级不同应使用不同等次的酒具，好爵是级别高的人使用的酒具。靡，《广韵·纸韵》：“靡，偃也。”《左传·庄公十年》(曹刿)曰：“吾视其辙乱，望其旗靡，故逐之。”皆为倒下之义。《折中》案：“靡，谓醉也。”又指喝醉了倒在地上。吾与尔靡之，我和你们一起喝得大醉，表现出一种豪气。我、吾，同指一人。“我有好爵，吾与尔靡之”，意为拿出最好的酒杯与战士同饮，表现了周文王与民同乐、平易近人、礼贤下士的思想作风，并以此来褒奖和激励将士英勇杀敌。从这句话可以看到，周文王处在创业阶段，尚没有许多繁文缛节，不似西周以后处处都要受礼的约束，《礼记·玉藻》："君子之饮酒也，受一爵而色洒如也，二爵而言言斯，礼已三爵而油油以退。"可见周朝喝酒是很有讲究的。时代不同，统治者的政策也就不同。

九二居内中，应该指君主的亲兵。

[译文]鹤在树荫下鸣叫，声振长空，小鹤应和着叫。我用最好的酒具与你们一起喝酒，喝得醉倒为止。

◎六三得敌，或鼓，或罢；或泣，或歌。

得敌，是主动寻找敌人进行战斗。或，《说文》："或：邦也，从口从戈，以守一。一，地也。"原义指守国之战士，此处指勇士。这四个"或"字皆指勇武善斗的战士。六三乃柔弱之爻，也可以指年轻的武士。只有那些勇武好战的战士才会主动寻找敌人并与之战斗，所以以"或"代之。鼓，表示进攻。罢，《广雅·释诂二》："归也。"《玉篇·网部》："休也。"没能战胜敌人而退回来。泣，为战友伤亡而泣。歌，唱歌以鼓舞士气。鼓、罢、泣、歌，跌宕起伏，描写了年轻战士不怕挫折、愈战愈勇的英雄气概。六三没有胜敌之象，只谈年轻人的勇武精神，精神只有强弱，没有胜败，故没有写"吉""凶"等断辞。

[译文]年轻的战士找到敌人进行搏杀，他们有时听到鼓声而进攻，有时又退了回来；有时为伤亡的战友而哭泣，有时唱着歌曲激励自己。

◎六四月几望，马匹亡，无咎。

六四从静，有在外驻扎之象。几(幾)，《说文》："几，微也，殆也”,指纤细的新月。望,指圆满的望月。月几望也就是指从月初到十五,月亮从纤细到圆满。借月亮的盈亏表达对远征他乡的亲人的思念,所以“月几望”都是写在外卦的爻辞中。匹,《广雅·释诂一》:“辈也。”《诗·大雅·假乐》:“无怨无恶,率由群匹。”朱熹注:“匹,类也。”马匹,与马同类的,所有的马。马匹亡,所有的马都跑丢了。一定是因为所有的马都丢失了,才耽误了出征在外的亲人回家的行程。因为本卦是写年轻的战士,所以父母格外担心儿子的安危,这句话表达的是家中父母对出去参战亲人的内心表白。

[**译文**]月亮由亏到盈,可自己的亲人还没有回来,一定是因为所有的马都丢失了,没有错。

◎九五有孚挛如,无咎。

挛,连在一起,写得也是一种精神。这些年轻的战士只要连在一起,互不分散,就不会出差错。

◎上九翰音登于天,贞凶。

翰,《说文》:“天鸡赤羽也。”《礼记·曲礼下》:“凡祭宗庙之礼……羊曰柔毛,鸡曰翰音。”《本义》:“鸡曰翰音。”翰音登于天与“鸣鹤在阴”遥相对应,鹤乃天鸟,尚在阴下,山鸡翅短,却想在天上飞翔,岂不有凶。登,举豆之义,引申为由低处到高处。登于天是上去不下来,山鸡飞一下还可以,要想在天上翱翔是不可能的。《小象》曰:“翰音登于天,何可长也。”也有此义。这句爻辞的意思是羽毛未丰的年轻人需要在实战中锻炼,但如果凭着这点浮躁的心态不知天高地厚地去干大事业,会有凶的。

[**译文**]山鸡想要飞翔在天上,这样做有凶。

卦结:

本卦主要谈政治教育的意义,即怎样才能教育和培养年轻人成为中正勇敢的战士。初九指要培养仁义勇敢之师;九二谈从感情上培养亲信战士;六三从战斗中培养战士;六四用亲情培养战士;九五要培养战士的战友情;上九要培养战士吃苦耐劳,脚踏实地的作风。

䷽ 小过卦

卦辞注释:

◎小过亨,利贞。可小事不可大事。飞鸟遗之音,不宜上宜下,大吉。

《系辞下》解曰:"断木为杵,掘地为臼,臼杵之利,万民以济,盖取诸《小过》。"是以二阳爻为主动爻,二阳爻居四阴爻之中,深入而不过,进口而止,如同杵物于臼中。此以纪念上古之人由狩猎为生转向以农耕为主的生活方式。此应该是《周易》之前的筮辞。

《本义》:"小谓阴也。为卦四阴在外,二阳在内,阴多于阳,小者过也。既过于阳,可以亨矣。"此解有不明之处,《周易》以阳为正,以阴为邪,益于阳则亨,损于阳则不亨,阴过阳不应为亨,此解过于勉强。

本卦上下都为相同的两个阴爻,如果下面的阴爻跃升于上,即为超越之意。《论语·公冶长》:"由也好勇过我,无所取材。""过"为超越之意。正如卦象所示,阴爻显示的小者由下飞跃至上,自己超越自己。小过亨,加主语,谓语主动,我们要勇于超越过去的自我,才能到达成功的彼岸。

可小事不可大事,是说小者只能做小者事而不能做大者之事。其意是小者首先要克服自己的弱点来实现超越自己，不要去做虽然别人能够做到而自己却无法做到的事情。

遗，《说文》："亡也。"鸟飞落在树枝草丛中看不见为"遗"。音，《说文》："声也。生于心，有节于外谓之音。宫、商、角、徵、羽，声；丝、竹、金、石、匏、土、革、木，音也。从言含一。"音为有乐感的声音，应指小鸟婉转悦耳的叫声。飞鸟遗之音，飞行的小鸟落到草丛中，发出悦耳的叫声。不宜上宜下，这种飞不高的小鸟适合在地上，而不适合在天上。这句话的意思是，既然小鸟飞到树枝或草丛中才会发出悦耳的叫声，这说明它是适合在地上而不是在天上；作为人来说，如果本性就甘居下流，那就不要努力向上，因为小人也有小人的事情做，这也是社会分工的需要。大吉，大人吉，小人以小事为乐，大人安心为吉。

卦辞分为两层意思：一是"小过亨，利贞"，指超越在上面的二阴爻，小者要勇于超越自己，有志者事竟成。但前提是要从自己力所能及的事情做起。这在六五爻中有照应。二是"飞鸟遗之音"，指处于下面的二阴爻，对于生性安于下的人，就不宜去做上进之事。小人能够安于其事，大人也就吉。"小过"是一种概念，并不适用于所有的人。

[**译文**]我们要勇于超越过去的自我，才能达到成功的彼岸。有利于这样去做，要从自己力所能及的事情做起，而不要做难以实现的大事。鸟隐身在草丛中会发出悦耳的叫声，这说明它不适合在天上飞翔，而适合在地上。这样则大者吉。

象辞注释：

◎象曰：山上有雷，小过。君子以行过乎恭，丧过乎哀，用过乎俭。

分析象辞中的"过"，应与卦辞有所区别，是指做事情可以达到的标准。行过乎恭,是指行为标准;丧过乎哀,是指治丧的标准;用过乎俭,是指生活用物的标准。根据“小过”的原理,君子的所作所为应该由潜意识变为有意识,由不自觉的做变为必须遵守的礼节,这也是一种超越。

[**译文**]君子要超越自己,在言行举止上应该做到谦恭;有亲人丧亡应该表现出哀痛;使用物品应该做到节俭。

爻辞注释:

◎初六飞鸟以凶。

初六为句子的主语。初六在下从静,也想像鸟儿一样直接飞到天上去,就会有凶。因为太容易地上到不该上的地方并非是好事。

[**译文**]身处下位却学鸟往天上飞,这样会有凶祸。

◎六二过其祖,遇其妣;不及其君,遇其臣。无咎。

这段爻辞写的是主观与客观的对比,自己认为已经高人一筹,其实大家都在进步。祖,家中的最长一辈,可以指祖父,也可以指父亲。妣,祖的配偶,祖母或母亲。高亨:“祖,祖父。妣,祖母。”(高亨:《周易大传今注》,齐鲁书社1998年版,第367页)六二阴爻居内中,为妣主其事。过其祖,认为自己事业有成,超过其祖。遇其妣,欲见祖却只见到了祖母,说明家中今非昔比,其祖已出外干大事业,只有其妣守其家。及,《说文》:“及:逮也,从又从人。”赶上、追上的意思。不及其君,遇其臣,赶不上主人,只见到了家臣,说明主人走得比自己要快。

从爻辞内容看,不管是个人还是家长,都超越了过去的自我,或者是由贫穷走向富裕,或者由低微走向高贵。“过其祖”是自我感觉,“遇其妣”是现实的存在。“遇”是没有想到会是这样,它把人的内心世界转换到了现实世界。前一句话写“祖”,是家族内部长幼辈之间的关系;后一句话写“君”,是主、客之间的关系。

[**译文**]事业有成的人认为自己的成就超过了其祖父,回到家时却只见到祖母。过去的客人风光地去见主人,却总是赶不上主人,而只能见到他的家臣。这样的结果不会有错。

◎九三弗过,防之。从或戕之,凶。

弗过,不要过。防之,要防止他过。戕,《说文》:“抢也,他国臣来弑君曰戕。”《史记·仲尼弟子列传》:“孔子曰:‘君子好勇而无义则乱,小人好勇而无义则盗。’”九三为武士,武士做到“过”则乱国,乱国即为戕。或,代指尚武之人。从或戕之,伙同别国好武之人谋杀自己的国君。凶,九三逞勇妄动,行不义之事,必然有凶。

[**译文**]好武之人不要过,而且要防止他的势力变大。伙同别国好武之人来谋杀自己的国君,凶。

◎九四无咎,弗过。遇之,往厉,必戒。勿用,永贞。

九四有起来的迹象。无咎,没有错。这里指起并不为错,但前提是“弗过”,即不要再超过这一点。遇之,在外遇之。往厉,遇到九三这样的人,如果和他一同前往很危险。必戒,一定要警惕他。用,指做事。勿用,不要和这种人一同做事。贞,代指“勿用”。永贞,永远要这样做。

[**译文**]出去没错,但不要超出自己的职责范围。在外遇到好武之人,一同出去做事一定要有戒心。不要和这种人做事,永远记住这一点。

◎六五密云不雨，自我西郊。公弋取，彼在穴。

“密云不雨，自我西郊”在《小畜》卦辞中，也写了这八个字，说明这句话与“小”的含义是有关的。密云不雨，一方面是说西北地区干旱少雨的现实，另一方面又代表着力量弱小，需积聚能量，蓄积而不发。自我西郊，如果此句意在周地，就不一定非要写西“郊”，结合后面的句子，它应该还包含着时空上的概念，与周国的发展历史有关。

就其中的“公”来看，“西郊”指周国，公应是周主，但第五爻是一卦之主，其位之尊贵不可僭越。而其时商王尚存，所以此六五之“公”断非当世之周主。周国后来虽有伐商之举，却从来没有将自己凌驾于商王之上，武王号召诸侯伐商，也是以执行天命为借口，“商罪贯盈，天命诛之。予弗顺天，厥罪惟钧”（《周书·泰誓上》），说是奉“天命”而诛商王。文王之前，将太王古公亶父，作为“公”写在五爻位上较有道理。

弋，《古今韵会举要·职韵》：“弋，取也。”《周书·多士》：“非我小国敢弋殷命，惟天不畀。”“弋殷命”即是指周取代殷命。弋取，就是将别人的拿来为自己所用。穴，穴居的房屋，比喻生活方式落后。《大雅·绵》：“绵绵瓜瓞，民之初生，自土沮漆。古公亶父，陶复陶穴，未有家室。”诗中言太王古公亶父之时，掏土穴居，还没有房屋宫室，是一种比较原始的生活方式。彼，《说文》：“往有所加也，从彳，皮声。”走出去，拿进来的意思。在，存在。彼在穴，意思是“公”学习外族先进的东西，将其加进自己落后的生活中，这样才使自己的民族渐渐变得强大起来。

“公弋取，彼在穴”，追述周的发展历程，指出学习和变革是实现飞跃的重要方法。《史记·周本纪》载：“（公刘）自漆、沮度渭……公刘卒，子庆节立，国于豳……（古公亶父）乃与私属遂去豳，度漆、沮，逾梁山，止于岐下……（文王）伐崇侯虎，而作丰邑，自岐下而徙都丰。”周族是从西到东,从山区到平原,一步步走出来的;从弱小到强大,一步步成长起来的。只有不断学习别人成熟的经验,才能使自己变得更加强大。爻辞正是紧扣这一主题来写的。

[译文]天上不断堆积着云层,雨还没有下来,那是在我周地的西郊。在古公亶父的时代就开始了学习外族先进的东西,增加到我们落后的穴居生活中。

◎上六弗遇过之。飞鸟离之,凶。是谓灾眚。

弗遇过之,不要遇到谁都想要越过它。离(離),指蚕茧(见《离》卦)。飞鸟离之,会飞的鸟学着做蚕茧。意思是鸟虽然小,但起码还会飞,如果它也学着去做蚕茧,就等于舍弃自己的特长去做自己根本做不到的事情。是,这,代指“飞鸟离之”。眚,眼有病,比喻错误地看问题。灾眚,因眚而致灾。是谓灾眚,这种舍长取短的结果,是由于思想错误所致。

[译文]不要遇到谁都想去超越它,就像会飞的鸟却要去学做蚕茧,会有凶的。如果这样做可以说是由于思想观念的错误,会导致灾难发生。

卦结:

周文王在本卦鼓励年轻人要勇于进取,有志者事竟成。但也告诫不要好高骛远,做自己永远实现不了的事情。同时还在三爻、四爻指出尚武之人不要过,要警惕他们图谋不轨。初九本性在下者不宜上行;六二家中主人超越自己;九三勇武之人不宜过;九四不要超过相应的范围;六五不要忘记周国的艰苦创业史;上六超越不能盲目,不要做自己永远实现不了的事情。

二十、无妄卦、大畜卦

䷘ 无妄卦

卦辞注释：

◎无妄，元亨利贞。其匪正，有眚，不利有攸往。

《杂卦传》："无妄，灾也。"言之不确。陆德明《释文》："无妄，无虚妄也。《说文》云：'妄，乱也。'马、郑、王肃皆云：'妄，犹望，谓无所希望也。'"《程传》："无妄者，至诚也。"《本义》："无妄，实理自然之谓，《史记》作无望，谓无所期望而有得焉者，其义亦通。"以上所言，皆不合卦辞主旨。如仅以辞解，很难理会本卦要旨。

从卦象分析，本卦二阴爻为主动爻，被四阳爻围在二、三爻位上，由于地位偏下，只表示某个人或某种势力被围在其中突围无望。《说文》："妄：乱也。"妄，是指不服从秩序地乱想、乱做。无妄就是警告被围困者不要盲目地有所期待、有所作为。无妄元亨，前面加主语，我们要让二阴爻代表的旧势力无妄才元亨。

本卦是"元亨利贞"系列卦中的一卦，从《屯》的艰难创业，到《随》卦战争形势和军事力量的转变，再到《革》卦建立国家政权，革命斗争已经取得了成功。但被打垮的旧势力不会甘心退出历史舞台，他们会伺机反扑。文王根据这个卦象，在《无妄》中提出要剥夺失败者的政治身份（二阴爻处在下互卦之位），要把他们紧紧围困在一个区域（阳爻将阴爻围困起来），从政治和军事力量上粉碎他们的任何主观图谋，以保证新政权的长久安宁。由此可见，《无妄》卦是整个周国革命事业中不可缺少的一个环节。把它列入“元亨利贞”系列卦也是很必要的。

正，正确，指无妄思想。眚，眼病，看不清东西，指看问题有偏差。匪正，与正确观点相反。其匪正有眚，如果你不能按正确(无妄)的方法去做，说明看问题有偏差。不利有攸往，不利于去做事情。

[译文]我们要让失败者无法心存妄想，我们才会江山永固，有利于这样做。如果不是按照“无妄”去做，说明看问题有偏差，就不利于去做相应的事情。

象辞注释：

◎象曰：天下雷行，物与无妄。先王以茂对时，育万物。

天下雷行，组成六爻卦的八卦修辞语。这一象辞与其他象辞在格式上有所不同，在“无妄”的前面又加上了“物与”二字，意在将政治斗争思想转换为经济建设思想。物与无妄，上天会将万物赋予那些尊重现实、不心存妄想的人。茂，茂盛。茂对应时，不同的时节对应生长不同的物种。育万物，培育万物。象辞综合阳爻和阴爻两方面的含义：第一，阳爻在《屯》卦的基础上，经过社会变革，与阴爻势力的对立斗争已经结束，转入以发展经济为中心的工作中来。写“先王以”，意思是文王在讲解卦象含义时曾经提到过这种理论，所以我们现在按照这种理论去做。第二，根据“无妄”的理论，做一切事情都要顺应客观现实和自然规律，而不要违背自然规律，“物与无妄”就是在强调这一思想。

卦辞提出在革命战争胜利后要继续肃清反动势力残余。周公在完成平三乱后，并没有延续政治斗争路线，而是在象辞中及时提出了以发展经济为工作重点的路线和任务。工作重心的转移，标志着国家不再内乱，进入长治久安的新时代。由此而言，周文王之后，将周公称为一代伟人当之无愧。

[译文]上天将万物赋予尊重客观现实的人。先王根据此卦象曾提出,要按照不同的时节生长不同物种的自然规律来培育万事万物。

爻辞注释:

◎初九无妄,往吉。

[译文]身份低微的人没有过多的期望,这种人出去做事吉。

◎六二不耕获,不菑畬。则利有攸往。

六二居内中,为主事之人。耕获,是期望着耕种而有所收获;菑畬,通过耕种将生地变成熟地,是期望着收成一年比一年好,有付出总会有收获。这固然是正确的想法,但是处在激烈的政治斗争中,强者是不会允许弱者按照这一想法去做的。不耕获,是说不要存在着耕种就会有收获的思想。如果将句子理解成"不耕(不)获",不符合卦爻辞的写作惯例,如《泰》卦"九三无平不陂,无往不复",并没有写成"无平陂,无往复"。"不耕获,不菑畬"的意思在于弱小之人实际上处于一种不可逆转的绝境之中,不要期望通过个人的主观努力,会改变这种客观现实,唯一所能做的是服从命运的安排。这是胜利者对失败者在思想意识上的"强奸"。我们还可以把"不耕获,不菑畬"理解成是一种无为而治的思想。当客观形势不允许你有所作为或者你的作为可能会产生反面效果的时候,你最好是什么也不要去做,这样反而会有所得。则,原则,"无妄"的原则。

《程传》:"不耕而获,不菑而畬,谓不首造其事,因其事理所当然也。"这种解释是说不通的。

[译文]不要妄想有耕作就会有收获,也不要妄想耕种生地就会变成熟地。能够坚持"无妄"的原则,才有利于出去做事。

◎六三无妄之灾。或系之牛，行人之得，邑人之灾。

前后两个“之灾”的“之”都是到达、导致的意思。无妄之灾，六三身为小人，是做事之人，是命令的执行者，区别于六二家主。其应该是为了生存有所作为却不为，以至受灾的地步。

“或”字不能单独使用，一般指好动及不该动却动的人或物，这里指好动的牛。该动的人不动，不该走脱的牛却自己挣开了绳扣。或系之牛，挣脱了绳扣的牛。行人，路上的人。之得，看见走失的牛而得到它，是无妄之财，不是盗窃而得。邑人，村人。六三属于小人，是不劳则不得食的邑人。其居动位而静，也想无妄而得财，牛不解人意，顺其属性躁动而走脱，被路上行动的人得去，这叫作静者失财，动者得财。六三爻辞的意思是：不同阶层的人应当用不同的思想去看待问题。

[**译文**]该动的人不想不动反而有灾。被系着的牛挣脱了绳子，路上行走的人得到了它，这是村邑居民自己招来的灾难。

◎九四可贞，无咎。

九四动起于静，是无妄之动。贞代指九四。可贞，九四在外，可以走出去。

[**译文**]可以走出去，没有错。

◎九五无妄之疾，勿药有喜。

王弼《周易注》：“九五居得尊位，为无妄之主者也。”孔疏从之。此言有误。从卦象看，二阴爻为无妄之主，意思是小人不应有大的期望，而非指九五，所以居尊之九五不是“无妄”，而是应有“妄”。之，导致。无妄之疾，没有行动的妄念而导致疾病。疾，可以按疾病解释，也可以按照错误思想解释。九五居尊贵之位，理应有一番的作为，如果也按照无妄的思想去做，整日无所事事，岂不惹病缠身？这样看又变成思想上的病了。勿药有喜，思想上的病不需要用药物治疗就会好起来。

[译文]居尊之人不去想也不去做，会导致疾病缠身。思想上的病不需药物治疗，自己就会好起来。

◎上九无妄行，有眚，无攸利。

上爻为老，该做什么或不该做什么，事先应有主见，如果老人也没有目的地走路，除非是眼睛有病，看不清道路。眚，眼睛有病，形容错误地看问题。既然不能正确看问题，就不利于出去做事情。

[译文]没有妄念却去行走，容易因看不清道路而走错方向，不利于出去。

卦结：本卦有两个主体：一个是胜利者，上卦三爻提出要积极行动，不可隋政；一个是失败者，下卦三爻指出要让他们老老实实做人，规规矩矩做事。卦辞“元亨利贞”意在把握阶段性的革命任务，胜利者要用政治和军事手段让失败者不要心存妄想；初九没有妄想吉；六二不要让他们存在有行动就会有成果的妄想；六三小人必须劳作才能生存；九四可以行动；九五无妄，会导致疾病发生；上九如果漫无目的地行走，除非是眼睛有病。

䷙ 大畜卦

卦辞注释：

◎大畜利贞。不家食吉，利涉大川。

《释文》：“本又作蓄……义与小畜同。”《程传》：“所畜至大之象。畜为畜止，又为畜聚，止则聚矣。”皆以畜为蓄。本文仍以畜解。

大，阳爻。畜，名词动用，畜养牲畜。从爻辞看，所言之畜有马、童牛、豕，不能都算是大的牲畜，因此不应与《小畜》卦作对应。为什么卦辞讲“大畜利贞”？从创作者的意图看，似乎很忌讳二阴爻处在四、五爻的位置上，小人居于如此的高位，国家必不安定。以“畜”定二阴爻，其无害于人反而有益于人，这样即便是把二阴当作小人讲，也是被大人所利用和控制。从卦象讲，四阳爻为主动爻，四阳爻必须对居于高位的二阴爻有所控制，是卦辞的精髓所在。

后面的句子应该是换了一个视角，单讲二阴爻，将二阴爻看作是未成年的年轻人。不家食，吃公家饭。利涉大川，年轻人有很好的前程，应尽早出去锻炼自己，建功立业。

[**译文**]大人要像蓄养牲畜一样对待小人，有利于这样做。(年轻人)吃公家饭吉，有利于出去锻炼自己。

象辞注释：

◎象曰：天在山中，大畜。君子以多识前言，往行，以畜其德。

多，多少之多。前言，前人的一些言论。识，《说文》：“常也；一曰知也。”知道。多识前言，多知道一些前人的经验之谈。往行，前往行走。“多识前言，往行”，多吸取前人的经验，然后才能走好自己前面的路。这句话写的是从理论到实践的过程。以，按照前面所讲的去做。畜，蓄养、成长。德，概念较为宽泛，指某种思想意识，这里讲的是将别人的经验转化成为自己的思想。以畜其德，用这种方法来增长自己的知识和才能，这段象辞所体现的哲学思想是从理论到实践再到理论的一种升华。象辞重点针对二阴爻，认为年轻人要不断学习前人的经验才能不愧于自己所处的地位。

[译文]君子要多学习一些前人的思想言论,以指导自己的实践行动,才能逐渐地增长自己的知识和才能。

爻辞注释:

◎初九有厉,利已。

初九位卑,也想被蓄养,这样做是很危险的。已,止。利已,《本义》:"利于止也。"有利于停止这样去想或做。

[译文]位卑者想被蓄养是危险的,有利于停止(自己的行为)。

◎九二舆说輹。

说,假借为脱。舆,车厢。輹,车厢下面钩住车轴的木制机件,今人谓之车屐,纳轴于其中,形如伏兔,故又名伏兔。九二阳爻居静位不安于内,动的欲望太大。位是静的,爻是动的;车是静的,畜是动的。畜力太大以致拉脱了车輹,为不当之动。

如果往深层次想,本卦象既然把二阴爻围而养之,说明不想让它担当大任,可马一旦上了套,能把车拉到哪里,主人却驾驭不了了,如把輹卸掉,马不就拉不走车了吗。看样子这个"輹"是最后的一道防范机制。从这个角度看,輹应该是被卸掉的,为了不使马有拉车的机会。

[译文]不当之动,把车与輹脱离开。

◎九三良马逐,利艰贞。曰闲,舆卫。利有攸往。

良马,好马。九三从武,军马。良马逐,健壮的马匹互相比赛。利艰贞,有利于在艰难的环境中这样做。虽然此马为军马,但根据卦义,重在养而不在用,军马不能驰骋疆场,故言处境为

“艰”。舆,车厢。曰,《本义》:“曰,当为日月之日。”闲,《古今韵会举要·山韵》:“马阑也。”作马厩讲较合爻辞之义。日闲舆卫,白天将马匹圈在马厩时,还要将车辆围在四周用作屏障,防止马匹跑出去。暗含之意是:此类人因养而宠,因宠而骄,因骄而横,需要加以防范。利有攸往,写在后面,说明“利”是有条件的,能够按照前面所讲的去做,就有利于到其他地方去。

[**译文**]健壮的马匹进行比赛,有利于在无以施展的环境中展现自己。白天将马匹圈在马厩时,再将车辆围在四周用作屏障。有利于到其他地方去。

◎六四童牛之牿。元吉。

《集解》引侯果曰:“牿,楅也。以木为之,横施于角,止其觝之威也。”《说文》:“牿,牛马牢也。”从《说文》义,牿指牛圈。童牛指小牛。童牛之牿,将小牛圈到栏里养。意思是让牛从小就习惯被管教,使之长大了知道遵守规矩。元,指主人,不是指童牛。元吉,把小牛关在圈里养主人才吉。如果引申到社会层面上,让小人从小就接受遵守规矩的教育,长大后才不会危害君主。

[**译文**]让小牛在牛栏中生长,主人吉。

◎六五豶豕之牙,吉。

豶豕,阉割过的猪。爻辞写豶豕之牙,主要有三个含义:第一,只需要它发挥牙的功能,以吃饱为乐,不需要它有所作为。第二,阉割过的猪长得快,而且不使它产生后代。第三,猪长大了,或供人食用,或祭祀上帝,任人宰割。爻辞遵从卦象,认为那些二阴爻小存在于尊贵之爻位,就有它生存的道理,关键是要把某些不利因素转变为有利因素,使有害变为有益,无法为祸将来。

[**译文**]让阉割过的猪充分发挥牙齿的作用,以吃饱为乐,吉。

◎上九何天之衢？亨。

承接六五爻辞，豮豕养大以后用作牺牲来祭祀天神。《尔雅·释宫》："四达谓之衢。"天之衢，通向天的道路。何，《广雅·释诂二》："何，问也。""何天之衢"，哪里是通向天庭的道路？希望它能够找到通向天庭的道路，以飨天神。亨，这是好的归宿。

[**译文**]哪里是通向天庭的路口？这是它的归宿。

卦结：

本卦二阴爻居尊，有小人为祸朝纲之象。故卦爻辞提出要建立人尽其才，又要立规矩，把心魔关在笼子里的道德约束机制。初九位贱，不要往高处想；九二牲畜欲拉大车，将车輹卸掉；九三良马不甘寂寞，要拦住它；六四从小就要培养守规矩的思想；六五没有后代才不产生贪欲思想；上九将牲畜用于祭祀。

二十一、遁卦、大壮卦

䷠ 遁卦

卦辞注释：

◎遁亨。小利贞。

关于遁，《彖传》："小利贞，浸而长也。"《集解》引荀爽曰："阴称小，浸而长则将消阳。"王弼注曰："阴道欲浸而长，正道亦未全灭，故小利贞也。"皆解《遁》为消息卦，取阴势渐长，阳势将消之意，其实这种说法有不妥之处：其一，二阴爻在下，与上面有权有势的四阳爻根本是无法相抗衡的。其二，四阳爻处在旺盛时期，是卦象的现实状况，在二阴爻面前反生惧意是不可想象的。其三，“消息卦”之说是以四阳爻为“遁”即逃的主体，这样违背前卦以数量少之爻为主动爻的排卦规则。所以消息卦之说没有依据，在周易卦象中根本就不存在。遁的主体是阴爻，不会是阳爻。

《说文》作“遁：逃也”，逃跑。遁的行为的主体是指二阴爻而言，理由是：第一，《遁》在《大壮》卦的前面，根据前卦取少爻之意的原则，卦辞应当针对二阴爻而写。第二，四阳爻位高势盛，二阴爻作为阳爻的敌对力量，位卑力弱，没有能力抵抗，故曰“遁”：逃遁才有出路。第三，“豚：小豕也”，从遁（遯）的结构看，应该是指小猪跑，阴爻为小爻，自然是指二阴爻跑。用小猪作为逃跑的主体留出了将来的空间，保留了性命，将来会成长为大猪的。第四，卦辞言“小利贞”，小人有利于这样做，也是指二阴爻。在实际应用中，“小”可以是地位相对低微的一方或势力相对弱的一方。综上所述，“遁”就是指二阴爻逃跑。遁亨，加主语，谓语主动，我们处在弱势时，要像小猪那样该跑就跑，这是保存力量的最佳方案。

文王写此卦的目的，意在告诉那些冒进蛮干、死守国门、知进不知退的人们，当敌强我弱的形势下，跑是一种很好的选择。战争中，消灭敌人和保存自己的力量同样重要。

[**译文**]我们处在弱势时，要学习小猪的办法，打不赢就跑，这样才能保存现有力量。弱小者有利于这样去做。

象辞注释：

◎象曰：天下有山，遁。君子以远小人，不恶而严。

象辞从阳爻的角度出发，不是讲逃遁，而是站在统治者的角度，讲要排斥小人。虽然与卦辞的角度不同，但总的方向是一致的。另外，这里所讲的“小人”是通俗意义上的“坏人”，属阴险奸诈之类。而卦爻辞所讲的“小人”一般是指在地位上低于“君子”

的平民百姓，这两种“小人”不可混为一谈。远小人，使动用法，使小人远离自己。

［译文］君子要使小人远离自己，即使他不使自己痛恶，也要声色俱厉地对待他。

爻辞注释：

◎初六遁尾，厉。勿用有攸往。

遁尾，逃跑在最后边。初六是步卒，逃跑时最慢，往往成为最大的受害者。从另一个角度讲，初六见识低，没有预见性，也没有信息渠道，看到别人跑就跟着跑。既然卦象显示的是失败、危险，如果占得此卦爻就不要出去做任何事情。

［译文］逃跑的时候落在了后面，很危险。不要出去做事情。

◎六二执之用黄牛之革，莫之胜说。

静爻居内中，静而不动，不符合“逃跑”的卦义。从卦象看，六二顽固地坚持抵抗思想，是坚决不会逃跑的，必须采取强硬措施使他跑。执之，抓住他。用黄牛之革，用黄牛皮做的绳子捆着他一起跑，意为态度要坚决。莫，日落的时候。胜，胜任。说，通脱。莫之胜说，趁着天快黑的时候才能够顺利地逃脱。卦爻辞都是讲的逃跑，虽然六二没有写“遁”字，但其围绕着跑写是毫无疑问的。《折中》引吴绮曰：“六二居人臣之位，任国家之责，不当遁者也，故六二不言遁。”此言六二不当逃遁。

［译文］抓着他，用黄牛皮做的绳子绑着他一起跑，趁着天快黑的时候才能够顺利地逃脱。

◎九三系遁，有疾厉，畜臣妾吉。

系遁，用绳子缠着不前进也是遁。九三动爻为什么要写“系”

字呢？因为九三逞强好胜，不逃跑反而逆势前进，所以不让他前进就是遁。疾，比喻思想上有病，指九三以卵击石的冒进思想。有疾厉，九三这种错误的想法是很危险的。畜臣妾，臣是指家中的小臣、家奴。对九三来说，家里多养几个家奴、小妾，就算是“遁”了。可见，逃遁的形式是多种多样的，从应急的角度讲，逃跑就是遁；从政治谋略的角度讲，如果在朝为官，最大的危险是被政敌排挤、君王怀疑，在家里和家奴、小妾厮混，给人以放弃事业的印象，或许会免除官灾，也是一种遁。

[**译文**]纠缠在家里也算是遁。有错误的想法是危险的。在家里多养几个家奴、小妾，吉。

◎九四好遁，君子吉，小人否。

好遁，好说好散。九四动居静位，有从内出来之象，因预见到遁的必然趋势，在形势尚未恶化的时候，自己主动地退出来，彼此之间既不伤和气，又化解了敌对情绪，为日后出头留出了空间，所以说“好遁”。

[**译文**]好说好散地遁，君子能够做到这一点吉。小人不会这样做。

◎九五嘉遁，贞吉。

嘉，好的。九五为领导之位，由于卦辞逃遁是总前提，所有人都要遁，只是遁的方式和口碑不同，故九五地位是虚，遁的方式是实。比如禅让，就是一种好的方式，可以称为嘉遁。贞，代指尊贵之人。

[**译文**]采用让人赞美的方式遁，有身份的人这样做，吉。

◎上九肥遁，无不利。

肥，肥胖，形容发了财，吃得身宽体胖。发了财逃遁，指不要贪得无厌地总想发财,要适可而止。

[译文]发了财逃遁,就不会有不利的事情发生。

卦结:

当敌强我弱、势如危卵时,逃跑可以躲避灾难,是最佳选择,正所谓“三十六计跑为上”。遁的方式各有千秋:初六没见识,跟着跑;六二被别人捆着跑;九三冒进之人,不进即为遁;九四主动地退,为好遁;九五被人赞美地退,为嘉遁;上九得钱财而退,为肥遁。

䷡ 大壮卦

卦辞注释:

◎大壮,利贞。

四阳爻为主动爻。王弼《周易注》:“大者谓阳爻。”“大壮”之“大”乃指阳爻,由下而上地成长,指周国代表的新生力量。卦象四个阳爻聚在一起,势盛而位不尊。《广雅·释诂二》:“壮,健也。”强健之意。卦辞中,“壮”用为动词。大壮,新生势力要壮大自己的力量。

四阳爻势盛,为什么还要壮大力量呢?要壮大什么力量呢?可以从两方面分析:一是四阳爻没有中心爻,人心不聚;二是五爻为阴,群阳没有领导人。所以阳爻虽多,无疑是乌合之众,是一个没有战斗力的群体。这就明白了,所谓的“大壮”,是指在政治上壮大自己,建立健全政治机制,要建立一个有权威的领导核心。这应该是“大壮利贞”的内涵。

[译文]新生势力要加强集体的领导力量,有利于这样去做。

象辞注释：

◎象曰：雷在天上，大壮。君子以非礼弗履。

卦辞和象辞实质上就是造反派和保皇派之间的区别。卦辞讲怎样壮大革命力量，推翻统治者；象辞讲怎样保持统治者权威，避免任何形式的以下犯上。本卦象四阳爻挟势上侵，即为“非礼”，非礼则犯了大忌。履，以强践弱，简意为践行。

[**译文**]君子对不符合礼仪的事情不要去践行。

爻辞注释：

◎初九壮于趾，征凶，有孚。

趾，脚力健壮。壮于趾，意在表现勇士的精神面貌。阳爻居阳位，健壮而动；但卦辞之意在于从政治体制上壮大自己，不主张动行于外，所以这种欲动之爻都不为吉。应当壮大在国力上，而不是壮大在个体力量上，用个体的英雄主义行为代替集体行为，出征必有凶险。有孚，只有年轻人才会这样做。

[**译文**]强健在脚力上，出征必有凶险，年轻人(才会这样做)。

◎九二贞吉。

九二为内卦之主，有统领之责，代表了壮大内部力量的概念。贞，指九二的所作所为。在爻题的后面直接写断辞，是爻题属性加卦辞思想的直接推断。

[**译文**]积极壮大内部力量，这样做吉。

◎九三小人用壮，君子用罔，贞厉。羝羊触藩，羸其角。

九三是极为强壮的武士。小人代表个体。用壮，恃壮而攻。罔，《正义》：“罗网也。”用罔，张网以待，比喻防守。爻辞对只知一味进攻而不知防守的武士称为武士中的“小人”；能攻善守的武士被称为“君子”。所谓君子斗智不斗力,即谓此也。羝,《说文》作“牡羊也”,公羊。“藩,屏也。”即篱笆,是集体编织的防御系统。羸,《说文》:“瘦也。”《玉篇·羊部》作“弱也”,指弱者。相对集体而言,个体属弱者。羝羊触藩羸其角,就像是公羊用强壮的角去顶羊圈的篱笆。其实真正弱的一方是公羊的角。另外,这个位居九三的藩也可以说是内与外的隔离网,如果连它都冲不破,你就没有攻击敌人的实力,还需要继续充实自己的力量。

[译文] 小人只知道依仗自己强壮的身体去进攻,而君子却知道张网以待,用壮者就很危险了。就像公羊用个体的强壮的角去顶对方集体编织的篱笆,其实真正瘦弱的是公羊的角。

◎九四贞吉,悔亡。藩决,不羸,壮于大舆之輹。

其一,九四动起于静,因壮而突破静的状态;其二,临近阴小之爻,为己强敌弱;其三,大爻延伸到外卦,有冲破藩篱之象。九四贞吉,根据以上三点,像九四一样去做吉。悔亡,壮而不动空为壮,静者终将有悔,动则悔亡。

藩决,篱笆被羊角撕破。不羸,指进攻者不再是瘦弱之羊。三爻从力,四爻从智,九四阳爻既有力又有智,为不羸。大舆,大车,形容载重量大。輹,车厢下面钩住车轴的木制机件,坚固,受力大。壮于大舆之輹,强壮的像大车上的輹。

[译文] 因壮而动出于外,这样做吉,悔恨消失了。藩篱被撕破了,不再是瘦弱之羊,壮得就像大车的车厢下面钩住车轴的輹一样。

◎六五丧羊于易,无悔。

易由日勿构成,勿,《说文》:“州里所建旗,象其柄……所以趋民。”旗帜。在《周易》中,“日”一般意义上指君王。“易”是君王的旗帜,也指君王的方针政策。此“易”应是指商王横征暴敛的统治政策。丧羊于易,六五为柔弱之首领,尚未壮大,羊被商王掠夺。无悔,“大壮”讲在政治力量上要强大,此经济受损,无关大局,故没有悔恨。用金钱换取平安和发展,是弱者的不二选择。

[译文]被商王掠走了财产,没有悔恨。

◎上六羝羊触藩,不能退,不能遂,无攸利。艰则吉。

上六从静,固执于经验,不思改革。羝羊触藩,老公羊逞强进攻,角被卡在藩篱之中。遂,《集解》引虞翻曰:“进也。”《正义》:“谓进往。”然《说文》解字的原义曰:“遂,亡也。”应以逃亡论。形势不利时想退,打败了则只想逃跑了。说明情况越来越糟,想法也越来越坏,从一个极端走向了另一个极端。无攸利,所做的都没有利。艰,艰难的环境。则,准则,指卦辞的主题,即关于壮大自己的思想。艰则,情况变得异常艰难了,才想起先要壮大自己的力量,依然吉。此谓亡羊补牢未为晚也。

[译文]老公羊的角被卡在篱笆中,退不出来,想逃跑也不成了,所做的这一切都不利于自己。境况越来越艰难了,终于明白了壮大力量的重要性,吉。

卦结:

君子斗智不斗力,一个团体力量的强大,不光是人数上的优势,更在于政治上的完善成熟和强有力的领导。本卦提出要进一步壮大自己的政治力量和领导能力,才能战胜强大之敌。初九显示个人的力量,有凶;九二在内积极行动,吉;九三只知用强力者容易失败;九四厚积薄发,吉;六五损财不损力,无悔;上六穷则思变,吉。

二十二、颐卦、大过卦

䷚颐卦

卦辞注释：

◎颐，贞吉。观颐，自求口实。

颐，《集解》引郑玄曰："颐，口车辅之名也。……口车动而上，因辅嚼物以养人，故谓之颐。颐，养也。"《杂卦传》："颐，养正也。"《象传》又曰："天地养万物。"皆以养为基本义。但此解与爻辞之义不相符。

从卦象看，二阳爻为主动爻。四阴小之爻聚于中间，二阳爻分别居其外。如果从对立的角度讲，四阴爻势盛力强，二阳爻包不住四阴爻，不宜确定为卦义。如果从家庭的角度讲，大人维护着众多的孩子，倒是在情理之中，而且家庭教育也确实是一个很重要的社会课题。中孚卦䷼二阴爻在中间，即被当作年轻人讲。颐，《说文》："举目视人貌。"王筠《句读》："颐，《檀弓》曰'扬其目而视之'，举目扬眉相因之事也。"从卦象和字的原义看，颐首先是看护孩子，再进一步讲，是看护、培养孩子。颐贞吉，要培养好自己的孩子，这样做吉。观，观察。观颐，观察孩子的特性，因势利导地培养。自求口实，培养他们自我生存的能力。本卦主要谈孩子的教育问题，指出教育要从娃娃抓起。

［**译文**］要教育好孩子，这样做吉。观察每个孩子不同的特性，有针对性地教育，培养他们依靠自己的能力吃饭。

象辞注释：

◎象曰：山下有雷，颐。君子以慎言语，节饮食。

四阴爻聚集在二阳爻之中，也象征着人口众多，如果处在这种环境中，说话要慎重，可以减少矛盾；饮食要节制，避免因浪费导致入不敷出。

[**译文**]君子在人员众多的情况下说话要慎重，饮食要节俭。

爻辞注释：

◎初九，舍尔灵龟，观我朵颐，凶。

《说文》："灵(靈)，灵巫，以玉事神。从玉，霝声。灵，灵或从巫。"《玉篇·玉部》："灵，祐也。"灵龟，用龟显示神灵。舍，房舍。古时建屋舍有卜龟择吉的习俗。《周书·召诰》："越三日戊申，太保朝至于洛，卜宅。厥既得卜，则经营。"建设宫室，要有龟卜的吉兆方可实施。用于卜宅并有吉祥之兆的可称为灵龟，被人食用时就不能称为灵龟了。《史记·龟策列传》："灵龟卜祝曰：假之灵龟，五巫五灵，不如神龟之灵，知人死，知人生。"舍尔灵龟是指建屋后由于当初灵龟卜祝的缘故，而致使家道殷实或地位显贵。

观，观看、学习。我，指初九之爻，社会底层的孩子没有资格在宗庙学堂学习文化。朵，《说文》："树木垂朵朵也。"徐锴系传："今谓花为一朵，亦取其下垂也。此下从木，其上几但象其垂形。"枝条向下垂为朵。朵颐，是甘居下流、不求上进的一种教育方法。观我朵颐，学习初九这种下等的教育方法。

[**译文**]你的家宅有灵龟保佑，家道殷实富裕，却来学习我这种没有上进心的教育方法，会导致贫穷之灾。

◎六二颠颐。拂经。于丘颐，征凶。

颠，《说文》作"顶也"，指极高处。颠颐，站在相当的高度来培养孩子。“拂,过击也。”经,《正字通·丝部》:“凡织纵曰经,横曰纬。”指织布机上的纵线。拂经,应指在织布机上击打经线。六二阴爻居内卦中,为家中主妇。女孩子将来要成为家庭主妇,织布是一项必须要做的家庭工作。丘,《集解》引王肃曰:“丘,小山。”于丘颐,指男孩,放任孩子们在山间田野乱跑,将来让他们出征会有凶险。

[译文]要站在一定的高度上来教育子女。女子应当学习织布。如果放任男孩子在山间田野乱跑,将来出征必有凶险。

◎六三拂颐,贞凶,十年勿用。无攸利。

拂,击打。拂颐,采用粗暴地打孩子的方法。十年勿用,十年表示人的一生,这样教育出来的孩子一生都不会有所作为。爻辞的意思是,也不能过于粗暴地管治孩子。

[译文]用打骂的方法来教育孩子,这样做有凶,会导致孩子一生无所作为。将来没有机会出去建功立业。

◎六四颠颐,吉。虎视,耽耽,其欲逐逐,无咎。

虎视耽耽,注本有的写作“耽”,有的写作“眈”。两字之义不同,《说文》:“耽,耳大垂也。”“眈,视近而志远。”大都以“眈”义解,如《集解》引虞翻曰:“眈眈,下睇貌。”《程传》:“耽耽然如虎视。”将“耽”直接训作虎视貌。然王夫之认为:“耽耽,垂耳貌。虎怒噬则耳竖,耽耽顺而有求也。”(《周易内传》)取其虎耳之本义。本文赞同虎耳之说,但王氏解释有问题,笔者在动物园持续观察很长时间,虎耳短小,不管是走动、睡卧,总是竖立的,或侧立,或朝前立,不存在“垂耳貌”之状。以上所言,又皆以“虎”为句子的主体。本文以为,虎视、耽耽非指同一主体。“虎视,耽耽”源自相学,意在表示人的面相。耽,指人耳大垂长。《淮南子·墬形训》:"夸父耽耳,在其北方。"高诱注:"耽耳,耳垂在肩上。"耽耽,两个耳朵很长。相理认为:"两耳垂肩贵不可言。"虎视,虎目样。相理认为:"虎目威勇莫测。"宋《麻衣神相》曰:"目圆而大,黑白分明,光射炯炯,神视不转,逼人若炙而有威者,曰虎睛也。其性必烈,则莫犯之也。"这是言"虎视"的相理。欲,欲望。《说文》:"逐,追也。"其欲逐逐,它的欲望会追着年龄而增长。六四近贵,所以有贵人之相。

中国相理源远流长,《史记·秦始皇本纪》中尉缭以秦始皇的相貌论其品性:"秦王为人,蜂准,长目,挚鸟膺,豺声,少恩而虎狼心,居约易出人下,得志亦轻食人。"三国蜀国刘备以耳大为贵相,《三国志·蜀书二》:"(刘备)垂手下膝,顾自见其耳。少语言,善下人,喜怒不形于色。"《三国演义》也言刘备"两耳垂肩"。面相术语言出现在《周易》爻辞中是很自然的事,爻辞写"虎视眈眈",意在说明有贵相之人必有辉煌的前程,应当重点教育培养。

[**译文**]站在高端的角度来教育孩子吉。他长着一双虎目,又两耳垂肩,他对事业的欲望一定会追随着年龄的增长而更加强烈,没有错。

◎六五拂经,居贞吉,不可涉大川。

拂经,织布。居,在家中不外出。在卦主之爻写"拂经",说明作者更希望把四阴爻看作是女子:四阴爻被围在中间无法外出是其一;六五以阴爻居阳位,该动不动是其二;六五虽为尊爻,但受制于二阳爻是其三。得卦之人以女子的德行作为指导自己行为的标准是爻辞的意义所在。

[**译文**]学习织布,在家中这样做吉。不要渡大河外出。

◎上九由颐,厉,吉。利涉大川。

由,《方言》卷十三:“由,式也。”法式、规矩。由颐,处处按规矩来管教孩子,恐怕孩子大了变得太老实,没有创造力,所以言“厉”,但总体上吉。利涉大川,要走出去磨炼自己。

[译文]处处按规矩要求孩子的言行,有危险但吉祥。有利于出去建功立业。

卦结:

文王在《颐》卦提出了一个社会主题:教育要从娃娃抓起。初九的教育方法为下流,故言“朵颐”;六二教育子女应从高处着眼,为“颠颐”;六三脾气暴躁,时常打孩子,称之为“拂颐”;六四“颠颐”有富贵之相;六五应让女子学习织布,称“拂经”;上九家教严格,为“由颐”。

䷛大过卦

卦辞注释:

◎大过栋桡,利有攸往,亨。

本卦取四阳爻为主动爻。《系辞下》:“古之葬者,厚衣之以薪,葬之中野,不封不树,丧期无数,后世圣人易之以棺椁,盖取诸《大过》。”这句话对筮卦卦象的理解是,阳爻处在阴爻之中,如同人死去归于阴间,“棺椁”即表示上下二阴爻,《系辞下》以二阴爻为主动爻。清宋书升《周易要义》:“夏后氏有棺而无椁,至殷而棺椁始备,是以得言之以棺椁也。”“棺椁”之说在于纪念这种文明丧葬的推广,不同于《周易》对该筮卦卦象的理解。

《彖传》:“大过,大者过也。”《集解》引虞翻曰:“阳称大,谓二也。二失位,故‘大者过’也。”谓“过”为过失。《正义》:“过,谓过越之过,非经过之过。”此取超越之义。

过,超越。大过,大爻自过。从卦象看,四阳爻聚集中间,以四阳爻为主动爻,四阳爻被围于阴爻之中,如同人处在黑暗之中,在孤立无援之时,你所面临的敌人往往不是别人,而是你自己,解决困境的方法在于如何超越自己的原本能,克服恐惧心理。这种理论极具现实意义。

栋,《集注》:“梁上屋脊之木曰栋。”《说文》:“桡,曲木。”弯曲的树或木材。古时由于工具较为原始,普通民居又多为半穴式建筑,可能将呈拱形弯曲的木头用做栋,但必须将凸起的一面朝上。栋桡,做栋要选择弯曲的木材。弯曲的木材属于无用之材,却正好用来做屋栋,说明天下没有无用之材,关键是物用所宜。栋桡讲的是超越的方法,要扬长避短。大过栋桡,做人要勇于超越自己,就像屋栋使用弯曲的木材,要善于发挥自己的长处。

[**译文**]做人要勇于超越自己,像用弯木做屋栋,善于扬长避短,就可以出去开创事业了,这样才能做大做强。

象辞注释:

◎象曰:泽灭木,大过。君子以独立不惧,遁世无闷。

泽灭木,组成六爻卦的八卦名称,是阴害阳的修辞语。象辞与卦辞的含义相同,取象于大爻被小爻所包围。独立,独自站立着,指坚持自己的立场,不随大流,不依从恶小势力。独立不惧,即便是剩下自己一个人,也不要有所惧怕。遁世,逃避现实社会。闷,《说文》:“闷,懑也。”“懑,烦也。”闷是指心烦,象辞之意为怨天尤人。遁世无闷,你既然不能坚持自己的立场与邪恶势力斗争,而选择逃避现实的方法,也不要怨天尤人。独立不惧和遁世无闷是两种选择、两种心境。

[**译文**]君子在遇到困难的包围时,要坚定个人信念,不怕打

击报复。如果选择逃避于世外,也不要怨天尤人。

爻辞注释:

◎初六藉用白茅,无咎。

初六为卑贱之爻。藉,《说文》作"祭藉也",用于祭祀的铺垫之物。白茅,可能是指一种比较柔软的白色茅草。茅草在日常生活中乃无用植物,专用它来铺垫祭祀场地。《系辞上》曰:"夫茅之为物薄,而用可重也。"薄物重用,如同善于发现他人所长,说明世间万物都有它的生存价值,不可随便轻视他人。无咎,强调用其所长的思想观念。爻辞意思是:初六虽处位卑贱,但也有它的长处。

[译文]祭祀时用白茅铺在地面上,没有错。

◎九二枯杨生稊,老夫得其女妻,无不利。

《本义》:"稊,根也,荣于下者也。"老夫,说明不是初婚,九五的"士夫"则为初婚。女,未婚之女。得其女妻,娶未婚的女子为妻。枯杨生稊,指"老夫"年纪虽大,却精神焕发,如同枯树复生,不减当年之勇。

[译文]枯死的杨树在根部又生出了新芽,老头子又娶了年轻的女子为妻,不会有不利的。

◎九三栋桡,凶。

九三尚武,应以谦逊为好。如果九三之人也像"栋桡"一样,则为好勇斗狠,处处张扬自己,必然有凶。

[译文]尚武之人如果再像栋桡一样翘起,则有凶。

◎九四栋隆,吉。有它吝。

《集解》引虞翻曰:"隆,上也。"九四位居上卦,有隆起之象;

又动起于静，为隆起有度，故吉。有它吝，本卦没有贵象，本身身份低微，却一心向上，初起之时难免会招致别人的非议，或是因言行举止不合群而受到别人的责难。

[译文]像屋梁向上隆起一样，吉。但也有被人讥笑的地方。

◎九五枯杨生华，老妇得其士夫。无咎无誉。

士夫指九五，是未婚的男子。老妇指上六，是年老的已婚妇女。根据爻辞之意，“老妇”应是死了丈夫后又找了一个年轻的男子，但又没有写“寡”之类的字词。老妇在九五之爻反客为主，体现出强烈的欲望，使其能量得以释放也是无可厚非的。九二根伸于下，与初六相交，是“老夫”娶少女为妻，为“生稊”；九五花荣于上，与上六相交，是“老妇”娶贞男为夫，为“生华”，都体现出老当益壮的精力和活力。无咎，不认为这是错事。无誉，也不是令人赞誉之事。

[译文]枯了的杨树又开了花，年老的妇人嫁给了年轻的男子。没有错，也没有值得夸耀的。

◎上六过涉灭顶，凶，无咎。

上六老而弱。六爻形似八卦中的水卦，“涉”即与此卦象有关。过涉，没有能力过河却逞强涉水。“过”字重在其行为超过了自己的能力。“大过”之过是指从精神上超越自我，但人的体能是有限度的，上六是一种老态，用精神胜利法去实践眼前做不到的事情，则有凶而无吉。“顶”指上爻。灭顶，淹没了头顶。这段爻辞具有深远的见识，它重在说明老而有为但不可图新；切不可因“人老心不老”而强行处事。《吕氏春秋·古乐》：“周文王处岐，诸侯去殷三淫而翼文王。散宜生曰：‘殷可伐也。’文王弗许。”如果用这段爻辞来解释文王的思想，就可理解为：周文王年事已老，自觉无力担负灭商立周之重任，因为灭商以后还会有更多的善后工作必须要亲自去完成，所以文王没有答应伐商的请求。文王有能力铲除旧的，却没有精力建立新的，这是现实，新生的政权应当由年轻一些的人从头做起，方能做得更加完全彻底。事实上即使是武王，在伐商后还未完全巩固好政权就去世了，商纣王之子武庚便趁成王年幼制造周王朝的内部矛盾，挑唆“三监”造反，从而导致周公东征，引发第二次“伐商”之战，《史记·周本纪》载：“管叔、蔡叔群弟疑周公，与武庚作乱，畔周。周公奉成王命，伐诛武庚、管叔，放蔡叔。”史实说明这段爻辞具有深远的社会意义。

[**译文**]没有能力却偏要涉水，招致灭顶之灾，不会有错。

卦结：

本卦讲当遇到困难时要勇敢地面对，要超越自己，以己之长，攻彼之短。初六茅草虽贱，却可以用于祭祀；九二老头子精力旺盛也可以再娶年轻的女子为妻；九三尚武之人逞强则凶；九四栋梁隆起有度，吉；九五年老的妇女又嫁给了一个未婚男子；上六心有余而力不足，强行则凶。

二十三、泰卦、否卦

䷊ 泰卦

卦辞注释：

◎泰，小往大来。吉，亨。

泰，《释文》：“泰如字，大通也。郑云：通也。马云：大也。”大为泰的同音字。《本义》：“泰，通也。为卦天地交而二气通，故为泰。”

此由八卦而来，也由象辞"天地交，泰"而得出"通"义，认为天地相交则通，通即为泰。本文从六爻卦象解，并重新探讨"泰"的字义。

《说文》："泰，滑也。从廾从水，大声。"解为"滑"亦不准确。从篆字看，水底滑而有人扶持，因有人扶持而生安稳，是危险中得安全，故"泰"字有扶持、安定之意。小为小人，大指有贤能之人。卦辞为什么要写"泰"？(1)从内外卦的角度看，因为小者都在外卦，大者都在内卦，此谓"小往大来"，必须让小人出去，有贤能的大人进来，国家才会安定。(2)从上下卦的角度看，小爻都处在上卦，大者要有开阔的胸襟，容纳身份低微而有贤能的人，并使他们得到某些权力和利益，即所谓的"不拘一格降人才"，国家则安。这两种并行的主题在不同的爻位上有不同的表达。吉是指化险为夷。亨的谓语是泰，主语是第一人称我们。

泰是本卦的主旨：要吸引更多的人才帮助我们完成大业。

[**译文**]我们要保证国家形势转危为安，就必须让小人离开，让有才能的人进来，才会吉祥，事业才能成功。

象辞注释：

◎象曰：天地交，泰。后以财成天地之道，辅相天地之宜，以左右民。

《泰》乃吉亨之卦，根据"天地交"之辞看，如此写，是为了避免写成地在天上或天在地下。地在天上乃表示天地翻覆，天下大乱，为不吉之言。所以"天地交"首先应看成是一种语法修辞，其次才是表达天地相交的哲学思想。

后，指夏朝天子，夏后禹或夏后启。《史记·夏本纪》："禹于是遂即天子位，南面朝天下，国号曰夏后。""启遂即天子之位，是为夏后帝启。""夏后氏德衰，诸侯畔之。"都称"夏后"。夏后禹建立了国家，夏后启建立了私有制的家天下，他们开创了人类文明的新纪元。

财,《释文》:“财,荀作裁。”王夫之《周易内传》:“财与裁通。”都解为“裁”。用通假字解“财”,说明传统解《易》始终存在一个误区,今本《周易》被官定之前,有多种版本在社会上流通,许多人把错别字当作本字去解,或者用八卦之象解字,自然会出现错误的结论。本文以原字义解,财就是指财产,卦象三阴爻也为财象。天地,天和地有上下之别,比喻为君与民的尊卑观念。道,抽象概念,指标准、标志。财成天地之道,财产成为天地运转的中心,也是天地序列的标志。辅相,郑玄曰:“辅相,左右助也。”(《集解》引)辅助、治理之义。宜,适宜。辅相天地之宜,是说用财产作为治理国家的权柄是最适宜不过了。

以左右民,《仪礼·乡射礼》:“当左物,北面揖。”郑玄注:“左物,下物也。”《史记·孝文本纪》:“右贤左戚,先民后己,至朋之极也。”右尊左卑,与天地相应。以左右分尊卑。百姓在财产面前自己就产生了尊卑秩序,财产的多寡也就成了社会秩序中无形的调节中枢。这是周公将以政治斗争为中心转入以经济管理为中心的一种成熟的理论。卦辞将八卦“天”“地”作为卦象的一个组成部分,无疑加重了象辞的意义。

大家都知道,周易由阴阳和六位勾勒了一个简略社会图谱,经宋代的初创到明代的完善,一个完整的太极图立体地再现了这一完美公式。太极图中阴阳鱼头尾相抵,头强尾弱,头进尾退,静中有动。那么如何才能保证太极图中的阴阳不停又有序地运转?关键在于中间的极心起着权衡聚力的作用。我们可以套用周公在这里提出的重大哲学命题,即人类社会运转的中心是什么?是“财”。社会地位的高低是由财来标注的,生产力的发展是由财产来衡量的,战争都是由财而引起的,朝代更迭也是由财引起的,国家间的强弱也是通过财富对比出来的,人们的一切活动都会围绕着财这个中心而进行。所以,财是人们共同的核心价值观,是社会运转的内在动力。作为统治者,在进行顶层设计时,必须保证把财放在所有面的中心。不管你建立什么社会制度,坚持什么意识形态,都必须以财产为中心。财产的归属落不了地,什么样的制度都是飘在空中的。财产放不到中心上去,代表意识形态的阴阳无法围绕中心点有序旋转,即没有了运行规则,阴阳间就会强者湮灭弱者。阴阳如一枝独大,就会形成大动荡和大灾难。“财成天地之道,辅相天地之宜,以左右民。”这是哲学体系中的核心命题。象辞言天地是虚,言社会序列是实。从这一点说,周公是一个伟大的哲学家是当之无愧的。

[译文]天地相交,君主得辅佐。夏后启建立了私有制,把财产作为天地运转的中心,成为天地运转的无形动力,也使民众依财产的多寡而有序地生活。

爻辞注释:

◎初九拔茅茹,以其汇,征吉。

茅茹,草根。汇,同类。《集注》:“茹者,茅之根也。初在下,根之象也。汇者,类也。”“拔茅茹,以其汇者,言拔一茅则其根茹牵连同类而起也。”上卦都为阴小之爻,如同庄稼地里的杂草,非得拔去才会获得粮食丰收。初九在下,从位置上讲为草根。拔草根,有斩草除根之意。以其汇,概念上与杂草相同的都要拔去。爻辞借物言人,以“拔茅茹,以其汇”外延其义,指出清人就要清除所有奸佞小人,清心就要清除所有私心杂念。清除小人也就是卦辞讲的“小往”,只有使小人出去了,才会有“大来”。征吉,外卦有民而无主,有征伐于外之象。拔茅茹是前提条件,清除了小人,出征才吉。

[译文]把茅草连根拔起,还有与之相同的事物。这样则出征吉。

◎九二包荒,用冯河,不遐遗朋,亡得,尚于中行。

九二为内卦之主。要想成就大业,必须有包容之心。荒,《尚书·禹贡》:“五百里荒服。”孔传:“要服外之五百里言荒。”原指很偏远之地,这里指居于偏远之地的人。包荒,要包容所有的人。冯河,过河,过河征伐敌人。从“冯”字看,是马在冰上走,冬天北方的河面上结成厚冰,车马辎重都可从冰上顺利过河,所以“用冯河”应是讲可以过河去征伐敌国。

《说文》:“遐,远也。”“遗,亡也。”朋,指自己手下的人或前来投奔自己的人。不遐遗朋,使动倒装句,不要使手下人远远地离开自己。亡得,失去后又得到。中,位置在中,别人围在自己的周围。中行,居中行事,秉公办事,不偏不倚。九二居三阳爻之中,又居内卦之中,故有此说。这段爻辞的意思是,要想成大业,必须要有宽阔的胸襟,对手下的人要不偏不倚,不论亲疏,一视同仁。九二和初九因为所处的地位不同,所以要求的思想观念也不同,九二能够包容的事,初九却无法做到。

[**译文**]要有广阔的胸怀,就可以过河去。不要让手下人离开自己远去或逃亡而去。过去失去的现在应该再得到,这就要求坚持中正的原则行事,对部下都一视同仁。

◎九三无平不陂,无往不复,艰贞无咎。勿恤其孚,于食有福。

陂,斜坡。往,去。复,回。恤,忧虑。孚,子女。无平不陂,无往不复,没有平坦的路就显不出斜坡,没有人出去就不会有人回来。艰,九三被上三阴爻强力压迫,处境艰难,艰贞无咎,在艰难的环境下这样想不会有错。勿恤其孚,不要忧虑孩子的将来。于食有福,三阴爻在上,子女处于富贵之位,起码在生活上是有福的。

九三是武士,应该大有作为,但被阴小之爻压迫,又受制于中爻九二,陷于英雄无用武之地,所以要胸襟开阔一些。

[译文]没有平坦就不会有斜坡,不出去就不会有回来,当你处在艰难的境遇中,只要抱有这种信念,就不会有错。不要忧虑你的子女,在吃饭方面,他们是有福的。

◎六四翩翩,不富以其邻,不戒以孚。

《说文》:"翩,疾飞也。从羽,扁声。"《程传》:"翩翩,疾飞之貌。"也可形容人走路很快、不稳重的样子。从相学的角度来讲,这种人行事轻率而不稳重,什么大事也做不成。六四从静,什么事也不做;处在上卦中,享受着上层社会的生活;但其又处于三阴爻的最下一爻,属于没有前途的纨绔子弟,所以用翩翩来形容。不富以其邻,不如邻家富裕。戒,警告,对子女提出警告。不戒以孚,不能严格教育自己的子女。

[译文]这个孩子走起路来一副轻浮的样子。不如邻家富裕,是因为做家长的不能严格教育自己孩子的缘故。

◎六五帝乙归妹以祉,元吉。

帝乙,商纣王的父亲。归,王弼注:"妇人谓嫁曰归。"妹,少女的通称。归妹,女子出嫁。《诗经》中说,商王帝乙为了结好于周人,把挚君之女大任嫁给季历(周文王的父亲),后来又把莘君之女大姒嫁给文王。① 这句爻辞大概说的是帝乙为了结好日益强大的周国,将大姒嫁给文王以求福祉的事情。元,指国家。爻辞非

---

① 《诗经·大雅·大明》:"挚仲氏任,自彼殷商。来嫁于周,曰嫔于京。乃及王季,维德之行。大任有身,生此文王。……文王初载,天作之合。在洽之阳,在渭之涘。文王嘉止,大邦有子。大邦有子,俔天之妹。文定厥祥,亲迎于渭。"

常赞赏帝乙的这种和亲政策。

联姻是古今通用的国家或家族间的外交手段，通过联姻，可以巩固双方的亲密关系，强大双方的力量。爻辞所讲的，不单单是招纳贤才，而是要联合外部势力加强自己国家的稳定。

[译文]帝乙利用出嫁女子，联姻他国以求福祉，给国家带来吉祥。

◎上六城复于隍。勿用师，自邑告命。贞吝。

传统注《易》将“复”通假为覆，孔氏《正义》认为，爻辞原义指“（城墙）崩倒反复于隍”。用通假字为错解。城，城墙。隍，没有水的护城壕。虞翻：“无水称隍，有水称池。”（《周易集解》）“复”是护城壕延伸一圈又回来相合的意思。城复于隍，城墙的外面再挖一圈护城壕，以增加防卫能力。从上六的角度看，上卦柔弱无主，下卦势力强盛，有下阳上侵之势。站在上卦的角度讲，要加强自己的防守能力，才能防患于未然。师，指出外打仗。勿用师，不要出城同敌人打，因为敌人太强盛了。自邑告命，惠栋《周易述》解之：“政教不出于国门。”只能在封闭的城邑中发号施令。

[译文]在城墙的外面再挖一条护城壕围成一圈。不要让军队出城与敌军作战，只可在城邑中发号施令，但这样做可能要受到羞辱。

卦结：

国家安稳，必须要让小人出去，大人才能进来；初九对小人要连根拔起，不让它有生存的环境；九二要用开阔的胸襟去包容万事万物；九三要有与艰难困苦作斗争的思想；六四为人轻浮，家道贫穷；六五帝乙用联姻求和平，吉祥；上六在城墙外面挖壕沟，用于自卫。

䷋ 否卦

卦辞注释：

◎否之，匪人。不利君子贞，大往小来。

否，《释文》："闭也，塞也。"《集解》引崔憬曰："否，不通也。"此用八卦之象解释，天在上，地在下，因为天上行，地下延，故彼此不交通。《彖传》曰："天地不交而万物不通也，上下不交而天下无邦也。"传统解《否》卦，皆持此说，窃以为错论也。

从上下卦卦象分析，三阳爻以九五为中心在上卦，三阴爻以六二为中心在下卦。阳爻高高在上，阴爻结伙在下，自成一体，互不节制。阴阳爻虽处一个卦中，却各自抱成团，不相融洽。或是上级和下级，或是中央和地方，或是夫妻之间，形成各自独立的圈子。

从内外卦卦象分析，主动爻三阴爻聚在内卦，如同群小在内，将三阳爻排挤在外。

根据卦象分析，卦辞"否"应是否定的意思，即不要。之，代词，代指卦象。否之，不要拉帮结派。其含义是指现实中的人不要如同卦象所显示的一样结成小宗派。

匪，字的构造是匚中非，"非"是相违背之义，写在匚中，是同在一处却又不同类。匪人，指处在一起却不同心同德的人。帛书《易》将"匪"写作"非"，则完全体现不出卦象意境。

大往小来，指卦象的结局，大爻在外，小爻在内，小人喜欢搞宗派党争，这样就容易把大者排挤出去，使小人进来。《泰》卦侧重于大爻，《否》卦侧重于小爻。需要指出的是，不应把"否"与"泰"看成是一对反义词，它们之间没有构成相反的概念。

[译文]不要拉帮结派,人在一起却离心离德。不利于君子这样做。大者走了,小人却来了。

象辞注释:

◎象曰:天地不交,否。君子以俭德辟难,不可荣以禄。

天地不交,承接《泰》卦象辞所言,表示八卦位置与《泰》卦相反。俭,《说文》作“约也”,段玉裁注:“约者,缠束也;俭者,不敢放侈之意。”为约束,不放纵。德是指某种品行或修养。俭德,对自己加强约束力,勿使放纵。辟,通避,躲避。难,灾难。荣,炫耀。大者在上,小者在下,互不相交,形成两个对立的集团,如果大者高高在上,放纵自己的权欲,蔑视、欺压在下之人,最终会有灾难发生。

[译文]君子应当养成一个约束自己的习惯,躲避可能发生的灾难。不要过于炫耀自己的福禄。

爻辞注释:

◎初六拔茅茹,以其汇。贞吉,亨。

与《泰》初九意思相近,但没有出征之象。

[译文]把茅草连根拔起,还有与之相同的事物。这样做吉,能够成功。

◎六二包承小人吉,大人否亨。

承,承受,接受。包承,包容与接纳之意。六二为内卦之主,有理家之义,是家主。小人,指社会地位低微的人。六二接纳小人吉,目的是为了让其干活,无害;大人否亨,大人接纳小人则不吉,会因小人而误国,此大人为国君。六二描写了两个主人:一个是家主,吉;一个是君主,不吉。《泰》九二言“包荒”,是因九二以阳爻居中，有刚健制阴之象；《否》六二言“包承”，是小人主动来投顺，君主纳之，就会沆瀣一气，亲小人远君子，故不宜这样做。

[**译文**]家主包容、接纳小人吉，大人不这样做才是明智之举。

◎六三包羞。

羞，前人多解为羞耻，此非羞字本义。《说文》：“羞，进献也。”六三为小人，在三阴爻的最上一爻，靠近大爻，欲进献礼物给大爻。包羞，包藏着进献的礼品。六三静居动位，有进献之心而尚未施行。如说其对，却有背叛同伙的嫌疑；如说其错，打破宗党派系也是一件好事。所以没写断辞。

[**译文**]小人手中包藏着欲进献的礼品。

◎九四有命无咎，畴离祉。

九四动起于静，在三阳爻的最下一爻，与阴爻相分离。有命，奉命行事。从各爻辞看，小爻搞宗派受到质疑，大爻则没有错。九五居大爻之中，又居尊位，九四是奉九五之命与小人划清界限。畴，《说文》：“耕治之田也。从田，象耕田之形。”指田地。祉，福。离（離），参见《离》卦，起意于蚕茧，有所包含的意思。畴离祉，田地中包含着福祉。言外之意似是：大人封给你的田地就是对你执行命令的奖赏。

[**译文**]奉命行事没有错，田地中包含着福祉。

◎九五休否，大人吉。其亡其亡，系于苞桑。

九五为大人，泛指君主。休，休息。否，同卦辞义，不要结成小宗派。休否，在休息娱乐的时候也不要这样做。具体意思是大人在工作的时候有大臣在左右辅助，在休息饮宴的时候往往只和同一帮会的人在一起，“休否”是劝诫大人不要老是亲近那些善于阿谀奉承的人。

其亡其亡,《正义》:"在道消之世,居于尊位而遇小人,必近危难,须恒自戒慎其意,常惧其危亡,言丁宁戒慎如此也。"将"亡"解为危亡,非其本义。其,人称代词。亡,逃亡,指在有危险的时候逃亡。两个"其亡"是两个主体。其亡其亡,你也跑,他也跑,各跑各的。

苞,通匏。《汉语大字典》:"匏,葫芦的一种。一年生草本植物,叶子掌状分裂,茎上有卷须。果实比葫芦大。晒干后可以用来做涉水的工具,也用来做容器,对半剖开可做水瓢。"《鹖冠子·学问篇》:"中流失船,一壶千金。"陆注:"壶,瓠也,佩之可以济涉,南人谓之腰舟。"苞、匏、壶、瓠都是指葫芦。腰舟,就是把晾干的葫芦绑在腰上浮人渡河。桑,应指桋桑,是初生的嫩桑条,又称女桑。《尔雅·释木》:"女桑,桋桑。"郭璞注:"今俗呼桑树。小而条长者为女桑树。"女桑的柔韧性很好,可以用来编筐系物。系,有两层含义:一是用桑条子把葫芦系在一起浮着人过河,二是人的性命维系在葫芦上。葫芦的作用相当于现在的救生圈,一个人横渡宽阔的河面没有葫芦的漂浮是有生命危险的。坐着船过河象征着同舟共济,有一种团结的精神;系着葫芦过河,则象征着众叛亲离,个人顾个人。卦象阴阳分离而不融,九五爻辞举这个例子意在说明拉帮结派的危害,其结果最终体现了卦象的主旨。

[**译文**]休息饮宴的时候也不要搞小宗派,如此则大人吉。当灾难来临的时候,你也跑,他也跑,各跑各的,大人只能把生命维系在用桑条子连在一起的葫芦上了。

◎上九倾否,先否后喜。

《集解》引侯果曰:"倾为覆也。否穷则倾矣。"将倾解为覆,恐非本义。《说文》:"倾,仄也。从人,人顷,顷亦声。"《广韵·清韵》:"倾,侧也。"倾,倾斜。因搞宗派而导致政权倾斜。倾否,已经发生了倾斜就不要再这样做了。先否后喜,表示时间顺序,前面改正了错误,后面就会出现好的局面。"亡羊而补牢,未为迟也"所言同此。

[译文]政权已经发生了倾斜,就不要再这样做了,前面改正了错误,随后就会出现好的变化。

卦结:

要团结,不要分裂;要同心协力,不要搞小宗派,是本卦的主旨。初六将形同小人的茅草连根拔去;六二可以包承小人;六三包藏着进献的礼品;九四奉命与小人划清界限;九五大人在休息饮宴的时候也不要搞帮会;上九政权已经出现了倾斜,不要搞帮派了。

二十四、咸卦、恒卦

䷞ 咸卦

卦辞注释:

◎咸亨,利贞。取女吉。

《彖传》:"咸,感也。柔上而刚下,二气感应以相与。"《正义》:"此卦明人伦之始,夫妇之义,必须男女相共感应方成夫妇。"皆把咸解作感。此解有失偏颇,不当有三:其一,用八卦卦象解卦辞;其二,用通假字代替本字;其三,用人伦代替政治。

本卦三阳爻聚集在上互卦,被阴爻所围困。此三阳爻的中心居于四爻，九五、九三居于从属的地位。九四从文，为智者，九三、九五能不能听从智者之言，是能不能团结一致的关键所在。故卦辞写“咸”。《说文》：“咸，皆也，悉也。”《尔雅·释诂下》：“咸，皆也。”团结一致的意思。文王要求管理层团结一致，也就是要求听从智者之言。人心齐，泰山移，就是指的这种精神。应该说这是一个极好的卦，所以《周易》将《咸》卦排在下经之首。咸亨，加主语，谓语主动，我们领导层要紧密地团结在一起，群策群力，就没有战胜不了的困难。

取女吉，从八卦卦象而来。取，通娶。卦象中☱为少女，☶为少男。少男在内，少女在外，男子将女子娶进来，为娶女。又因为☱阴爻在外，与内卦之阳爻不相交，故写“取女”，是说女子尚未娶进门，只是断其吉凶而已。内男娶外女，故言吉。卦辞“咸亨利贞”和“取女吉”描写了卦象的两个方面，它们之间没有内在的联系。解此卦者往往把后句之意作为整个卦辞之意来理解，所以错误难免。

本文在《否》卦写到卦的主旨是要团结不要分裂，其实《否》卦谈的重心是不要分裂，而《咸》卦才真正是讲“要团结”。领导层要团结一致，不可有三心二意。

[译文]我们管理层要紧密地团结一致，才能克服困难，实现胜利。有利于这样做。娶女子为妻吉。

象辞注释：

◎象曰：山上有泽，咸。君子以虚受人。

巩固政权和创立政权概念是不同的，象辞站在与卦辞相反的角度来写。从卦象的不利方面看，阳爻聚在上互卦，要统一思想，就具有排他性，容易在领导层形成单一的思想，所以象辞写“以虚受人”。虚，《说文》：“大丘也。”要有足够的空间容纳不同的人。

[译文]君子要有宽阔的胸怀容纳不同的人和意见。

爻辞注释：

◎初六咸其拇。

拇，应指脚大趾。走路靠人的腿和脚，拇指只起到协助的作用，意思是位卑之人不要以为自己有多大的力量。《小象》曰：“咸其拇，志在外也。”非是。本卦各爻按照人的身体部位由下往上写，其用意在于点明：团结的力量，可以达到如同一个人身体上不同的部位那样，既分工不同又能协调一致。但也应避免妄自尊大的主观倾向，这一点在其他爻辞中有所涉及。

[**译文**]将力量凝聚在脚大趾上。

◎六二咸其腓，凶，居吉。

腓，即小腿肚子，是脚趾以上的部位。咸其腓，将力量凝聚在小腿上，形象地说，小腿肚子的肌肉很强健，说明很善于走路，其意在于行动。但六二居内中，应从静，居静位反动，必定有凶。居吉，安住在家中吉。爻辞意思是要因人因事而为，不可无原则地随从。

[**译文**]将力量凝聚在小腿肚子上，凶。待在家中吉。

◎九三咸其股，执其随，往吝。

股，大腿。执，抓着。九三宜动，位居三阳爻的最下，跟着其他阳爻动，为“执其随”。九三尚武，必不安于落后，如超于前面，易打乱阶级秩序而受斥责，所以“往吝”，此“往”是超出“随”的概念之往。

[**译文**]将力量凝聚到大腿上，抓住前面之人跟随着走，前往必有羞辱之事。

◎九四贞吉，悔亡。憧憧往来，朋从尔思。

九四位于三阳之中，居静位而动，是他们投奔、围绕于我，我则动而不离其位。贞吉，这样做吉。悔亡，悔的含义很广，主要指领导层意见分歧导致领导力下降。总之，只要坚持领导层的团结一致，不利的因素都消失了。

憧，《说文》："意不定也。"九四居三阳爻之中但不居尊位，来投奔的人可能都会犹豫。走的人又有所不舍，故言"憧憧往来"。朋，指九四周围的人，包括九五。此爻写"朋从尔思"，同时也点明了九四就是卦的主爻，是"咸"的力量的核心。九四从文从智，不管身份高的、低的都来依附于"尔"。这是道德和智慧的力量。从另一个方面讲，"思"是"朋从"的前提条件，思想是最高贵的，有高尚的思想品德，人们才会佩服你、服从你，不然九五之朋就不会从九四了。

[译文] 这样做吉。悔恨消失了。犹豫不定的人走了又来，这些跟随的人都会服从于你的思想。

◎九五咸其脢，无悔。

《正义》引："子夏《易传》曰：在脊曰脢。马融云：脢，背也。郑玄云：脢，脊肉也。王肃云：脢，在背而夹脊。《说文》云：脢，脊肉也。"脢指脊背。九五爻写"咸其脢"很值得深思。古人认为心胸装着思想，脢则没有思想。背肉厚实，是指人吃得好，有福。九四居三阳爻之中，言"朋从尔思"，就是将九四看作是聚集的中心；九五则空居尊位，不得其实，故言"脢"。九五不在三阳爻之中，说明自己的思想难以服众，所以"难得糊涂"，只要自己能保持尊贵的地位，养个好身体，听从智者之言又何乐不为呢？

[译文] 尊贵的人把力量都凝聚到背肉上，没有悔恨。

◎上六咸其辅、颊、舌。

上六年老，经验丰富，只需动口，许多问题就迎刃而解。辅、颊、舌,用于说话的部位。

[**译文**]老年人把力量都用在了说话上。

卦结:

《咸》卦是要求领导层在革命理论的照耀下,团结一致,共同对敌。下卦尽其力,上卦尽其智。初六将力量凝聚在脚趾上,无足轻重;六二将力量凝聚在小腿上,不得其所;九三将力量凝聚在大腿上,跟着别人走;九四用思想凝聚别人;九五听从贤人指导;上六老年之人只需动口。

䷟ 恒卦

卦辞注释:

◎恒亨,无咎,利贞。利有攸往。

《彖传》:"恒,久也。刚上而柔下。"《正义》:"恒能终始不移,是纯一其德也。"《说文》:"恒,常也。从心从舟,在二之间,上下心以舟施,恒也。"本文以为,"久""常"之说与字形之义不符,尚须进行探讨。

恒(恆),按《说文》对字的构造义分析,"在二之间",应当指河的两岸;中间之舟喻摆渡两岸之人;心是指有渡人之心。"恒"的字义应是行善助人。

从卦象看,三个阳爻被阴爻围困于下互卦,中心是九三爻。九三尚武、暴虐,不为人称道,三个阴爻就像阳爻的外在形象,内有君子之质,外表小人之形,故需要自己改变自己的形象。按德行而言,阳爻为功德,阴爻为阴德。本卦三阴爻主动,应建阴德以改变自己。做好事帮助别人为阴德,卦辞写"恒"意在发挥主观能动性，以积阴德改变形象。《论语·子路》："人而无恒，不可以作巫医。"如果把"恒"解释为济人行善，这句话更容易理解，因为巫和医可以使人活，也可以使人死，怀有行善之心，才是好的巫医。

恒亨，加主语，谓语主动，我们犯了错误时，要多做好事，才能使自己变得高大起来。本卦的主题思想是：要做好人，要做一个有益于人民的人。

[译文]当我们犯了错误时，要多做好事，改变自己的形象，才能使自己高大起来。没有错，有利于去帮助别人。有利于出去建功立业。

象辞注释：

◎象曰：雷风，恒。君子以立不易方。

象辞与卦辞不同，以三阳爻为主体。九三居三阳爻之中，故以九三为中心。三阳爻虽团结一致，但没有首领，在一些原则问题上常常是犹豫不决，朝秦暮楚。方，一指方国，一指四方、方向。这里应指方向。立不易方，指人要坚定立场，不要随意改变方向。

[译文]君子要坚定自己的立场，不要随意改变自己的方向。

爻辞注释：

◎初六浚恒，贞凶，无攸利。

浚，《正义》："深也。"根据爻辞大意，"浚"有水深流急的含义。初六弱小，在水深流急的地方非但无法济人过河，自己性命都难保，所以说"浚恒，贞凶"，指做好事也要看清处境，先求自保，再行善举。攸，所，指做其他事情。

[译文]在水深流急的地方济人过河，这样做凶，做其他事情也不利。

◎九二悔亡。

九二为家长、族长之位。族长经常扶危济困,有利于社会和谐,改善民风。如果基层做好人好事蔚然成风,还有什么悔恨可言呢?

[**译文**]悔恨消失了。

◎九三不恒其德,或承之羞,贞吝。

德,准则。不恒其德,不以帮助人为准则。或,妄动,这里可以解释为索取。承,《说文》:"奉也,受也。"接受之意。羞:"进献也。"《周礼·天官·笾人》:"凡祭祀共其笾荐羞之实。"郑玄注:"荐羞皆进也。未食未饮曰荐,既食既饮曰羞。"或承之羞,索取并享用别人进献的礼物。九三向别人索取礼物,却不帮助别人解决困难,肯定会受到指责。

[**译文**]他没有心帮助别人,却向人家索取礼物,这样做会招致非议。

◎九四田无禽。

《正义》言:"田者,田猎也,以譬有事也。无禽者,田猎不获,以喻有事无功也。"本文不从此说。本卦三个阳爻以九三为中心,九四在外,是三阳爻的最上一爻,接近柔弱的六五,有武力侵上之象。田,庄稼地,表示势力范围。《说文》:"禽,走兽总名。"如果野兽走进庄稼地里,就如同敌人侵入了自己的领地,必须擒之。田无禽,庄稼地里没有野兽。也就是说,别人没有侵犯你,你去攻打别人是没有借口的。比喻不做好事但也不能做坏事。

[**译文**]田地中没有来犯的野兽。

◎六五恒其德,贞妇人吉,夫子凶。

其,代词,指妇人之善。德是某一品性。阴爻有妇人之意。

六五之恒，为妇人之善心。处于尊位之人如果以妇人之仁做事，而没有行大事的果决意志，会有凶的。夫子，指个人品性。

［译文］把济人行善作为自己的思想，这样做妇人吉，男子汉却凶。

◎上六振恒，凶。

振，《说文》："举救也。"上六不是划着船济人过河，而是将别人举在头顶过河，这种救人的方法不对。好心做好事，如果方法不得当，有时就会出现坏的结局。

［译文］举着别人过河，凶。

卦结：

本卦提出要多做好人好事，倡导人间正气。初六在水深流急的河里帮助别人过河是危险的；九二族长要身体力行做好人好事；九三不帮助别人，却承受人家的礼物；九四不做好事也不做坏事；六五君主不能有妇人之仁；上六做好事也不能超出自己的能力。

二十五、损卦、益卦

䷨ 损卦；䷩ 益卦

《损》《益》二卦应是由后人篡编而成。为了避免误解，本文不对卦爻辞进行注释，只简单地分析一下卦爻辞中的字词与其他六十二卦卦爻辞编写的不同之处。这两个卦可能是由同一人所写,所以将其放在一起来剖析。这两个卦的卦爻辞有许多词句不合卦象规则,不似其他卦所写的字字合卦象、字字有依据、字字有含义。找出这两个卦的篡改之处,反倒衬托出了周易卦象规则的严整性。

卦象解:

《损》以三阴爻为主动爻。对比其旁通卦,《咸》三阳爻聚在上互卦之位,显示出正义的力量;《损》三阴爻聚在上互卦之位,则显示出阴小力量的强盛,所以要"损"之。《说文》:"损,减也。"《玉篇·手部》:"损,减少也。"卦辞言"损"就是要损卦象中显示的小人之势。从卦象的另一方面看,子女处在这个位置比较好,此卦有利于子女。卦辞中的"损"和"有孚吉",是分别从两个角度写的,这一点符合卦象规则。

《益》取三阳爻为主动爻。对比其旁通卦,《恒》的三阴爻居于初爻、五爻、上爻,有德行颓败之象;《益》以三阳爻居此三位则有德行盛满,溢出器外之象。益为"溢"的本字,就是溢出之意。

象辞注释:

《损》:"象曰:山下有泽,损。君子以惩忿窒欲。"

用人的身体部位形容,上互卦对应着人的心胸部位,象辞认为,三阴爻居于上互卦之位,表示小人的愤懑和贪欲充斥其间。《玉篇·心部》:"惩,止也。"惩忿,止住其愤懑暴戾之气。窒欲,窒息其贪欲之念。针对个人讲,"惩""窒"是"损"的具体措施。

《益》:"象曰:风雷,益。君子以见善则迁,有过则改。"

《说文》:"迁,登也。"《广韵·仙韵》:"迁,去下之高也。"此迁意为去恶从善。《益》卦三阳爻有德行满溢之象,故象辞认为这是告诉人们要趋善弃恶。过,《周易》卦辞"大过""小过"之过皆为超过之意,指凡事皆有其度。象辞之“过”如以此解,“有过则改”可解为:做好事也不可过其度,如果超过了正常限度,应及时改正。如将“善”“过”看作一对反义词,“过”则直接解为“错”。王弼注曰:“迁善改过,益莫大焉。”也可。

[卦爻辞原文]

☶损,有孚元吉。无咎可贞。利有攸往。曷之用?二簋可用享。

初九已事遄往,无咎。酌损之。

九二利贞。征凶。弗损益之。

六三,三人行则损一人,一人行则得其友。

六四,损其疾。使遄有喜。无咎。

六五,或益之十朋之龟,弗克违,元吉。

上九,弗损益之,无咎,贞吉。利有攸往。得臣无家。

☴益,利有攸往。利涉大川。

初九,利用为大作,元吉。无咎。

六二,或益之十朋之龟,弗克违,永贞吉。王用享于帝,吉。

六三,益之。用凶事无咎。有孚中行。告,公用圭。

六四中行,告,公从。利用为依,迁国。

九五有孚惠心,勿问元吉。有孚惠我德。

上九莫益之,或击之。立心勿恒,凶。

分析:

(1)“曷之用”

卦爻辞是作为筮卦的答案而写的,是不应该出现疑问句的。

《大畜》上九"何天之衢";《小畜》初九"复其道,何其咎,吉"。虽然有疑问词,但并不表示疑问,因为它并不需要回答。在《损》卦的卦辞中写出疑问句,一是显得突兀,二是这样一问一答成了就事论事,局限了卦辞含义。这是全书中唯一的,也是多余的疑问句。不过这种句式类似于甲骨卜辞,如:"乙未卜,争贞,王亥祟我?贞,王亥不我祟。"还有一些贞问天气情况的卜辞,先写欲卜的事情,有雨吗?卜完后再写卜得的答案,有雨!或无雨!根据这种句式,这句话有可能是负责占卜的史巫写成的。还有爻辞"公用圭",也与占卜的仪式有关。

(2)"享"

从《周易》通行本看,除了《损》《益》卦中有"享"字,其他卦爻辞只写有"亨"。至于《困》卦"利用享祀",纯属祭祀之语,为个例。据考证,今本《损》卦"二簋可用享"、《益》卦"王用享于帝"、《困》卦"利用享祀",《大有》卦"九三公用亨于天子",《随》卦上六爻"王用亨于西山"等,在帛本《易》中都作"芳"①。但也不能就此断定《大有》《随》之亨即为"享"。

卦爻辞中的有些字在殷墟甲骨文中常常是用作祭祀的祭名,如"升":"王宾羌甲,升。亡尤?""宜":"共宜于妣辛,一牛。"还有"御""福""沈""索""衣"等字,也是用来说明某种祭祀的形式,而在卦爻辞中很少有类似字用于描写祭祀,可见《周易》写"亨"而不写"享",是为了表达更深层次的意义。损、益卦只写享,不写亨,应该不是《周易》原作者的手笔,也与占卜官员有关。

(3)"弗损益之"

这句话带有明显的先入为主的思维定式,即它是按照《彖传》

① 廖名春:《周易丰卦卦爻辞新考》,朱伯昆主编《国际易学研究》第六辑,华夏出版社2000年版,第12页。

的理解写出来的。《彖传》:“损,损下益上。”认为《损》就是减少下,《益》就是增加上。它的偏差之处在于:首先,将上下卦作为对立的两个方面是不准确的。《周易》中形成对立的因素有:①阳爻与阴爻;②正位与反位;③内卦与外卦。从这两个卦的卦象看,《损》三个阴小之爻聚于三、四、五爻中,按现在的说法,是处在领导核心的位置。写“损”的原意是对这种卦象有所担心,应该是要折损阴小势力之意。《益》作为《损》的对卦,取反对之爻即阳爻的象义。三阳爻处在五、六和初爻,虽不得势,却具有极大的权贵与利益。“益”的原意是水溢出器外,写“益”意在阳爻的德行和利益极其盛大。这两个卦的阴爻和阳爻并没有处在相同的爻位上,所以也就不构成对立的因素,也不存在减少或增加的问题,更不能作为一对反义词来理解。

其次,“弗损益之”将“损”“益”连在一起组成句子,限制了这两个字义的外延,使丰富生动的卦辞字义变得过于狭隘苍白,这样也就连带着使《损》《益》两卦的卦义打了折扣。相同的字写在不同的卦辞中,表达着各自卦象的含义;写在不同的爻位中,体现着每个爻的内涵。现在却把它们作为反义词放在一起,只能说明伪辞作者还没有领悟到《周易》那言简意赅的意境。

(4)“朋”与“友”

“六二或益之十朋之龟。”朋,本义为钱财,甲骨字写作,《广韵·登韵》作“五贝曰朋”,爻辞说的是价值十朋的龟,但卦爻辞中的“朋”都是以朋友作为它的字义,没有当作钱使用的例子。笔者以为,从“朋友”的角度讲,朋应是指接受报酬的下属。在卦爻辞中有多处“朋”字,从卦辞看,都是指依附在主人周围的人,与主人不是平等的关系。如:

《坤》:“西南得朋,东北丧朋。”坤卦无阳,阴爻无所依从。文王居周地,朋从如云;陷于商地,则孑然一身,故有此说。

《泰》:“九二不遐遗朋。”不要使下属远远地逃离自己。九二居三阳爻之中,“朋”是九二周围之人。

《豫》:“九四朋盍簪。”下属聚集在自己周围。九四是六个爻中的唯一阳爻,“朋”是九四周围之人。

《复》:“朋来无咎。”初九一阳爻,位居最里,五阴是外来投奔自己之人,“朋”即是指此五阴。

《咸》:“九四朋从尔思。”九四为三阳爻的中心之爻,“朋”是指九四周围之爻。

《蹇》:“九五大蹇朋来。”九五居尊位,九五有蹇,九三前来救援,“朋”指九三爻。

《解》:“九四朋至斯孚。”此卦九四无权无势,但是善于化解矛盾,故周围之人都十分佩服他,“朋”指受过他恩惠的人。

通过“朋”字,我们还可以增加对周易卦象的理解,例如《咸》:“九四贞吉悔亡,憧憧往来,朋从尔思。”这一爻辞用个“朋”字就巧妙地将整个卦的中心转移到了居三阳爻之中的九四爻上,使九三和九五都成了维护九四思想的附庸。在这里,它突出了思想的作用和团结的力量。准确地说,朋就是亲密的下属。而“十朋之龟”与其他卦爻辞不是一个思路。

“六三……一人行则得其友。”《说文》:“友,同志为友,从二又相交也。”甲骨文中友写作,两手方向一致,表示同心协力之人。“友”意在志趣相投、平等相交而区别于“朋”。从卦象看,每卦只有六个爻,而六爻又代表着不同的阶层和处境。通观《周易》,在创作者的思想中,恐怕只有上与下、大与小的关系,而没有真正平等的关系。所以在卦爻辞中有“朋”而没有“友”是很正常的。假如真要是有“友”的话,阳爻之间称友尚有道理,阴爻之间朋比为奸,称友则不妥。“友”不应写在阴爻爻辞中,更不该写在六三爻中。也可能是由于这一卦的“朋”写在了“十朋之龟”中当作钱财使用,所以就以“友”来代替朋。这样一来,更造成了“朋”亦错用,“友”亦错用。

(5)“使遄有喜”

遄,《说文》:“往来数也。”六四以阴爻居阴位,从一般规则讲,静则吉,动则凶;返回有吉,出外有吝。如:《蛊》六四“裕父之蛊,往见吝”;《复》六四“中行独复”;《蹇》六四“往蹇来连”。都是讲不宜外出宜回返。本爻六四又居三个阴爻之中,或取其静,或取其动,都在情理之中,而辞以“遄”主动有喜,似乎没有道理。《折中》引苏轼曰:“遄者初九也,损其疾,则初之从我也易,故遄有喜。”以初、四爻互应解辞,恐难成立。

(6)“或”

《文言》曰:“或之者,疑之也。”此解并非“或”的本义。《说文》:“或,邦也,从口从戈以守。一,一地也。”段玉裁注此字曰:“《邑部》曰:‘邦者,国也。’盖或、国在周时为古今字,古文只有或字,既乃复制国字。”“从戈”者,应从武,“或”应指守国之人,引申为尚武之人。三爻居内临外,又为阳爻正位,故为武士爻。写于三爻者有七例,都可以尚武、尚动解之。二例写于四爻者,《乾》九四“或跃在渊”;《渐》六四“或得其桷”,皆写动物跃临空中。从四爻讲,离下即上,也有动起之象。上九一例,《讼》上九“或锡之磐带”,应为以武功获官位的老臣。卦爻辞“或”所代指者,皆与尚武、尚动有关。而《损》《益》分别在六二、六五、上九写有三个“或”字,二爻从静,五爻为尊,从卦象讲,就不该写入“或”字。

(7)“中行”

爻辞写“中”字,在卦象中一般要具备三个条件之一:①第五爻,即上卦之中。②第二爻,即下卦之中。③聚在一起的阳爻或阴爻中间的一个爻。我们可以看一下所有爻辞中的“中”字:《师》“九二在师中”;《泰》“九二尚于中行”;《家人》“六二在中馈";《夬》"九五中行无咎"。这些"中"字都写在居上卦或下卦中位的爻辞上。《复》"六四中行独复",是写在五个阴爻中间的爻上。但在《益》卦中六三、六四连用两个"中行",六三居三阴爻之中尚有讲,六四不知"中"在何处?《周易》的卦爻辞在卦象中字字有据,六四不居中却言"中行",明显地违背爻辞写作规则。

(8)"公"

《益》卦外,《周易》还写有四个公:

《大有》:"九三公用亨于天子,小人弗克。"

《鼎》:"九四鼎折足,覆公悚,其形渥,凶。"

《小过》:"六五密云不雨,自我西郊。公弋取,彼在穴。"

《解》:"上六公用射隼于高墉之上,获之,无不利。"

这四个"公"有如下几个特点:①它们分别居于三、四、五、上四个爻位,表示身份不同。《史记·殷本纪》:"(帝辛)以西伯昌、九侯、鄂侯为三公。"这里所说的"公"与爻辞所写之公一样,是指权柄,而非指爵位,所以一个卦中只能出现一个"公",且四个公占用了四个卦。不让公在一个卦中重叠出现,意在避免混淆概念。一、二爻地位偏低,故"公"不居其位。②处在三、四爻位的为阳爻,处在五、上爻位的为阴爻。三、四爻位是公的正位,以阳爻居其位;五、上爻位之公居于阴爻,意在回避商王尊位。③"公"不与"王"同处一卦,有公之爻不写王,有王之爻不写公。《大有》"九三公用亨于天子",写"天子"而不写"王"的区别即在于此。从以上三点看,这些"公"字包含的思想极其微妙复杂,体现了文王不甘居于商王旗下的叛逆思想。

按照以上规则,《损》《益》二个卦中就不应该再写"公",也可以说已经没有了"公"另处的位置。但《益》在三、四爻连写两个公"六三告,公用圭""六四告,公从",似乎都是在写公持圭参加祭祀或朝庙时的情况。① 这种写法,体现在:①句子为叙事,内涵十分浅显;②破坏了写“公”的整体规则;③打乱了爻位秩序。由此看,篡改者还没有看懂“公”的意义所在。

(9)“王用享于帝,吉”

其一,“享”不是原书之字,在第二条有分析。

其二,“王”是作为句子的主语在《益》卦六二爻中出现的,三、四爻有两个公在上面,却将“王”屈居于六二爻中,是明显的僭越。

其三,“王用享于帝”既可以是指商王,也可以指周王。如果指周王,恐怕写作的时代要在武王之后,文王不可能称先王为“帝”。其实,《周易》中凡“王”皆指商王。王用享于帝是为了显示自己宗族的荣耀并以此来保佑自己的统治,而此时周文王已有了取商而代之的思想,这一点在卦爻辞中是很明显的,怎么可能写出“王用享于帝,吉”这样的字句来呢?

其四,卦爻辞凡写“王”皆明扬暗抑,但你不仔细分析难以悟出其中的奥妙。如《萃》:“王假有庙。”庙是宗庙,言庙而不言社,实际上是暗指商王是借用宗族的势力占据着天子之位,其中蕴含着愤愤不平之情和对天子的觊觎之心。《既济》:“九三高宗伐鬼方,三年克之,小人勿用。”高宗不写在九五,却居于三个阳爻之中的九三,只是在文字中给了他一个中央大国负责平定四周,安定形势的地位。由此可见,“王用享于帝”显然与其他卦中的“王”不是同一个手笔。

---

① 《周礼·春官·太史》:“颁告朔于邦国。”《公羊传·文公六年》:“不告月者何,不告朔也。”何休解诂:“礼诸侯受十二月朔政于天子,藏于大祖庙,每月朔朝庙,使大夫南面奉天子命,君北面受之,比时使有司先告朔,谨之至也。”爻辞所写之“告”似乎于朝庙活动有关。

(10)“元吉”

“吉”中包含着逢凶化吉的因素,不同于亨。“元”是指我们的政权或国家,元吉是我们国家吉。如《大畜》:“六四童牛之牿,元吉。”爻辞好像是说童牛元吉,其实是因为“童牛之牿”,国家才吉。再者,一个卦中只应有一个爻有“元吉”,《益》却在初九、九五爻出现了两个元吉,是明显的败笔。

(11)“立心勿恒,凶”

“勿”是说不要去做,这句话显然是告诫得卦者不要这样去做,随后却又写“凶”,这样反倒把读者弄得糊涂了。卦爻辞是一种卜筮文体,这个“凶”好像写得不太得体。孔颖达亦注意到这一点,曰:“勿,犹无也。求益无已,是立心无恒者也。无恒之人,必凶咎之所集。”(《正义》)将“勿”解作“无”尚通。通览卦爻辞,字字珠玑,说明周文王实乃文字大家,像这类需用通假字才能解通辞义的,绝非文王手笔。

(12)“利有攸往”与“利涉大川”

《益》:“利有攸往,利涉大川。”卦辞中将这两句话写在一起是矛盾的。从两方面分析:①它们有相同与不同的区别:相同的是都由内向外走,其义重叠;不同的是“利有攸往”是有目的地前往,“利涉大川”是无目的地前往,其义相违。②是所指的对象不同,“利有攸往”在卦辞中出现针对的是蓍卦的卦主;“利涉大川”则针对的是子女或年轻人,他们需要出去磨炼和建功立业。这就是在卦爻辞中这两句话没有同时出现的原因。根据卦象的提示,如果《损》卦写“利涉大川”,《益》卦写“利有攸往”,可能较为合理。

周易卦象和卦爻辞是相关联的,不能抛弃语言环境孤立地解释字词。通过以上点评,一方面说明周易卦象的系统性和缜密性以及周文王深厚的文字功底，而《损》《益》卦爻辞的篡改者水平偏低，不可与周文王同日而语。另一方面也提醒那些喜欢用通假字解《易》的人，要手下留情！

二十六、既济卦、未济卦

䷾ 既济卦

［卦象解］

《周易》以偶数位为阴爻之正位，以奇数位为阳爻之正位；偶数位取静之意，奇数位取动之意；阴爻取静之意，阳爻取动之意。这一规则的标准卦形就是《既济》卦。《既济》六爻呈现出安定、秩序、各行其道的卦象，且阴阳爻互相间隔，不存在阴阳爻互相对立的矛盾。《既济》卦是稳定的社会形态的一个基础卦象模式。

由于六爻各安其位，每变化一个爻，就形成了一个反爻与另外五个正爻的对立关系。根据反爻所处爻位的不同，即产生与这个爻位意义相关的一个新卦，而这个反爻也是其卦的指事爻。䷦初九变为初六，为反爻，初爻有足之象，故卦辞以“蹇”比喻路途艰难；䷄二爻变，九二动于内卦之中，八卦之雨水落于民居，谈排水防灾，故卦辞写“需”；䷂三爻变，六三阴爻居阳位，从静，弱旅不征，写“屯”讲发展壮大；䷰四爻变，四爻有祭祀神庙之象，在阳盛阴衰的情形下，祭祀庙社以完成改朝换代，故言“革”之；䷣五爻变，六五之君居尊不正，对大臣傲慢无礼，“明夷”喻商王之残暴不仁；䷤上爻变，上九阳爻居上位，有治家之象，下五爻各正其位，是治家有方，故以“家人”为卦辞。从以上六卦看，《既济》虽仅为一卦，但其作为系列卦的定式能够衍变出六个不同含义的卦，体现出尤为深刻的意义，《既济》之卦义大矣哉！

卦辞注释：

◎既济亨。小利贞，初吉终乱。

解释“既济”，应先清楚“济”的含义。

《正义》：“济者，济渡之名。既者，皆尽之称。万事皆济，故以既济为名。”《本义》：“既济，事之既成也。”此恐非“既济”二字的原义。本文以为，“济”字应与济水有关。

《史记·殷本纪》：“《汤诰》：曰：‘古禹、皋陶久劳于外，其有功乎民，民乃有安。东为江，北为济，西为河，南为淮，四渎已修，万民乃有居。”济水是上古四渎之一，包括黄河北南同为“济水”的二水流。

《尚书·禹贡》：“导沇水，东流为济，入于河。”孔颖达疏：“《地理志》云：济水出河东垣县王屋山，东南至河内武德县入河。”这是黄河以北水段。《禹贡》又云：“溢为荥。东出于陶丘北，又东至于菏，又东北会于汶，又北东入于海。”这是黄河以南水段。

《孟子·滕文公上》：“禹疏九河、瀹济、漯，而注之海；决汝、汉，排淮、泗，而注之江；然后中国可得而食也。”文中论大禹治河水，先从黄河下流治起，下流不治，则上流壅塞，水患依然。先疏通济水以泄其水势，济水畅其流则黄河安其道。

《史记·河渠书》：“禹以为河所从来者高，水湍悍，难以行平地，数为败，乃厮二渠以引其河。北载之高地，过降水，至于大陆，播为九河，同为逆河，入于勃海。九川既疏，九泽既洒，诸夏艾安，功施于三代。”

按照《禹贡》的说法，大禹疏导了许多河流和沼泽来平息黄河水患，其中包括济水。济水发源于济源市西王屋山，向东南穿过黄河入山东，由山东西北入海。古济水下游故道后来为黄河所夺，今已不存在。治理的大泽与济水有关的有荥泽，故址在今河南荥阳北，古与济水和黄河相通，西汉以后逐渐淤塞，今已不存在。大野泽，故址在今山东巨野县北，古济水流经此泽。宋朝以后逐渐干涸。（孟世凯：《夏商史话》，中国国际广播出版社 2009 年版，第 9 页）。

济水处在黄河的中下游位置，济水之“济”字应含有治理黄河的方法和泄洪的功能。结合史载，既济之“济”也应与“济水”之“济”义同，包含泄洪之功能。从卦义讲，这样也符合阴阳各安其道的卦象。

既，完成，描写河水各循其道而行的状况。既济亨，我们要像治理济水使黄河安行其道那样治理国家，社会方可安定。

小利贞，像既济这样稳定的社会对百姓有利。初吉终乱，卦象阴阳间隔，各不统属，多元文化，如同小国寡民时代。但在私有制文明时代，这种政治格局不会持久，终会出现大国兼并小国的战乱。卦辞告诉人们，不要对原始状态的政治体制抱有幻想。

卦辞有两个概念，一是大禹治水的管理经验值得我们借鉴，二是卦象所显示的阴阳各安，没有中央领导的社会不可能长期存在。

［**译文**］我们要像用济水疏泄黄河，使河水消除水患那样治理国家，社会才会安定。这种社会状态有利于百姓。但这种互不统属的社会模式起初会安定，最终会出现战乱。

象辞注释：

◎象曰：水在火上，既济。君子以思患而豫防之。

《说文》：“患：忧也。”思患，心里担忧会发生水灾，其意写自卦辞“既济”。现在河水平静,以后可能会闹水灾,意在不被眼前的现象所迷惑。豫,见《豫》卦解,此指用隆重的仪式祭祀水神。防,《尔雅·释山》:“如防者,盛。”郭璞注:“防,隄。”《说文》:“防,隄也。”原指堤坝,名词动用,加固堤坝。豫、防是说祭祀和加固堤坝二者并用,既要祈求神祇的力量,又要发挥人的力量去防止自然灾害的发生,实际上这里更突出了人的力量。

[**译文**]君子在水行其道的时候还要想着河水随时会泛滥。一方面要举行盛大的仪式祭祀神祇,另一方面还要发挥人力加固堤坝,防止水患的发生。

爻辞注释:

◎初九曳其轮,濡其尾,无咎。

《玉篇·曰部》:“曳,申也,牵也,引也。”曳其轮,车轮陷进湿地里,把它拽出来。初爻在六爻的最低位,如同地面的低洼处,人们用车装运家用之物,迁移开低洼之处。

濡其尾,水沾湿了尾巴。《未济》卦辞讲:“小狐汔济,濡其尾。”“其尾”也指狐狸的尾巴。这里大概是讲洪水来了,狐狸跑不迭,被水沾湿了尾巴。另一种可能是与大禹治水的传说有关。《吴越春秋·越王无余外传》:“禹三十未娶,恐时之暮,失其制度,乃辞云:‘吾娶也,必有应矣。’乃有九尾白狐,造于禹,禹曰:‘白者吾之服也,其九尾者,王者证也。涂山之歌曰:绥绥白狐,九尾庞庞。我家嘉夷,来宾为王。成家成室,我造彼昌。天人之际,于兹则行。明矣哉!’禹因娶涂山,谓之女娇。”考古发掘的汉砖画中常画有九尾狐,也是取自大禹的传说。我们无法考证文王时代有没有大禹与九尾狐的传说,以及九尾狐对大禹治水所包含的意义,只算是一种探讨。狐狸是有灵性的动物,人们又常常形容非常狡诈或有智慧的人为九尾狐。从卦象看,初九最下,为山川的低洼处，连狐狸的尾巴都沾湿了，说明大水马上要来了。无咎，是针对曳其轮，离开这里没错。

[译文]人们把陷进泥土中的车轮子拽出来。河水浸湿了狐狸的尾巴。离开这里没有错。

◎六二妇丧其茀，勿逐，七日得。

茀，《本义》："妇车之蔽。"即妇人乘坐的车子上的篷盖。逐，寻求。六二居中从静，妇人应守中勿外出，车的篷盖丢失了，就是客观上不要求妇女外出。七日得，十日为一旬，一旬也就是一个循环周期。人的一生如果用一旬来衡量，那三日就是指人的前三分之一的时间，七日指人的后三分之一时间，也就是人的老年阶段。得，指得福。七日得，是说人到老年的时候就有福了。男主外，女主内，是人类脱离开氏族社会以后自然形成的家庭成员的分工，写在《既济》六二爻中，说明作者非常重视这种分工在稳定社会秩序中的作用。

[译文]家中的妇女所乘坐的车子篷盖丢失了，不要去寻找，到老年时就会有福了。

◎九三高宗伐鬼方，三年克之。小人勿用。

这句爻辞写的是先商王高宗讨伐鬼方部落的一段史实。高宗作为商王，为什么没有写在九五爻中，反而写在了九三爻中呢？从卦象分析，《既济》可以作为一种稳定的社会秩序模式。九三从武，又是三个阳爻的中间一爻，取中央之意，与商作为中央大国的地位是相符的。文王在九三之爻写"高宗伐鬼方"，说明只是将商王朝看作是一个能够稳定周边民族秩序的中央大国的统治者，并不是像西周时各诸侯国对周王的那种必须要尊崇听命的诸侯与宗主王的关系。

三年克之，可以是实指三年，即用三年的时间平定了鬼方；也可以是虚指，用不太长的时间胜利地完成了这场战争。这里强调：一是形容高宗勇武，二是形容不伤国力。《左传·昭公十一年》：“纣克东夷而陨其身。”纣王穷兵黩武、好大喜功，连年发动讨伐东夷的战争，结果最后损害的是自己，如果写纣王伐东夷的话，恐怕要写“七年”了。高宗与纣王是一个反差，写高宗大概意在贬斥纣王。

小人勿用，“用”是“做……事情”的意思。小人是指没有相应身份的人。在《既济》卦中，一切事情都是要按部就班地进行，有多高的身份才能行使多大的职权。小人勿用是说身份较低的人不能去做较高一些的事情。大者可以伐小，但小者不可伐大；高宗伐鬼方可以，鬼方伐高宗则不可。反过来说，这句话决不会写在《未济》卦中，因为《既济》重在稳定秩序，《未济》重在重建秩序，稳定秩序和重建秩序的思想概念是不同的。

卦辞写“初吉终乱”，本爻作了照应，高宗伐鬼方即谓乱。

[**译文**]商王高宗讨伐鬼方部落，用三年的时间取得了胜利。但身份低微的人不能去做类似的事情。

◎六四繻有衣袽，终日戒。

六四为极静之爻，一切都相安无事，指没有发生洪水的迹象。爻辞所说的，是在没有发生洪水的时候也不能麻痹大意，要安排专人去监视水情的变化，防止洪水的发生。繻，《说文》：“繻，缯采色。从糸，需声。”指夏天穿的薄衣。袽，《说文》：“袽，败絮，破布。”破棉衣。衣，动词，穿衣。衣袽，穿着破旧的棉衣。繻有衣袽，指的是夏秋易发洪水的季节，守堤的人从天热的时候穿着凉爽的衣服值班，一直到穿棉衣的季节，始终进行监视水情的工作。终日戒，整个白天都如此戒备。这里虽然说的是防洪的情景，但万事万物都是这个道理：只要客观条件存在，灾难随时都会发生，应时刻警惕着。

[译文]从穿着凉爽衣服到穿上破旧的棉衣，每天都在警戒着洪水可能发生。

◎九五东邻杀牛，不如西邻之禴祭，实受其福。

古时太牢才杀牛，杀牛为盛祭；禴，同礿。《尔雅·释天》："夏祭曰礿。"《释文》："本或作禴。"《公羊传·桓公八年》："春曰祠，夏曰禴，秋曰尝，冬曰烝。"是说夏祭为禴。孔颖达疏："禴，殷春祭之名也。四时之祭最薄者也。"认为禴是指春祭。从爻辞表达的季节看，禴祭应是指夏祭，重在体现祭品"薄"意。另外，杀牛用于祭天祭祖，为了保佑自己的地位稳固；禴祭是祭地祇、水神之类，祈求风调雨顺，为了天下苍生。东邻和西邻的意境明显不同。"实受其福。"《说文》："实，富也。"西邻因受到神灵的赐福而变得富裕。东邻暗指商，西邻暗指周。在原有秩序不能改变的情况下，采取什么样的国策，也就预示着国家将来是走向富强还是走向衰败。

[译文]东边的邻国杀牛祭天祭祖，不如西边的邻国用少量的祭品祭祀神祇，会因神灵的赐福而变得富裕。

◎上六濡其首，厉。

上六为高地。首，照应初九，为狐首。沾湿了狐首，说明河水淹没了原来的高地。狐狸凭本性行事，如果河流一旦发生变化，就有被淹没的危险。针对人而言，不可墨守成规，应根据形势的变化制定相应的策略。

[译文]河水打湿了狐首，很危险。

卦结：

既济原指用济水疏浚黄河洪峰而得平安，加上“亨”字就上升到治理国家的理论。初九水流于低处；六二指家庭主妇应安于妻道；九三以武力征伐不服从秩序的方国；六四写防患于未然；九五国家应实施惠民之政；上六不可墨守成规。

䷿ 未济卦

[**卦象解**]

本卦与《既济》卦相反，阳爻都居于偶数位，阴爻都居于奇数位，六爻居位皆反。阴阳爻相互隔离，不存在阴阳对立的矛盾。此卦象最大的特征是阴阳爻不得其位，它构成了六爻卦象的反爻定式。由《未济》卦又引申出六个相关的卦，六个反爻中，每变化一个爻，就形成了一个正爻与另外五个反爻的对立关系，正爻处在不同的爻位就产生不同的卦义：䷥初九为正，是用下等小人的眼光看世界，故卦辞言“睽，小事吉”；䷢六二为正，写康侯的福禄来自于王母，属外戚一族，所以言其为“晋”；䷱九三爻正从武，有上侵之意，故以“鼎”戒之；䷃六四为正从文，故写“蒙”言因势利导地教学；䷅九五为正居尊，众反爻不从其命，故写“讼”，讲君主要以德威服众；䷧上六爻正，老而柔，用智不用力，故言“解”。从以上六卦看，《未济》不仅有一卦之象，还由其定式而衍变出其他六个卦象，“未济”之义大矣哉！

卦辞注释：

◎未济亨。小狐汔济，濡其尾，无攸利。

《正义》：“未济者，未能济渡之名也。”《本义》：“未济，事未成之时也。”然则事未成又如何言“亨”?《正义》又曰:“未济之时,小才居位,不能建功立德,拔难济险,若能执柔用中,委任贤哲,则未济有可济之理,所以得通,故曰‘未济亨’。”“执柔用中、委任贤哲”不知是从哪个字引申出来的。《周易折中》卷首曰:“《未济》以六五为主。盖《未济》则始乱而终治。六五居外体,正开治之时也。”这句话没有一个字有依据。如果说是因为乱而最终导致“治”,故亨,岂不成了治也好,乱也好,好也好,坏也好?要讲矛盾的转化首先要从现实状况出发,筮卦即是卦辞写作所依据的现实状况,而现实是不容改变的。矛盾的双方尚未出现转化迹象便妄自推演将来吉凶,不符合《周易》尊重卦象的原则。

未,《荀子·正论》:“凡刑人之本,禁暴恶恶,且征其未也。”杨倞注:“未,谓未来。”未,就是指未来。本卦六爻皆反,阴阳失位,如同尚未制服的河水,动辄改道而行,造成灾难。从社会现象讲,这种阴阳反位的格局,或是人类文明在某一时期黑白颠倒,是非不辨,形成一种泛滥的时代洪流,此非一己之力所能扭转,只有听之任之,以待将来在适当的条件下去重建秩序。未济,指将来再疏浚济水,使河水各行其道。亨,转化为社会意义。未济亨(,河水泛滥,将来再疏浚)。我们在黑白颠倒为主流的社会,只好听之任之,还是留待将来再改变,使社会恢复秩序。

“小狐”,表示现在为“小”,对应未来长大,与“未济”相呼应,由此分析,《既济》初九“濡其尾”不可轻言之为小狐狸的尾巴。汔,《说文》:“水涸也。”汔为无水,济为有水,“小狐汔济”,这句话中间有省略,应该是小狐狸眼里的世界:原本干涸的地方却变成了济水的河道,说明济水也需要治理。濡其尾,原来没水的地方变成了河道,河水沾湿了尾巴。无攸利,不利于再按自己的想法去做。换句话说,不要愚昧地坚持原来的观点而不加以改变。因为小狐狸刚下生时河道尚干涸,可以当道路来行走,可一旦变成泄洪的河道,就有被淹没的危险。

对比看,《未济》卦与《既济》卦在主题上有明显区别,其区别在于《既济》是讲卦象的现实,《未济》是通过卦象谈理想;《既济》是讲稳定秩序,《未济》是讲将来重建秩序。也可以说,《未济》卦不是讲矛盾的转化,而是讲如何把握转化矛盾的时机。

[**译文**]将来再去疏通水路。我们面对黑白颠倒的社会,只有等到将来再去改变,以恢复社会秩序。小狐狸原来行走的路变成了河道,水沾湿了尾巴,不利于再按自己的想法去做了。

象辞注释:

◎象曰:火在水上,未济。君子以慎辨物,居方。

辨物,指辨别事物,分辨事物的真与伪、对与错。居方,安居在自己所处的方位,意在不合流。这句话是对卦辞的正面理解,可以理解为在是非颠倒的情形下,不应随波逐流,而应选择好自己的立场。卦辞是讲不要怎么做,象辞讲应该怎么做。

[**译文**]君子在阴阳都反其道而行的情况下,应谨慎辨别你眼前事物的对错,选择好你居住的方位。

爻辞注释:

◎初六濡其尾,吝。

《既济》卦初九爻中,有“曳其轮,濡其尾,无咎”的卦辞。而在《未济》卦中则将这两句话分别写在初六和九二两个爻位中。通过对比,可以看出,“濡其尾”是狐狸处在低洼处的缘故,指处于低洼之意;“曳其轮”写在动爻中,包含动的意思。初六阴爻居阳位,该动却不动,为不识时务,吃了亏才知醒悟,故曰“吝”。

[**译文**]狐狸让河水打湿了尾巴,被人讥笑。

◎九二曳其轮,贞吉。

九二阳爻居内卦中,在危险来临时毅然决然地离开了自己的家园。该卦将"濡其尾"和"曳其轮"如此分开写,体现出人与动物在智能上的区别:《既济》在初九之阳"濡其尾",《未济》在初六之阴仍然"濡其尾",说明狐狸凭着天性做事;人则依照思想做事,"曳其轮"都写在动爻中,只要有水患危险就迁移到安全的地方去。"贞吉"可看作是对人的理智行为的评价。

[译文]拽着陷进泥泞中的车轮离开自己的家园,这样做吉。

◎六三未济,征凶。利涉大川。

六三为弱旅,想在乱世中攫取利益,自然是凶险之举。利涉大川,年轻人应当出去磨炼自己,培养创业能力,将来才能拨乱反正,即实现"未济"。

[译文]由年轻人将来去拨乱反正,现在出征有凶险,有利于渡过大河去磨炼自己。

◎九四贞吉,悔亡。震用伐鬼方,三年,有赏于大国。

九四处于三个阳爻中间的一爻,动出于外,出去平乱。贞吉,这样做吉。悔亡,九四有力量,可借乱世主动出击,发展自己的势力。如坐待别人发展则有悔。

震,与《既济》中的"高宗"内容一样,性质不同。震起于雷,雷生于天,鬼方造乱于人间,导致天庭震怒,"震用伐鬼方",是说上天迁怒而伐鬼方。大国,指商。《诗经·大雅·大明》:"文王嘉止,大邦有子。大邦有子,伣天之妹。"《诗经》中的"大邦"即指文王时的大国商。有赏于大国,上天使商在这场战争中取得了胜利。"震"是"用伐鬼方"和"三年有赏于大国"两个并列谓宾词组的共同主语,既是震怒的上帝派兵去讨伐鬼方,也是震怒的上帝将胜利赏赐给了大国商。高宗是过去的商王，将“震用伐鬼方”写在九四爻：一是承认过去商作为中央大国的地位，负有平定周边的责任；二是不承认现在商王的尊崇地位，不配居于六五之爻；三是认为过去的商王有平定之功，也就意味着批评现在商王的作为。《既济》和《未济》都在阳爻的中间一爻写高宗伐鬼方，是说只有中央大国才有责任平乱。

[**译文**]出去平乱，这样做吉，悔恨消失了。上天震怒，去讨伐鬼方，用了三年的时间，大国获得了胜利的奖赏。

◎六五贞吉，无悔。君子之光，有孚吉。

阴爻居阳位是静而无为，无为则吉，也不会有悔恨之事发生，体现了“未济”的主题思想。光，是自身发光，别人受益。君子之光，指君子不是去做什么具体的事情，而是要发挥自己的影响力。有孚吉，自己的孩子吉。这句爻辞的意思是：在世道纷乱的环境中，即使你处于尊贵之位也不要去做什么，而要把你的事业和经验传给下一代，指导着孩子们去完成。九四居阳爻的中心位，有治乱的责任；六五阴爻居尊位，本身柔弱，在阴阳错乱的现实中应取静而勿动的原则。关键是子女有所作为，承担着将来治乱的责任。

[**译文**]（静而无为，）这样做吉，没有悔恨发生。君子要把自己的思想像光一样地照耀别人，自己的孩子则受益。

◎上九有孚于饮酒，无咎。濡其首，有孚失是。

从卦象讲，上爻有“老”之意，“有孚”不应当作为主语写在上爻，但由于“未济”是指现在阴阳颠倒，将来才能矫正是非，所以爻辞也颠倒着写，将“有孚”写在了上九爻中。上九为宗庙，长子为宗子，“上九有孚”应是可以继承宗祠的长子。与阴爻不同，上九为阳爻,应动,但在乱世中妄动则有凶。饮酒无咎,饮宴欢乐,暗喻用某种表面伪装来躲避灾难则没有错。这句话体现了作者审时度势的处世原则:在进不能进、退又不甘心的情形下,以饮酒纵乐的假象来隐藏自己的雄才伟略。这是应付乱世、待机而动的好方法。

濡其首,像狐狸一样淹湿了头。《既济》卦在上爻也写有"濡其首",道理相同,但对象不同,本爻讲的是"有孚"即继承事业的孩子不知变通以致淹湿了头。是,《说文》:"是,直也。从日、正。昰,籀文是,从古文正。"段玉裁注:"以日为正则曰是。从日、正,会意。天下之物莫正于日也。"失是,不是正确的。有孚失是,儿子没有按正确的方法去做。

未济卦寄希望于后来人改变现状,写到最后出现了两个结局,一个是在乱世中装疯卖傻,置身事外,可保安全;一个是不知变通,认死理,大水淹了头。

[**译文**]长子(在阴阳颠倒的时代)饮酒没有错。小狐狸让河水淹湿了头,如果长子也像小狐狸一样,说明他没有掌握正确的处世方法。

卦结:

《未济》卦是讲将来再去整治混乱。周文王在卦爻辞中提出了乱世中的处世原则。下三爻写防水患,上三爻写治人患。初六不知变通容易被水所淹;九二写离开灾难之地;六三不可贪图小利而妄动;九四说只有中央大国才有责任治乱;六五写乱世的原则先静观其变;上九写如何在乱世中独善其身。

二十七、蹇卦、解卦

䷦ 蹇卦

卦辞注释:

◎蹇,利西南,不利东北。利见大人,贞吉。

会意兼指事卦。二阳爻为主动爻;初六爻独反,为指事爻。蹇,《说文》作"跛也",原义指跛脚。《彖传》作"难也",喻路难行,事难做。本卦是《既济》卦的初爻变卦。初爻有足象,初六阴爻居阳位,有止于行之象。二阳爻在上居正位,是行大事之人;初六爻反,又为止行大事。参照《复》卦,䷗五阴爻归于初九,有返家之象;《蹇》也有返家之象,只是这个家是大"家",指国家。西南指周,东北指商。利西南不利东北,有利于在周,不利于到商去做事。见,出现。利见大人,有利于展现大人身份。当大人处于艰难时刻,容易人心浮动,此时更应显示大人的气度,以坚定手下人的信心。

[**译文**]大人受难,路途难行,有利于在周,不利于到商去做事。这时更有利于展现大人气度,只有这样才能化凶为吉。

象辞注释:

◎象曰:山上有水,蹇。君子以反身修德。

卦爻辞包含着商周之间的政治斗争,卦象中二阳爻被阴爻所困,文王写"蹇",表示斗争的艰难性。周公写象辞时,这种矛盾已经消失了,重点便放在了初六居位不正上,认为做事情不成功的原因是由于自身不正,应该加强自身品德的修养。所以不可用象辞的思想来解释卦爻辞的内容。

[**译文**]君子在行事艰难时应反视自己，加强自身的思想修养。

爻辞注释：

◎初六往蹇，来誉。

初六位卑，见识也低，出去做事是很难成功的。来誉，与出去的人相反，从外面来的人享受到地位和荣誉。初六之来誉又为低调之人。往蹇与来誉一出一进，两种处境。

[**译文**]出去做事的人处境艰难，到我这里来的人却受到赞誉。

◎六二王臣蹇蹇，匪躬之故。

王臣，应理解为“王的臣”，“王”是臣的定语，“臣”是王的小臣。在王身边的小臣称王臣，一般家族中管事的奴仆也称臣，如：《遁》九三“畜臣妾吉”；《小过》六二“不及其君，遇其臣”。这两个“臣”都是家中的管事或奴仆。王的臣居于六二中位，可见他们是位卑权大。蹇蹇，指在王的小臣面前行事极为困难。而臣在王的面前也难做事。这两个蹇各有所指。躬，恭敬。匪躬之故，因为不能对小臣毕恭毕敬的缘故。像周文王这样的地位崇高、有学问的人可能很反感商王身边的献媚小人，却又最容易受到小人的陷害，所以有此感慨之言。

[**译文**]小臣在王面前很难做事，我们与王的小臣也是很难处事，这是由于不能对小臣毕恭毕敬的缘故。

◎九三往蹇，来反。

往，九三处内近外，与九五同类，动而奔往九五。卦的主题思想是外行者皆难,所以凡是“往”者皆蹇。来是从对方到我这里来。反为返回,是从我这里出去的人再回来。“来”“反”写在一起,是原先从我这里出去投奔到对方那里做事,最终又回到我这里来。九三与九五虽是同类,却被六四间隔,没有建立起亲密关系,“来反”是希望再返回到我这里来,表现了周文王招贤纳士、不计前嫌的宽广胸怀。

[**译文**]从我这里出去的人如果在那里处境艰难,不妨再回到我这里来。

◎六四往蹇,来连。

四爻居外近内,应该还在来的路上。连,《说文》:“员连也,从辵,从车。”段玉裁本作“负车也”。并注:“负车,各本作‘员连’,今正。”“连即古文辇也。”《集解》引虞翻曰:“连,辇。”辇是用人力拉的车,身份高贵的人乘坐。六四近尊,对方身份高贵的人来投奔我。

[**译文**]出去的人处境艰难,高贵的人却来投奔我。

◎九五大蹇,朋来。

大,九五为有德行的大人。大蹇,大人受到小人的围困。朋,指处于下卦的九三,九三与九五同类,相呼应。朋来,亲密的下属到受难的大人身边来。爻辞意在写世态炎凉,当大人春风得意的时候,人们都来攀龙附凤,可一旦大人失势遭困,众人唯恐避之不及,只有自己亲信的下属来维护自己。

[**译文**]大人有难时,只有自己亲信的下属前来。

◎上六往蹇,来硕,吉。利见大人。

《说文》:“硕,头大也。”比喻为大人物。上六居于九五之上,前来投奔的是没有实权但身份显赫的人,或是指某一方国的首领。《史记·殷本纪》载:"西伯归,乃阴修德行善,诸侯多叛纣而往归西伯。"可作为参考史例。利见大人,身份显赫的人物来投奔,更应该显示自己大人的德行,才能让其真心实意地为自己做事。

[译文]到外面去的行事艰难,投奔到我这里来的却是有身份的人,吉。有利于显示自己大人的德行。

卦结:

蹇是大人被小人围困,行事艰难。初六出去的难以行事,从外面来的却受到赞誉;六二不结好王的小臣,被处处刁难;九三欢迎在外碰壁的人再回到我这里来;六四写出去的人处境艰难,身份高贵的人却纷纷来投奔我;九五大人受难时,只有亲信的下属来;上六大人物也来投奔我。

䷧ 解卦

卦辞注释:

◎解,利西南。无所往,其来复吉。有攸往,夙吉。

从卦象看,上六位正,下面五爻皆位反,三个阴爻依附在两个阳爻周围群起而反。上六老而柔,处于孤立无援的状态。这种情况下,只有用智慧化解矛盾才是可取之道。解,分割化解,化解矛盾。利西南,从地理位置讲西南指周地,也可以指内部,"解"只能用于处理内部矛盾,言外之意对敌我矛盾不能用"解"的方法。

所,处所。无所往,没有处所可去。其来复,你不如转回家来。如果众人皆醉你独醒,没有人会接纳你,还是回到家来吉。

夙,《尔雅·释诂下》作"早也",趁早。有攸往夙吉,如果想离开这个是非之地,还是趁早走。一则不蹚浑水,二则不去争辩。

卦辞的意思是,当你已处在危险包围时,不要冲突,不要辩解,不要逃跑,而要用智慧去化解矛盾。既然写"解",就说明这个卦必有化解之道。从卦象分析,下面五个反爻也并非铁板一块,两个阳爻各率其众,没有从属关系,就可以各个击破。上战伐谋即谓此理。"解"字的高明之处在于寻找对方的连接点分割之,亦可通过此例推演其他矛盾的解决办法。

[**译文**]要用智慧化解矛盾,有利于在西南施行。没有容身的地方,不如返回家来吉。如果有了明确的发展方向,也要趁早行动吉。

象辞注释:

◎象曰:雷雨作,解。君子以赦过宥罪。

卦象上六位正,下五爻皆位反,三阴爻依围在二阳爻周围有叛乱之势,这与周公所经历的一段史实正相吻合。周公辅政成王时,武王所封的"三监"与商纣王之子武庚共同谋乱,周公率军东征,经过三年的战争,平定了这次叛乱,杀掉了武庚和管叔,流放了蔡叔和霍叔。周公显然从解卦中学到了各个击破的办法。最后杀掉了为首作恶者,其余的从犯酌情定罪,应该是"赦过宥罪"的由来。

[**译文**]君子要赦免那些有过失的人,并宽恕有罪的人。

爻辞注释:

◎初六无咎。

在乱局中,像初六这样沉在下面,清静无为,就不会有错。

◎九二田获三狐,得黄矢,贞吉。

田,指田猎。获三狐,捕获了三只狐狸。三表示多,不代表具体数目。黄矢,铜箭头。得黄矢,是他人遗落到田猎之处,被我所得。别人到我的领地打猎,没有所得却空费了贵重的箭头,我打猎既猎获了狐狸又拾得箭头。如果从另一个角度想:来犯者连只狐狸都打不到,只是虚张声势,我不侵犯别人,却能够射中三只狐狸,这种实力足以震慑敌人。田猎表示在自己的境内,九二为内卦的主人,动起于静,爻辞的意思是当敌人侵犯到自己领地时,应奋起反击,才是化解矛盾的最好策略。

[译文] 田猎时捕获了三只狐狸,还得到了别人失落的铜箭头,这样做吉。

◎六三负且乘,致寇至,贞吝。

负且乘,《正义》:"乘者,君子之器也。负者,小人之事也。施之于人,即在车骑之上而负于物也。"此解中的负、且、乘皆有别于原字义。负,《说文》:"恃也,从人守贝,有所恃也。"此字贝在人下,应表示为人随身携带的贵重物品。"且:荐也,从几足有二横,一其下,地也。"且为动词,表示放置在地上或放置在某一物体上。乘,车乘,战车。《史记·周本纪》讲牧野之战,周武王"戎车三百乘""诸侯兵会者,车四千乘"。可见殷末时,"乘"专指战车。不应理解为乘坐。

六三是贪财的武士,负且乘,将财物放置在战车上。至,《说文》:"鸟飞从高下至地也。"由上至下。致寇至,由于疏于戒备,敌人犹如从天而降突然而至。九二通过展示实力,化解可能出现的危机;六三是因贪财而疏于防范,不但不能解决问题,反而导致新的危机出现。

[译文] 武士将财物放置在战车上,致使敌人突然来犯,这样

做会受到羞辱的。

◎九四解而拇,朋至斯孚。

四爻从文从智,动居静位,在外卦,因善于解决矛盾而名声在外。拇,前人多解为脚趾,《正义》:“拇,足大指也。”《集解》李鼎祚案:“九四体震,震为足,三在足下,拇之象。”《程传》:“拇,在下而微者,谓初也。”但九四位于上卦,不应再指足,而应是手拇指。拇,名词动用,伸出大拇指表示佩服。朋,指在九四周围的阴爻。斯,《说文》作“析也”,剖析问题。孚,小孩。斯孚,像小孩那样崇敬地听他分析问题。在本卦中六五虽居尊位,但不以尊贵来论,只看作是围绕在九四周边的上层人士,因为在智慧面前是不能以地位论高下的。

[**译文**]有智慧的人因化解矛盾出色而被人称道,人们有疑难问题都来请教他,像小孩子一样地听他分析。

◎六五君子维有解,吉。有孚于小人。

维,系物的大绳子,表示为主要问题。维有解,解决了主要矛盾,其他问题也就迎刃而解了,这是一个很重要的哲学概念。有孚,指六五,是能够继承宗祠的长子。小人,没有身份的人。于,如,好像。清王引之《经传释词》卷一:“于,犹如也。”有孚于小人,长子犹如没有身份的人那样对一些琐碎的小事斤斤计较。这句爻辞的意思是说君子要帮着国君解决一些重大的问题,而不要去理会那些不承担责任、身份却又尊贵的人所提出的一些无关紧要的问题。“君子”身份虽不为高贵,因其善于解决矛盾,故写于尊位也不为过。本卦只写了这一个“君子”,而且又是在卦主爻作为主语使用,可见具有知识的人在《周易》中的地位是很高尚的。

[**译文**]君子要针对一些主要矛盾去解决,吉。而君主的长子

就和没有身份的人一样毫无见识。

◎上六公用射隼于高墉之上，获之，无不利。

上六之“公”应是城邑之主或小国之君，朝中重臣是不能居于五爻之上的。在上六的角度看，本卦六爻中，只有上六位正，下面五个反爻在二阳爻的统领下群起反之，形成正与反的互相对立，在对立形势中，上六孤立无援，处于不利地位。墉，城墙。高，用为动词。高墉，加高城墙。上六柔弱，只好把城墙建得高高的，以阻止敌人的进攻。隼，一种凶猛的鹰。城墙建得高，有稳固的防御工事，外面的敌人进不来，只有天空中凶猛的隼鹰能飞过此处。射隼，九二可以在郊外射狐，而此公周围都是敌人，出不去城，只好站在城墙上射隼，虽然也能显示自己的力量，却是被动的、迫不得已的。获之无不利，当你处于困境时，不能显示自己软弱无力，而应适当地做出反击，因为上六的身份是一城之主，这样做可以鼓舞士气。这种解决困境的战略战术也是很高明的。《小象》“公用射隼，以解悖也”也有此义。

此公在反贼的围困下，依然神定气闲，其“获之”，似乎胜券在握，至于解悖之智术，尽在不言中。

[**译文**]公站在加高的城墙上，用箭射下一只隼鹰，擒获它，没有不利。

卦结：

《解》卦是讲处在弱势时，怎样以智慧化解危急。初六静而无为；九二在受到侵犯时应主动出击；六三过于贪财者会麻烦不断；九四化解矛盾要依靠智慧；六五要善于解决主要矛盾；上六之君被围困时，也要拿出震慑敌人的手段。

二十八、需卦、讼卦

☰☵ 需卦

卦辞注释：

◎需，有孚光亨，贞吉。利涉大川。

卦象二阴为主动爻；九二位反，为指事爻。(1)从主动爻看，二阴居于九五周围，如果作为小人讲，有乱国嫌疑；作为子女讲，可以享受优裕的生活和良好的教育，是极为富贵之卦。(2)从指事爻看，五个爻皆正，唯九二阳爻居内卦之中，位反，是家居设施有不当之处。(3)从八卦之象看，水在天上为云，与雨水有关。(4)《需》爻列于二阴爻系列卦的第一卦，可说是二阴爻卦中最尊贵又无害于九五的一卦。

《正义》："云上于天，是天之欲雨，待时而落。"这是用八卦解《易》，如为待时而落，与爻辞不合，恐非需字的本意。从字的构造义看，"需"上为雨，下为而，《说文》："而，颊毛也，象毛之形。"需可以理解为水落在脸上，即下雨之意。不过此解仍不合爻辞义。如果把"需"字拆开解，"而"字的一横，看作地面，是雨水落在地面上。下面的笔画，是雨水在地下分流而淌，就是疏泄雨水之意。指事爻九二动居内中，是排泄民居积水。此解把卦爻辞连为一气，更加合理一些。"需"卦根据民居易被雨水积灌的普遍现象，提出了城镇建设中有关配套工程方面的要求。

有孚，子女。光，自身发光，通过自己的努力去显示自己的能力。有孚光亨，主、谓、宾结构。指围绕在九五周围的子女不应只享受君主给予的锦衣玉食,而应当自己拼搏,体现自我价值,才是好青年。涉,由此岸渡至彼岸。上古时,“大川”往往成为部族与部族、国与国之间的自然边界,渡过大川就意味着走出自己的部族去。在卦象中,利涉大川所指的对象一般是处在上卦部分的阴爻,此二阴爻位置极佳,又可以看作是很有前途的年轻人,这样的年轻人有利于走出去锻炼自己,建功立业。反过来说,如果像《讼》卦的二阴爻所处的位置,就不适宜去“涉大川”。

卦辞论述了两方面问题:一是暴雨容易造成城镇水涝,要求在建筑设计时应预设排水系统;二是生活在富贵之家的年轻人不当官二代,应当施展自己的才华,建功立业。事实上本卦提出的这两个问题,即便在3000年后的今天,依然是十分严峻的社会问题。

[译文]要做好雨水的排泄工作。年轻人要在实践中体现自我价值,才是个好青年。这样做吉。有利于走出去锻炼自己,建功立业。

象辞注释:

◎象曰:云上于天,需。君子以饮食宴乐。

《说文》:“宴,安也。”象辞是将二阴爻取象为小臣或女人。君主身边的小人或是参政,或是享乐。参政有可能会乱政;享乐只是满足口腹财产之欲,是其陪伴君主的本职和应得,与别人无害。象辞只写了应该“饮食宴乐”,我们也应该看到忽略不写的一面,即可以享乐而不可以参政。看样子此君子是象辞的概称,而非人间之君子。

[译文](君主身边的小臣或女人)应该充分享受饮酒吃饭、安全欢乐的生活(,而不要去做自己职责以外的事情)。

爻辞注释：

◎初九需于郊。利用恒，无咎。

初爻为低。郊，指城邑之外。于，往，去。《诗经·周南·桃夭》："之子于归，宜其室家。"毛传："于，往也。"需于郊，将雨水引向城郊之地，恒，互相帮助（参见《恒》卦解）。利用恒，有了水涝，大家可以互相帮助，共渡难关。

城郊在低处，城镇一般要求建在地势相对高一些的地方，下大雨时，雨水可以流到地势较低的城外。

［**译文**］把雨水引向城郊。（发生了水灾，）有利于大家互相帮助，不会有错。

◎九二需于沙，小有言，终吉。

九二为家居，雨水流进了沙土之中。似乎说院落的建筑应有沙土层以下渗雨水。铺设沙土层，加大了工程量，"小有言"，干活的人可能会有怨言。终吉，房屋不会被大水浸泡。

［**译文**］要让雨水流进沙土层以利下渗，盖房时会有怨言，最终还是吉祥的。

◎九三需于泥，致寇至。

九三动极，暴雨成灾。需于泥，雨水流进了泥地里。中雨持续下，雨水会渗透入地下，只有暴雨突然而至，地上才会泥泞一片。写"泥"，说明暴雨没有导致民居被淹没或浸泡。至，《说文》："鸟飞从高下至地也。"表示从天上落到地下。致寇至，导致强盗下来。寇为虚指，暴雨成灾，言暴雨就像是从天上下来了一伙强盗。

［**译文**］暴雨使地面泥泞一片，就像是从天上下来了一伙强盗。

◎六四需于血，出自穴。

血，通洫，沟洫。需于血，雨水流入沟洫中。穴，《说文》：“穴，土室也。”指半地穴式的房屋。出自穴，雨水都能从自己居住的房屋流出。这是比较科学的建筑设计。

［**译文**］雨水流进了沟洫中，是从自己穴居的房屋排出去的。

◎九五需于酒食，贞吉。

此句看似语法不通，雨水怎么流入酒食中呢？九五是正位之君，领导有方。领导有方和酒食形成因果关系。有完善的城镇及房屋建筑标准。尽管大雨如注，完善的排水系统下，依然可以安心地饮酒吃饭。贞，代指九五之君管理有方。贞吉，管理有方吉。

［**译文**］有合理的排水系统，才可以享受酒食之乐，这样做吉。

◎上六入于穴。有不速之客三人来，敬之，终吉。

穴，与六四同，指半穴居之室。速，《正义》：“速，召也。”后多以“召”解。《尔雅·释诂下》：“速，疾也。”原指快速走路。从“疾”说。不速，不快，指慢慢走来。上六为年老之人，所以走起路来“不速”。不速之客，不是本家的老人，是从外面到我这里来的老人。推测而言，这是文王要求建立一项制度，即百姓建民居时，上级要指定几个有经验的人去指导，预设好排水系统，以免逢暴雨淹没了穴居之宅。

［**译文**］走进了穴室，是三个年老的客人来指导工程，要敬重他们，最终是吉祥的。

卦结：

本卦提出城镇建设要注重排水系统的设计，防止暴雨后变成水城。初九要将雨水由城镇排向城外;九二要铺设沙土层以利于雨水下渗;九三暴雨使地面泥泞一片;六四雨水通过沟洫流出穴居之外;九五建设合理,没有水淹之患;上六有老人到我家来指导建设,要敬重他们。

䷅ 讼卦

卦辞注释:

◎讼。有孚窒,惕,中吉,终凶。利见大人。不利涉大川。

从卦象看。四阳爻为主动爻;九五位正,为指事爻。六爻中五爻皆位反,唯九五位正。九五发号施令,余爻不从,故产生了君与臣之间的矛盾。本卦与《明夷》卦形成反卦,《明夷》是六五爻位反,君昏臣明;《讼》是九五爻位正,君明臣昏。

本文以为,前贤凡解“讼”皆为误解。如来氏《集注》曰:“讼者,争辩也。其卦坎下乾上,以二象论,天运乎上,其行相违,所以成讼;以卦德论,上以刚陵乎下,下以险伺乎上;以一人言,内险而外健;以二人言,己险而彼健。险与健相持,皆欲求胜,此必讼之道也。”此由八卦衍生出四种卦象来论述“讼”,就是没分析六爻卦象。《周易内传》云:“凡势位不相敌,而负直以相亢,怀险以求伸,则讼。”认为君主不明是讼的起因,此为大误,明明是君正臣反么。还有如《程传》曰:“讼者,求辨其曲直也。”不知参与讼者是两方还是三方。以上之解具有代表性,余者无出其右。

《说文》:“讼,争也。”卦象九五正,其余五爻反,确有争讼、辩驳之象。就“讼”字分析,公言为讼。《尔雅·释诂上》:“公,事也。”《玉篇》:“公,平也,正也。”讼是因为国事、公事而起争论。此说又不妥,都是臣与君去争辩,没有君与臣争辩的,但除九五以外的五爻都为反爻,怎么能说臣是为公而与君争辩呢?《说文》之意仍不符卦象。

在商朝末期,公是一个具体的概念,朝中功勋卓著、威望崇高的重臣被称作“公”,雄霸一方的诸侯也被称作“公”,公是有德有威的象征。此卦说明明君是正确的,却受到错误臣属的一致反对,说明此君缺乏公一般的威德,难以服众。君如果放弃正确思想,出了问题还是要自己来承担;如果坚持自己的思想,容易激化矛盾,出现群臣反叛。所以针对这种形势,文王写了卦辞“讼”,讲君主要德威并重,使臣子改变其错误观点。那么德威并重的基础是什么?从卦象看,居反位的阳爻都在重要岗位上,和自己属同类,说明只是观点上不同,没有根本利害的冲突,这部分人可以德化之。二个反位阴爻居位卑贱,可以威慑之。把这些思想和手段在不同的场合表达出来,就是“讼”了。故,此君如“公”一样德威并重地表达出自己的思想,就会化解这些危机。

周易卦辞都是主动性语词,意在把卦象中显示的不利转化为有利,此“讼”之解完全符合这些要求,可以确定之。

有孚,年轻人。窒,王弼注:“窒谓窒塞也。”塞而不通。有孚窒,指像年轻人一样血气方刚地草率行事,矛盾就无法化解了。惕,《正义》:“惧也。”《说文》:“敬也。”应为敬义,指敬重、顺从臣属错误的思想去做。中吉,表面上把矛盾解决了,大家相安无事。终凶,错误思想会有灾难性的后果,故终凶。利见大人,危险化解了,要及时展现大人的权威,使反臣有畏惧感。不利涉大川,内部不牢固,万不可离开国境,以防内部事变。

本卦重点谈内部分裂时为君者的政治手段和应对策略。

[译文]在群臣不服从领导时,应用公一般的德威处理与臣属的矛盾。像年轻人一样处理矛盾就不行了。如果顺从错误思想,当时会有和平局面,最终还是凶。(矛盾解决后,)有利于实施大

人的雷霆手段。不利于出国做事(,防止内变)。

象辞注释:

◎象曰:天与水违行,讼。君子以作事谋始。

作,起。作事,开始做某一件事情。《说文》:“谋,虑难曰谋。”谋始,要考虑到开始做起对整个过程的意义。有两句俗语可以从一个侧面形容象辞含义:一步错,步步错。好的开始是成功的一半。卦象中,初爻、三爻都是动位,阴小之爻居此二爻位,表示从开始行动就是错误的,这是五个反爻坚持错误思想的症结所在。《本义》曰:“作事谋始,讼端绝矣。”说得很到位。

[**译文**]根据卦象所示,君子在做某一件事情时,要充分考虑到起始的重要性。

爻辞注释:

◎初六不永所事,小有言。终吉。

永,《集解》引虞翻曰:“永,长也。”长久的意思。所,处所,所在。不永所事,不能长久地在一个地方做事,指长期在一个地方做事容易形成利益集团和帮派体系。小有言,因迁移带来麻烦会有怨言。终吉,会有好的结局。

[**译文**]不要长久地在一个地方做事,下面的人会有怨言,但最终是吉祥的。

◎九二不克讼,归而逋其邑人三百户,无眚。

不克就是失败。九二为内卦之主,属小的部族首领。其讼代表德威并重的国君。不克讼就是没有战胜国君势力。归,安全地回到自己部族。逋,《说文》:“亡也,从辵,甫声。”归而逋,归是君主没有治罪;逋是回去后自己心虚,藏起来不敢露面。

其,九二自己的。三百户,表示领地的规模。其邑人三百户,自己家族有三百户的聚居地,说明九二是邑主,不是大臣,所以言其归。眚,通常以灾讲。《说文》:“眚,目病生翳也。”患有眼病,看不清东西,比喻观点有错误。无眚,没有看错形势,君主肯定会秋后算账的。

这是地方势力和中央某些势力相勾结的一次叛乱,君主当时把事件平息了,慢慢会再收拾他们。

[译文]在君主面前失败了,安全地回去后,藏在只有三百户人的城邑中不露面,没有看错形势。

◎六三食旧德,贞厉,终吉。或从王事,无成。

《广韵·宥韵》:“旧(舊),故也。”甲骨文写此字如同小鸟在巢中,又指旧有的。旧德,祖上原有的功劳。或将德解作“得”①,过去所得,意思大致相同。食旧德,自己没有创业能力,只吃祖先留下的老本。终吉,庸庸碌碌的人没功往往也没有过,更不会去参加反叛之事,因此不惹祸招灾,故言终吉。或,六三乃没甚本事的武士,本身无能却又尚武。从王事,跟随王出征。无成,空有虚名,成就不了什么大事。

[译文]无能之人只能依靠祖宗留下的功劳吃饭,这样做很危险,最终还是吉祥的。无能的武士跟随王出征,不会有什么成就。

◎九四不克讼,复即命。渝安,贞吉。

九四与九二都是政变的失败者,但九四是朝臣,没有封邑可躲,只有再返回君主身边接受命运的安排。渝,《集解》引虞翻曰:

---

① 李镜池认为此“德”应为“得”的借用义。参阅《周易探源》中《关于周易几条爻辞的再解释》一篇。

"渝，变也。"渝安，变得安于现状，不再坚持原来的观点。九四位于上卦，有较高的修为，知错即改。

[**译文**]政变失败了，返回君主身边，接受命运安排。不再坚持自己原来的观点，变得安于现状，这样做吉。

◎九五讼，元吉。

[**译文**]君主在与臣属讲话时，坚持德威并重，就会吉祥。

◎上九或锡之鞶带，终朝三褫之。

《本义》："鞶带，命服之饰。""褫，夺也。"鞶带，朝服上的腰带，表示官职。三褫，多次剥夺。锡，通赐。朝，多解为早晨。本书以为，应以朝廷解之，表示任职于朝廷。终朝，一生在朝中任职。或，一般写在三爻之中，代指尚武或好强之人，将其写在上爻中，一是表示"鞶带"乃因武功所得，同时又表示具有尚武好强、恃功自傲的性格。上九不服君主之命，所以数次被剥夺朝带，削去官职。

[**译文**]重臣恃功自傲，因功被君主重用，但又多次被削去官职。

卦结：

本卦讲朝廷政治斗争的艺术。当朝臣结合地方势力反对国君时，要根据对方不同的身份、背景，德威并重的化解危机。初六不要让人长期在一个地方做事；九二政变失败，回去后藏到自己的封邑中；六三吃祖宗饭，自身无能，一事无成；九四政变失败，变得安于现状；九五君主要有德有威的主政；上九恃功自傲，被数次剥夺官职。

二十九、屯卦、蒙卦

䷂ 屯卦

卦辞注释：

◎屯，元亨利贞。勿用有攸往。利建侯。

[**卦象分析**]周易六十四卦中，《乾》《坤》《既济》《未济》作为周易卦象的模式分别排在前后之位，表示包含所有卦象规则，《屯》卦虽排在第三位，但应该是六十四卦中最被看好的，起码在当时形势下最为看重的卦。本卦二阳爻为主动爻；六三位反，为指事爻。从卦象分析，该卦有如下特点：

(1)少者统治多者。一阳爻势孤，三阳爻势众，唯二阳爻具统治气象。此二阳爻卦九五为尊，初九得民，最具贵气，所以谓上卦。

(2)除《临》卦外，《屯》《随》《革》《无妄》《乾》五个卦在卦辞中都写有“元亨利贞”，从政治的角度讲，这五个卦组成了一组最佳系列卦，而其后的四个卦，都是在《屯》卦两个阳爻的基础上逐步增加，使阳势渐强。也可以说，这二阳爻是国家政权的基础，也是“元亨利贞”系列卦的基础。再者，这五个系列卦的共同特点是都不以内卦和外卦相对立，而是以阴爻、阳爻相对立。上卦、下卦为相顺从的关系。

(3)三爻从武，六爻中，五爻皆正，唯六三以阴爻居阳，柔弱位反，所以《屯》卦有息兵不进、休养生息、聚集力量之义。

[**注释**]《彖》：“刚柔始交而难生。”《正义》：“屯有二义，一难

也,一盈也。"《本义》:"六画卦之名也,难也。物始生而未通之意,故其为字,象屮穿地,始而未申也。"此所解"屯"字或从八卦之象,或从《序卦》,不能尽释辞义。《说文》:"屯,难也。象草木之初生,屯然而难,从屮,贯一。一,地也。尾曲。"此对"屯"字所解亦不尽完善。

屯,《说文》小篆写作"",地上短小,地下深长,本文以为,可以从三个角度阐释字义:

(1)如果仅从字的上面看,横画为地面,其上的竖画短小,从植物角度讲,是受到压制,生长困难。

(2)从横画的下面看,笔画曲长,表示在受到客观条件限制,不能向上长时,就向下延伸,则为主动性字义。

(3)字的含义:与"屯"字相对应的是北方冬麦,在寒冷的冬天,麦苗无法生长,但它并没有停止自己的生命发展过程,而是将自己的根部不断往温暖的土壤深处伸展,为来年春天的生长打下坚实的基础,这应该是"尾曲"之义。

(4)从社会意义上讲,当现实环境不允许有所行动时,不能被动地等待,而应该主动地做些基础工作,故屯又引申为蓄积、发展。以此看,卦辞"屯"是积极的字义,是主动词。只有用积极的思想去理解,才能得出对卦象最完美的解答,不然何以会写"元亨利贞"断辞呢!

通过"屯"字也可以探究一下为什么传统解《易》对卦辞难以注释到位,原因在于许多卦辞不是简单的一个字,而是结合卦象对某一思想的综合描述,字的构成中,每一个笔画都有其特定的含义,不是一两个字能解释清楚的。

元,指我们的国家。亨,好的发展结果。屯元亨,加主语,在不利公开发展力量时,我们要发展基础力量,使我们的国家强大起来。贞,代指"屯"。利贞,有利于用"屯"的思想去做。勿用有攸往,不要带着这种思想出去做事。这是告诉人们对内部建设和外部行动要区别对待。建侯,皆解为立诸侯,如《集注》曰:“建侯者,立君也。”此说需商榷。

建,《说文》作“立朝律也”,建立、设置相应体制。《尚书·周书》:“唐虞稽古,建官惟百。”建官即是设置官吏制度。本文以为,建侯不是指某个人的爵位,而是指侯的国家建制。按照周文王思想推断,应该是用侯代指王,即暗自建立与王相近的国家建制,为将来周王朝的成立和运作奠定基础。卦辞是一种积极的态度,认为当形势在军事上不利于向外进攻的时候,不能消极地等待,而应该积极地进行完善国家政体的基础建设工作。“屯”的字义与“勿用有攸往,利建侯”思想是一样的,都是对卦象的注解;“元亨利贞”则是从系列卦的角度来写的,延伸了卦的政治意义。

本卦提出在当时的局势下,周国的任务不是军事进攻,而是要发展和完善政治制度建设,为下一步军事形势的转变打下政治基础。这个问题可以从两方面理解:一是如果政治制度不完善,政治目标不明确,无疑是一群乌合之众,难以完成推翻商王朝的大业;二是如果不预先建立完善的政治制度,即便实现了大国梦想,也很难处理遽然而至的诸多事务,而使国家机器难以顺利运转。作为中心大国,商朝有百官,百官有长。周要取代大商,也必须建立健全相应的国家机器。

[译文] 在不宜公开行动时,要蓄积、发展我们的力量。这样我们的国家才会变得强大起来,有利于这样去做。但不适合出去做这些事。有利于进一步完善国家体制。

象辞注释:

◎象曰:云雷,屯。君子以经纶。

《正字通·丝部》:“经,凡织纵曰经,横曰纬。”织布机上的纵线。《本义》:“经纶,治丝之事,经引之,纶理之也。”将纶解为理丝。《尔雅·释诂》:“貉缩,纶也。”郭璞注:“纶者,绳也,谓牵缚。”指纶为绳子。如按绳子解,经纶就是指将许多丝线合成一股绳,为聚弱成强之意。

[译文]君子要像经纶一样,将分散的丝线拧聚在一起。

爻辞注释:

◎初九磐桓,利居贞。利建侯。

磐桓,《本义》曰:“磐桓,难进之貌。”本文以为,还应从实物去解,磐,指大石。磐桓,圆形大石,指河中圆形的巨石。初九有动之象,动是正应,但卦辞的思想是动在内,勿要动于外,所以爻辞以巨石挡住了出行的道路、无法行舟来形容这种客观因素。出去会遇到巨大的障碍,还是在家里做事情为好。

利建侯,《小象》解曰“以贵下贱,大得民也”,认为民众的支持,是“建侯”的必要条件,但仅凭这一点还没有充足的理由把“利建侯”写在初九爻中。爻辞要写的重点,应该表示要建立健全基层组织。如《同人》九三“伏戎于莽”,是讲要藏兵于民,属于基层组织的一项原则。本卦初九讲既要建立起完善的基层组织,又不张扬其事,以免受到猜忌,最终才会形成庞大的国家机器。

[译文]巨石挡住了出行的道路,有利于在家中做事。有利于建立国家体制所要求的基层组织。

◎六二屯如,邅如。乘马班如,匪寇婚媾。女子贞,“不字,十年乃字”。

六二屯如,是大家都忙于家族事务。邅,《释文》:“马云‘难行不进之貌’。”不过从字的结构看,所解不准确。此字为亶辵结构,《说文》:“亶,多谷也。从㐭,旦声。”林义光《文源》:“从㐭,取所谷之意。”亶加辵，似指搬运谷子。邅如，搬运谷子的情景。指从田间把收割的谷子运回家。

乘，打仗用的战车，王夫之《周易内传》：“车驾四马曰乘。”乘马，驾战车的四匹马。班如，行进有序的样子。乘马班如，战马不是一匹，跑起来却很有秩序，形容训练有素。寇，来犯之敌。匪寇婚媾，这些人不是一伙来犯的敌人，而是迎亲的队伍。昔日处于战争状态的邻族驾着马车来迎亲了，一片和平景象。

女是指未婚女子。子是女子婚后将要生育的孩子。子贞，占卜婚媾后生子情况如何。这个“贞”应该用原字义解释，即占卜。大概当时有女子出嫁前先卜问生育子女情况的习俗。女子贞，女子卜问婚后生育情况。字，生育。不字，不生育。十年，卦爻辞写有三岁、三年、十年的句子共有十个：“三岁不兴”“三岁不得凶”“三岁不孕”“三年克之”“十年乃字”“十年不克征”“十年勿用”，其中，“三年”之辞相比而言时间算是短的，表示不太长的一段时间；十年应该表示一个完整的时间段。十年乃字，可以看作是人的整个育龄阶段，到老年才能得子。当时实行的是同族不通婚的习俗，结合卦象：(1)卦象指的是不能向外出行，嫁出去的女子到男方家去就必须离开了自己的部族，写“不字”，是说不孕。(2)“匪寇婚媾”说明女方部族的人不认识前来迎亲的人，才有“寇”字之说。女子嫁到昔日为“寇”的男方部族去，为他们生儿育女，意味着增强对方的实力，所以“不字”，看来“贞”的结果是天随人愿。

[译文]增强家族实力，粮食获得了丰收。驾驶战车的四匹马在有秩序地行进着，这不是一伙来侵犯的敌人，而是迎亲的队伍。女子出嫁前卜问生育子女的情况，得到的答案是：“不生育，老年才会有子嗣。”

◎六三即鹿无虞。惟入于林中，君子几，不如舍，往吝。

虞，《集解》引虞翻曰："虞为虞人，掌禽兽者。"然从本义讲，《说文》："驺虞也。白虎黑文，尾长于身，仁兽。食自死之肉。"段玉裁注："此字假借多而本义隐矣。"依《说文》所解，虞是一种传说不吃其他动物，体形像老虎的野兽。即，《说文》："即食也。"即鹿，抓住鹿。抓住鹿等同于食鹿。即鹿无虞，意思是扑住鹿的虎是真老虎，而不是仁兽。三爻尚武，六三自身柔弱，如果进攻敌人，反倒容易被强敌伤害。爻辞以语诫之。

惟，《说文》："惟，凡思也。"段玉裁注："方言曰：惟，思也。又曰：惟，凡思也。虑，谋思也。愿，欲思也。念，常思也。……凡思谓浮泛之思。"表示一种寻常的、无知的思想。林中是老虎出没的地方。惟入于林中，六三按照他幼稚的想法到树林中去追杀老虎。

君子，敢于到林中打虎也可称得上是君子。几（幾），《说文》："几，微也，殆也。从丝，从戍。"微小之义。《程传》："君子见事之几微，不若舍而勿逐。"认为是所做之事几微。本文以为，六三以阴爻居阳位，有心无力，是力微，所以称"君子几"，是君子的力量太小了。如，《说文》作"从随也"，随从之意。舍，《程传》取舍弃之义。《说文》解本义曰："市居曰舍。"应指城邑中的房子。不如舍往吝，是说你不随从别人一起回到各自的家中，却偏要自己逞强去打虎，最终会落得被别人讥笑的结果。

这句爻辞强调集体主义思想，反对个人英雄主义。卦辞讲韬光养晦，六三之君子却在力量微弱的情况下轻敌冒进，肯定不会有好结果。

[译文]扑住鹿的就不是仁兽，而是真老虎。不知轻重的人到树林中去打老虎，但他的力量太小了，不随着别人一起回到自己的家中，却前去打虎，最终会受到别人的讥笑。

◎六四乘马班如,求婚媾,往吉,无不利。

乘马班如,同六二,是将作战用的车马用于迎亲。因为是我去求婚,所以未写“匪寇”之辞。求婚媾,六四在外卦,是本族之男子到其他部族向女子求婚,娶进自己的部族,这样等于给自己部族增加子嗣,增强自己部族的力量,所以吉。

[**译文**]拉车的四匹马有秩序地行进,到外面的部族去求婚,前往吉祥。没有不利之事发生。

◎九五屯其膏,小贞吉,大贞凶。

膏,《说文》作“膏,肥也。从肉,高声”,指肥胖。屯其膏,韬光养晦是蓄积力量,为将来的战争做准备,此君却把自己养胖了,说明失去了斗志,能不凶吗?小贞吉,小人这样做吉。小人吃得胖说明生活富裕,国家的力量也随之强盛。《本义》曰:“占者以处小事,则守正犹可获吉;以处大事,则虽正而不免于凶。”此说有偏失偏颇。

[**译文**]养胖了身体,小人这样做吉,大人这样做有凶。

◎上六乘马班如,泣血涟如。

上六为老,直到老年仍然没有女子愿意嫁给自己。年轻人都“乘马班如”地迎亲婚媾,上六却什么也没有,只能驾着马车空徘徊,所以写“泣血涟如”。《说文》:“泣,无声出涕。”血,通洫,沟洫,形容从鼻子里流出来的鼻涕之多。泣血涟如,眼泪鼻涕像沟洫流出来的水那样连续不断。本卦连用三个“乘马班如”,主要还在于体现休战休进、富民强国的主题。六二爻作为本部族的女子嫁到外族,本族的人数减少了还要为他族增添子息,故“不字”;六四本族男子娶外族女子为吉;上六过了青壮之年已无女子可娶,又有“少壮不努力,老大徒伤悲”的感叹。

[译文]战马空自徘徊,眼泪鼻涕像沟洫里的水一样不断地流出来。

卦结:

《屯》卦是讲韬光养晦,积聚力量,提出要完善政治体制的建设。本卦三处写乘马班如,表现了组织健全,训练有素。初九出不去,有利于在家搞建设;六二外族男方来迎亲,女子不生育;六三轻敌冒进,终被敌辱;六四到外族求婚,有利;九五大人不可养尊处优,丧失斗志;上六老而悔恨。

䷃ 蒙卦

卦辞注释:

◎蒙亨。匪我求童蒙,童蒙求我。初筮告,再三渎,渎则不告。利贞。

从卦象看,(1)六爻中五爻皆反,唯六四爻位正,以六四爻为指事爻。(2)作为《屯》的对卦,《屯》取二阳爻为主动爻,《蒙》取四阴爻为主动爻,阴爻为主体,为子女所为。

《序卦传》:"屯者盈也,屯者物之始生也,物生必蒙,故受之以蒙,蒙者蒙也,物之稚也。"传统皆以蒙昧未明解之,但蒙昧而亨,总不能自圆其说。清王夫之《周易稗疏》:"蒙,蔓草加于草水之上曰蒙。《诗》曰'葛生蒙楚'。而《尔雅》云'蒙,玉女'。玉女,女萝也。女萝附草而蒙其上,故有蒙名。弱蔓之草必有所附,童子弱昧必依附先生以强立,故曰童蒙。"说蔓草加于草水之上也不对,冡字带豖,是在家居之内,不应以草水解之。《汉语大字典》:"蒙,草名。即菟丝。旋花科。一年生缠绕寄生草本。颈很细,呈丝状。"以上所解,各有道理,但不全面。

蒙,草冡结构。冡,《说文》:"冡,覆也。从冃、豕。"豕表示在家居之中。冡是有覆盖的棚架。蒙应该指草本攀爬植物生长在棚架之上,与菟丝之说相近。具体在现实生活中,相当于我们现在经常种植的可食用的丝瓜、葫芦、扁豆、葡萄之类。种植什么瓜不是这里讨论的重点,关键是要种植这些瓜,必须搭架子让其攀爬、覆盖。卦辞为动词,原始字义是植物攀爬于棚架之上。结合卦象,本卦四阴爻为主动爻,阴爻取幼子之象;四爻位正从文,为指事爻,主祭祀、学堂。"蒙"的引申义指在学堂中教与学的关系,即老师搭架,学子攀爬。再进一步展开讲,就是要求老师教授知识,学子自己领悟思考,获取答案。

蒙亨,加主语,谓语主动,我们要倡导一种循循善诱的教学方法,才能使学生学有所成。

求,《玉篇·裘部》:"求,索也。"寻找,探索之意。我,教者。童,《释文》:"童,如字。字书作僮。郑云:未冠之称。"指学童。匪,指不同性质的关系。我是教者,童是学者,不可混淆了这种关系。童和蒙都是单字,不可连为词组。如《本义》:"童蒙,幼稚而蒙昧,谓五也。"把童蒙作为一个词组,即为错解。"匪我求童蒙,童蒙求我",我不能要求学童一定按照我的思想去理解,而是学童要按照我传授的知识自己去理解领悟。这个蒙字在我和童之间的关系就是植物和棚架的关系,你把架子搭好了,植物就会顺着架子自己探索方向生长;你棚架没搭好,却拽着植物长,会适得其反。

筮,学习筮法。这是文王用自己的经验告诉人们教与学的道理。初筮告,开始学的时候告诉他要领。再三渎,第二次、第三次学习则要自己去领悟、沟通。渎,《程传》:"再三则渎慢矣。"解为亵渎之义,不妥。《说文》作"渎:沟也",沟以行水,渎应为沟通,反复学习才能融会贯通。渎则不告,自己能够领悟了就不需要再去告诉他了。

这里需要重点关注一下"筮",它应该是指文王未写卦爻辞时的六十四卦,这种卦除了符号有没有字辞不得而知,但好像是光指卦象符号而不包括字辞。就"渎"来看,是指因出现堵塞而积水时,挖个水沟把水引走,它表达了丰富的含义:(1)如果是指领会卦爻辞,就必须按卦爻辞的思路去理解,随便去沟通是不行的,所以这个"渎"不是指领会卦爻辞,应该是无字之"易",即卦符卦象。渎是没有前提的,随便在哪个方向,只要顺应主题,能讲通就是对的。(2)"渎则不告",既然你讲通了,我就不再去告诉你,也就是说不对学习者的思维做过多的限制和杠杠,假如"筮"中包含固定的卦爻辞,就不能这样讲了。

卦辞有几个关键字应引起重视。蒙,通过棚架和攀爬植物的关系,生动地说明了学生有自己生长的机能和要求;匪,指出教和学不可混淆,不能越俎代庖;求,是探索,你教给他知识,他自己就会去探索,而不能强行灌输;渎,疏通,深层次的问题让学者自己去融会贯通。卦辞否定了强迫学生去接受格式化的思想观念,灌鸭式的教育万万要不得。提倡一种解放思想、独立思考的学风。

[译文](搭好架子让植物自己攀爬,)我们要倡导一种循循善诱、自我成长的教学方法,使学生学有所成。作为教者,我不能让学童顺着我的思想去理解,应该让学童通过学习知识自己去思考。如学习筮法,开始学时将筮法规则告诉他,要反复学习才能领会贯通。学通了就不再去告诉他了。有利于这样做。

象辞注释:

◎象曰:山下出泉,蒙。君子以果行育德。

果,种树结果,指学有所成。行,推行。育,培育,教育。

德,依附在育的后面,表示教育方法。卦辞注重教育的过程,象辞注重教育的结果。提出教学要讲结果,提倡学以致用的教学方法。

[**译文**]君子要推行学以致用的教学方针。

爻辞注释:

◎初六发蒙。利用刑人,用说桎梏。以往吝。

从卦象看,两个阳爻围着三个阴爻,围在其中的阴爻是受教育者。初六处在这个教育圈之外,没有享受教育的权力。初六为贱,是平民阶层或俘获的奴隶。发,射箭。射箭的特点是速度快、目标精,可以比喻为职业培训。发蒙,快速生长,快速成才。

刑人,应指战俘或罪人。让受刑罚的人学习一定技能,劳动改造。桎梏,《释文》:"在足曰桎,在手曰梏。"手上脚上的刑具。说,通脱。用说桎梏,因此而解除枷锁。虽然干活劳累,但摆脱了枷锁之苦,成为一个有用之人,是大家都乐意接受的。以往吝,初六这种人如果出去,会受到别人的羞辱。

[**译文**]要在下层开展职业教育。有利于让受刑罚的人经过培训进行工作,这样可以脱开枷锁的惩罚。这种人出去会受到羞辱。

◎九二包蒙吉。纳妇吉。子克家。

包,容纳。包蒙,学习容纳各种知识。九二为家长,知识全面的人才能承担家庭重任。纳妇,娶妻。娶妻意味着成家立业。子克家,作为长子的话可以胜任管理家庭的重任。

[**译文**]学习容纳所有知识吉。成家立业吉。这样的儿子能够胜任处理家庭事务。

◎六三勿用取女，见金夫不有躬，无攸利。

取，同娶。金，代指钱财。金夫，指九二，有钱财的男人。躬，恭敬。六三之女居下近上，一心向往上层社会的贵族生活，瞧不起虽富而不贵的男人，这样的女子不能娶。与《姤》相比，其初六之女虽健壮而思想低贱，也是不可娶之女。这两种女子都是不可娶的。攸，所。无攸利，做什么事情也没有好结果。

[译文] 不要娶这样的女子为妻，（她一心向往上层社会，）对有钱财的丈夫也不尊敬，这种人做什么事情也没好结果。

◎六四困蒙吝。

困，多以困难解。《说文》："困，故庐也，从木在囗中。"徐灏注笺："故庐之训，未详其指。困，疑即古梱字，囗，束木也。"俞樾《儿笘录》："困之为故庐，经传无征。"《说文》的"故庐"之说虽然不见经传，但在爻辞中非常恰当。六四是极静之爻，是静态的学习。蒙是讲老师搭知识的平台，学子在获得知识的基础上产生思想，而该学子在家庭这种封闭的环境里学习知识，只能获得一些片面的知识，真走到社会上就变成无用的书呆子了。

[译文] 在远离社会的家里学习知识，将来会受到别人的嘲笑。

◎六五童蒙吉。

按照蒙的字义，老师搭建知识的架子，学子顺着架子延伸成长。此学童完全实践了这种学习方针，一定会学有所成，故吉。

[译文] 善于学习和思考，吉。

◎上九击蒙，不利为寇，利御寇。

上爻为老，上九为老有所为。击（擊），击打，战斗中攻击敌人的搏击术。击蒙,年龄大了又跟老师学习搏击术。学习不只是学文,还有学武的内容。寇,《玉篇·宀部》:“寇,贼寇也。”指盗贼。不利为寇,学了武术不能去做贼寇,也指授徒要选择人品。利御寇,有利于抵抗贼寇的侵犯。

[**译文**]学习搏击术,不利于去做贼寇,有利于抵御来犯的敌人。

卦结:

本卦提出了教育方针,即要因势利导,要独立思考。初六提出要进行职业教育;九二要学习各种知识;六三不能娶势利女子;六四不能关起门来学习;六五教育要从儿童抓起;上九不只要学文,还要学武。

三十、革卦、鼎卦

䷰ 革卦

[卦象解]

四阳爻为主动爻;九四位反,为指事爻。本卦象有如下特点:(1)属于“元亨利贞”系列卦之一,四阳爻势盛,已处于事实上的阳势政权;二阴爻居上六和六二,只是徒有虚名的宗庙政权。(2)五爻皆位正,唯有九四以阳爻居阴位,位反,故以九四爻为指事爻。四爻位有祭祀、历法之象,阳爻为动,指祭祀,改历法。(3)本卦既属“元亨利贞”系列卦,理应排在上经中,但《夬》卦之前的排列规则是数量少者为主动爻的卦排于前,而《革》卦必须以数量多的阳爻主动，排于《鼎》前，如排于上经则违反排卦规则，故排于下经第四十九位。

卦辞注释：

◎革，巳日乃孚。元亨利贞。悔亡。

《彖传》："汤武革命。"《释文》："革，马，郑云：改也。"革的意思是消灭旧政权，建立新政权。从"元亨利贞"系列卦看，《屯》卦已经具有国家体制，《革》卦又增加二阳爻，在力量对比上标志着已完全控制了形势，但是一个政权的建立在形式上必须具有自己宗族相应规格的宗庙祭祀体制、颁布新的历法。在古时，颁布历法是实施政权的象征，《周书·召诰》："有夏服天命，惟有历年。"就是一个证明。本卦九四阳爻居阴位，有改历之象，故卦辞以"革"言之。

巳日，俞琰《周易集说》："巳日，已革之日也。""巳"解为已经的已，"日"解为时间。宋郑刚中《周易窥馀》："巳，当从先儒读作已事之已。"也有另解，清王夫之《周易内传》："道之大明待将盛之，时以升中，于时为巳日，在禺中而将午前，明方盛，天下乃仰望其光辉。"此解可取。巳，十二地支从"子"数是第六位。在殷墟甲骨文中，已有完整的六十干支刻片，干支用于记日，数字用于纪年、纪月。如：《戬寿》："戊辰卜，旅贞，王……龠，农，亡尤，在十一月。"《续》："己卯卜，允贞，令多子族从犬侯璞周，叶王事，五月。"戊辰、己卯都是纪日。殷、西周、春秋纪日都用干支，不单用地支。此处"巳"字应该是指时辰，"日"指太阳，"巳日"应是说巳时的太阳，象征革命形势发展的进程。巳时的太阳上而不极，近中而不过，意思是要掌握革命的时机，此解亦符合卦象。孚，小儿，取新生之意。"巳日乃孚"是说当革命力量非常强大，就像巳时的太阳一样，就该建立新的政权，或推行新的历法了。

元亨利贞,可以从"元亨利贞"系列卦的角度来理解,元亨,对我国革命形势的发展更为有利。利贞,有利于这样做。反过来说,如果还未到"巳日"之时去这样做,谓之时机不成熟;或是已经过了"巳日"却不革,两者都为不利,"悔亡"即指此意。从这个意义上讲,"革"即除旧生新,改朝换代。

以上解"革"为推翻了旧政权要及时建立新政权。再换一个思路,就是在革命力量已经处于主导地位,胜利的趋势已经明朗的情况下,旧的政权还存在,革命的一方要及时建立与之同等的政权,这样更有利于以摧枯拉朽的气势打倒敌人。这样解也符合"巳日乃孚"的主旨。文王去世后,武王姬发以周王的身份率领八百诸侯讨伐商纣王,即是先正名,后讨伐。

[译文]除去旧的政权体制,建立新的政权体制,在革命力量处于绝对优势时就应该产生了。这样对我国的革命事业更有利,有利于这样做。悔恨消失了。

象辞注释:

◎象曰:泽中有火,革。君子以治历明时。

在卦爻辞中,虽然没有直接写改历,但作为改朝换代的一种形式,改历是不可或缺的,它体现了浓厚的革命色彩。象辞中所写的"治历",则是偏重于天文学和农业生产意义上的改历活动。(1)周历以子月作为一年的首月,与《复·象》:"先王以至日闭关,商旅不行,后不省方。"在内容上是一致的,和夏历、殷历相比,并不具有更多的科学性,而是含有更为浓厚的哲学思想的色彩。(2)"明"是日月之明,"时"是四时。通过对日月运转周期的观测,确定了阴阳历的交合周期,才有了明确的春、夏、秋、冬四季的具体起始日期。"治历明时"虽然只有短短的四个字,但它极有可能是在为我国古代天文学的发展划定时代标记。[①] （3）从另一个方面讲，明确四时也为安排农事、政务和祭祀活动提供出准确的时间预报。象辞淡化卦辞改朝换代的革命意义，着重于政务、经济意义，其目的还是为了巩固周王朝的统治。

以，凡“君子以”都是以卦辞（卦名）为主题引申下面的内容。

[译文] 君子应在革命胜利后，建立新的历法，明确一年四季的更替时间。

爻辞注释：

◎初九巩用黄牛之革。

卦辞概括性强，革的字义与爻辞之革有所区别。革，此处用字的本义，指除去毛的皮革。巩（鞏）：《说文》：“巩，以韦束也。”《集解》引干宝曰：“巩，固也。”这两种字义在爻辞“巩”中都存在。用皮革来捆绑东西结实。巩用黄牛之革，捆绑东西时使用黄牛皮做的绳子。卦爻辞都是写“革命”意义，唯独初九爻辞写“黄牛之革”，容易给人造成一种错觉，认为是在写革制牛皮。其实，同样是“革”字，只有在上层社会才具有革命的含义，在下层社会则以皮革来讲“革”。周文王所领导的是地方统治者推翻作为各部族共主的商统治者的一场改朝换代的革命，不是一个阶级推翻另一

① 陈美东《古历新探》：“由直接对天象的观测以授时是此间天文学的基本特征。约公元前 2400 年，人们观测大火（天蝎座 a 星）在黄昏时从东方地平线上升起，以确定新一年周期的开始；约公元前 2000 年，人们观测鸟、大火、虚、昴四星黄昏时南中天的日子，以确定春、夏、秋、冬四季的来临。……一直到殷商以至西周时期，仍以新月的出现作为一月之首，连大月和闰月的安排还具有较大的随意性，这些历法还是经常需要由实测结果，临时进行调整的证明。虽然如此，殷商时期阴阳历的被确认，奠定了中国古代传统历日制度的基本模式，无疑是影响深远的重大抉择。”

个阶级的革命，主观上他不允许社会底层的人民起来革奴隶主的命。所以初九之“革”用皮革之义而不用革命之义。由此看，《周易》中的阶级性是很明显的。

[**译文**]捆绑东西时用黄牛皮做的绳子最结实。

◎六二巳日乃革之，征吉，无咎。

巳日，与卦辞同义，阳势盛旺之时。革，去旧生新。巳日乃革之，当形势完全有利于我方时，就一定要进行政权革命。征吉，由内往外征伐。无咎，无咎来自“有咎”，何有此言？六二阴爻居内卦中，应以静守中，不可出征，出征则有咎，但当阳盛之时，形势完全有利于我，如果墨守成规，将会错过良机，出征乃是顺应形势之举，又何咎之有！这是爻辞对卦象的变通之处，爻位不利于动，在一定条件下就必须要动。《论衡·卜筮篇》：“周武王伐纣，卜筮之，逆，占曰大凶，太公推蓍蹈龟而曰：‘枯骨死草，何知吉凶！’”这是变通卜筮之理的一个典型例子，姜太公不守死法，善于变通，才能够为周王朝建立丰功伟绩。还有一个相反的例子，据《商书·西伯戡黎》载，周文王攻打黎国后，势力大增，相伊感到大势不利于商，奔告于商王，“王曰：呜呼！我生不有命在天”。商纣王固执地信天命而不信形势和民意，能不亡乎！

还可以从另一个角度讲，六二为家主，家族仍然按照旧体制运行，而革命是自上而下地进行，家族统治必须改变成新政权的模式，故需“巳日乃革之”。

[**译文**]家族统治亦需要革命。出征吉，没有错。

◎九三征凶，贞厉。革言三就，有孚。

九三乃一介武夫，在我方已经处于绝对优势时，再有好武之人出征，必以杀戮为能事，这样将不利于新政权的建设和稳定，所以说“征凶”。楚汉战争中,秦国灭亡已成定局,刘邦进入汉中,约法三章,大得人心。项羽进了咸阳却大肆烧掠,失去了人心,同时也意味着将要丧失已经到手的政权,就如同爻辞所说“征凶,贞厉”。

就,《程传》:“就,成也,合也。”俞琰《周易集说》:“革言三就,谓谋之再三而后成就也。”此解与字的本义有异。《说文》:“就,就高也。从京从尤,尤异于凡也。”桂馥《义证》:“此言人就高以居也。”可理解为采用高的或好的。三就,三个里面选择最好的一个。革言三就,新政权的建立要集思广益,听取各方面的意见,按照最好的办法去做,而不要自己独断专行。九三尚武,有勇而无谋,故爻辞作此诫。有孚,可以继承君主之位的长子。文王的长子伯邑考被商纣王所杀,此处实指武王姬发。这段爻辞等于是文王对后事的交代,认为这件事自己可能做不到了,继承者应当这样去做。但由于当时文王尚健在,“有孚”的后面并没有写其他字,好像是说:“听到了吗,孩子?”

[**译文**]好武之人统帅出征有凶,这样做有危险。革命要集思广益,听取各方面的意见,按照最好的意见去做。但这件事情要由长子去做了。

◎九四悔亡。有孚改命吉。

从卦象讲,阳动于四,可以祭祀宗庙、天帝或者颁布新历法。爻题后面直接写断辞,说明断辞是由卦象而得。悔亡,悔恨消失了,一切艰难困苦终于换来了胜利的果实。有孚改命吉,由自己的儿子去改变历史,取消旧朝君主的命令,发布新朝君主的命令。文王在这里也表明了态度,即自己只是负责消灭旧世界,由儿子去建设新世界。

[**译文**]颁布新的历法,悔恨消失了。由儿子去改变命令吉。

◎九五大人虎变。未占有孚。

虎变,《小象》言:“其文炳也。”《周易折中》引俞琰曰:“虎之斑文大而疏朗,革道已成,事理简明,如虎文之炳然也。”将“虎变”解为如虎皮斑文明朗为变革之象,此言差矣。九五写“大人虎变”,上六写“君子豹变”应该是指老虎和豹子之间的区别,是说像虎一样的变、像豹一样的变。同豹子相比,老虎俨然一副林中之王的做派,老虎进林,百兽皆惊,仅闻到老虎的气味、听到其吼声,群兽就惊散而逃。而且其不但勇猛,还工于心计①,往往一击成功。凡人背面朝虎,最易受到老虎侵害,说明老虎不打无把握之仗。大人虎变,是说对于任何一项变革,都要做到有威有勇有谋,沉稳有力,方能成功。九三之所以言“征凶”,就在于其有勇无谋,故此有别。

未,与《未济》之“未”同,取未来之意。长子继承事业代表着未来。未占有孚,是说将来长子继承大业后能不能做到“虎变”,只有到那时再占筮了。从这句话也可以看出,周文王年事已高,更多地考虑到将来的一些事情,为将来做些思想上的准备。本卦九三、九四、九五连续写了三个“有孚”,表示了对继任者的厚望和忧虑,从“革言三就,有孚”,到“有孚改命”,是从酝酿的过程到实现革命的成功;“大人虎变,未占有孚”,则表示了对继任者能否彻底完成革命的担忧。果不其然,武王灭商后不

---

① 虎是食肉动物,它的捕食本领比狮子高明,常采取静伏潜行,好搞突然袭击。它的一声长啸会吓得许多动物伏地不动,然后便用扑、掀和剪等方法来捕捉。虎的一扑很厉害,能远扑7米之外,跃高2米,一掌可以击倒一只鹿……遇到牛这样的大家伙,就从后面跃上牛背,抓住头颈,前顶后扯,如果从正面袭击,就抓住咽喉连咬带撕,气壮的牛也只能任它宰割了。——见《中国少儿百科全书》作者注:这里虽然写虎与狮子相比,其特色与豹子相比也是一样的。

久就去世了，成王年幼，周王朝领导核心失去了“虎威”，武庚乘机联合“三监”共同叛乱，重新点燃了战火，周公东征，才最终完成了这场旷日持久的革命。可以说，这才是“虎变”的真实内容——有实力、有威力。

[译文]大人革命就像老虎捕猎那样做到有威、有勇、有谋地去改变社会。继承者能不能做到这一点，只有等到将来才知道。

◎上六君子豹变，小人革面。征凶。居贞吉。

上六没有九五尊贵，所以称为“君子”。豹，体型小于虎，而其性凶猛甚于虎，一般是面对面地向猎物发起进攻，其特点是勇猛而迅捷，却没有虎的威严与智慧。① 爻辞的意思是如果像豹子一样去改变社会，只能使被革命的一方表面上臣服，内心里并不臣服。征凶，只依靠力量去征讨敌人，就会有凶险。居贞吉，贞，代指君子豹变。如果像豹变一样，还是呆在家中吉。

[译文]君子如果像豹子一样去改变社会，小人只会在表面上变得臣服。出征有凶险。要是这样的话，还是在家中吉。

卦结：

本卦指出当革命形势接近胜利的关口，要果断地建立新政权。初九不言革命；六二家族统治也要革命；九三革命要建言建策；九四言将由儿子去改朝换代；九五言“虎变”，是指要有威仪、有实力、适时机地完成革命；上六言“豹变”，是指不可有勇无谋地实行革命。

---

① 笔者曾专为这段爻辞向济南市动物园狮虎山的饲养专家请教，故有此说。

䷱ 鼎卦

卦辞注释：

◎鼎，元吉，亨。

鼎卦排于《革》后，取二阴为主动爻；五爻居位皆反，九三独正为指事爻。

《正义》："鼎之为器具有二义：一有亨饪之用，二有物象之法。故《彖》曰'鼎，象也'，明其有法象也。《杂卦》曰'革去故而鼎取新'，明其亨饪有成新之用。"本文以为"鼎"有三个基本含义：

第一，鼎是烹煮用的器物。第二，鼎是权力的象征。《汉书·郊祀志》："禹收九牧之金，铸九鼎，夏德衰，鼎迁于殷；殷德衰，鼎迁于周；周德衰，鼎迁于秦；秦德衰，宋之社亡，鼎乃沦伏而不见。"九鼎是传国宝器，鼎又代表着王权。第三，由于九三为指事爻，容易挟势犯上，写"鼎"喻贵而勿犯，强兵不可犯弱君。

鼎，卦辞之鼎指守尊而勿动。元，指我们的国家。吉，从卦象看，君位柔弱，九三为中心的三阳爻侵凌上位，并非为吉卦，但如果国君端居守尊，即能化险为夷。

[**译文**]柔弱之君在受到大臣侵凌时，要端居守尊，我们的国家才会安稳，保持国运长久。

象辞注释：

◎象曰：木上有火，鼎。君子以正位凝命。

卦中有"公"居九四爻，象辞主要是围绕"公"来写。周公认为，此公之危即是自己之危，虽然受到流言诽谤，但自己如同卦中所言，端正思想和权柄，以完成先王交给的使命为己任，也就心胸坦然了。① 凝，凝聚。王弼注："凝者，严正之貌。"命，前贤皆以天命言之，如郑刚中《周易窥馀》言："命者，天之命。"笔者分析，"命"应指使命。凝命，把思想凝聚于完成使命上。正位凝命四个字写得厚重庄严，反映了周公重于泰山的信念与责任。

[**译文**]君子要端正自己的权位，一心去完成自己的使命。

爻辞注释：

◎初六鼎，颠，趾利，出否。得妾以其子，无咎。

《小象》曰："鼎颠趾，未悖也。利出否，以从贵也。"读为"鼎颠趾，利出否"。本文细推之，认为不若"鼎，颠，趾利，出否"更符合卦辞含义。初六为平民，与权柄无关，鼎为煮食之器。颠，《说文》："颠，顶也。"鼎为贵重器物，平时挂在高处。趾，原义是起步行走，这里用于表示脚力。趾利，将鼎挂了起来，对鼎足有利，比喻有利于保养脚力。爻辞看似写鼎，实则写人。否，不要。出否，出去不可以。鼎代表富贵，初六阴爻居阳位，易静不易动，又处社会底层，与富贵无缘，出去也不会有所得，所以写"出否"。得妾，富裕的家庭才会有妻又有妾，有鼎之家也算富裕之家，有得妾的能力。以其子，小妾给生了儿子，其乐融融。无咎，强调其正确性，这样才不会错。

爻辞之意是国家出现乱象，作为平民阶层不要跟随别人闹事，保住自己的家庭平安为第一要务。

---

① 《尚书·周书·金縢》："武王既丧，管叔及其群弟，乃流言于国曰：公将不利于孺子。周公乃告二公曰：我之弗辟，我无以告我先王。周公居东二年，则罪人斯得。"象辞言"正位凝命"似与周公的这段经历有关。

[译文]平民家将鼎挂在高处,有利于保养脚力,出去不好。得到了一个小妾,并给生了儿子,没有错。

◎九二鼎有实。我仇有疾,不我能即,吉。

九二为部族之长。实,《说文》:"富也。"其鼎有充足的食物,表示比较富裕,有经济实力。仇,《尔雅·释诂上》:"匹也。"《说文》:"雠也。"段玉裁注:"雠犹应也。《左传》曰:'嘉偶曰妃,怨偶曰仇。'……仇为怨匹,亦为嘉偶。"仇可解为与自己同类之人。在爻辞中,可看作是与自己思想相近的其他部族首领。疾,疾病,可解作思想上有病,即错误观念。即,本爻可解为吃饭或者关系亲密。"我仇有疾,不我能即",与我关系密切的部族首领被怀疑有野心,我不能到他那里吃饭,就是要和他保持距离,以避嫌疑。

三爻尚武,九三独居正位,又居三阳爻之中,自以为是,有结伙上侵六五之野心。九二与九三虽同气连枝,但九二居于内卦之中,有自己的领属之地,又有强大的经济实力,为什么与九三搅在一起呢?爻辞提出在复杂的政治环境中,要保持自己的独立性和主导性,不要让别人把自己拉下水。

[译文]自己的鼎中有丰富的食物。我的同伴有野心,我不能到他那里吃饭,这样做吉。

◎九三鼎耳革,其行塞。雉膏不食,方雨。亏悔,终吉。

鼎耳,是移动鼎的把手。九三为武将,手握重兵;是六爻中唯一正爻,与君主和众臣思想不合,这在朝政上是很危险的。革为革除。鼎耳革,非自然掉落,是人为所致。鼎耳革意味着失去了上升机会。武将权势重且固守己见,最容易引起君主的猜忌,往往有杀身之祸,高官唯恐避之不及,所以"其行塞",阻塞了上行之路。

雉膏,山鸡肉,属珍贵食品。雉膏不食,不要倚仗权势经常食用珍贵食品,应当低调一些。方,《说文》:"方,并船也,象两舟省总头形。"段注:"并船者并两船为一。"有联合在一起的意思。雨,下雨。方雨,有雨的话相邻的地里都要下一下。这是指不要吃独食,有好处大家都要有份,这样才能避免陷于孤立。亏悔终吉,虽然为自己吃亏而后悔,但最终还是吉祥的。

如果站在君主的角度讲,鼎耳革,也可以解为削其兵权,这样就使其无路可走。

[**译文**]鼎耳掉了,阻塞了上行之路。有珍贵的山禽肉不要独自享用,有雨露大家都要均沾一下,当时为吃亏而后悔,最终是吉祥的。

◎九四鼎折足,覆公悚,其形渥,凶。

九四鼎的重点在折足。足应该写在初爻,为什么在九四爻中出现?为什么折足,谁折的足?首先,即言折足,肯定是被下面所伤。这三个阳爻中,九三居中,好武之人发号施令,九四地位尊崇,肯定不会俯首听命,容易被下面小人所伤;九三挟势上侵,危及国君,九四之臣有维护之意,也容易被下面小人所伤。其次,九四之公为国鼎之足,九三欲窃国鼎,必先灭其足。故九四作为国君安危的屏障,最先会受到伤害。

"公",有威望的朝廷重臣。渥,王弼注:"沾濡之貌也。"覆公悚,其形渥,弄翻了公的饭,沾脏了鼎。比喻公受到陷害,没有了官职,形象也受到了污损。

九四公是朝廷之公,当拥兵自重的乱臣贼子扰乱朝纲时,最先受到伤害的往往是这些朝廷重臣。但反过来看,历史上许多执掌重兵的统帅,即便是功勋卓著,也常常会受到君臣的迫害,盖因防备其兵变害已。可见,国君与武将的矛盾自古就是难解的问题。

[**译文**]鼎折断了足,弄翻了公煮的饭,沾脏了鼎的外观,有凶险。

◎六五鼎,黄耳,金铉,利贞。

铉,《集解》引干宝曰:"凡举鼎者铉也。"横贯鼎耳用来扛鼎的杠子。六五幼君居尊贵之爻,用鼎来代表王权。黄耳,金属鼎耳,表示委以重任。金铉表示有能力的重臣。利贞,有利于这样做。是说幼君嗣位,要对重臣委以重任才能保国君之鼎。

[**译文**]要保住幼君之位,必须像黄耳用金铉一样对重臣委以重任。有利于这样做。

◎上九鼎,玉铉,大吉。无不利。

上九之鼎,高贵而权轻。玉铉比金铉贵重;本爻辞有铉无"耳",好看而无处用,有职而无权。玉铉无法举鼎,只是象征性地放在那里表示尊贵。实指对身居高位的老臣不可授予实权。因为上九阳爻居阴位,有动象,而六五之君为阴,有阳欺阴之象。大,大人,国君。大吉,这样做国君才吉。

[**译文**]对身居高位的老臣,要像玉铉一样让他尊贵而无权,国君才吉,这样就不会有不利的事发生。

卦结:

国之鼎代表君位,民之鼎代表富贵,国鼎安则国家安,民鼎安方保富贵。初六居家勿动,保家庭之鼎;九二避嫌疑,保富贵之鼎;九三削武职,保大家之鼎;九四公受损,保国君之鼎;六五用重臣,保幼君之鼎;上九贵无权,保老臣之鼎。

三十一、晋卦、明夷卦

䷢ 晋卦

卦辞注释：

◎晋，康侯用锡马蕃庶，昼日三接。

本卦象二阳爻为主动爻，六二为指事爻。(1)二阳爻在上卦，优于《明夷》卦，所以居前；(2)二阳爻居上而不尊，有名而无实；(3)六爻中唯有六二位正，象征着二阳爻得贵于家中之女。

晋(晉)，《说文》："晋，进也，日出万物进，从日从臸。"认为是万物生长之意。《晋·象》："晋，进也。明出地上，顺而丽乎大明，柔进而上行。"是说太阳上进。这两种说法都不准确。象辞"明出地上"讲的是八卦火在地上，但卦辞的"晋"字将"日"写在下，显然八卦之象不能代表卦义。《说文》讲"万物进"，"臸"代表万物、代表上进吗？也不对。

从卦象看，二个阳爻在六五周围，享受着君王的福利。从"晉"的构造分析，篆文写作日上臸，其结构为上下组合。《说文》："至，鸟飞从高下至地也，从一，一犹地也。象形，不上去而至，下来也。"根据对卦爻辞的综合分析，《周易》中凡有日旁的字皆与君王有关；而"至"是从上至于下，那么"晋"的字义应指从上掠夺君王的财物。卦的指事爻在六二，六二爻辞写"受兹介福，于其王母"，明确指出了居于君王之上的掠夺者就是王母的家人，即王母的娘家一族在蚕食掠夺君王的财富。

康侯，其人不详，应该是文王时代或文王以前的人物，为商王所封。六二爻辞言“王母”,应是商王的外戚一族。近人顾颉刚在《周易卦爻辞中的故事》中,指出康侯就是西周初年的卫康叔,封于卫,乃周武王之弟,称康叔,其事迹在武王之后,从而认为卦辞非文王所作,并断定《周易》成于西周初叶。此说影响很大。根据对卦爻辞内容的分析,可以发现,将康侯指为卫康叔不符合所依据的卦象条件。其实,顾氏的推论是单方面的,因为他没证明出商朝时没有康侯这个人。不可仅据周初一“康侯”字就下此断言,更不可以此推断《周易》的成书年代。

锡,李孝定在《甲骨文字集释》中解:“锡,卜辞假‘易’为之,不从金。”按“易”为王政之意解,锡即为君王之命令,王命令以物赏赐下属,也可称锡。蕃,《说文》:“蕃,草茂也。”原指草长得茂盛,引申为繁衍众多。《左传·僖公二十三年》:“男女同姓,其生不蕃。”即为此义。庶,《尔雅·释诂下》:“庶,众也。”众也指平民的身份。《书·召诰》:“厥既命殷庶。”即指前殷朝的遗民百姓。蕃庶,众多的、普通的。“用锡马蕃庶”,用君主赏赐的名贵马与自己的普通马交配,生育出众多的马匹。

昼日,专指在白天进行的活动。接,《说文》:“接,交也。从手,妾声。”《广雅·释诂二》:“接,合也。”有交媾之意。马匹在白天交配。辛介夫亦解曰:“接的本义当解为交配或接合。今陕西关中口语谓男女行房为接合。”(辛介夫:《〈周易〉解读》,陕西师范大学出版社1998年版)昼日三接,笔者曾请教专职养马者,说雄马在发情期,一天最多可与雌马交配三次,印证了昼日三接之言。此句意思是康侯竭尽君王赏赐的马的精力,与自己的普通马交配,使自己的普通马杂交繁衍成了名贵马。这句话意在形容康侯最大能量地贪图君王的财物,提高自己的身份。

文王借卦辞讽刺康侯之类自身无能,却利用与王后的亲缘关系使自己变得富贵起来。《程传》:“昼日之中,至于三接,言宠遇之至也。"不从此说。

[**译文**]靠掠夺君王之财而致富。康侯用君王赏赐的名贵种马与自己的普通母马交配来生育更多的马匹,一天的时间就让公马交配三次。

象辞注释:

◎象曰:明出地上,晋。君子以自昭明德。

昭,《尔雅·释诂下》:"光也""见也"。指太阳发光。自昭,自己发光。明德,像日月一样照亮别人。自昭明德,是说要像太阳那样自己去发光,照亮别人,而不是像康侯那样借别人的光来炫耀自己。象辞选择了与卦辞相对的角度来写。

[**译文**]君子要像太阳那样自身去发光,照亮别人。

爻辞注释:

◎初六晋如摧如,贞吉。罔孚,裕,无咎。

晋如,因得到君王的赏赐而富贵。摧,《说文》:"摧,挤也。从手,崔声。"本义是挤,爻辞当取本义解。摧如,都挤着去做。初六为下层的小民,成为有身份、有钱财的人,是他们梦寐以求的事情,所以一旦有这样的机会就会争先恐后地挤着去做。贞吉,这样做吉,这是改变身份的机会。

罔,即网,多的意思。罔孚,家中有很多孩子。本卦下面三爻都是阴小之爻,可以解释为孩子,也可以视为是康侯家中的孩子。裕,富有。罔孚裕,家中的孩子很多,且都过着富裕的生活。《晋》的二阳爻在上,是贵族卦,所以卦的起点很高,连初六爻的孩子都过着富裕的生活。爻辞大概是讲康侯还没有得到富贵时候的境况。

[**译文**]能够得到君主的赏赐而富贵,人人都会争着去做,这

祥吉。家中有很多的孩子,他们都过着富裕的生活,没有错。

◎六二晋如愁如,贞吉。受兹介福,于其王母。

《程传》:"王母,祖母也。谓阴之至尊者,指六五也。"此言不确。王母,指六二。六个爻中只有六二位正,又居内卦之中,康侯家族的富贵全赖于六二,在六二爻中写王母,点明了康侯是王太后的外戚一族。愁,《说文》:"忧也。"愁如,王母时时地惦念着自己的娘家一族。贞,代指六二,静而不动,少为娘家操心。

兹,《汉语大字典》:"兹同兹。"《说文》:"兹,草木多益。"很多的样子。介,《正义》:"介者,大也。"本文不取此说。《说文》:"介,画也。"徐灏注笺:"古疆界字祗作介。"《集韵·怪韵》:"介,间也。"间接之义。介福,不是君王直接赏赐的福,而是通过王母得到的君主的赏赐。初六言"裕",只是生活上富有,此爻言"福",是富贵皆有。

[译文]王太后心中惦念着娘家一族,希望他们能得到君王的赏赐。还是少为他们操心吉。(康侯)受到很多赏赐给的福,全是因为王太后的缘故。

◎六三众允,悔亡。

允,《集解》引虞翻曰"信也",崇信。《书·舜典》:"命汝作纳言,夙夜出纳朕命,惟允。"允为诚信之意。众,家族中的下人或奴隶。本卦下面三爻都是阴爻,六三为三阴爻之长,康侯的发家史受到下层民众的崇信。

[译文](康侯的富贵)受到百姓的崇信,令人悔恨的事情都消失了。

◎九四晋如鼫鼠，贞厉。

鼫，汉蔡邕《劝学篇》："鼫鼠五能，不成一技。五技者，能飞不能上屋，能缘不能穷木，能囚不能渡谷，能走不能绝人，能藏不能覆身也。"以鼫比人，九四近六五，因王母的关系受到重用，其什么都能做却什么也做不好。贞，指九四的做法。贞厉，像九四一样身居高位却什么也做不好是很危险的。六二言"贞吉"，九四又言"贞厉"，何也？从王母的角度讲，她的家族因宠而得福是应该的；从康侯的角度讲，自己没有功劳而受到很多的赏赐，又是很危险的。针对同一个问题，但从不同的角度去看，就会得出不同的结论，这是《周易》用多角度认识问题的一个例卦。

[**译文**]得到君王的赏赐和重用，却什么都做不好，这样是很危险的。

◎六五悔亡。失得勿恤，往吉，无不利。

六五为卦主，爻辞概括中心思想。六五悔亡，阴爻从静，指其安居尊贵之位，不要妄动，悔恨消失了。反过来说，如果因王母而得贵，就仗势趾高气扬，则会有悔的。恤，忧也，把某些事情挂在心上。失得勿恤，康侯的富贵不是生来就有的，也不是依靠个人的奋斗得来的，所以失去不必惋惜，得到也不值得夸耀。往吉，前面所言是往吉的条件，只要不把个人的得失放在心上，前往就吉。《小象》曰："失得勿恤，往有庆也。"即言此义。

[**译文**]安居其位而不妄动，悔恨消失了。无论是失去还是得到都不要放在心上，做到这一点前往就吉，不会有不利的事情发生。

◎上九晋其角，维用伐邑。厉，吉。无咎。贞吝。

最上一爻有角之象。用"角"表示康侯具有了进攻性。维，

《说文》:“维,车盖维也。”桂馥义证:“维谓系盖之绳也。”指大绳子。用大绳子比喻维系朝廷安危的权臣,形容康侯成了王所依赖的大臣。在六爻中虽然没有写康侯,但总是有康侯的影子存在,爻辞都是围绕着康侯或类似康侯的人来写的。维用伐邑,可以理解为居于上九之位的康侯不甘寂寞,主动请缨,想通过立战功来提高自己的威望,于是受到王的重用,被王“维用伐邑”,即重用派去讨伐边邑。“厉,吉,无咎,贞吝。”依次写了四个断辞,表达了对康侯“伐邑”之举的复杂评断。厉,因为康侯缺乏指挥攻战的能力和经验,具有一定的危险性。吉,言康侯此举是改变其无功受禄评价的好机会,而且奉王命去伐邑也是有利于自己的。无咎,言不管是危险还是吉,这样做的本身是没有错的。贞吝,贞是指上九所为,阳爻居阴位,就像头上长了角,只知勇敢地进攻,却不懂制胜敌人的战术,会受到敌方的羞辱。“厉”“吉”“无咎”是对康侯伐邑行为的评价,“贞吝”是指这种行为可能出现的结局。

[**译文**]无功而食君禄的人头上长了角,被君王重用派去攻打边邑。这是很危险的,但是件吉事,没有错。如果只知进攻会受到敌方的羞辱。

卦结:

《晋》卦下卦三爻和上卦三爻对康侯的评价是不一样的,下卦讲康侯作为皇亲国戚理应得到富贵;上卦因康侯被提拔到朝中任职,便有了批判之意。本卦主旨在于批判以“康侯”为标志的皇亲国戚们无功受禄的思想和现象。初六是下层民众,希望得到荣华富贵;六二指康侯受惠于王母;六三指受到下层民众的崇信;九四描写没有能力的贵族;六五写处于高位的人不要计较个人的得失;上九评判挂帅征伐的贵族。

䷣明夷卦

卦辞注释：

◎明夷，利艰贞。

［**卦象分析**］（1）二阳爻处下位，有蒙难之象。（2）六个爻中，五爻位正，唯六五位反，有君王错失之象。（3）本卦与《讼》互为错综卦。《讼》卦九五独正，君明臣昏；《明夷》卦六五独反，君昏臣明。

《彖传》曰："明入地中，明夷。内文明而外柔顺，以蒙大难，文王以之。"郑玄曰："夷，伤也。日出地上，其明乃光，至其入地，明则伤矣，故谓之明夷。"《正义》："此卦日入地中，明夷之象。施之于人事，暗主在上，明臣在下，不敢显其明智，以明夷之义也。"所解不妥之处：（1）以八卦卦象取代六爻卦象；（2）对"明""夷"字义解之有误。

在卦爻辞中，"明"都是指君王。夷，《广雅·释诂三》："踞也。"《论语·宪问》："原坏夷俟。"何晏集解引马融注："夷，踞；俟，待也。踞待孔子也。"《周书·泰誓上》："观政于商，惟受罔有悛心，乃夷居，弗事上帝神祇……"夷为蹲居，傲慢之义。本文以为，"明夷"是指六五爻反位的内涵：君王对大臣傲慢无礼。意在谴责商纣王对大臣的傲慢态度和残暴行径。艰，对待艰难环境的一种处世思想。贞，指在"明夷"环境中的作为。利艰贞，有利于用百折不挠的斗争精神对待这样的处境。从爻辞看，明夷又以"日中乌见"的天象来形容，它与卦象也是完全吻合的。

［**译文**］君王傲慢无礼，有利于用百折不挠的精神对待他。

象辞注释：

◎象曰：明入地中，明夷。君子以莅众，用晦而明。

莅，《广韵·至韵》："临也。"莅众，下临于百姓之中，指君子受到君王的迫害，要勇于到群众中去，以躲避危险的处境。晦，指黑暗。用晦而明，用君主的黑暗来反衬自己的光明。象辞中的"明"与卦爻辞中的明在字义上有区别。象辞面对昏暗的君主，没有主张去推翻他，而是主张抛弃官禄，藏身于民间，这样做对个人来说是用牺牲官禄来躲避矛盾，对君主来说是维护了君主的权威，始终脱离不开一个"忠"字。

[**译文**]君子在受到迫害时，要下临于百姓之中以躲避灾难，用君主的黑暗来反衬自己的光明。

爻辞注释：

◎初九明夷于飞，垂其翼。君子于行，三日不食。有攸往，主人有言。

《本义》："飞而垂翼，见伤之象。"是对爻辞的实解。本文以为，"垂其翼"应指天象。在上古神话中，有羿射落九日的传说，《楚辞·天问》："羿焉彃日？乌焉解羽？"王逸注："羿仰射十日，中其九日，日中九乌皆死，堕其羽翼。"明夷于飞，垂其翼，与这段传说极相吻合，如果拆开这句话，"明夷"和"于飞，垂其翼"应当是一种景象的两种说法。"明夷"是指卦象的含义，"于飞，垂其翼"是借天象的传说来论证卦象。在现有的上古资料中，有不少关于日中乌见的天文记载，用现代的天文术语讲，就是太阳黑子现象，如《晋书·天文志中》："（晋）穆帝永和八年（352），张重华在凉州，日暴赤如火，中有三足乌，形见分明，五日乃止。"《新唐书·天文志二》："（唐昭宗天祐元年，904）二月丙寅，日中见北斗。""（唐敬宗）宝历二年（826）三月甲午，日中有黑气如杯。"中国古代关于这种太阳黑子的记录共有120多次。（见陈美东《古历新探》，辽宁教育出版社1995年版）当时的史官，同时也是星相家，常常根据这种异常的天象预测未来的社会政治变化。如《开元占经》"京氏曰：'日中有乌见，主失明，为政者乱'"，认为太阳中有黑子出现，表示君王昏庸，政局将乱。爻辞中把"明夷"和"日中乌见"结合在一起讲，显然在当时出现过这种天象。

爻辞把这种天象结合商纣王的无道，再结合羿射九日的传说合在一起，其意也就不言自明：日中乌见将预示着君王昏庸无道—君王昏庸无道就会杀戮谏臣、残害忠良—暴君迟早会受到天下人的讨伐—商王将会像死亡的乌垂其翼一样，从高高的位子上摔到地面来。初爻重心在下，"于飞"指从地飞到天上，"垂其翼"指从天上又落到地下。飞与落的过程，又可以比喻为一个朝代兴起与灭亡的过程。

君子于行，君子在这样的天象下出行。三日不食，《礼记·坊记》："子云：七日戒，三日斋。"《礼记·表记》："子曰：斋戒以事鬼神，择日月以见君。"出现了这种天象，如果要出行，先要斋食三天，表示对这种天象的惧怕和对鬼神的虔敬。主人有言，虽然你到很远的地方去，吃了很多苦，回来后还是要受到主人的责备。这是一种星相概念，古人相信，出现这种天象，现实中必会出现这种结局。对普通人而言，"明夷"就是指自己的主人昏庸。这段爻辞前面的部分是从国家的角度来讲的，后面的部分是从普通人的角度来讲的。

[译文]君王昏庸的结局就如同三足乌飞到了太阳中，被羿射中后，羽翼纷纷落了下来。对普通人来讲，君子如果在日中乌见的天象时出行，先要戒食三天方可。即便到很远的地方去，回来后也会受到主人的无端责备。

◎六二明夷，夷于左股。用拯，马壮吉。

股，君王又称自己所倚重的大臣为肱股。《史记·夏本纪》："股肱喜哉，元首起哉。"古时尊右贱左，《仪礼·乡射礼》："当左物，北面揖。"郑玄注："左物，下物也。"《兵法》："上将军居右，偏将军居左。"左股，权势稍次一些的大臣，或言不被王重用。六二位于内卦之中，像在内部，指君王对朝中大臣进行迫害。用拯，承接"左股"，大臣被君王迫害，要自己拯救自己。马壮吉，马是外行动物，需要走很远的路才会要求其特别健壮。这句话的意思是：既然你在朝廷受到迫害，不如乘坐快马到我的国家来。

六二静守内中，依然受到君王的迫害，爻辞除了表示对商王的愤怒，还有一层意思是要把这些受迫害的大臣策反到自己阵营里来。"用拯马壮吉"包含着大臣自己拯救自己，也包含着给他们提供条件，帮助其脱离苦海到我们国家来。

[**译文**]君王暴虐，迫害自己手下的大臣。大臣要拯救自己，乘坐健壮的快马离开他，吉。

◎九三明夷，于南狩，得其大首。不可疾贞。

自古建房以坐北朝南为正，若论敌我，则北为己，南为敌。狩，狩猎，暗指攻打敌国。如以上伐下，为征；小国攻小国或小国攻大国可以写为狩。南狩，我去攻打敌国。九三从武，有攻战之象。《开元占经》："《洛书》曰：日中有乌见，名曰阴德，不出六十日兵出，从其所向伐之，胜；若有国主，死。"古时的战争常常根据天象和占卜来作出各种决断，此"明夷"，应指日中乌见的天文现象，出现了这种天文现象要果断地攻击敌人。也可理解为乘敌人内乱时攻击敌人。疾，病，思想有病。贞，指南狩。不可疾贞，不要在自己看不准形势下去攻打敌人。

[**译文**]逢到"日中乌见"的天象，要主动去攻击敌国，就可得

到其大人的首级。但不可在自己看不透形势时去攻击他。

◎六四入于左腹，获明夷之心于出门庭。

诸家皆以六四指微子，本文以为，这段爻辞是声讨纣王剖比干之腹的罪行。《论语·微子》："比干谏而死。"《周书·泰誓下》："（纣王）斫朝涉之胫，剖贤人之心。作威杀戮，毒痡四海。宠信奸回，放黜师保。"《史记·殷本纪》："比干曰：'为人臣者，不得不以死争。'乃强谏纣。纣怒曰：'吾闻圣人心有七窍。'剖比干，观其心。箕子惧，乃详狂为奴，纣又囚之。"说的都是纣王剖比干囚箕子的事。获明夷之心，因明夷才会剖出的心。出门庭，是说你纣王既然挖出了忠臣比干的心，那么你拿着这颗心走出你的门庭，让天下人看看，贤人的心到底是什么样的，也让天下人评评你的残暴行径。左，心脏在左腹，或是指比干次于箕子。

[**译文**]入于肚腹的左边，获得了勇于直谏昏君的贤臣的心脏，应该拿着这颗心脏走出门庭，让天下人去评判。

◎六五箕子之明夷，利贞。

将"箕子"写于六五，说明爻辞并不注重君王如何暴虐，而更注重如何对待暴虐之君。箕子与比干同为商朝的忠臣，但箕子的结局好于比干。箕子曾以正道规劝纣王而被贬为奴，只好装疯以保护自己，后来又被纣王囚禁。箕子不与暴君同流合污，又能保住自己的性命，其智慧令人钦服，所以写在六五之爻。

箕子与比干的事迹发生在文王之后，而且对箕子的评价高于比干，故六四、六五爻辞有可能是周公对原爻辞的修改，因为将箕子和比干分别写在六五、六四爻中，不光是写出一段历史史实，还涉及对前朝人物的评判以及对国君的态度。

本卦六五爻位反，六四、六五爻辞肯定对商王有怒斥之言。周王朝成为大统,这些语词恐有害于王朝统治,周公用史实代替原爻辞,力度不变,但有了针对性。这样的修改恰如其分,也是合理的。

[**译文**]箕子对待昏君(的方法很聪明),有利于这样做。

◎上六不明,晦。初登于天,后入于地。

晦指黑暗,天下一片黑暗。不明晦,君王不能做到公正、仁爱,天下就成了一片黑暗。初登于天,后入于地,与初九"明夷于飞,垂其翼"的含义是一致的,就像羿射十日一样,一旦你在天上为非作歹,终将被射落于地下。登,原意是举豆,引申为由低处到高处,说明原来就不是天上的神。入,物归其类,返还于地下。

[**译文**]王不能做到公正仁爱,天下就成了一片黑暗。起初你是由地下上了天,终将会再回到地下来。

卦结:

"明夷"言君王傲慢暴虐,上六言商王"初登于天,后入于地",只有文王敢用此革命性的语言。六四写比干,六五写箕子,且将箕子之思想置于比干之上,应是周公手笔。之所以如此推断,因为明夷卦是个特例,六十四卦唯有此卦五爻独处反位,为臣正君反,文王意欲推翻商王暴政,在"明夷"大主题下,卦爻辞肯定言辞激烈。周王位坐大统后,其中的一些革命言论会对周王朝的统治形成冲击,周公没有教条地遵循文王的革命理论,而是根据朝代更迭的现实大胆作了改动,是完全有可能的。而且将比干、箕子写入爻辞中,等于限定了时代范围,用忠臣的事例起到教育后人的目的。

初九指下层人,出现日中见乌的天象,会受到主人的责罚;六二指朝中大臣,会受到君王的迫害;九三指战争,此天象预示着可以剿灭敌国的首领;六四写比干,受到纣王的残害;六五写箕子,善于应对昏君;上六写君如不明,终将从天上再掉回到地下来。

三十二、家人卦、睽卦

䷤ 家人卦

卦辞注释：

◎家人，利女贞。

卦象五爻皆位正，唯上九以阳爻居阴位，为指事爻，有家长居高临下、威严治家之象。二阴爻为主动爻，静居家中。从初爻至五爻都居正位，表示在上九家长的治理下，家庭秩序井然。家人，动词，作为家长就应这样管理家人。贞，代指前面所言的家庭秩序。利女贞，二阴爻为主动爻，有利于用这种家庭管理方式管教女人。走出家庭是男人的事，在家庭中，女人的作用是很大的，所以写利女贞。

此"家"可以指家庭，也可以指家族。家庭是社会的最小单元，是社会活动的基础，家庭秩序稳定了，社会秩序才相对稳定。如果个人成为社会的最小单元，标志着社会基础发生了重大的变革，原有的文化体系和道德价值观也就随之瓦解。这是当今社会的一个哲学命题，应当引起重视。

[**译文**]家长要把家人管理得秩序井然。有利于这样管理家中女子。

象辞注释：

◎象曰：风自火出，家人。君子以言有物而行有恒。

王弼注："君子以言必有物而口无择言，行必有恒而身无择行。”孔颖达疏：“物，事也。言必有事，即口无择言；行必有常，即身无择行。”物训为事，恒训为常。此解不符合字的原义。言，指家长的严厉之言。物，财物，富有之义。言有物，家长在家庭中用严厉的语气说话才使得家中有物。行，指家长的行为。恒，见《恒》卦，指帮助别人，做善事。行有恒，家中富有了，要多做些救济困难者的行为。而，连词，表示前后两个词组的相承关系。

[译文]家长说话有威严，家中才会富有。富有的家庭要多帮助生活困难的人。

爻辞注释：

◎初九闲有家，悔亡。

闲，《说文》：“阑也。”俞琰：“防也。”旧时的大院之门外都加一个横板以做防护之用，此“闲”大概指这个防板。“闲”比喻为家里家外的界限。有，名词词头。有家，指家庭中的人。闲有家，家中老少之间、主奴之间、男女之间要有严格的尊卑界限，才能算得上是一个良好的家庭。因为初九为下人，喜动，如果没有严格的礼教，就没法约束下人的行为。

[译文]家庭成员要有尊卑界限，令人悔恨的事都会消亡的。

◎六二无攸遂，在中馈，贞吉。

攸，所。遂，亡。无攸遂，没有人逃往别处。馈，《说文》：“饷也。”《周礼·天官·膳夫》：“凡王之馈，食用六谷，膳用六牲。”郑玄注：“进物于尊者曰馈。”馈表示进食于人。六二从静，主妇应善于持家，保证膳食供应，勿使家中之人逃亡于外。这是对家庭的基本要求。

[译文]要做到家中没有人逃往别处，保证家中的食物供应。这样做吉。

◎九三家人嗃嗃,悔,厉,吉。妇子嘻嘻,终吝。

家人嗃嗃,对家人高声训斥。根据严厉的程度,会产生悔、厉、吉三种结局。九三性情急躁,容易用粗暴的态度对待家人。只有掌握好分寸,才会有最好的结局。

[译文]家长整天高声训斥家人,有悔恨,也有危险,还是吉祥的。如果任由家中的妇女和孩子嘻嘻哈哈,没有大小之分,最终会让人耻笑。

◎六四富家,大吉。

六四在上卦,安静守分,是上层有钱财的家庭。大吉,指在朝中为官的家长吉祥。

[译文]富有的家族,大人吉祥。

◎九五王假有家,勿恤,吉。

假,《广雅·释诂二》:"借也。"有,名词词头。有家,指王的家。王假有家,王要借用这种治家的方式来管好自己的家。夏有妺喜,商有妲己,都是妇人乱国的例子。周武王在《泰誓》中曾指责商纣王"作奇技淫巧以悦妇人"。如果王的家不成其为家,国也就不成其为国。

爻辞从家庭管理的角度延伸到国家管理,指出君王对家庭秩序的管理是很重要的,国家的腐烂往往是先从家庭开始的。

[译文]王应当用这种治家的方式管好自己的家,不要有什么顾虑,吉。

◎上九有孚威如,终吉。

有孚,处在上爻的宗庙之位,是可以继承家业的长子。威如,动爻居此位是有所作为,言行举止一副威严的样子。终吉,指将来能够胜任大业。

[译文]长子的言行举止很威严,最终吉祥。

卦结:

先有家庭,后有国家。先有家族的管理模式,后有国家机器的管理机构。文王借此卦谈作为社会基本单位的家庭秩序的重要意义。初九是说要有主奴界限;六二管理好家庭才能丰衣足食;九三管理家人要从严;六四家庭富有大人才吉祥;九五王应管理好自己的家人;上九家中长子也应保持威严。

䷥ 睽卦

[卦象解]

《系辞下》:"弦木为弧,剡木为矢,弧矢之利,以威天下,盖取诸《睽》。"《说文》:"弧,木弓也。"《集注》:"弦木使曲,剡木使锐。"《系辞下》所言意在纪念弓矢的发明使上古君王得以实现威服天下的愿望。弓矢是在夏朝以前发明的。传说夏朝的羿擅长射箭。《山海经·海内经》:"帝俊赐羿彤弓素矰,以扶下国。"《淮南子·修务篇》:"羿左臂修而善射。"《楚辞·天问》王逸注:"羿仰射十日,中其九日。"如此看,这句话传自夏朝也不为早。"弧矢之利,以威天下"包含弧矢和天下两个方面,从卦象分析,二爻至上爻都为反爻,泛指我欲改变的"天下"。初九为最里一爻,是动爻,也是唯一的正爻,由里至于外,可以远距离制伏敌人的利器就是弓矢,这应该是《睽》的取象。《周易》本卦的上九爻辞"先张之弧,后说之弧"仍然保留着"弧"的旧说,但是没写"矢"字。

本卦初九阳爻居阳位，独正，为指事爻，余爻皆反位。卦义起于初九。

卦辞注释：

◎睽，小事吉。

(1)从爻位的正反看，上面五爻皆位反，唯有初九位正，位正即为正确。从爻位看，初九居位最下，按照奴隶主贵族的思想，属于没有文化知识的群体，理应见识低下。这样，卦象就出现了初九的“位正”与“位下”的矛盾，称其为矛盾，是因为作者难以接受。爻辞为了解决这个矛盾，巧妙地把这种卦象描写成初九的主观想象，把初九下层人认识现实世界的所谓“正确”观点描写成被主观扭曲了的，完全与客观现实相违背的。卦辞写“睽”即为描述这种错误的又自以为是的世界观所带来的可笑、可悲的后果。

(2)从字义看，睽为形声字，目癸结构。癸是十天干的最末一位，取义于初九最下一位的卦象。以天干的十位比喻人的十等。目是眼睛，表示看问题。“睽”就是指最下等人看问题。在上等人看来，最下等人的世界观肯定是错误的。总之，“睽”就是错误的世界观。由此也可见，“睽”字应该是创造于广泛使用天干地支记日之后。小事吉，小事指家庭的日常事务，是下等人的职责。

《释文》解睽字：“《序卦》云‘乘也’。《杂卦》云‘外也’。《说文》云‘目不相视也’。”又《玉篇·目部》：“睽，目少精也。”均属误解。

[**译文**]有些人往往用错误的世界观来看待现实问题，这类人做小事吉。

象辞注释：

◎象曰：上火下泽，睽。君子以同而异。

异，《说文》："分也。"段玉裁注："异，分之则有彼此之异。"《玉篇》："异，殊也。"异指不同。同是指同一个事物，异是指不同的看法。象辞认为站在不同的角度看待同一个问题，会得出不同的结论。这都是很正常的，不必去强求一致。

[**译文**]君子用不同的观点看待同一个事物，就会得出不同的结论。

爻辞注释：

◎初九悔亡。丧马勿逐，自复。见恶人无咎。

"丧马勿逐，自复。"马匹跑了，按常理讲，就会让别人牵到自己家里去，而马是不会自己回来的，所以"勿逐自复"的想法是错误的。《正义》："马之为物，难可隐藏，时或失之不相容隐，不须寻求，势必自复，故曰'丧马勿逐，自复'。"此将初九不切实际的幻想进行正面解释，实际上正是爻辞所嘲笑的观点。恶人，坏人。见恶人无咎，初九认为自己很聪明，见到恶人自己也不会出什么差错，其实，初九是见识浅薄、没有辨别是非能力的人，近朱者赤，近墨者黑，跟着坏人肯定会学坏，所以"无咎"的想法也是错误的。悔亡，写在句子的最前面，是没有发生任何事情前的想法，是用"睽"的思想从心理上自己宽慰自己：我的想法都是对的，没有什么可后悔的。

从初九开始，爻辞就进入了一个怪圈，它体现在两个方面：一是当事者自认为聪明，把什么都看透了，其实他看到的都是反面，是错误的思维。二是当事者因果关系错乱。凡事总有个因果，这是人类最基本的认识论概念，但他把自己想象的客观现实不存在的现象当作因，并推理出可笑的果，非常值得深思。即便在当下，这也是常见的存在于各个角落的一种社会思维现象。

[译文]处在社会底层，什么烦恼都没有。马匹跑了，不用去追赶，它自己就会回来。见到坏人也不会跟他学坏的。

◎九二遇主于巷，无咎。

九二居内卦之中，为家中主人，但爻辞是从奴仆的角度来写的，句子的主语应是奴仆。巷，胡同。从字义上理解，好像是说由于胡同窄小，家中的奴仆遇见主人只要避一下就可以了，不必行大礼。由于爻辞意在写初九的思想，可能即使是不在巷中，遇到主人也不去行礼，他以为这样做没有错。其实按照这种思想就会打乱阶级界限，导致尊卑不明，是不被奴隶主接受的。

[译文]家中的奴仆遇见主人，就像是在巷子中遇见时那样不必去行礼，没有错。

◎六三见舆曳其牛，掣其人，天且劓，无初有终。

本文以为，这段爻辞的读法应是前句复迭后句，是一种暗藏的"顶真"格句式。顶真格又称"连珠""连环""蝉联"。用前一句的结尾来做后一句的起头，使邻接的句子头尾蝉联，上递下接。(见张涤华等主编《汉语语法修辞词典》，安徽教育出版社 1988 年版，第 100 页)例如《诗经·国风·江有汜》：

江有汜，之子归，<u>不我以</u>。<u>不我以</u>，其后也悔。
江有渚，之子归，<u>不我与</u>。<u>不我与</u>，其后也处。
江有沱，之子归，<u>不我过</u>。<u>不我过</u>，其啸也歌。

"不我以""不我过"是明写的复叠句，是诗歌特有的修辞方法。而九三爻辞则是暗藏的顶真格读法，笔者分析应该这样读：六三见舆曳其牛，其牛掣其人，其人天且劓，天且劓无初有终。这样看起来，就像是电影胶片倒转着放映：车拉着牛，牛掣着人，这人受了天和劓的刑法，受了刑法就是初年不好晚年好。很明显，这种看法是完全违反现实的，可笑的。三爻是武士位，六三可以看作是被俘获的战俘，由战俘变成了下层社会的奴隶。天且劓无初有终，虞翻曰："黥额为天。"劓，削去鼻子的刑法。无初，没有好的初年。有终，有好的晚年。从面相学上讲，额主人之初年，鼻主人之中年，颐颔主人之晚年。爻辞所写认为这个人在额上鼻上受了刑，就说明没有好的初年和中年，而有好的晚年。其实，如果这个人在中年受了刑，晚年只能在羞辱、困顿中了此一生，反而不如初年。这也是一种颠倒了的理论。

[译文]他看到车厢拽着牛，牛挟制着人，这人额上和鼻子上受了刑，额和鼻受了刑说明没有好的初年，而有好的晚年。

◎九四睽孤，遇元夫，交孚。厉，无咎。

孤，《说文》："无父也。"睽孤，看问题像没有教养的孤儿。夫，成年男子。元夫，最了不起的男子，指九四。孚，小孩子。交，结交。交孚，做了"元夫"的义子。九四出内至外，比喻孤儿来到了外面的世界。这个孤儿没见过世面，看见一个男子就认为他最了不起，因而做了他的干儿子。"交孚"是说他自愿地做人家的孩子。"元夫"也是比较夸张的说法，说明无知的人到了外面世界是很容易被别人的表面所蒙蔽。爻辞意在讽刺那些孤陋寡闻、盲目崇拜别人的人。

[译文]一个无知的孤儿走出去是怎样看世界呢？他遇到一个男子就认为这个男子很了不起，自愿地做了人家的干儿子。这样做虽然有点危险，也没有错。

◎六五悔亡。厥宗噬肤，往何咎？

厥，《尔雅·释言》："其也。"用作代词。宗，《正义》："主也。"

厥宗，自己宗族中的宗子。肤（膚），从字的构造看，是虎胃结构，虎乃食肉动物，与肉有关，这里指有钱财、有权势的人（见《剥》卦六四爻）。厥宗噬肤，自己宗族的宗子中，谁富有就去吃谁家。悔亡，六五是富贵的宗子，初九到了宗子家，什么悔恨都消失了，他认为理所当然地到有权势的亲戚家吃饭。其实，一个人不依靠个人奋斗去获得财富，反而心安理得地去沾亲戚的光，怎么能没有咎呢？

［译文］来到宗子家中，悔恨都消失了。在同一个宗族中，就应该吃有钱财的人家，前往又有什么错呢？

◎上九睽孤，见豕负涂，载鬼一车。先张之弧，后说之弧。匪寇婚媾。往，遇雨则吉。

涂，《广雅·释诂三》："泥也。"清郑珍《说文新附考》："凡以物传物皆曰涂，俗以泥涂字加土，作塗。"涂（塗），指身上沾满泥土。负，《说文》："恃也，从人守贝，有所恃也。"其字贝在人下，原义应是指人随身携带的贵重物品。如果只解释"豕负涂"，就是猪在炫耀满身很值钱的泥巴。如果解释"见豕负涂"，意思就成了初九没有认为猪很值钱，反而认为猪身上带着的泥巴很值钱。载鬼一车，在《周易》中，"车"都是指身份极为高贵的人乘坐的。达官贵人家里举行婚礼的仪式很隆重，迎亲的人装束很奇特，初九没见过如此场面，大概只见过乡村中祭祀鬼神的场面，因而错把这些精心装扮的人当作鬼神。

弧，弓。《系辞下》："弦木为弧，剡木为矢，弧矢之利，以威天下，盖取诸《睽》。"这句话大概是《周易》以前的《睽》卦卦辞。但爻辞只写弧，并不包括矢，所包含的意义是不同的。张之弧，只写弧而未写矢，大概是一种祭祀舞蹈中的拉弓动作，回应那些"鬼"。意思是用弓箭射跑恶鬼，而并非真用箭射。说，通脱。先张之弧，后说之弧,九三误以为车上坐的是鬼,他就模仿祭祀中的动作,拿起弓来做出拉弦的姿势,当看清楚是人时,就丢掉了手中的弓。匪寇婚媾,是外族来迎亲的队伍。但这个“寇”字不好解,因为前面写的是见了鬼,才“张之弧”,而不是因为寇的缘故。也可能这四个字是外族来迎亲的固定句式,表示与主人公不相识,而没有其他特殊含义。

遇雨则吉,这是爻辞的最后一句话,意思是前面各爻所说的都是反话,说明初九是个神志不清的人,如果遇到下雨,让雨水淋一下,他就清醒了。

[译文]一个无知的孤儿是怎样看世界呢?他看见猪身上沾满很值钱的泥巴;看到大车上坐着一些鬼,他拉开了弓,又丢掉了弓,原来这是外族来迎亲的队伍。这样的人如果出去做事,让雨淋一下,头脑清醒了才吉。

卦结:

一般来讲,地位的高度决定观念的高度,群体的高度决定个体的高度,周文王正是从这个角度谈某类人世界观的局限性。一个处在社会底层的人,或长期从事某一项工作的人,很难全面地看问题,就像一个劳模参与制定国策,只是占个名额而已。可悲的是当初九空白的脑子被灌输进某种思想观念时,他便固执地认为自己是很正确的,往往由此产生严重的后果。《睽》卦体现出的思想是很深刻的。

睽是指错误的而自以为是的观点,爻辞则是对社会现象进行反思维的夸张描写。初九讽刺无知的小子;九二描写无礼的家奴;六三反述赶牛车的刑人;九四描写没见过世面的孤儿;六五描写蚕食宗亲的懒惰之人;上九描写因对上流社会的无知而造成的误解。

三十三、困卦、井卦

䷮困卦

卦辞注释：

◎困亨，贞大人吉，无咎。有言不信。

本卦由《未济》的五爻、上爻变化而来。(1)三阴爻围在三阳爻之外，表示君子的外在环境艰难困顿；(2)阳爻居于上下卦的中位，表示守中不变。

《集解》引荀爽曰："谓二、五为阴所掩也。"《彖传》："困，刚掩也。"《释文》："困，穷也，穷悴掩蔽之义。"皆取阳爻被阴爻所困之义。笔者认为，前文对卦象的分析是对的，但对"困"字的解释似乎未合本义。《说文》："困，故庐也，从木在囗中。"指故乡的家居，用为动词，回到故乡的住所。《遁》指逃，是小人的行为，《困》指退，是大人的行为。大人被小人所围困，应退位回到故里，待时而动。如果知进而不知退，灾难临头尚不知退身保全，则有凶灾。困亨，加主语，谓语主动，我们被小人陷害时，要主动辞官回乡，以躲避灾难。

大人，达到领主身份的人方可称为大人。贞大人吉，这样做对于大人来说吉。反过来说，君子这样做则不值得提倡，因为君子以忠君为本，如果君子仅仅受到小人的围攻就弃君而去，会被视为不忠。无咎，这样做没有错。

有，名词词头。有言，不是指说话，是指所说的话。有言不信，他所说的话不可信。《周礼·秋官·司寇》："禁暴民，掌禁庶民之乱暴力正者，挢诬犯禁者，作言语而不信者，以告而诛之。”不信就是不信之言，说谎话的意思。困指归隐，是明哲保身之术，既然有了归隐之心，就不会直言以告，袒露自己的心迹。

《正义》：“困者，穷厄委顿之名，道穷力竭不能自济故名为困。”此处所解之“困”为被动之义。又曰：“亨者，卦德也。小人遭困则穷斯滥矣，君子遇之则不改其操，君子处困而不失自通之道，故曰困亨。”这是古人最擅长的文字游戏。既然困为穷厄委顿，又何来“亨”之说？“君子遇之则不改其操”，这句话又是从何而来？解《易》者切不可无中生有。

[译文] 我们被小人陷害时，要辞官回乡方是明智之举。这样做大人吉，没有错。不要解释什么，你说的话没人相信。

象辞注释：

◎象曰：泽无水，困。君子以致命遂志。

命，使命。致，送达，完成。致命，完成使命。遂，《说文》：“亡也。”遂志，失去了自己的理想。写君子身处小人重重围困的情况下，不惜牺牲自己的名誉和地位来实现使命。此种品行，无疑是一种英雄壮举。

[译文] 君子处在极端困难的处境时，为了完成使命，宁肯失去自己的名誉和地位。

爻辞注释：

◎初六臀困于株木。入于幽谷，三岁不觌。

臀困，坐在所隐居的家中。臀表示坐而勿动。于，介词。各爻之“于”皆为介词。《说文》：“株，木根也。”徐锴系传：“入土曰根，在土上者曰株。”株木，树与树之间根部相连，指森林茂密之处。臀困于株木，是指将房子建造在山林中。初六静爻居下位，退隐于人迹罕至的树林中。

入,进入。幽谷,昏暗的山谷。不觌,不相见。三年,较短的时间概念,表示临时这样做。株木、幽谷都体现了退隐者与世隔绝或不为世人所理解的境况。初六为最下,经过一场政治斗争又打回了原位,自己藏在别人找不到的地方,很久缓不过劲来。

[**译文**]静坐在家中,将房子建造在山林里,进入到昏暗的山谷中,三年也不与外界之人相见。

◎九二困于酒食,朱绂方来。利用享祀。征凶,无咎。

初六爻辞可以看作是"士"的所为,而九二居内中之位,属于家、族的主人,可以看作是封邑之君。酒食,沉湎于酒食,外示其弱。方,方国。商周时代对少数部族的称呼。绂,孔颖达疏:"绂,祭服也。"(《正义》)朱绂,朱红色的祭服,与九五"赤绂"相比,级别显然要低一些,大概是方国国君穿的祭服,暗指方国国君。朱绂方来,从方国之君那里回来,辞官回乡之意。享祀,用祭品祭祀自己家族的祖先,以增加家族的凝聚力,以图东山再起。

征,上伐下。前句写从上级那里被排挤回来,如果起兵报复则不为征,故征凶与前句没有关联。征凶,从内外卦的角度讲,内卦只九二一阳,力弱;外卦二阳,势强于内,外征必凶。无咎,肯定征凶的说法,不会有错。

从句子含义看,"朱绂方来"行在先,"于酒食"应该意在后,不在其位,不谋其政,我既然受到排挤,辞官回家,就干脆贪图酒食之乐。其实这是给人一种假象。"利用享祀",暗地里忙于培植宗族势力,加强部族的凝聚力,寄希望于东山再起。

[**译文**]辞去官职,从方国首领那里回来,只享受酒食之乐(,不需再关心政事)。有利于用享祀祖先(来加强家族的力量)。

出师征讨敌人有凶，不会有错。

◎六三困，于石据，于蒺藜。入于其宫，不见其妻，凶。

“于石据，于蒺藜”是个并列句子，是自己主动所为。六三是贫寒之士，静居动位，被小人所迫，回到家里不再出来。于，介词。据，《说文》：“据，杖持也。”于石据，用石头挡住进出的道路；于蒺藜，将蒺藜放在屋门口。以此表示自己不再出仕的决心，也不欢迎他人进来。

宫，内室。不见其妻，妻子不堪忍受清贫，弃之而去，退隐受到了家庭内部的压力。凶，是指六三作为武士爻，稍有挫折便闭门不出，这种做法过于极端，行事极端则必有凶灾。

[**译文**]隐居起来，用石头挡住道路，用蒺藜挡住门口，不让他人进来。进入到内室中，却不见了妻子，有凶。

◎九四来徐徐，困于金车，吝，有终。

金车，以铜做饰物的车子，表示贵重。一是指九四近五，是身份高贵之人；二是指九四居外近内，尚在回来的路上。来徐徐，回来时走得很慢，表示不情愿舍弃高官厚禄，退隐的思想并不坚决。吝，指九四本是落魄之人，却还坐着“金车”炫耀自己的身份。有终，虽然不情愿地回来，但只有这样才能保护自己。

[**译文**]坐着豪华的车子，极不情愿地行进在回家的路上，这样会受到人们的嘲笑。回到家乡最终还是吉祥的。

◎九五劓刖。困于赤绂。乃徐有说，利用祭祀。

九五高于九二，九二写“朱绂”，九五写“赤绂”，应是商王穿的祭服。被劓刖者可理解为商王朝中的大臣。劓刖，受到削去鼻子，剔去膝盖骨的酷刑。乃，副词，只有。乃徐有说，只有慢慢地寻找时机再表达自己的思想。祭祀，应该是祭祀商王祖先。用祭祀，通过祭祀，表明自己的忠心。

[译文]受到了削鼻和剜膝盖的酷刑，从王那里回到自己家乡。只有慢慢地等待机会来表白自己的观点，有利于祭祀祖先神祇。

◎上六困，于葛藟，于臲卼，曰："动悔，有悔。"征吉。

葛藟，石壁上生长的葛藤。臲卼，《正义》曰："动摆不安之貌。"指危险的境地。抓着高山石壁上的藤子，一不小心就会掉下去，所以说动则有悔，是真正要有悔；不动也有悔，是心理上的恐惧。上六从老，换了一个角度，形容老臣处在王的周围，越老越是胆小，总是觉得处于伴君如伴虎的危险境地。比干是商纣王的叔父，却因直谏遭到剖腹挖心的厄运，何况其他人呢。征吉，有此身份，征讨敌国则吉，出外征战，意味着离开了是非之地。

[译文]辞官回家，是因为老是觉得如同抓着山崖的葛藤，处于惊恐不安之中。总结说："一做事情就会悔恨，悔恨呀！"还是出去征战吉祥。

卦结：

困是指在受到小人迫害时，应退隐回家以躲避灾难。初六哪里来哪里去，不再出仕了；九二回到家族中，表面上享受酒食之乐，暗地里积聚能量；六三思想受到打击，回家后拒人于千里之外；九四是辞官回家却依旧贪恋失去的权力；九五是朝中大臣受到王的刑法；上六讲伴君如伴虎的心情。

䷯ 井卦

卦辞注释：

◎井，改邑不改井，无丧无得，往来井井。汔至亦未繘，井羸，其瓶凶。

本卦由《既济》卦的初爻、二爻变化而来。八卦☵为水，本卦上为水，下为大水，如同井水一样，故卦爻辞主要围绕着井水展开来讲人生的处世哲学，一些表面上看似平常的问题，可能蕴藏着很深刻的社会问题。

井，出水之处。动态字，要像井水一样为民造福。改邑，村邑整体搬迁。改邑不改井，村邑可以改迁，但井不能迁走，既然迁不走，也不要填埋它。无丧，既然井无法搬走，也不存在损失。无得，是指过路之人或者后续搬来之人用其井水也算不得有所得。往来井井，走的人和来的人都在打这个井的水，不存在着谁沾光谁吃亏的问题。前一个"井"是名词动用，指打井水；后面的是名词，指井水。"改邑不改井，无丧无得，往来井井"指出了做人的准则：自己方便，与人方便；不利己，也不利人的事不要做。

后面的句子说的是，走的人留下的是水源枯竭的井，来的人不自己打井，却继续使用这口井。亦，《说文》："人之臂也。"徐灏注笺："即古腋字。"指人的胳膊到腋窝，后来写作"腋"。汔，干涸。至，向下。汔至亦，因为井水枯竭，打水时将腋窝卡到了井沿上。繘，井绳。未，象形字，指末梢。未繘，井绳的最上头。亦未繘，将胳膊伸到井口里面抓住井绳的上头。"亦"上承"汔至"，下接"未繘"，一字两用，可以理解成"汔至亦""亦未繘"。羸，《说文》："瘦也。"井羸，形容井窄细。其瓶凶，在窄细的井里打水，打水的瓦罐是很危险的。这是批评只知享受不去作为的思想。

从社会意义讲,以井水比喻王道。井水是为民造福的,王道亦是为民造福的,井水丰盈清洌如同王道政清民和,井羸就是王道昏庸暴虐;井汔即为民生困绝。反过来说,井里都没水了,你看不透形势,还把胳膊伸到井里去索取,难怪会把自己的瓦罐打破。故"井"字语词简单,折射甚广。

[译文]要像井水一样为民造福。村邑能够拆迁搬走,但井是不能搬迁的。其实拆迁走的人没有损失什么,后来到这里来的人也没有得到什么,走的和来的都在食用共同的井水。井水都干涸了,还将胳膊伸进井里抓着绳头打水,但井下面太窄细,瓦罐会被打破的。

象辞注释:

◎象曰:木上有水,井。君子以劳民劝相。

劝,《说文》作"勉也",勉励。相,辅助。

[译文]君子要用"无丧无得"的道理教育民众劳动至上,鼓励他们互相帮助。

爻辞注释:

◎初六井泥不食,旧井无禽。

初六静而最下,有井底之象。泥,井水干涸的只有井泥。不食,不能食用。禽,《程传》解为"禽鸟"。《说文》:"禽,走兽总名。"应以"走兽"解之。《师》六五"田有禽,利执言";《比》九五"显比。王用三驱,失前禽,邑人不诫,吉";《恒》九四"田无禽"。这三个"禽"也都是指陆地上的野兽,而不能解为鸟类动物。此禽也依前例,解为兽类动物。旧井无禽,水源枯竭的井,连野兽都不来。按照这样的字义理解,这种井应该是由天然坑穴形成的浅井，平时水量充足的时候，野兽也会到此来饮水。逢干旱时节，只有泥水，连野兽都不来饮了。其实，既然有泥，说明就有水源，再往下挖挖照样有水喝，遗憾的是这些人不去克服困难解决问题，而是坐等上天赐水。这是批评那些自私自利的人。

[**译文**]井中的泥水无法食用。这样的枯井野兽都不会光临。

◎九二井谷射鲋，瓮敝漏。

谷，《周易折中》案曰："井谷者，井中出水之穴窍也。"指井口。鲋，《释文》："《子夏传》谓'虾蟆'。"宋郑刚中《周易窥馀》："鲋，蛙之属。"就是蛤蟆。井谷射鲋，在井口用弓箭射蛤蟆。瓮，盛水用的瓦缸。敝，《玉篇·𢼸部》："敝，坏也。"应解为动词，使之坏。瓮敝漏，将盛水的瓮打坏而致漏。九二动居于中，是井中有动物。爻辞讲的是，蛤蟆在井中，似为不洁之物，故射杀之。其实蛤蟆具有生态环保的作用，射杀蛤蟆，好像是为了保持井水清洁，结果却使水质变坏而无法饮用，这样做与打漏盛水的瓮没有什么两样。

"谷射鲋"和"瓮敝漏"是两个并列句，中间省略了"如同"，即"谷射鲋"如同"瓮敝漏"一样。更深层的理解：把一个人的缺点都消灭了，他也就没有了可用之处。

[**译文**]在井口用弓箭射蛤蟆，就如同将盛水的瓮打漏一样。

◎九三井渫不食，为我心恻。"可用汲"，王明，并受其福。

九三动爻，居下卦之上，井水自下而上地涨了上来。《广韵·薛韵》："渫，治井。亦除去。"《集解》引荀爽曰："渫，去秽浊，清洁之意也。"除去井中的污泥。井渫，井水涨了上来，看不见污泥了。恻，《说文》："痛也。"井渫不食，为我心恻，井水涨了上来却不能食用，使我感到很悲伤。井水不能食用，显然是被王据为已有。

王明，君王泽被四海之意。指王应当给人民带来光明和幸福，而不是带来黑暗和困苦。并受其福，是指两方面都有福，吃上水的人有福，王也会为此而有福。这句话写井水是虚，写王政是实，"可用汲"的意思是讲老百姓与王一样，都有权利享用大自然所赐予的万物，王不应把天下财富都据为己有。

[译文] 井水涨了上来，却不能去食用，为此我心里感到很悲痛。"可以打水吃"，但愿王能够给人民带来光明和幸福，吃到水的人有了福，王也会因此而有福。

◎六四井甃，无咎。

甃，《集解》引虞翻曰："以瓦甓垒井称甃。"指用烧制的砖砌井壁。用砖砌井壁才会保证好的水质。六四从静，为不动之物，如同井甃，起着保护井水的作用。从社会意义讲，四爻近九五，又如同朝中大臣，朝廷大臣应像井甃一样，去帮助君王治理天下，而不是使君王变得昏庸。

[译文] 用砖砌的井壁，没有错。

◎九五井洌寒泉，食。

洌，《集解》引崔憬曰："清洁也。"洌寒泉，清洁凉爽的井水像泉水一样上涌。句子中的"食"写在最后，意在别人食，而不是君王食。九五为尊，君王应当用至高的权威为民造福，使民众感受到君王的福泽。

[译文] 井水清洁凉爽，像泉水一样上涌，可以食用。

◎上六井收勿幕，有孚元吉。

《集解》引虞翻曰："幕，盖也。收，谓以辘轳收繘也。"将井口盖上为幕。收勿幕，打完水以后，不要将井口盖上，意思是也应当允许别人来打水。有孚，处在上六之位，是能够继承家业的长子。元，国家。有孚元吉，给继承者交出一个安定的国家。这句话反映了因果报应思想，做好事必将有好报，你现在做了好事，别人就会感念你，后代子孙也会受到阴德的佑护。

[译文]井水打完了不要盖上，（这样做）将来长子继位了会得到一个安定吉祥的国家。

卦结：

《井》卦讲的是井水，亦讲民心百态和王政得失。初六井里没水了，自私的人宁肯不喝也不再去深挖；九二井中青蛙就像人的缺点，有弊也有利；九三充沛的井水应该大家共享；六四好的井壁如同朝纲，护卫着君王的清正；九五圣明的君王会把好的井水让所有的人饮用；上六不独自享用井水，会荫福后代。

三十四、涣卦、节卦

䷺ 涣卦

[卦象解]

由《未济》卦的四爻、五爻变化而来，阴阳各半，九五居上卦之中，九二居下卦之中，上下之间各自为政，互不统领。

《系辞下》："刳木为舟，剡木为楫，舟楫之利以济不通，致远以利天下，盖取诸《涣》。"句子描写了上古之民发明"舟楫"，通过行水路，实现了穿越高山险阻而致远的梦想。"舟楫"和"服牛乘马"的发明，实现了水路两途进行远程旅行和运输，沟通了人与人、部族与部族之间的联系，促进了原始文明的交流和发展，具有重大的历史意义。《周易集解》引《九家易》曰："木在水上，流行若风，舟楫之象也。"此用八卦卦象解释"舟楫"之辞。笔者认为，《系辞》所写《涣》卦，应该是《周易》以前的筮卦卦辞，意在纪念原始人类如何利用舟楫实现远程的交流和沟通，其《涣》卦的取象与《周易》不同：(1)内卦为水，重在讲水路；(2)九二为内卦之主，九五为外卦之主，外卦二阳与内卦之主相距极远，但又为同类，有呼应之象，故有"舟楫"之辞。《系辞下》所言筮辞为致远以聚，与生产力的发展有关；《周易》《涣》卦所言为由聚而散，与政治斗争有关。二者卦义不同。

卦辞注释：

◎涣亨。王假有庙。利涉大川，利贞。

涣，《杂卦》："离也。"由聚而离散为涣。根据卦象显示的九五与九二各居其中，互不服从，有离散之象，就像商王朝岌岌可危的政权，那就让他离散吧。涣亨，加主语，我们要加快这种涣散的速度才能达到好的效果。《三国演义》篇首辞："天下大势，合久必分，分久必合。"合分、分合原是社会矛盾发展变化的最终结果，而卦辞言"涣亨"则是周文王针对本卦象提出来的一种理论，目的在于加剧这种社会矛盾的发展，以达到推翻商王朝的统治。

假，《广雅·释诂二》："借也。"王，商王，指商汤。王假有庙，指出商汤是在夏桀朝政危机、天下涣散的时候，借自己宗族势力发展起来的。《中庸》："郊社之礼，所以事上帝也，宗庙之礼，所以祀乎其先也。"祭祀宗庙有利于增强宗族内的凝聚力，提高自己的权威。文王举此例意在表示自己也应像商汤一样，借商纣失政、天下涣散的时机建立自己的大宗庙，俟成为天下之主。《萃》"王假有庙”与此大同小异。利涉大川,指要走出去,这是自己扩展势力的极好机会。

[译文]我们要加速商政权的瓦解,才能实现我们的兴起。商汤就是在夏政权涣散的时候,借自己的宗庙力量而为天下之主。有利于渡过大河。有利于这样做。

象辞注释:

◎象曰:风行水上,涣。先王以享于帝,立庙。

本卦辞讲摧毁旧王朝,具有单一性、破坏性,象辞无法选择有益的方面进行诠释,故只可选取“涣”的一个环节——享于帝,言我们要沿袭先王确定的享祀规格对先帝进行祭祀。根据史料看,此帝应该是后稷。《世本·王侯大夫谱》:“帝喾元妃有邰氏之女曰姜嫄,是生后稷;次妃有娀氏之女曰简狄,而生契。”讲帝喾的元妃生了后稷,即周的祖先;次妃生了契,即商的祖先。商王有着高贵的身世,周的祖先的身世比他还要高贵。它的意义在于说明天子的宝座原本就不应当由商王一家来坐。出于这种思想,所以象辞才讲:“先王以享于帝,立庙。”指周文王把后稷作为自己的祖先来享祀,并重新修建了祖庙。文王虽然没有亲手能够掀翻商纣王的天子宝座,却在理论宣传上做了极为充分的准备工作,这段象辞可以看作是周公对周文王的一种纪念,也规范了后世周王祭祀祖先的礼制。

[译文]先王将后稷作为自己的先帝来享祀,并重新建立了祖庙。

爻辞注释:

◎初六用拯,马壮吉。

《释文》:“拯,拯救之拯。”初六是被商王贬斥为奴的朝官,要拯救自己,必须逃离此地,故言"马壮吉"。从周国的角度讲,涣散的主体是商王朝,初六居内卦之里,即是商的内部,由内跑向外,体现了"涣"的主题思想。《明夷》:"六二明夷,夷于左股。用拯,马壮吉。"是说君王残暴,应乘坐马车离开他,也是由内跑向外,意思基本一样。

"用拯"者有两个主体:一个是商王的臣属往外跑,是自己拯救自己;一个是周国要给受迫害的商臣提供便利条件,帮助他们逃离商国。周国招纳大商的贤才,也是加速商王朝迅速瓦解的方法之一。

[**译文**]要拯救陷于危险之地的自己,就必须乘坐健壮的马逃离出去才吉。

◎九二涣奔其机,悔亡。

机,《王弼注》:"承物者也。"机,通几,木制的矮桌,人休息时用它作为倚靠,比喻所依靠的人或国家。九二居内中,在涣散的时候,要逃奔到能够依靠的主人那里以躲避风险。这里一个关键的问题是如何才能让逃离者知道周国是他的归宿。爻辞只是提出一个标题,详细方案周国会根据这个思想具体拟定。

[**译文**]加速其内部涣散。要投奔到可依靠的人那里,悔恨就会消失了。

◎六三涣,其躬,无悔。

前贤多解"躬"为"自身",如《本义》曰:"志在济时,能散其私,以得无悔。"本解则认为是"恭敬"之义。六三在武力上为羸弱之象,应对别人谦恭逊让,方能在乱世中自保。从另一个角度讲,商王臣属有贤才,也有小人。六三为小人,对来投奔的小人,要让其老老实实,忠心不二方可用之。如果这样理解的话,无悔的主体应是接受方。

[译文]小人也逃离出来,要让他行为端正,恭恭敬敬,我们才不会后悔接纳了他。

◎六四涣,其群元吉。涣有丘,匪夷所思。

其,涣散的人。群,《说文》:“辈也。从羊,君声。”徐铉等注:“羊性好群,故从羊。”《国语·周语上》:“兽三为群,人三为众。”写“群”,是指人们出于本能地聚在一起。六四在外卦,又不居领导之位,是人们跑到外面,自动地聚集在一起。元,指我们的国家,能聚集群雄的国家。其群元吉,我们要让跑出来的人聚集到我们国家来吉。

丘,《说文》:“土之高也,非人所为也。”指人群团结得像山丘一样的结实紧密。涣有丘,由涣变成丘,即由涣散的个体变成团结的整体。有,名词词头,在这里兼用介词。夷,没有见识的人。《程传》:“夷,平常也。”匪夷所思,做到这一点不是一般思想所能实现的。爻辞的意思是我们要打破常规,用非凡的思想和领导艺术,让这些反商人士聚集到我们周围。

[译文]加速商的涣散,让这些出来的人聚集到我们国家来吉。而让这些反商的人团结到我们周围,不是一般的思想所能做到的。

◎九五涣汗,其大号涣。王居无咎。

汗,发汗。《本义》:“汗,谓如汗之出而不反也。”本文以为,汗乃形容涣,如同人从口里喝进成碗的水,出汗时,就化解成细微的水珠从毛孔中析出。大,大人。号,号令。在乱世中,大人所发出的号令,也会被涣散开来,见不到效果。作为王,此时应该是稳坐在家中,才不会有错。从句子中可以看出“汗”是专指九五之涣而言的,放在其他爻辞中就不适合了。

[译文]涣散就如同发汗,大人发出的命令被解析得没有了效力。此时王安居在家中才不会有错。

◎上九涣,其血去逖出,无咎。

上九为宗庙,身居高位的宗亲。血,通洫,沟洫,水都是通过沟洫流出墙外。血去,暗暗逃离。逖,王弼注:“远也。”血去逖出,像沟洫中流出去的水,暗地里逃离,跑得越远越好。周文王在这里暗示我们要想办法帮助有声望的商臣偷偷地逃离出去。

[译文]身居高位的宗亲逃散了,让他们像沟洫流出去的水一样,暗地里远远地逃走,没有错。

卦结:

从爻辞的解析可看出,对卦象包括爻位之象的理解是第一层;对卦辞、爻辞本义的理解是第二层;对卦爻辞暗含的未尽之言的理解是第三层。周文王真正要表达的思想是第三层内容。当然,我们不能没有根据地随意想象,必须要符合当时的历史环境和文王的政治、战略思想方为合理。

涣的静态义是商王朝渐趋分崩离析,动态义是推动、加速商王朝的分崩离析。同时从政治上要显示自己宗族的高贵血统,要强化自己宗族的力量,使自己掌握革命战争的领导权和号召力。初六要抓紧逃出去;九二要逃到值得依靠的地方;六三要让怀有异心的投靠者规规矩矩;六四让涣散的人自觉地聚集到我们周围,要有非凡的领导力;九五商王的号令已经不起作用;上九要促使高贵的宗亲暗暗地投奔我们。

䷻ 节卦

卦辞注释：

◎节亨。苦节，不可贞。

本卦由《既济》卦的二爻、三爻变化而来。卦中阴阳等量上升，阴阳相错，有竹节之象。竹子看似因节而断其长势，却正是由于其节才能够长得挺直坚硬。竹节也给人们一个提示，做事业应分步骤、有节律、有规划地进行，这应是“节”的内涵。节亨，加主语，我们应分步骤、有规划地做事情，才能实现最终目标。苦节，以节制为苦。贞，代指“苦节”的思想。不可贞，不可以这样去想。

[**译文**]我们要分步骤、有规划地做事情，才能最终实现目标。如果把这种节制看作是痛苦的事，则不可以这样去想。

卦象注释：

◎象曰：泽上有水，节。君子以制数度，议德行。

制，《说文》：“裁也。”制数度，设定数量的限度为裁判的标准。孔颖达曰：“数度谓尊卑礼命之多少；德行谓人才堪任之优劣。君子象节以制其礼数等差皆使有度。议人之德行，任用皆使得宜。”《周易折中》引郭雍曰：“制数度所以节于外，议德行所以节于内也。”

[**译文**]要制定具体的数量标准，来评价人们的思想和行为。

爻辞注释：

◎初九不出户庭，无咎。

《集注》：“门在外，户在内。”户，指居室之门。户庭，居室外的庭为小庭院。初九见识浅陋,又喜动,难以做到节制自己,故不宜到外面去。

[**译文**]见识浅陋之人只要不出自己居住的院子,就不会出错。

◎九二不出门庭,凶。

门,指大户人家的门或外院之门。门庭,大门和庭院。九二动居内中,宜出门在外,勿居家不动。“凶”字写得比较严重,如果是在遵守迂腐的礼节,该动而不动,该出而不出,必招凶灾。《小象》曰:“不出门庭,失时极也。”不识时务则招凶。

[**译文**]不走出门庭,有凶。

◎六三不节若,则嗟若,无咎。

六三为小人,不知道节制自己。若,做事的样子。两个“若”指同一件事情。则,《说文》:“等画物也,从刀从贝。贝,古之物货也。”原指货物价值相当,这里用作连词,假设相当的结果。

[**译文**]如果你不知节制地做事情,将来会嗟怨自己现在所做的事情,没有错。

◎六四安节亨。

六四在外从静,善于节制自己,做事容易成功。

◎九五甘节吉,往有尚。

《正义》:“甘者,不苦之名也。”甘节,以节为甘,即把节制看作是良好的品德而主动地去做。尚,超过,高出。九五为卦主,体现出高风亮节的一种精神面貌。

[**译文**]把节制作为一种美好的品德而主动地去做,吉。前往

做事会有高于他人的成就。

◎上六苦节，贞凶。悔亡。

苦节，以节为苦。上六从老，人至老年，火气渐消，应当淡泊名利，清静无为，更懂得知节达礼，如果此时仍以节制为痛苦，必会有凶。“悔亡”前面似有脱漏。

[**译文**]把节制看作是痛苦之事，这样想会有凶。悔恨消失了。

卦结：

卦辞所指者大，以国家、团体为主体，以发展阶段为节；爻辞所指为个人，凡事以节制为善。初九不知礼仪之人不要走出家门；九二家族中的主人不出门就有凶了；六三不节制地做事情，就会产生不良的后果；六四安于节制地生活；九五以节制为美好的品德；上六老年不守礼节，将有凶祸。

三十五、随卦、蛊卦

䷐ 随卦

[**卦象分析**]

由《既济》卦的三爻、四爻变化而来。本卦阴阳爻数量相等，但阳爻所居三个爻位得权得势，主动；阴爻则居虚位而无实力。

《系辞下》：“服牛乘马，引重致远，以利天下，盖取诸《随》。”此乃纪念上古之人发明以牛车马车载重远行，应为《周易》前的筮卦筮辞。从取象看，与《系辞下》言《涣》卦的“舟楫”相近，两卦皆二阳爻在外，一阳爻在内，内卦外卦阳爻相应，故有从内行于外之辞。《涣》乘“舟”由内及外；《随》则乘牛车马车由内及外。两卦描写了水陆最为便利的交通方法，是人类文明发展阶段的重要体现。但不应与《周易》的《随》卦相混淆。

卦辞注释：

◎随，元亨利贞。无咎。

从卦象看，三阴爻都处在从属之位，上六之宗庙已是名存实亡。阳爻是在《屯》卦的基础上于四爻位上又增加一阳爻，这样阳爻有位又得势，是“元亨利贞”系列卦的第二卦。《屯》贵而无势，是等待时机之卦；《随》贵而得势，是敌我双方战略力量发生转化之卦。随，从。《彖传》：“随时之义。”就是识时务，追随作为新兴力量的阳爻。随是主动性谓语，要让更多的人追随、加入到我们队伍中来。元亨，国家才强大，指作为新生力量的自己国家一方。贞，代指随。利贞，有利于追随新生力量。无咎，因为上六作为阴爻之主尚存，追随者可能会有所疑问，故有此说。

[**译文**]要让更多的人追随、加入到我们的队伍中来，我们的国家才会更加强大。有利于这样做，没有错。

象辞注释：

◎象曰：泽中有雷，随。君子以向晦入宴息。

《说卦传》：“向明而治。”向，趋向，将近之意。向晦，天色将暗的时候。宴，《说文》：“安也。”宴息，安心地睡觉休息。卦辞是从国家政治角度讲的，象辞言君子，是从个人角度讲的；卦辞讲要追随大人闹革命，象辞讲安安稳稳从家里休息，意思的相反的。

[**译文**]君子在天黑的时候要睡觉休息。

爻辞注释：

◎初九，官有渝，贞吉。出门交，有功。

官，《正义》："谓执掌之职。"宋项安世《周易玩辞》："官，主也。初九为一卦之主。"认初九为"官"。初九在下，是没有官职的平民，不应作为"官"的主人。"官"应指九五。渝，《集解》引《九家易》："变也。"指官变。贞，代指卦辞"随"。官有渝贞吉，官府的主人改变了，随从新的主人吉。出门交，九四、九五在外卦，初九相应，动而与之相交，故言"出门"。内卦只有初九一个阳爻，如果不出门，就会受到阴爻的压制。《随》为创业之卦，创业时期的特点是不以贵贱，论功行赏，初九只要及时追随九五也可以建功立业。商朝的伊尹、周朝的姜尚原来都是身份卑微的人，只有在国家创业之时才会有这种"从奴隶到将军"的奇迹出现。所以要理解"有功"必须要结合卦辞"随"的含义。

[译文]官府的主人改变了，追随他吉。走出门去与这些人结交，才能够建功立业，改变自己的地位。

◎六二系小子，失丈夫。

六二静居内中，奴隶主之类。六二欲随从阳爻，而内卦中只有初九一阳爻，所以只好交结并追随当初瞧不起的初九之"小子"，以求自保，也就失去了交结九四的机会，它体现了两种势力的斗争中，被推翻的一方不知所措，不得不委曲求全结交"泥腿子"的复杂心态。《本义》："初阳在下而近，五阳正应而远，二阴柔不能自守，以须正应，故其象如此，凶吝可知，不假言矣。"认为二阴爻应初九有凶吝之象，而爻辞"不假言矣"。此说诚为主观臆断，爻辞未言凶吝者，就不应以凶吝看。

[译文]将自己的性命维系在下层有权势的人身上，失去了与上层权贵结交的机会。

◎六三系丈夫，失小子，随有求得。利居贞。

六三虽处下卦，但近上卦，有机会与九四之“丈夫”结交，不与初九“小子”结交。求得，六二为家主，是有产业之人，结交“小子”是为了平安；六三为小人，有贪欲之心，结交高贵人士是为了得利，也只有结交高贵人士才有所得，故有求则有得。利居贞，六三为弱，行军打仗有败无胜，还是留在后方好。

[**译文**]将自己的前途维系在上层人士身上，失去与下层人士交往的机会，这样追随有求必会有所得。但有利于居于家中追随着做事情。

◎九四随有获，贞凶。有孚在，道以明，何咎。

获，俘获。九四近九五，居于高位，将猎获之物据为己有。随有获贞凶，九四打着君主的旗号出征，所俘获之物不交君主而自己享用，自然会给自己带来凶祸。

有孚在，道以明，有孚指长子，古时许多下属部族要将自己的长子随从在君主国以做人质。周文王也曾将自己的长子伯邑考作为人质跟随于商纣王，但不幸被商纣王所杀。道，处世思想。明，指君王。道以明，即以明为道，以君王的思想为自己的思想，意思是说，我的思想是符合君王利益的。何咎，又有什么错呢？这段爻辞前一句是写“伴君如伴虎”的危险，后一句是写建立这种追随关系的信用方式——将长子作为抵押物。从“明”字上看，多少有一点周文王的亲身经历在里面。

[**译文**]追随得到了大量的俘获为己有，这样做会有凶的。有长子作为人质，说明我是能够遵循君王的意旨去做的，又有什么错呢？

◎九五孚于嘉，吉。

孚，不特定的儿子。儿子是老子最亲近的追随者。嘉，其行为受到广泛的赞扬。如果按照单线思维,众爻追随九五,九五应该是被追随者,但其时最高首领为商王,所以没法按这一思路写下去,而是描写谁是最坚决的追随者。

[译文]儿子的行为受到广泛赞扬,吉。

◎上六拘系之,乃从。维之,王用亨于西山。

拘系,把手扭曲着捆绑起来。之,指上六。乃,副词,这才。拘系之乃从,上六为阴爻之主,是抱着旧思想不知悔改的顽固派,把他捆绑起来,才会随从。也可以把拘系的对象看作是周边部族的首领。顽固的反动派不被打倒是不会跟从新兴革命力量的。

维,维护,担当重任。之,指王。维之,维护着王。用亨,亨前面加上用就变成了动词。于西山,西山指周,是因为周的缘故。王用亨于西山,王能够行使权威是因为周国维护的缘故。《吕氏春秋·顺民》:"文王处岐事纣,冤侮雅逊,朝夕必时,上贡必适,祭祀必敬。纣喜,命文王称西伯,赐之千里之地。"文王在商的西部称伯,扫除周边部族的叛乱现象,免除了商王征讨西域的劳苦。就周文王和商纣王的关系讲,依然是一种表面上的随从关系。周国借维护王的权益来发展自己的势力,是眼下必须要采取的策略。

上六爻辞有两个被追随的主体,前面的指周围的方国要追随我,后面的指我在追随商王。

[译文]捆绑着他们才会追随(我)。(我也)在维护着王,王是由于周的缘故才能够行使着无上的权力。

卦结:

本卦指出要发动各阶层民众来追随新兴革命力量。初九要投奔新生势力;六二结交地位卑微的革命者以保其财产;六三结交高贵人士以获得回报;九四追随者私心太重则凶;九五儿子受到一致的赞扬;上六对不愿追随着要强迫之。

䷑ 蛊卦

卦辞注释:

◎蛊,元亨。利涉大川,先甲三日,后甲三日。

本卦由《未济》卦变化三、四两爻而来。阴爻为主动爻。

《序卦传》:“蛊者,事也。”《释文》:“蛊,事也,惑也,乱也。《左传》云:于文皿虫为蛊。又云:女惑男,风落山为蛊。”《杂卦传》又曰:“蛊则饬也。”韩康伯注:“饬,整治也,蛊所以整治其事也。”以上所言蛊义,在卦象、卦爻辞含义、字的构造义上,都难以解得通。

在甲骨文中,有字,皿中一虫;字,皿中两虫,竹书《易》写作“蛊”为一虫。从造字的角度讲,笔画宜简不宜繁,写三虫必然与写一虫、二虫的意思不同。蛊(蠱),《说文》:“腹中虫也。《春秋传》曰:‘皿虫为蛊’,晦淫之所生也。枭桀死之鬼亦为蛊,从蟲从皿。皿,物之用也。”此说应与一虫、二虫有关。《说文》:“虫,一名蝮。”“虫之总名也。”“虫,有足谓之虫。”虫在皿中,似指有足之毒虫,与毒蛊有关,《周礼·秋官·庶氏》:“庶氏掌除毒蛊。”郑玄注:“毒蛊,虫物而病害人者。《贼律》曰:‘敢蛊人及教者,弃市。’”《本草纲目》:“造蛊者以百虫置皿中,俾相啖食,取其存者为蛊。……蛊毒不一,南方因有蜥蜴蛊、蜣螂蛊、蚂蝗蛊、金蚕蛊……毒。”前面所说的蛊,是含毒的百虫相互残杀后,胜出者才最终得以生存,生存者称为毒蛊。卦辞之“蛊”应该由此而来,但不为写其毒性,而取其产生的过程,即强者生存。如果把强者生存形成为人事管理机制,那就是从竞争中选拔人才。

在对《随》卦的分析中,阳爻得位得势,有取阴爻而代之之象;《蛊》既是其覆卦,又是其变卦(孔颖达曰:“二二相耦,非覆即变。”),也就具有了阴爻取阳而代之之象。这样就出现了两种假设:(1)将阴爻视为阴小邪恶势力,就表示着正义的大厦即将倾圮,大为不吉,《蛊·彖》言“蛊元亨而天下治也”,《本义》:“乱而复治之象也。”这种理论值得商榷,其一,“蛊”字本身没有“治”的含义;其二,如果讲因坏极而施治,因施治而元亨,岂不要对天下所有的最坏、最恶之人或事都要称之为“元亨”?故此等认识是错误的。(2)将阴爻视为继承父业的儿子,这样就可以把一个极坏的卦变为有利的卦。其条件就是这个儿子必须是在现实社会中经过残酷激烈竞争脱颖而出的取胜者,而不是商朝所实行的兄终弟及与后来西周所推行的长子继承制。

《随》的三阳爻居于强势位,是阳爻中的创业卦;《蛊》的三阴爻居于强势位,可以看作是阴爻中的创业卦。卦象中,阳爻指现在,阴爻指将来。如《既济》卦以三阳为主动爻,言其“既济”;《未济》卦以阴爻为主动爻,故言曰“未济”,即将来济。创造新的事业,就必须要打破传统观念,以竞争出人才,用人才,而不用庸才,“蛊”的字义及其作为卦辞所包含的重大意义也就在这里。

元,指国家。蛊元亨,要实行在竞争中选拔人才的用人机制,我们的国家才能强大起来。利涉大川,被选拔的人才有利于出去磨炼自己。

甲,《程传》:“甲,数之首,事之始也。”十天干由甲而始,至癸而终,甲也被视为新官上任的黄道吉日。《集解》引《子夏传》曰:“先甲三日者,辛、壬、癸也。后甲三日者,乙、丙、丁也。”先甲三日，是甲前三位：辛壬癸。后甲三日，指甲后三位：乙丙丁。十天干依次为：甲乙丙丁戊己庚辛壬癸，如果将十个天干看作是一个循环过程，甲乙丙为这个过程的开始时期，辛壬癸为这个过程的结束时期。笔者认为，本卦辞以“甲”来分界，表示有两个循环过程，即甲前过程和甲后过程，将“甲前三日”写在前面，意在旧的统治尚存，新的时代尚未来临；“甲后三日”写在后面，意在旧的统治已经消失，新的时代已经开始。

文王在“蛊”的后面写“先甲三日，后甲三日”很耐人寻味，显然在告诉人们，不同的时代要用不同的方针政策。“先甲三日”是革命的开创期，我们要用开创型的人才、用强者。而到了“后甲三日”即建立了新政权后，再采用新的用人原则。从周国世系看，在创业阶段，季历、文王、武王都是因品格优秀而继承大业，周王朝建立后，都以长子继承制传承王位，两个时代用的是两种继位体制。

[译文]要将优胜劣汰作为选拔人才的机制，国家才能强大起来。有利于出去建功立业。新政权建立前与新政权建立后要区别对待。

象辞注释：

◎象曰：山下有风，蛊。君子以振民育德。

振，《说文》：“举救也。”《广韵·震韵》：“举也。”举高之义。民，民众；百姓。育，教育。德，风尚。振民，卦象中阴爻居于尊位，象辞认为这是在把民众提高到一定的地位上。育德，提倡一种教育子女的风尚。卦辞注重竞争意识，象辞提倡教育意识。象辞对卦的主题做了转换，这是时代的需要。

[译文]君子如果提高民众的地位或者精神面貌，就要提倡从小进行教育的良好风尚。

爻辞注释：

◎初六干父之蛊，有子，考无咎。厉，终吉。

干（幹），《广韵·翰韵》："茎干。"《字汇·干部》："草木茎也。"干是草木的主体，这里代指支撑家庭的主要力量。干父，继承父业，成为支撑家业的主要力量。干父是蛊所产生的结果，初六与六五地位贵贱悬殊，都写有"干父之蛊"，说明重在对"蛊"字的理解，重在竞争的结果，而不看重现有的地位。

考，父，家长。无咎，没有错。考无咎，可以从两方面解释：一是有孩子能够继承家业，做家长的才算完成了自己的任务而没有犯错误。二是让地位低贱的儿子（以生母定贵贱）通过在现实生活中的锻炼、竞争，最终继承家业，这种做法没有错。古时有权势的人妻妾成群，子凭母贵，子以母贱，初六只能看作偏房生的孩子。厉，初六在竞争中处于劣势，故言其危险。终吉，是说初六地位低贱，只有在竞争中才有机会脱颖而出，否则就没有出路。

［译文］竞争的优胜者继承了父业，有孩子继承家业，做父亲的没有错。（出身低贱的孩子）在竞争中是很危险的，但这样做最终是吉祥的。

◎九二干母之蛊，不可贞。

二爻居内中，有家庭主妇之象，九二阳爻居此位，为男居女位。干（幹）母，继承了母亲的事业。比喻喜欢管些婆婆妈妈的事，这样的人没大处。

［译文］竞争的优胜者却继承了母亲的事业，不可以这样做。

◎九三干父之蛊，小有悔，无大咎。

九三为尚武之人，继承了家业却不能安心管理，会有小的悔恨。

［译文］尚武之人继承了父业，小有悔恨，但不会犯大的过失。

◎六四裕父之蛊，往见吝。

本卦四、五两爻都为阴，四为富，五为贵，六四是富裕之家。裕，《说文》："衣物饶也"，富有之意。裕父，像父亲一样富有。往见吝，一是六四从静，不宜他往；二是与六五同类，仗着有钱财前往见六五，会受到六五的羞辱。

[译文]竞争的优胜者像父亲一样富有，以此前往见贵人会受到羞辱的。

◎六五干父之蛊，用誉。

六五是有着高贵品质的人。用指行事。

[译文]优胜者继承了父业，其作为一定会受到赞誉。

◎上九不事王侯，高尚其事。

上九居于六五之上，以阳之体，不屑与阴为伍去争权夺利，所以不存在参与竞争，这大概是不写"蛊"字的原因。从"王侯"二字看，三阴爻的爻位排列算是极为尊贵的组合，以上九之爻写王侯，在于已跳出王侯的圈子之外，以旁观者的角度来论王侯之非。如在五爻写，就会变成对王侯的崇仰。

[译文]不愿跟随、服务于王、侯，而把自己的事业看得高于一切。

卦结：

《蛊》卦提出了选拔优秀人才的竞争机制。初六虽出身低贱但为有才干之人；九二男子继承母亲之业，不可这样做；九三好武之人继承父业；六四继承父亲丰厚的家业；六五尊贵之人继承家业；上九不参与争权夺利，平平淡淡做人。

三十六、丰卦、旅卦

䷶ 丰卦

［卦象分析］

(1)其形像一只高脚盘子，盘中装满了食物，取食物之意；(2)三阴爻为主动爻，从爻位看，阴爻占据宗庙与权势之位，有阴胜于阳、下决于上之象；(3)该卦象从政治的角度看，对臣民为吉，对君则为凶。

卦辞注释：

◎丰亨。王假之。勿忧。宜日中。

从政治角度讲，本卦为大凶之卦。三阴爻分别居于上下卦的卦中之位和宗庙之位，阴爻属小人，我们可以把这种卦象看作是地方势力的兴起，乱党的兴起、民众的起义或是女权统治。举个例子讲，清朝咸丰皇帝就借用了《咸》《丰》二个卦名，《咸》前《丰》后，咸卦在阴阳爻数量相等的情况下，三个阳爻聚集在上互卦，形成一个强大的合力，“咸”就是指凝聚起所有的力量。由《咸》到《丰》，其卦象由䷞演变为䷶，表现为：(1)阳爻将五爻尊位让给了阴爻，自己甘居于初九之位，为退败之象。(2)两卦都是三阳三阴卦，前面的三阳爻凝聚于上互卦，具有强大的凝聚力；后面的三阳爻则呈分崩离析之状。咸丰皇帝驾崩后，顾命大臣先后遭难，农民起义风起云涌，慈禧太后执掌朝政直至清朝灭亡，这些与卦象的演变是完全吻合的。从中也可看出其时对周易卦象认识上的偏差。

从经济角度讲,阴爻为财,是农业丰收之卦。丰,《彖》:"丰,大也。明以动,故丰。"以八卦之象解释丰字,与卦爻辞内涵多有不同。《说文》:"丰,豆之丰满也。"徐灏《段注笺》:"丰谓豆所盛实丰满。"原意是盘子里装的食物极为丰满。卦辞中"丰"用作动词,表示努力使粮食丰产。丰亨,加主语,我们要重视农业生产,增加粮食丰收。

假,《正义》:"假,至也。"今人多从之。《广雅·释诂二》:"假,借也。"可解为凭借、借用之意。"之",指示代词,指三个阴爻。"假之"就是借用小人的力量。尽管卦辞以"丰"改变了卦象的消极因素,但卦象所体现出来的小者兴、大者退的现实存在是无法回避的,现在是一个乱世,要想消灭商纣王,必须借用这些地方势力。王,指商汤。商汤曾联合其他方国势力(传说有四十国)共同灭夏,"败桀于鸣条"。"王假之"就是追述商汤借用其他部族的力量,来达到统治"天下"的目的。将商汤的事情写在卦辞中,是为了借鉴前人经验,古为"今"用。

忧,是忧虑卦象反映出来的小人得势。宜日中,指领导者要像中午的太阳那样,高高在上地控制着被自己利用的人或势力。

卦辞"丰亨"和"王假之。勿忧。宜日中"分别从经济和政治角度对卦象作出阐释,不可混为一谈。

[**译文**]我们要重视农业生产,增加粮食丰收。商汤曾借用其他部族的力量来成就自己的事业。不要忧虑小人的力量强大,作为领导者要高高在上地控制着他们。

象辞注释:

◎象曰:雷电皆至,丰。君子以折狱致刑。

《正义》:"折狱,断决也。"审讯判决。致刑,将有罪的施以刑罚。象辞认为阴小之爻象征着乱党,对他们必须予以镇压,但也要依照审判程序进行,以刑法为主。

[译文]对待犯上作乱的人经过审判要坚决予以刑罚制裁。

爻辞注释:

◎初九遇其配主,虽旬无咎,往有尚。

“遇其配主”的主语是初九。初九乃是位居最下的贫贱之小人,指战俘的可能性较大。部族首领将战俘赏赐给有功的属下,属下即是战俘的“配主”。配主应指六二。《象·豫》:“先王以作乐崇德,殷荐之上帝,以配祖考。”“配”即是次要的祭主,祭祀对象也有主次之分。再看本爻辞,“配主”显然是低一个级别的主人。

旬,《折中》引胡瑗曰:“旬者,十日也,谓数之盈满也。”十日代表一个完整的数字概念,也说明了中国古代对数字认识的高度科学性。爻辞之旬,是指人从生到死这一直线运动的整个过程。代指人的一生。虽旬无咎,即便是一生跟随他,也是没有错的。有尚,有好的前途。“遇其配主,虽旬无咎”是一个完整的句子,表达一个完整的意思,而且与整个卦爻辞的含义是相配合的,虽然是写“遇”到配主,但由于初九主动,仍然可以看作是初九主动地愿意一生跟随配主。结合整个卦义看,卦象显示的是小者兴,大者败,但这种“小”“大”是相对的,周与商相比,周为小,商则为大。初九是社会下层之人,爻辞的作者不希望看到社会底层的人起来夺取政权,所以写“虽旬无咎”,即一生都愿意跟随自己的主人,而不能有一丝反抗的思想。

[译文]奴隶遇到了他的主人,即便是一生跟随他也没有错。跟他前往会有一个好的前途。

◎六二丰其蔀,日中见斗。往得疑疾,有孚发若吉。

王弼注:“日中者,明之盛也。斗见者,暗之极也。”清王夫之

《周易内传》:“日中见斗,日食而星见也。”清人李光地根据“斗”“沬”之辞亦认为爻辞所指为日蚀,他在《周易折中》《丰》卦案:“然以实象求之,则如太阳食时是也。食限多则大星见,食限甚则小星亦见矣。”以上所说有失偏颇,因为“日中见斗”本身就是一种天象,与日食并不相同。

斗:星宿名。一指二十八宿之一,北方玄武七宿的第一宿,又称“南斗”,有星六颗;二指北斗七星;三指天市垣小斗五星。清朱骏声《说文通训定声·需部》:“北斗七星,南斗六星,又天市垣小斗五星,皆象斗形,故以为名。”上古时代人们常常用观测到的天象来预测人事,这种对自然天象的描写体现了自然科学与社会科学混杂的独特现象,它贯穿于整个中国古代社会。如《开元占经》:“河图曰:‘日月与大星昼并见,是谓争明,大国弱,小国强。’”《史记·天官书》:“太白光见景,战胜。昼见而经天,是谓争明,强国弱,小国强,女主昌。”“斗为帝车,运于中央,临制四乡。分阴阳,建四时,均五行,移节度,定诸纪,皆系于斗。”皆以天象预测现实政治。其中所言“太白”属于将星,主战;斗星属帝星,应该主政。“日中见斗”显然属于占星术的范畴。如果在中午时分斗星与太阳争明,就预示着小国将起,大国将灭。爻辞对自然天象的描写,最终仍要归结为统治者与被统治者的伦理道德概念。

关于日中见斗的星象,历史上有所记载。据《汉书·王莽传》载:“(新朝王莽天凤二年,15)二月……大赦天下。是时,日中见星。”《新唐书·天文志二》载:“(唐昭宗天祐元年,904)二月丙寅,日中见北斗。”有的天文学著作中将其解释为太阳黑子现象,恐有不妥。《明夷》:“初九明夷于飞,垂其翼。”应该是指太阳黑子现象。王夫之、李光地等认定日中见斗是日食现象,如果确实如此,爻辞中就会重笔描写太阳被阴所遮的现象,而不会专门写第三者“斗”了。

《程传》:“蔀,周匝之义,用障蔽之物,掩晦于明者也。”《周易内传》:“蔀,编草为藩蔽。”皆取障蔽之义。蔀,其部首菩,“菩:草也,从艹音声”。将“蔀”字理解为村邑中杂草丛生应该是比较符合字形构造。丰其蔀,生长旺盛的不是庄稼而是杂草野菜。“丰其邑,日中见斗”,是两个并列句,前指地象,后指天象,其义都是指主次颠倒:庄稼不丰产,杂草野菜反倒生长得枝繁叶茂;中午时太阳不显光辉,反而北斗星很明亮。

疾,疾病,也指思想上有病,即思想上有野心。往得疑疾,天上出现了“日中见斗”的星象,如果在这时我出去访友会被认为别有用心。发,原义是发射,此处应指武王姬发。有孚,继承大业的儿子。若,《尔雅·释言》:“顺也。”商承祚《殷墟文字类编》:“卜辞诸若字象人举手而跽足,乃象诺时巽顺之状,古诺与若为一字,故若字训为顺。古金文若字与此略同。”将若训为“顺”较符合本爻辞含义,表示人的外表看上去和顺、老实。发若,意思是姬发看上去比较和顺,不会受到别人的怀疑。说明此时周文王已把姬发正式立为接班人了,所以才如此写。《礼记·檀弓上》“昔者文王舍伯邑考而立武王,微子舍其孙腯而立衍也”即可证明。

[**译文**]城邑中杂草丛生,中午时分北斗星熠熠闪光,出现了这种地象和天象,(我)出去访友会被认为别有用心,还是让儿子姬发去做这件事吉。

◎九三丰其沛,日中见沬。折其右肱,无咎。

沛,《风俗通·山泽》:“沛者,草木之蔽茂,禽兽之所匿也。”《孟子·滕文公下》:“园囿污池沛泽多而禽兽至。”赵岐注:“沛,草水之所生也。”沛指沼泽,多水草之地。沬,《释文》:“沬,微昧之光也。《字林》作‘昧’。服虔云:‘日中而昏也。’《子夏传》云:‘星之小者。’马同。薛云:‘辅星也。’”惠栋:“沬者,斗柄后小星,小星见则日全蚀矣。”训“沬”是小星较有道理，但因写小星便谓之是日全蚀，则不可取。日中见沬，九三为动极之爻，表现在天象上：斗柄后的小星本来在夜间都不是很亮，但能够在中午时刻看见，可见这种阴胜于阳、小胜于大的趋势是多么的来势汹涌。这段爻辞与六二爻相同，“丰其沛”是写地上，“日中见沬”是写天上。肱，重臣，《虞书·益稷》：“股肱喜哉，元首起哉，百工熙哉。”右肱，指上将军，《兵法》：“上将军居右，偏将军居左。”日中见斗，对君不利；日中见沬，对大将不利。九三从武，有出兵之象，而出兵必折损上将军。其，指对方，可以理解为商王。无咎，说明前面的说法是通过验证了的。

[**译文**]到处都是水草之地，中午时分看见了天上的小星星，此时出征必定会折损上国的大将，不会有错。

◎九四丰其蔀，日中见斗。遇其夷主吉。

夷主，夷人的首领，泛指部族首领。(1)从卦象讲，四爻处于外卦之位，不会是周领地中的部族首领；(2)也不是商王统治下的部族首领，因为“夷”字说明不是正统嫡系；(3)“夷主”也说明了其地位肯定要低于商王及周主。九四爻辞与六二爻辞有可比性：

“六二丰其蔀，日中见斗。往得疑疾，有孚发若，吉。”

“九四丰其蔀，日中见斗。遇其夷主，吉。”

地象和天象都一样，六二居内卦之中，是自己受到怀疑；九四居外卦，是“夷主”受到怀疑。夷主造反，对周是件好事，《左传·昭公十一年》：“纣克东夷而陨其身。”东夷造反，商王忙于征伐，一来消耗了商的国力，二来给周国的发展壮大创造了时机，周文王能不在爻辞中写“吉”吗！

[**译文**]田地里长满了乱草野菜，中午时分北斗星在天上闪耀着亮光。在外遇到了当地的部族首领，吉。

◎六五来章,有庆誉,吉。

《说文》:"章,乐竟为一章。从音从十。十,数之终也。"段玉裁注:"歌所止曰章。"从头到尾,有完整之义,可引申为完满、丰满。《坤》:"六三含章,可贞。或从王事,无成有终。"《姤》:"九五以杞包瓜,含章。有陨自天。""含章"即是以小含大之意。

来(來),《说文》:"周所受瑞麦来麰,一来二缝。象芒束之形。天所来也,故为行来之来。"《正字通·人部》:"来,麦名。"罗振玉《增订殷虚书契考释》:"卜辞中诸来字皆象形。其穗或垂或否者,麦之茎强,与禾不同。""假借为往来字。"李孝定《甲骨文字集释》:"来(來)、麦(麥)当是一字。夂本象到(倒)止形,于此但象麦根。以来假为行来字,故更制緐(繁)体之麦以为来麰之本字。"由此可见,来的古义是麦子。五爻为卦主,应当反映出卦辞的思想,丰的意思是食物丰满,六五爻辞指麦子长得丰满,两者意思完全相符,所以"来章"当为麦子丰满之意。不过《周易》中的其他"来"字还应作往来之来解。

庆誉,个人喜悦、庆贺为"庆";他人来庆贺、赞美为"誉"。六五爻辞体现了卦辞的主旨,即要努力使农业丰产。六五为君,从卦象上讲应该是"日中见斗"的受害者,故对星相报应避而不谈,因为周国今天为小邦、为臣,明天可能就是大邦、是君,在卦主爻上写丰收,就避免了将来权力更替后造成卦义的不合时宜。

[译文]麦子长得颗粒丰满,受到人们的庆贺和赞扬,吉。

◎上六丰其屋,蔀其家。窥其户,阒其无人。三岁不觌,凶。

丰其屋,建造了很多的房屋。家,家族。蔀其家,乱草长满了这个大家族的空间。户,内室之门,表示家族中的每家每户。阒,《释文》:"《守林》:'阒,静也。'"从字形看,意思是只有狗在屋内看门,静的意思。窥其户,阒其无人,他的屋内除了狗之外,空无一人。三岁,指三年。觌,《说文》:"见也。"三岁不觌,是说在很长的一段时间内不会看见这个家族中有人气。家族受到了重创,往往在很长一段时间得不到恢复。

上六居宗庙之位,家族一片败象,这是卦象显示的小人或后宫乱政的结局。这个结局应该是国家乱象,可以慢慢恢复元气;如果是乱政者的结局,恐怕永远没有恢复的机会了。

[**译文**]这里有许许多多的房屋,乱草长满了这个偌大的家族。看看这些房屋的居室,除了狗在游荡外,空无一人。在很长的一段时间内不会再看见这个家族的人,凶。

卦结:

《丰》卦提出了发展农业经济,保障粮食供应的思想;从政治上,还提出要善于利用民众的力量,实现自己的战略意图。初九战俘遇到主人,应一生忠心地跟随他;六二中午看到北斗星闪耀,出去会受到当权者的怀疑;九三中午看到天上的小星星,出征会折损大将;九四中午看见北斗星时,遇到部族首领吉;六五要保住粮食丰收;上六小人或后宫乱政,将会令家族败亡。

䷷ 旅卦

卦辞注释:

◎旅,小亨,旅贞吉。

从卦象看,三阳在外,又不居主位,如同常年寄居他乡的人。旅,《广雅·释诂四》作"客也",寄居他乡之意。小,用为动词,自贬为小。旅小亨,加主语,我们作为在外旅居之人,要自贬为小、不托大才能事事顺利。俗语所说的"入乡随俗""强龙难压地头蛇”即为此意。贞代指“小”的主观态度。

[译文]我们作为旅居之人,要处处谦虚、自贬为小,才能被人接受,旅行在外这样做吉。

象辞注释:

◎象曰:山上有火,旅。君子以明,慎用刑而不留狱。

象辞所言“刑”,是承接《丰》卦而来,本卦象并无此特征。明,明辨是非。留,停留。狱,诉讼。不留狱,不要因冤假错案而导致没完没了地来申诉。或许象辞认为“旅人”是因冤案获罪而遭放逐之人。

[译文]君子要明断是非,慎重使用刑罚,避免因错判而没完没了地翻旧案。

爻辞注释:

◎初六旅琐琐,斯其所,取灾。

《集注》:“琐者,细屑猥鄙貌。”说是委琐的样子。《说文》:“琐,玉声也。”指玉相碰的声音。从《说文》。初爻至四爻之旅都是指在外经商。初六小人出外经商,没有钱财还要装富。旅琐琐,把玉挂在身上,琐琐作响,显示自己的富有。老子言:“圣人被褐怀玉。”而内穷外富者,小人也。斯,《说文》:“斯,析也。”斯其所,将自己住的房屋拆掉,表示出去发财不再回来了。在事情还没有结束前就断绝了自己的退路,真是自取其灾。

[译文]在外面发了点财,把玉佩挂在身上琐琐作响,还把自己居住的房屋也拆了,这是自取其灾。

◎六二旅即次,怀其资,得童仆贞。

次,《程传》:“次,舍。旅所安也。”指临时住所。旅即次,旅行中临时住下来。资,《说文》:“货也,从贝次声。”怀,衣服里面的胸口处。怀其资,将贵重之财揣在怀里,形容财不外露。六二居中从静,办事老练,先找个临时住所住下来,将钱财揣在怀里。贞,代指“怀其资”的做法。得童仆,童仆是在外面临时买来的,有钱才能买得来,有了童仆同时也提高了自己的身份。

[译文]在外经商,每到一地,先找个临时处所住下,把钱财和货物藏起来,这样做才能够有钱买到童仆。

◎九三旅焚其次,丧其童仆,贞厉。

九三喜动,不安于处所之中,商人将自己临时居住的地方放火烧掉,继续前往他乡经商,没有了住所,童仆也就都逃跑了。在六二、九三爻中都写到了“次”,根据两种不同的结局看,作者不赞成不讲根基东奔西走的经商方式,这是没有明确志向的,也是不可靠的商人,他前面的每一处目的地都是临时的,都毫无眷恋地把它烧掉。

[译文]再到别处经商,放火烧掉了临时处所,童仆都四散逃跑了,这样做很危险。

◎九四旅于处,得其资斧,我心不快。

九四进入上卦,不同于一般的商人,应该属于有政治头脑的商人。处,《说文》:“止也。得几而止。从几,从夂。”住于正式处所中,称为“处”。旅于处,动爻居静位,到了一个地方住下来。得其资斧,经商挣了钱还买了日常用具,表示常住不走了。快,《说文》:“喜也。”我心不快,“我”大概是希望从政治上发展一下,现在是只有钱财而没有地位,从心里没有体会到高人一等的喜悦。古时商人没有政治地位,发了财而“心不快”也是很正常的。《小象》曰:“旅于处,未得位也。得其资斧,心未快也。”正谓此义。

[译文]经商到了一个地方住下来,得到了一些钱财和家庭用

具，但我心里高兴不起来。

◎六五射雉，一矢，亡。终以誉命。

雉，山鸡。射雉，六五虽居尊位，但位不正，以射雉比喻有一个很理想的官职等着他做。矢，箭头。一矢，只射了一箭，比喻只有一次机会。亡，山鸡跑了，没射中。誉，声誉，有名而无实。六五只射了一箭，再也没有机会了，最终只能是徒有虚名。出门在外没有根基，想改变命运很难，必须抓住每一次机会。

[译文]用箭射山鸡，只射了一箭，山鸡就跑了。最终只能获得一个有名无实的命运。

◎上九鸟焚其巢，旅人先笑后号咷，丧牛于易，凶。

上爻为老，常年旅居在外，或居于极外之处。鸟焚其巢，鸟的巢穴被火烧毁了。旅人，应是指逃亡在外客居他乡的人。易，其字为日勿结构，意指当时的王权。牛是旅人在外的交通工具。丧牛于易，牛被王征用去打仗了，指旅人没有了牛。旅人先笑后号咷，一开始看到鸟巢被焚，感到是一件很好笑的事情，但联想到自己的家就大哭起来。旅人是不得已才流浪在外，感到自己家中有危险，却无法回家，这不是一件凶事吗？

[译文]鸟的巢穴被烧毁了，旅人看到后先是觉得好笑，随后却又大哭起来，拉车的牛被商王征用打仗去了，（自己家中有事情也无法赶回去处理，）这也是一件凶事。

卦结：

旅居在外的人，要学会夹着尾巴做人，才能改变自己的命运。初六小人装富；六二富人不露；九三旅无定居；九四有了钱又想做官；六五贵人在外有名无实；上九常年旅居，涌现出思乡之情。

三十七、噬嗑卦、贲卦

䷔ 噬嗑卦

《系辞下》:“日中为市,致天下之民,聚天下之货,交易而退,各得其所,盖取诸《噬磕》。”此乃纪念上古之人以物易物,而致商品出现。从取象看,初九、上六二阳爻表示限定一个相对的空间,九四居外卦,表示人们走出门去,来到外面的市场中。“日中”指交易时间;“市”指九四,在人们的家外;“致天下之民,聚天下之货”,仍然取相对于一定空间的卦象,因为它必须排除为战争而聚会。而《豫》卦没有二阳爻维护,故言:“重门击柝,以待暴客。”有战争的因素。此所以区别两卦之处。《系辞下》所言《噬磕》之辞应该是《周易》以前的筮卦筮辞,与噬磕卦取象相同,但解释不同。

卦辞注释:

◎噬嗑亨,利用狱。

《彖》曰:“颐中有物,曰噬嗑。”《杂卦》:“噬嗑,食也。”解噬嗑为咬口中之物。王弼注:“噬,齿也。磕,合也。凡物之不亲由,间也。物之不齐由,过也。有间与过,齿而合之,所以通也。刑克以通,狱之利也。”《本义》:“噬,齿也。嗑,合也。物有间者,齿而合之也。为卦上下两阳而中虚,颐口之象。九四一阳间于其中,必齿之而后合,故为噬嗑。”《说文》解噬曰:“噬,啖也,喙也。从口,筮声。”所解噬义,食也,啖也,喙也,齿也,都有道理,但都似是而非。

噬嗑都带口旁，应该是从嘴里发出来的声音。鸟为了吃虫，用喙啄树眼发出的声音很响，也很快；人在打战时上下牙齿碰撞的声音也如此。何以把这些联系在一起？你见过神婆吗？当神婆与神交通后，常常牙齿连续相碰，发出谁也听不懂的嘎嘎之语，这正合"噬"义。嗑，《说文》作"多言"，就是不停地叨叨。噬嗑，不就是巫师在祭祀神灵时全身打战，牙齿相碰，连续发出嘎嘎嘎嘎的声音吗。下完神，他才会跟你讲解你欲知之事。

从卦象分析，《豫》卦指事爻在九四，卦爻辞与祭祀有关；本卦指事爻也在九四，卦爻辞应该围绕着九四爻象进行写作，噬嗑可能描写卜筮或者祭祀的巫师与神灵交通后发出的语音。

噬嗑亨，加主语，我们要遵从神的意志行事，才能把事情办得完美。

狱是犯罪之人进行申辩。利用狱，指出还要给获罪者以申辩的权利。暗含之意是：一方面要听从神的意旨。另一方面要尊重事实，按法律宣判。其时，重要案件的审判都是在宗庙进行，常常是先祭祀神灵，按照神的旨意判以刑罚。

［译文］我们要按照神的旨意行事把事情办好，但也要给犯罪之人申诉的权利。

象辞注释：

◎象曰：雷电，噬嗑。先王以明罚敕法。

明，彰明。罚，刑罚。敕，《说文》作"劳也"，勉励之意。明罚敕法，公开宣传奖罚条例，使民众做事有法可循，审判有法可依。此言文王主张依法治国，不唯神灵是言。

［译文］先王根据本卦象，提出要公开宣传奖罚条例。

爻辞注释：

◎初九屦校灭趾，无咎。

屦，穿鞋。校，《集注》："足械也。"灭，《集注》："没也，遮没其趾也。"屦校灭趾，穿着覆盖了脚趾的刑具。初九是犯了罪的奴隶，戴着刑具以示刑罚。无咎，是说该处刑罚的不要处斩。

[**译文**]犯了罪的奴隶脚上穿着刑具，没错。

◎六二噬肤灭鼻，无咎。

《本义》："祭有肤鼎，盖肉之柔脆，噬而易嗑者。六二中正，故其所如噬肤之易。然以柔乘刚，故虽甚易，亦不免于伤灭其鼻。"从之。

[**译文**]咬鼎中之柔，损伤了鼻子。没错。

◎六三噬腊肉，遇毒，小吝，无咎。

《本义》："腊肉，谓兽腊，全体骨而为之者，坚韧之物也。阴柔不中正，治人而人不服，为噬腊，遇毒之象。占虽小吝，然时当噬嗑，于义为无咎也。"

◎九四噬干胏，得金矢，利艰贞，吉。

《本义》："胏，肉之带骨者。"腊肉、干胏、干肉都是祭祀供品。金矢，金属箭头。咬干胏，意外地得到了金矢。金矢应该是狩猎时所射。

[**译文**]咬干胏，得到了金矢。有利于在艰难环境中这样做，吉。

◎六五噬干肉，得黄金，贞厉，无咎。

黄金，有省略，应该指青铜箭头。

［译文］咬干肉，意外地得到了青铜箭头。这样做危险，没错。

◎上九何校灭耳，凶。

何校，肩上带的刑具。刑具盖住了耳朵。

［译文］肩上带的刑具盖住了耳朵，凶。

卦结：

从卦辞和象辞看，其时没有详尽的刑罚条文，往往凭主观意志断定一个人是否犯罪，对一些有争议的案子是通过神灵来判断，所以"噬嗑"是表达神灵的旨意。周文王认为我们要遵从神灵的指示，也要让当事人有申辩的机会，用事实断案。爻辞多从祭祀角度写起，但字与字之间的联系不甚明了，故本文罗列先贤之解以做搪塞，实有愧感。

䷕贲卦

卦辞注释：

◎贲亨。小利有攸往。

《释文》："傅氏云：贲，古斑字，文章貌。郑云：有也，文饰之貌。王肃'符文反'云：有文饰，黄白色。"《序卦》："贲者，饰也。"皆以饰为贲义。本文不持此论。

从卦象看，初九与上九两个阳爻围三阴爻于内，九三动于其中为指事爻，表示负责卫戍、治安的军士。《广韵·魂韵》："贲，勇也。"《尚书·牧誓序》："武王戎车三百两，虎贲三百人。"孔颖达疏："若虎之贲走逐兽，言其猛也。"解为奔走。卦辞言"贲"，想必与"虎贲"有着直接的关系，综合卦象，"贲"的静态字义是禁卫军,动态字义是建立禁卫军。贲亨,加主语,谓语主动,我们要建立禁卫军,以保障京畿安全。小,指成为战士的年轻人。小利有攸往,年轻人有利于去当战士。

周文王在此提出要建立负责安全事务的专职队伍,类似于现在的卫戍区、武警、公安的职能,专用于保卫京畿安全。应该说,这一构想是基于建立大周后的国家体制建设,以西岐原班人马控制天下,如果没有一支强有力的机动军队做保障,很难震慑蠢蠢欲动的旧势力,所以“贲”的意义是重大的。

[**译文**]我们要建立一支禁卫军,以负责京畿安全。有利于动员年轻人踊跃参加。

象辞注释:

◎象曰:山下有火,贲。君子以明庶政,无敢折狱。

庶,众人,普通百姓。政,《字汇·攴部》:“以法正民曰政,以道诲人曰教。”政令之意。庶政,君王为百姓制定的法律法规。明庶政,向百姓公布君王的法律法规。折,《广雅·释诂一》:“折,曲也。”《礼记·玉藻》:“折还中距。”弯曲之意。这里应该指弯曲真理。折狱,犯了罪还用歪理邪说进行狡辩。象辞的意思是不光要有警卫部队来负责治安,还要制定相应的治安条例,以有法可依。犯了罪的人在法律条文面前就无法按照自己的观点去狡辩了。

[**译文**]君子在执行治安任务时,应向百姓公布治安条例,按照治安条例对犯罪行为予以处罚,这样就没有人敢歪曲条例进行狡辩了。

爻辞注释:

◎初九贲其趾,舍车而徒。

趾,《尔雅·释言》:“足也。”止,《广韵·止韵》:“足也。”以上趾、足、止都解为足，本文以为，趾的本义不应为足，这里有必要对“趾”作一下分析。趾，形声字，足止结构。甲骨文中将“止”写作、，像是起步走路的形态。如“武”，写作，描绘扛着武器，孔武有力地行进。还有“往”，商承祚《说文中之古文考》：“甲骨文从止，王声。”往是一个动态字，表示从此前往彼处；止则表示起步行走之意。足加止应是表示足的一种形态。趾就是表示脚步行进有力，专用于描写勇武之人矫健的步伐。

舍车，大概就是指“安车”，是君主长途跋涉时可以在上面休息的大车。徒，徒步行走。《周礼·夏官·司马》：“虎贲氏，掌先后王而趋以卒伍……王在国，则守王宫。国有大故，则守王门。大丧，亦如之。”“旅贲氏，掌执戈盾，夹王车而趋。左八人，右八人。车止，则持轮。凡祭祀、会同、宾客，则服而趋。”徒就是趋的意思，虎贲战士的职责是保卫君主的安全，国君坐在车上，武士在车的两旁奔走护卫。初九在下阳动，表现了虎贲战士以善跑为荣的自豪感。《夬》：“初九壮于前趾，往，不胜为咎。”也是表现战士以善于奔走为荣，不能胜任者反而像犯了错误一般。

[译文]矫健的战士步伐有力，护卫大车徒步而进。

◎六二贲其须。

须，胡须。阴爻居内卦中，可以看作是军队中的文职人员。文职人员不同于武士，是以须长为美。

[译文]军队中的文职人员长着修长的胡须。

◎九三贲如濡如，永贞吉。

濡，浸湿。如，《说文》：“如，从随也。”……如……如，形容多。九三尚武，应当与敌作战，但虎贲是君主的警卫，一般不会参与战争，所以没有触及战争问题。贲如濡如，苦练武功，身上的衣服都浸透了汗水。永,长久,经常。训练有素才能英勇善战。

[译文]矫健的战士勤练武功,汗水浸透了衣服,经常这样做吉。

◎六四贲如皤如,白马翰如。匪寇婚媾。

皤,《正义》:“皤是素白之色。”皤如,战士都穿着白色的衣服,说明未穿盔甲。翰,《说文》:“天鸡赤羽也。”天鸡又称锦鸡或山鸡。白马翰如,白色的马,头上插着红色的山鸡羽毛,大概是一种迎亲的仪仗。匪寇婚媾,由军士护卫着君主到城外去迎亲。六四居外,有疆界之意。寇字大概是针对对方而言,我们的队伍一副迎亲的仪仗,一看就不是来打仗的。爻辞是说虎贲还要肩负着君王的婚丧嫁娶之类的任务。

[译文]矫健的战士穿着白色的衣服,骑着白色的马匹,马头上插着红色的山鸡羽毛。这不是贼寇,而是前来迎亲的队伍。

◎六五贲于丘园,束帛戋戋,吝,终吉。

丘园,《正义》:“丘谓丘墟,园谓园圃。”指君主的山丘园林。《本义》:“束帛,薄物;戋戋,浅小之意。”束,量词,小捆。帛,缯。束帛,一小捆缯。戋戋,微薄的样子。吝终吉,负责守卫君主的山丘园林,所得到的赏赐很少,因为立不了战功,提拔的机会也少,容易被人轻视,故吝。但与出征的军队相比,还是比较安全的,而且食宿条件也好,所以说“终吉”。

[译文]矫健的战士守卫着君主的丘园,所得的赏赐只有很少的一捆缯帛,虽然受到人们的轻视,但最终还是吉祥的。

◎上九白贲无咎。

白贲,指没有官职的战士。上九为年纪较大的战士,没有战功也就没有进阶的机会。此卦通篇指战士,没有官贵之象,即便是上九之爻也仅仅是一个战士的身份。无咎,没有野心就不会有错,如果企图获得一官半职就会有“咎”了。

[**译文**]只能做一名没有官职的战士,没有错。

卦结:

卦辞提出要成立一支专职的负责治安的武装力量。卫戍人员出入近贵,难免无功厚禄,滋生腐败,对前线浴血奋战的将领造成负面影响,所以提出工资要低一些,提干要严谨一些,训练要常态化。虽然他们没有晋升的机会,也要培养他们的荣誉感。初九以善于奔走为荣;六二军队中的文职人员以留须为美;九三战士苦练武功;六四护卫君主迎娶新人;六五虎贲战士的报酬很少,但是条件优越;上九勇士没有官职。

三十八、渐卦、归妹卦

䷴ 渐卦

卦辞注释:

◎渐。女归吉,利贞。

渐,《正义》:“渐者,不速之名也。凡物有变移,徐而不速,谓之渐也。”清王夫之《周易内传》:“水所润渍曰渐。相近而密,相入循次以相浃之谓也。”《广韵·琰韵》:“渐,渐次也。”《集韵·监韵》:“渐,流入也。”《广雅·释诂一》:“渐,湿也。”从以上所引看,渐与水、流有关,指水慢慢地流。以上所解与渐字的构造义不相吻合,斤为斧,如果讲水流入,为什么要用"斤"字旁呢?

从六爻卦象分析,九三为武,是边境线上的武装部队。六四为阴爻,说明敌方军力较弱,我方完全可以越过边境去消灭敌人。但九五、上九二个阳爻为其后盾,对方的政治力量非常强大,真要打起来,恐怕是小胜大败。故此,我方的战略应是以炫耀武力为主,用武力震慑敌人,而非真枪实弹地发动战争。

从"渐"字的构造义看,水字旁,代表国境线。古时很多国界线是以大山大河自然划分的,所以此水可以看作是边界。中间为车,车在水边。车上挂着斤,即斧子。其时斧子也是一种兵器,叫战斧,古时持战斧作战是很常见的。这个图片就很清晰了,武士手持战斧在战车上耀武扬威,恐吓对岸的敌人。这样,卦象和字义就完美地融合在一起了。

从八卦卦象看,上为长女,下为少男,阴阳相交,有婚配之象。如果说男子驾车到河边迎亲,也有道理,但渐中的"斤"就不好解释了。归,《说文》:"女嫁也。"女归,女子出嫁。吉,外邦女子嫁给我方男子为吉。这个卦是一卦两用,中心卦辞写战争战术,后面部分写婚姻。

[**译文**](当我方实力弱于敌方时,)可以在边境驻扎一支部队,威慑敌人。女子出嫁吉。有利于这样做。

象辞注释:

◎象曰:山上有木,渐。君子以居贤德,善俗。

贤,贤能。居贤德,居家而言,擅长于生产生活中的各种技能。善俗,好的风俗。象辞从雁求偶的角度来谈,雄雁为了博得雌雁的芳心,要表演各种动作来炫耀自己,还要击败其他的求偶者。男子要赢得漂亮姑娘的芳心,也要有贤能之才,有的民族还保留着小伙子要通过竞赛战胜竞争者,才有资格向姑娘求婚的古朴民俗。“善俗”应该指这种风俗。

[译文]君子在家中应以多才多能为美德,养成以有才能者为美的良好风俗。

爻辞注释:

◎初六鸿渐于干。小子厉,有言。无咎。

从爻辞看,“渐”不单独使用,皆言“鸿渐”,这就说明“渐”和“鸿渐”不是一个概念,“鸿渐”是作为一个词来使用。鸿是大雁,鸿渐是雄性鸿雁在水边与同性争斗,多用气势压倒对方,以获取与心仪雌雁的交配权,与卦辞之“渐”大同小异。雁为候鸟,在南方交配,北方产卵。它一般在芦苇沼泽地或河边的沙滩上栖息,以鱼、虾和水草为食,在水中交配。所以爻辞中写水边则吉,写陆地则凶。

干,《释文》:“干,郑云:‘干,水旁,故停水处。’陆云:‘水畔称干。’毛诗传曰‘涯也’,又云‘涧也’。”此说大概取自于另外的版本,如帛书《易》将干写作“淵”;竹书《易》将干写作两边为阜,中间为水的字形。如果把通行本的“干”解作“水旁”“涯”,就说不过去了。相比之下,其他版本的写法看似有道理,其实不足取,通行本的写法最为精当。《说文》:“干,犯也。”从甲骨文和金文看,干字像有丫杈的木棒形。古人狩猎作战,往往以干为武器。故“干”有进犯、争斗之义。鸿渐于干,如果几个雄性鸿雁同时向一个雌雁求偶,雄性之间要通过争斗,优胜者才能赢得这种权利,干就是指雄性鸿雁的争斗。小子厉,个头小的,力量弱的就很危险了。于是介词。鸿渐于干,说明鸿渐是指已获得交配权。

有言,失败者的怨言。无咎,指这种竞争决胜负的方式没有错。从科学的角度讲,这种方式符合物竞天择、适者生存的自然法则。从社会学的角度讲,胜者王,败者寇,也是现实存在的竞争法则,弱小者发出怨言,也不会改变这种残酷的社会现实。

[**译文**]雄性的鸿雁向雌雁求偶,要通过争斗来决定,个头矮小的就很危险了,失败者会发出怨言,这种方式没有错。

◎六二鸿渐于磐。饮食衎衎,吉。

磐,水边巨大的石头。鸿渐于磐,雄雁在水边大石头上向雌雁求偶交配。这里鸿渐是指实施交配。《说文》:“衎,行喜皃。”《正义》:“衎衎,乐也。”饮食衎衎,大雁带领小雁在水边喝水、觅食,一种和乐的景象。鸿雁在磐石上求偶为得其处所,是因;饮食衎衎,其乐融融,是其果。实际上两者还有一个很大的时间和地域的跨度,鸿雁在冬天飞到南方交配,夏天又迁徙到北方产卵孵化。但不管是饮食在南方还是北方,都是鸿雁的家。鸿雁的行为顺应其生存规律,结果就会吉。

[**译文**]鸿雁在水边的大石头上展翅求偶。大雁带领着小雁在水边饮水觅食,吉。

◎九三鸿渐于陆。夫征不复,妇孕不育,凶。利御寇。

陆,陆地。《集解》引虞翻曰:“高平称陆。”九三操之过急,不待至水边就与雌雁交配,指不合时宜。夫征不复,丈夫出征回不来。妇孕不育,妇女在家生了孩子就会无力抚养。育是指养育、教育。这些话的意思是做事情不能过于随便和急躁,不当行为会造成严重的后果。利御寇,这是爻辞的另一层含义,九三为内卦独阳,有征伐之象;六四阴柔为弱,似有可伐之机,但九五、上九二阳得势于后,九三外伐先小胜而后大败,故诫九三不可为眼前假象所迷惑,躁急攻敌之弱旅;御敌于国门则有利于我方。从卦象看,内卦和外卦呈阴阳相交之状;从爻象看,九三与六四呈现内伐外之象。

[译文]鸿雁在陆地上交配。丈夫出征在外回不来,妇女在家生了孩子没有能力抚养,凶。有利于抵御敌人的进攻。

◎六四鸿渐于木,或得其桷,无咎。

木,树。六四进入上卦,鸿雁在树上求偶。《程传》:"桷,横平之柯。"桷,从木角,应指被折断的树杈,光秃秃的树杈有利于鸿雁在上面站立。或,从《周易》各卦看,"或"一般是写在第三爻位上,是一个主动性的代词,这里写在六四爻辞中,大概与向雌雁求偶有关,指好斗的雄雁。六四在地面之上,树桷又只容一只雄雁站立。好斗的雄雁抢占了树上能够让雌雁看到的有利位置。无咎,指鸿雁之间在树上交配也比较适宜。以此看,这个"木"应是水边之树。

[译文]鸿雁在树上求偶,好斗的雄雁站在了树杈上,没有错。

◎九五鸿渐于陵,妇三岁不孕。终莫之胜,吉。

陵,很高的土山,不适宜于鸿雁求偶、交配,所以言"妇三岁不孕"。何以在九五爻写"鸿渐于陵"?其一,六四写树,九五高于六四之树。其二,六四应与九三相交配偶,然六四贪图富贵而求配偶于同族之九五,为不相适宜,比喻同宗不婚。其三,"渐"既然为婚配卦,重在一个情字,不以地位的高下论得与失。其四,九五虽尊贵,然君王嫔妃众多,即使嫁与君王,也难有子嗣之喜,故后言"妇三岁不孕"。"三岁"是指前三分之一的时间。莫,日暮。终莫连用,这种句式在卦爻辞中不多见。终莫之胜,最后她一定会胜任这件事情,即指受孕。虽"鸿渐于陵",不得其宜,然不至终生不孕,既处于尊贵之位,终会老有所托。

[译文]鸿雁求偶于高陵之上,象征着妇女三年不会受孕。但

最终还是能胜任这件事情，吉。

◎上九鸿渐于陆，其羽可用为仪，吉。

上九虚而不实，只具有象征意义。鸿渐于陆，其本身交配的成败已无意义可言，但其身上的羽毛被人们作为求婚的信物来使用。雁的配偶关系为“一夫一妻”制，传说双雁中如有一只遇难，另一只往往会悲鸣不能自已，竟自投于地而死。古人非常崇尚鸿雁这种忠贞不渝的爱情，所以将其作为求婚的信物或是婚礼的标志来使用。也可以说这种习俗起源于对一夫一妻制的崇尚。《礼记·昏义》言迎娶：“婿执雁入，揖让升堂，再拜奠雁。”即以雁为嫁娶的信物而受到崇拜。爻辞的意思是：当不能取得实质性成果时，可以用作象征性的意义，这也是一种收获。

[译文] 鸿雁在陆地上交配，它身上落下的羽毛可以作为爱情的信物用在婚礼仪式上，吉。

卦结：

《渐》卦是指在国力上不如敌人时，在军事上要用气势压倒敌人。用八卦卦象解则指婚媾吉祥。初六婚姻要选择优秀的雄性；六二婚姻要有适当的物质条件；九三婚姻要选择合适的环境；六四婚姻要明确主动；九五同宗不通婚；上九婚姻要讲忠贞。

䷵ 归妹卦

卦辞注释：

◎归妹。征凶，无攸利。

《释文》：“妇人谓嫁曰归。妹者少女之称也。”归妹，女子出嫁。内卦少女嫁与外卦之男。阴阳相交,是必嫁之象。征凶,卦象中内卦有主,外卦无主,有欲征之象,而六三却弱于九四,主强兵弱,防守有余,攻则为凶。攸,所,与征伐有关的所有事。

[译文]女子可以出嫁。征伐敌国凶,不利于做这些事情。

象辞注释:

◎象曰:泽上有雷,归妹。君子以永终知敝。

《说文》:"永,长也。""敝,帔也,一曰败衣。"坏;破旧之意。六五爻言"袂良",象辞言"敝",形成强烈对比。永终知敝,经过长时间对比,最终才知道自己的不足之处。人在长时间的实践和与别人的成败对比中,才会发现自己的不足。

[译文]君子在长时间的实践和与别人的成败对比中才会知道自己的不足。

爻辞注释:

◎初九归妹以娣,跛能履。征吉。

《尔雅·释亲》:"女子同出,谓先生为姒,后生为娣。"《说文》"娣,女弟也",多解为姐妹同嫁一夫中随嫁的妹妹,但这种解释在爻辞中是讲不通的,既然是随嫁,只能算是配角,《归妹》为女子出嫁之卦,何以不见出嫁的女子,反而只写随嫁的妹妹?如果说其时有姊妹同嫁一夫的习俗,就不会专门写"娣"了。六五"帝乙归妹。其君之袂,不如其娣之袂良"。难道帝乙嫁女也要姊妹相从吗?这是讲不通的。爻辞中所写的每一件事,都会有其特定的含义,所以娣为妹妹之说难以成立。在六爻中,一爻、三爻、五爻是从男方的角度写起,有"娣"字。二爻、四爻、六爻是从女方的角度写起,无"娣"字。以此看,女子嫁到男方家中变成了新娘子,称为"娣",是比较合理的。归妹以娣,出嫁的女子到了男方就成了新娘,称谓的转换标志着身份的转换。

能,《说文》:"能,熊属,足似鹿,从肉,声。能兽坚中,故称贤能,而强壮称能杰也。"爻辞中,"能"表现了由不胜任到胜任,由弱变为强的精神状态。跛,腿瘸,形容在家一无是处。能履,健步如飞,意在表现自己比别人都强。跛能履,初九为社会下层之人,女子在娘家闲闷无聊,到了男方家则承担起管理家务的重担,变成了很精明能干的家庭主妇。

征吉,在卦辞中言"征凶",何以初九爻言"征吉"?卦辞言"征凶"是因为卦象中九三之兵士羸弱,是从整个卦的角度来看;而初九是从个体而言,兵士如果为了自尊而变得"跛能履"了,增加了作战的勇气,也就具有了由"征凶"变为"征吉"的条件。

[译文]出嫁的女子到了男方变成了新娘,就是跛子也会强装着像正常人一样的走路。战士能够做到这一点,出征就会吉。

◎九二眇能视。利幽人之贞。

动爻居静位,身不动而眼动。眇,眼睛视力差,形容不关心他事。眇能视,开始变得关心家庭事务,把一些事情看在眼里。九二动于内中,有欲嫁之象,意在心动先于身动,憧憬婚后的美好生活,开始从日常事务中观察和积累生活经验,以利于婚后施展身手。

幽人,隐居之人。此爻适用于待字闺中,已有嫁期的女子,也适用于隐居山林已有动意的贤人。女子出嫁后,如果对家庭事务一窍不通,会受到婆家的轻视;隐居者出仕以后,如果世事懵懂,胸中没有韬略,就会受到君主的轻视。利幽人之贞,有利于隐居之人也这样去做。

[译文]已有嫁期的女子开始注意观察家庭事务。此卦也有

利于隐居之人这样做。

◎六三归妹,以须,反归以娣。

须,俞琰《周易集说》:“须,贱妾也。”清王夫之《周易内传》:“须,给使之人,女之贱者。”随嫁的侍女。六三为小人爻,又不中不正,故由“须”而变为娣。反,返回。反归,应是指回娘家探亲。六三有三个含义:一是指夫家为不守礼节的小人,侍女本是随嫁的,却成了新娘子,丈夫肯定会冷落原配的新娘子。二是六三本身就指随嫁的侍女,到了新的主人家,却反客为主,俨然成了主妇。这个含义较为合理,六三虽然居位不中正,但与九四亲密相交,如同随嫁的侍女,反倒受到新郎的宠爱。在女儿回娘家探亲时,侍女也以新娘子的身份随同看望自己昔日的主人。三是也可能讲的是以次充好,将家中的婢女以女儿的身份嫁出去,回来时变成了新娘子,比喻身份提高了。这段爻辞给筮卦者的警示是:(1)你现在有机会改变自己的地位;(2)要防止你手下的人对你的地位虎视眈眈、取而代之。

[**译文**]随从女子出嫁时的身份是婢女,再回娘家探亲的时候,婢女却变成了新娘子。

◎九四归妹愆期,迟归有时。

《集解》引虞翻曰:“愆,过也。”愆期,四爻偶数,是未婚之女,九四动出内卦,超出了待字年龄。《说文》作“迟,徐行也”,迟归,比起其他出嫁的女子,只是走得慢了一些。意思是时机未到,不可急图。

[**译文**]超过了出嫁的年龄,只是慢走了一步,时机马上就要到来。

◎六五帝乙归妹。其君之袂,不如其娣之袂良。月几望,吉。

商王帝乙在文丁和文王时,曾两次与周联姻①,六五阴爻居尊位,是帝乙下嫁玉女。袂,衣袖。君,丈夫,是指文丁还是指文王不详。这句话大概是描写文丁或文王到商去迎娶新娘。结合《泰》"六五帝乙归妹以祉,元吉",两次将"帝乙归妹"写于六五之爻,说明文王十分赞赏帝乙用联姻的方法稳固自己的统治,而不是一味地用残酷的战争来征服他国。

袂良,其"娣"穿着的衣袖质地、工艺非常优良。通过衣袖的对比,说明商的富庶和纺织技术远远高于周②,而周在这方面相对要落后一些。月几(幾),商周之时是以新月为月初,所以月几实际上就是指初一。望月的天文含义是日月相望,具体指月中的十五、十六月满之日。月几望,从初一到十五。爻辞以月由几至望来借指从迎亲到完婚整个过程,完成了这个过程也就是完成了一个和平的过程。

[译文]商王帝乙将女子嫁与下国,其夫君的衣袖还不如新娘

---

① 《诗经·大雅·大明》:"……挚仲氏任,自彼殷商。来嫁于周,曰嫔于京。乃及王季,维德之行。大任有身,生此文王。维此文王,小心翼翼。昭事上帝,聿怀多福。厥德不回,以受方国。天监在下,有命既集。文王初载,天作之合。在洽之阳,在渭之涘。文王嘉止,大邦有子。大邦有子,伣天之妹。文定厥祥,亲迎于渭。造舟为梁,不显其光。有命在天,命此文王。于周于京,缵女维莘。长子维行,笃生武王。保右命尔,燮伐大商。……"

② 王若愚曾在《从台西村出土的商代织物和纺织工具谈当时的纺织》一文中指出:"对我国原始社会和封建社会的纺织技术而言,商代的纺织技术具有承前启后的作用。它从多篗式或多综式的提花织机,替代了原始的席地而织的踞织机和挑织方法。商代织机利用杠杆原理,以踏木(躡)来控制综绌的升降运动进行提花。这是当时世界上最先进的技术。用这种提花技术可以织出类似青铜器、漆器上的云雷纹、夔龙纹等纹样。"(王若愚:《从台西村出土的商代织物和纺织工具淡当时的纺织》,《文物》1979年第6期)

子的衣袖好看。从新月渐至圆满的望月，吉。

◎上六女承筐无实，士刲羊无血。无攸利。

上六为老，老来结婚。刲，《说文》："刺也。"承筐，举着筐子。可以从两方面分析，一是结婚时女方没有嫁妆，男方家中没有活羊招待客人，都是贫寒之人。俞琰《周易集说》："有筐而无实是虚筐也；有羊而无血是死羊也。"即谓此。二是承筐、刲羊都是专用切口，女承筐无实，指婚后男子性功能不强，女子无法怀孕；士刲羊无血，因为女方年龄偏大，也试不出是不是处女。攸，所。无攸利，这种婚姻没有什么结果。

[**译文**]年龄大了才结婚，交媾时，女子得不到精液，男子不见新娘子出血。没有什么好的结果。

卦结：

归妹指女子出嫁。初九做了新娘子，表现得非常能干；九二在家观察学习日常家庭事务；六三婢女的身份随嫁，省亲时却变成了新娘子；九四超过了婚嫁的正常年龄；六五帝乙将女子下嫁联姻，把婚嫁变成高明的外交手段；上六已过婚期的老年男女已经失去了新婚的意义。

三十九、《周易》"贞"字义解

在周易卦爻辞中，"贞"字约有一百八十多个，它是我们理解卦爻辞的一个重要字符，如果"贞"的字义解错了，就会连带着对卦象及卦爻辞误解，故此讲专探讨"贞"字义。

《文言》："利者，义之和也；贞者，事之干也。"事之干，行为发展的主要方向或结果。但从传统解《易》看，贞都解为正、固之意。正、固之说许多地方自相矛盾，如“贞凶”“贞厉”“贞吝”，既然正而固，都应以吉论，为何还要凶、厉、吝呢？反过来说，既然言凶、言厉、言吝，何必还要写贞字呢？有些解释根本不能自圆其说，如《师·六五》：“长子帅师，弟子舆尸，贞凶。”《本义》解：“又戒占者专于委任，若使君子任事，而又使小人参之，则是使之舆尸而归，故虽贞而亦不免于凶也。”以此之言，“贞”反倒是多余之字了。再看《周易折中·乾卦》案：“利，宜也。贞，正而固也。……唯有宜者在焉，而后可以固守也，是宜在贞之先也。其中六十四卦者，皆是此理。其言利贞者，合乎此者也。其言‘不可贞’‘勿用永贞’，或曰‘贞凶’‘贞厉’‘贞吝’者，反乎此者也。”是说卦爻辞写“利贞”，就适宜固守，不写利字，就不适宜固守。很明显这种脱离卦象和卦辞内容的说法是典型的文字游戏。

东汉许慎在《说文解字》中指出了它的本义：“贞，卜问也。从卜、贝，以为贽。”此说一直未受到易家认可，殷墟甲骨卜辞出现后，证实了“贞”在卜辞中确为“卜问”之意。但就字形来说，甲骨卜辞是专为商王而卜，贞字有鼎之形，表达着君王之尊，显然是专用于商王占卜军国大事。而“易”是用蓍草为占卜用具，具有民间流传的特色，所写“贞”的字形不同也是正常的。就字义而言，贞在甲骨卜辞中格式是固定的，表示卜问，后面写贞得的结果。如：“乙未卜，争贞，王亥祟我；贞，王亥不我祟。”“贞大(甲)宾于帝；贞大甲不宾于帝。”贞的写作形式大体一致，都是提出问题，贞出结果。李镜池在《周易探源》一书中曾对“贞”字进行了充分论证，认为：“贞的本义，我们可以断定是‘问’的意思。甲骨卜辞中的贞，是贞之于龟，周易卦爻辞的贞，是贞之于蓍。”认为贞的本义是问，用之于龟是卜问，用之于蓍是筮问。这样就把《说文》之贞义应用到了《周易》中，推翻了前贤之说，使“贞”的字义更加接近实际。但此说仍然有误,因为甲骨卜辞和《周易》不是一种文体,贞字的功能是不同的。

文字在创造期总有个发展演变的过程,从前面两个卜辞举例看,甲骨卜辞的“贞”表示占卜行为的发生及对占卜用具产生的现象加以研判,“王亥祟我”是要问的事由,“贞”是进行了占卜,占卜的结果是“王亥不我祟”。以此看,殷墟甲骨卜辞就是简单的卜问,都是由“贞”而出现的问和答,是贞人按照钻、炙程序,依照龟甲的纹路分析规则直接予以判断,贞得吉就吉,贞得凶就凶,没有任何前提条件。

周易六十四个卦符及应用规则原始功能相近于甲骨贞卜,最大的区别是周文王将筮卦创造性地写成了六十四篇策论文,各有卦辞、爻辞,用以指导周国的发展方向。仔细读来,每个卦辞(传统称之为卦名)其实就是一篇文章的纲领,所写的“贞”,是用以表示卦辞所提示的思想或行为适合哪些人或不适合哪些人,适合者为“贞吉”,不适合者为“贞凶”。所以它已不是简单意义上的卜问概念,而是一个动作性代词,代指卦辞或爻辞中的某一思想。

可以举例作一下解卦剖析:我们首先看到的是卦的符号,如遁䷠。其次,会对卦象有个感性认识,本卦四阳爻权盛势大,二阴爻被迫于下,岌岌可危。再次,看看卦辞怎么说:“遁亨。小利贞。”再次,理解卦辞主旨,“遁”的字义是小者逃跑,“遁亨”,打不过就跑。最后,理解具体指向,“小利贞”小是指卦象中的二阴爻,利是断辞,贞则代指卦辞“遁”的概念:跑。意思是指在这种(卦象)形势下,弱小者有利于逃遁。很明显,此“贞”是指弱小者有利于这样做。

“贞”在所有卦中都存在,如果这个字不能准确理解,也就把卦爻辞的整体意义解错了。笔者没有更多的资料来论证“贞”的来龙去脉,但可以放在所有的卦爻辞中论证。在卦辞中,“贞”有时代指卦辞(卦名)所提出的思想,有时代指卦辞所提出的某种行为。在爻辞中,“贞”代指爻题、爻象所隐含的人或者思想。如卦辞提出某一思想,如果这一思想适合大人做,可以写作“大利贞”,言外之意是小人不适合做;如果这一思想适合小人做,就写作“小利贞”,而大人不适合做;如果这一思想适合女人做,就写作“女贞吉”,而男人不适合做;如果这一思想大家都适合,会写作“贞吉”;如果某一行为预后不佳,会写作“贞凶”。

卦爻辞中的贞字词组,较多的写法有“贞吉”三十五个,“贞凶”九个,还有其他不同表述方法,语法上体现得比较丰富。概括一下,有:

1.“利贞”之类

利贞—亨利贞—元亨利贞—小利贞—大畜利贞;

利牝马之贞—利君子贞—不利君子贞—利艰贞—利女贞—利居贞—利于不息之贞—利幽人之贞。

2.“贞”写在断辞前面的

贞吉—贞丈人吉—贞大人吉;

贞凶—贞厉—贞吝—贞疾。

3.“贞”写在后面

可贞—艰贞—永贞—女子贞——得童仆贞—元永贞—不可贞。

4.“贞”写在中间的

小贞吉,大贞凶—永贞吉—居贞吉。

本文列举一些句例进行分析,卦辞与爻辞都有的,选择卦辞:

《蒙》卦辞:“……初筮告,再三渎,渎则不告。利贞。”《蒙》卦是提倡循循善诱,独立思考的教学方针,贞代指“蒙”,利贞,有利于用“蒙”的教学方针教育学生。

《咸》卦辞:“咸亨,利贞。”卦象阳爻凝聚在上互卦,“咸”就是要求领导层要团结,不要分裂。“贞”代指咸。利贞,有利于所有的领导成员团结一致。

《乾》卦辞："乾，元亨，利贞。"卦象全阳无阴，乾为上升，不断进步。"元亨利贞"组成系列卦断辞，但"元亨""利贞"是两个并列词组，元亨所断的是乾，利贞所指的也是乾。贞代指"乾"，利贞，有利于不断进步。

《同人》卦辞："同人于野亨。利涉大川，利君子贞。"同人指合众人之心为一人。贞代指同人，有利于君子团结一心。反过来说，不利于小人团结一心。

《否》卦辞："否之，匪人。不利君子贞。"卦象阴阳不交，各成宗派，为离心离德之象，属小人行为。贞代指卦象，不利于君子搞小宗派。

《明夷》卦辞："明夷，利艰贞。"明夷指王对臣傲慢无礼。艰，指勇于面对艰难困境。贞代指明夷，利艰贞，有利于用百折不挠的精神去面对王的昏庸无道。

《家人》卦辞："家人，利女贞。"《家人》卦谈家庭秩序的重要意义，家庭内部的管理重点是女人。贞代指家庭秩序。利女贞，有利于女人遵守家规。

《归妹》九二："利幽人之贞。"九二动于内中，贞代指九二之象，有利于隐居之人出山。

《升》上六："冥升，利于不息之贞。""升"是讲农作物生长。冥升，夜晚也在生长。贞是指上六的生长之象，有利于不停息的生长。

《需》卦辞："需……贞吉。"需是指要做好雨水的疏泄工作。贞代指"需"。贞吉，做好雨水疏泄工作吉。

《师》卦辞："师，贞丈人吉。"师指聚众为师。贞代指师。聚众为师由老成持重之人主持吉。没有威望的人则没法号召众人。

《困》卦辞："困亨，贞大人吉。"困指被小人迫害时应辞官回乡。贞代指困。辞官回乡以躲避小人迫害,这样做大人吉。卦辞点明了只有大人适合辞官回乡。

《师》六五:“长子帅师,弟子舆尸,贞凶。”贞代指“长子帅师,弟子舆尸”的行为,这样做凶。

《讼》六三:“食旧德,贞厉,终吉。”贞代指“食旧德”,吃祖宗老本。贞厉,这样做有危险。

《泰》上六:“自邑告命。贞吝。”自邑告命,君主只能在城邑中发号施令。贞代指“自邑告命”。贞吝,只能在城邑中发号施令无异于受到羞辱。

《豫》六五:“贞疾。”贞代指六五爻象。这样做会得疾病。

《坤》六三:“含章,可贞。”含章,指六三爻象以小含大,有大志。贞代指含章。可贞,可贞的主语是六三所指之人,六三之人可以有远大志向。

《泰》九三:“无平不陂,无往不复,艰贞无咎。”贞代指“无平不陂,无往不复”的思想。在艰难环境中这样去想不会有错。

《小过》九四:“勿用,永贞。”勿用,不要去做。贞代指“勿用”。永贞,永远不要这样做。

《屯》六二:“匪寇婚媾。女子贞:‘不字,十年乃字。’”这个贞用的是字的原义——占卜。妇女结婚前占卜生育情况。

《旅》六二:“旅即次,怀其资,得童仆贞。”贞代指动词词组“怀其资”。“得童仆”相当于“贞”的结果,为宾语前置。像“怀其资”那样做就可以得到童仆。

《比》卦辞:“比吉。原筮。元永贞。”元,指我们的国家。贞代指“原筮”的内涵意义。我们的国家欲长治久安,就必须按照“原筮”去做。

《节》卦辞:“苦节,不可贞。”苦节,以节制为苦,思想意识不好。贞代指“苦节”。不可以节制为苦。

《屯》九五："屯其膏，小贞吉，大贞凶。"贞所代指的动词词组是"屯其膏"，即小人屯其膏吉，大人屯其膏则凶。

《贲》九三："贲如濡如，永贞吉。"贲如濡如，勇士苦练武功，汗水浸透了衣服。贞代指"贲如濡如"。长期坚持苦练武功吉。

《颐》六五："拂经，居贞吉，不可涉大川。"拂经，织布。贞代指"拂经"。（妇女）在家中做织布一类的工作吉。

从这些句例看，"贞"作为动作性代词还是成立的，它是针对某项行为而言。不像甲骨卜辞那样用途单纯，但延续了卜筮功能，也没有先贤所定义的"正""固"哲学思想。它是《周易》原始筮法与策论文体相结合的产物。凡卦爻辞中的"贞"如以上所解，就会文通字顺，思想明晰了。

四十、论卦辞"亨"的内涵和语法用途

传统意义上讲，"亨"作为断辞使用，在周易卦辞中共有四十个。《文言》将"元亨利贞"释为四德："亨者，嘉之会也。"指汇聚了所有好的因素。此说确定了亨的基本字义。《本义》："亨，通也。"解为通达，成为传统解《易》最常用的释义。至于其他说法，没有太大区别。确定了"亨"的基本字义，学者们更多的功课是放在其前面的字义上，如"咸亨"，把咸字解释清楚了，再下个通达的定义就行了。但通达是什么意思？它到底要表达什么思想内容呢？它是针对人来讲呢，还是针对事物讲呢，还是针对某项行为讲呢？没有人能解释清楚。这个"亨"字讲不清楚，它前面的字可能就解错了。进一步说，这四十个带"亨"的卦辞可能都解释错了。

从字义本身讲，笔者倾向于用"最好"作为"亨"字的基本定义，但"最好"只是一个概念，本身没有内容，对它准确注释必须拓展卦辞内容。譬如集市上卖菜，都想说自己的菜好卖个好价钱，卖萝卜的说萝卜又脆又甜，卖白菜的说好熟味香。没有卖菜的统一口径说我这个菜好，那个菜也好。反观解《易》者，每写到"亨"字就是通达，比卖菜的还要简单，是不是过于简单了？当然，如果《周易》作为占卜之辞这样去理解也无可厚非，"亨"字就是一个断辞，就是这么简单，但卦爻辞并非是占卜之辞，而是周文王写的关于政治建设、战略思想、战争艺术的政论内容，我们就不可以简单地以断辞来理解了。

"亨"字有三方面重要意义：一是对卦辞表示肯定。中心卦辞（卦名）是根据卦象提出自己的思想，如《遁》卦，阴爻形势危急，卦辞写"遁"，直接解释是小猪逃跑，取人们常见的事物，小猪被大猪追着跑。引申为社会行为，力量弱小的一方打不过就跑。加亨，这是一种最好的方法。

二是它的语法意义。卦辞（卦名）是动态谓语，"亨"是作为宾语使用的，它必须有所指向。如"亨"字的基本字义是"最好"，谁最好？怎么做才是最好？得把主语和谓语落实清楚。也就是说，凡是带"亨"字的，都是一个完整的句子，一个完整的句子要有主语、谓语和宾语组成，词语形式上可以省略，词义上是不能省略的。像"咸亨"，咸是句子的动态谓语，亨是句子的宾语，没有主语，主语被作者省略掉了。那谁"咸亨"呢？自然是"我们"咸亨，"我们"就是省略掉了的第一人称。如果用第二人称"他"去"咸亨"行不行呢？肯定不行，因为《周易》是创作于商周即将触发战争的前夜，又是周文王被商纣王拘禁的期间，卦辞是写给周国臣属看的，是指导臣属怎样发展自己，消灭敌人。凡是写"亨"的卦辞，都与国家的大政方针有关，所以只能用"我们"作为省略的主语，是我们怎样做最好，而不能写商王或者其他人怎样做最好。其时许多动词都是名词动用，如果拿掉了主语，谓语（中心卦辞）

就会误当名词使用,整个句子就发生了根本性的变化。二千多年的易学史一直就在犯这个错误。

三是“亨”字表述内容的延伸功能。“亨”字的基本内容是“最好”,而具体要表述内容还需根据卦辞来确定。如“遁亨”,打不赢就跑,才能保存实力。“咸亨”,只有紧密地团结在一起,才能形成强大的力量。“亨”字的表述内容要根据谓语的中心思想来确定。

第一人称主语是从“亨”字上倒推出来的,凡是“亨”字直接写在中心卦辞(卦名)后面,其语法排列是统一的。即主语—谓语—宾语,“亨”的形式是筮卦体中的断辞,实际解释应该作为宾语来使用,而且是肯定性的宾语。要理解这一点,先要厘清几个分析步骤:首先要明白每卦的卦象,其次要明白每个卦辞的静态字义,再次要明白卦辞的动态字义,最后明白“亨”字的指向意义,即必须要添加第一人称主语义项。

“亨”和“贞”经常在句子中同时出现,需要注意的是两者指向不同,“贞”包含的字义简单,指向的是某项行为:这样做是有利还是不利。“亨”包含的字义复杂,指向的是第一人称主语,我们亨,我们这样做亨。

“亨”字既然是肯定性宾语,就要根据动态谓语(中心卦辞)的内容来推衍,不同的卦,其中心卦辞的内容是不同的,“亨”字要表述的内容当然也是不同的。

举《咸》卦为例。先分析卦象,䷞阳爻被阴爻包围,为险象,但三个阳爻聚在上互卦,表明领导层团结在一起,有力量抗衡阴爻的围困。在三个阳爻中,九四为中心,四爻主智,九五之君和九三之将能不能听从智者之言,还需要高度的思想觉悟,故卦辞写“咸”,《说文》:“咸,皆也,悉也。”“咸”的字义是都团结在一起,这是静态卦辞义。动态卦辞义把卦象结合了进来,要求君臣都团结一致,共渡难关。咸亨,“亨”字融入咸的内容:表明实践了“咸”

后能实现什么好的效果:要团结一致,共渡难关,才能开创宏图大业。“才能开创宏图大业”可以作为“亨”字的内容。原句“亨”字缺乏主语指向,添加第一人称主语“我们”:我们周国君臣要团结一致,共渡难关,才能开创宏图大业。卦辞是文王对领导干部提出政治要求。

再举《涣》卦为例,分析卦象,《涣》卦九五、九二各为阳爻,互不统属,有离散之象。卦辞写“涣”,静态卦辞义,是离散;动态卦辞义,是用外力加速、推动离散。离散是坏事,为什么卦辞写“涣亨”呢? 盖因为是卦符表达的社会现象,是商王朝统治的真实写照,涣散的对象是商王朝统治,而“亨”针对的是第一人称“我”,是我要采取措施加速商王朝的分崩离析才能获得最好的结果。分析一下,取静态字义,涣散亨,显然不对,涣散是坏事,怎么能亨呢;第一人称加涣亨,就成了我涣散亨,更不对;第一人称主语加动态谓语加亨,我加速其涣散亨,是因为我采取了正确的方针策略才亨。由此看,第一人称主语隐含在亨中,是我亨。中心卦辞(卦名)是我要采用的大政方针,是因为我采用了这种大政方针,才取得了亨的结果。这就是“亨”字的语法用途。

上面两个例子不是个例,所有的中心卦辞(卦名)后直接写“亨”的都如此。作一下简略分析:

䷃蒙亨。卦象三个阴小之爻处在二阳爻中,有被教育之象,初六卑微则不在被教育之列;六四独正,为指事爻,主学习。蒙是顺架攀爬的植物,比喻教学关系:老师搭知识的架子,引导学生自己生长思考。蒙亨,加主语,谓语主动,我们要提倡引导学生独立思考的学风,才能培养出好的人才。“才能培养出好的人才”是在本卦辞中“亨”字应表述的内容。

䷈小畜亨。卦象六四独阴为指事爻,是君主身边的小人。小畜,养小牲畜。小畜亨,加主语,谓语主动,我们要像养小牲畜一样看管好君王身边的小人,这是最安全的方法。言外之意勿使其掌握职权。

☷☶谦亨。卦象九三独阳为指事爻,三爻为兵,主军事战争。兼是兼并,用战争兼并对方领土。言是理论,指战争要有合理借口。谦即是指战争要有正当理由,要实现占领目的。谦亨,加主语,谓语主动,我们要有理由地发动战争,要以占领领土为目的,这样才能实现我们的战略意图。后一句话是本卦辞中"亨"字的拓展内涵。

☶☲贲亨。卦象二阳爻在初上,是谈内部事务;九三指事,是负责卫戍京畿安全的军队。贲亨,加主语,谓语主动,我们要建立一支负责京畿及王室安全的武装警察机构,以保障政府安全和民众的安定。

☷☳复亨。卦象初九独阳为家,五阴爻在外有返家之象。复是回来,也指吸引招纳人才。复亨,加主语,谓语主动,我们要让出去的人都回来,才能完成兴国大业。

☳☴恒亨。卦象三阳被阴爻围于下互卦,以九三武士为结伙中心。阳爻难得人心,必以善行才能获得众望。小篆恒字心舟在两岸之间,以摆渡济人喻做好事以换嘉名。恒亨,加主语,谓语主动,我们如果做错了事,应当用善行来挽回名声,人民群众才会信任我们。

☰☶遁亨。卦象二阴爻被四阳爻压迫,只有逃跑才是唯一活路。遁字是小猪被大猪欺负而逃跑。写小猪有两层含义:一是小猪毕竟打不过大猪,这是现实力量的悬殊对比;二是小猪将来会长大,将来力量会发生转化。总之,遁是指在力量悬殊的情况下弱者采取的最佳策略。遁亨,加主语,谓语主动,当我们在军事力量弱小时不妨采取跑的策略,这样才能保存力量图谋将来的胜利。

☱☷萃亨。卦象阴爻上短下长,像是幼弱的小草。萃,聚集,比喻力量弱小的人聚集起来。萃亨，加主语，谓语主动，我们要把弱小的力量组织起来，就能抵抗强大的敌人。

䷮困亨。卦象三个阳爻被阴爻分割包围，显示君子被小人陷害。困，故卢，老家的房子。主动，回到故乡。困亨，加主语，谓语主动，我们作为君子，当被小人陷害时，要毅然地抛弃官位，回到故乡，以躲避灾难。这里亨字可解释为躲避灾难。

䷲震亨。卦象为双雷。震字雨在辰上，是春雨之雷。春雨为人们久久期待的喜事，而雷震易形成灾难，也是考验人修为的时刻。震亨，加主语，谓语主动，我们在喜人的春雨里，要大胆地以淡定的心态迎接雷震的到来，有局部的牺牲才有大的胜利。

䷶丰亨。从卦象看三个重要位置都被阴爻占据，是个凶卦，但从卦形看有豆状（盛食物的盘子），比喻农业丰收。其时是单一的农耕经济，粮食的丰歉是一个国家经济强弱的标志，借此卦文王提出要搞好农业生产，保障粮食供给的要求。丰即丰产。丰亨，加主语，谓语主动，我们要搞好农业生产，保证粮食丰收。

还有“兑亨”“节亨”“小过亨”“既济亨”“未济亨”与上解大致相同，限于篇幅不一一解释。卦辞中“亨”不是紧跟在中心卦辞（卦名）后面的，如“元亨”，句式稍有变化，在此不再作分析。

《史记·太史公自序》：“西伯拘羑里，演《周易》。”周文王写《周易》是为了指导周国的革命进程，确定发展方向。每一个卦符都体现着一种敌我对峙环境，不同的环境需要用不同的策略应对，卦的中心卦辞（卦名）就是其具体方法。凡是卦辞中带“亨”的，都是周文王为周国发展提出的大政方针，而执行这些大政方针的必须是周国臣属“我们”，所以前面加主语是解卦必须要做的。在解卦辞时，可以不写主语，但是不能不用主语，这是“亨”字给每一个学《易》者的提示和要求，只有如此，才能得到一个完整的答案。

下篇　话说周易

一、话说《周易》之“师”

䷆话说自从成汤灭夏立商，商王朝统治了近六百年，因文明富庶而万民悦服。但自商纣王继位以后，其好大喜功，穷兵黩武，荒淫无道，视天下百姓为草芥，民众怨声载道，殷商渐露衰败之象。名不见经传的周国坐拥西域，日益强大，引起商纣王警觉。这年，前来商都朝歌参加朝会的周文王姬昌（时称西伯侯）酒后失言，预测商王朝运数，被商纣王猜疑，遭软禁于羑里（今河南汤阴一带）。周文王身在狱中，心系祖国，心想：自己作为周国国君，被商纣王关押在此，无疑对周国是个很大的打击，在兴周灭商斗争的关键时刻，周国革命绝不能因此而停滞不前。他在屋内踱着步子，看着窗外天空变幻的云层，思考着指导周国革命斗争的万全之策。当他眼光落到了自己一直钻研的筮卦，心中豁然开朗。筮卦在周国从伏羲时代一直流传至今，由天、地、风、雷、山、泽、水、火八个卦重叠为六十四卦组成，共有三百八十四爻，对每个卦爻的解释都要依据严密而又繁杂的卦象体系，只有极少数人才能掌握，商朝尽管文人辈出，对此也只是雾里看花。文王喜不自禁：我把自己多年的从政经验和战略思想用卦爻辞的形式写出来，送回国内,让周国的臣属们贯彻执行,不失为稳妥而高明的办法。

文王首先想到的是应制定一种既不显山露水、又暗伏杀机的强国策略。他扫描了一下自己亲手刻画的六十四个卦符,看到地水卦,眼前一亮,顺手写了一个“师”字,随即又把刻有“比”卦象的甲骨放在了后面。看到一直跟随身边的小丁面露疑惑之色,文王低声说:“《师》卦六爻中只有内卦中爻为阳,说明它能聚集人气,有统领众人的职责。九二虽居位不尊,却有很高的威信,可以看作是族长之类,卦象五阴爻是被领导者。历史告诉我们,人民群众才是战争的主体,应该让有威信的人像管理军队一样去领导自己的族人,一旦有战事发生,这就是一支支庞大的军事队伍。”小丁看到“师”字,意为众人围成一周,是听从号令,准备战事之意,便恍然大悟。但欲言又止。文王早就猜透了他的心思:“你是不是很奇怪,那个水地卦(指《比》卦)阳爻居尊,为什么反而排在后面?从内外卦看,水地卦一阳爻在外,是外强内弱;地水卦一阳爻在内,是我强他弱。上下卦取贵贱,内外卦取敌我。当阶级矛盾和民族矛盾都存在时,你觉得哪个矛盾更大?”小丁小心翼翼地说:“应该是民族矛盾吧。”文王笑了起来:“这就对了,不管什么时候,民族矛盾都是第一位的,所以《师》卦一定是排在前面的。”

小丁看到爻辞,问:“侯爷,六三师或舆尸,凶。怎解?”文王道:“尸是神灵的代言人,也可以木雕代神灵。六三乃弱旅,平时不注重练兵,打仗时却用车拉着神主(尸)随行,希冀神灵帮助打败敌人,能不凶吗?我们讲把民众组织起来,一定要有战斗力才行,‘初六师出以律’就是强调这个问题。”

这个卦爻辞辗转传回周国后,姬发连日召开会议,学习文王思想,安排落实文王精神。会议研究决定,发动各基层,以村镇为单位,以族长为首领,按照民兵体例编制每家每户的青壮年,忙时务农，闲时召集起来进行军事训练，战时以家族为单位行军打仗。从此周国看似没有多少兵员，一旦有了战争的召唤，便涌现出一支支强大的军事力量。后人总结此现象为“寓兵于民”。

二、话说《周易》之“豫”

䷏ 上一篇讲到周文王写了一个“师”，提出要“寓兵于民”的战略思想。写完卦爻辞，文王又陷入沉思之中：全民皆兵是强国路线，但必须让民众变成像士兵一样能战斗，才会实现这一愿景，而真要如此，被商纣王发现，就不是自己被囚禁的问题了，周国的百年基业岂不毁于一旦？他摆弄着手中的卦牌，当翻到雷地卦时，怎么也放不下去了。文王思忖着卦象，四爻主祭祀，五个阴爻围绕在九四所代表的宗庙前开展祭祀活动……对了，每个乡村都有宗祠，何不借用祭祀活动的排演让基层武装部门来训练这些民兵呢！这样既可强兵，又可掩人耳目。他拿过一块牛骨，划上卦符，后面又刻了一个大大的“豫”字，旁边的小丁脱口说了一句：“击刺术。”文王脸上舒展出难得的笑容：“对，豫就是大象，象就是指击刺术。”

小丁读完爻辞，问：“为什么初六鸣豫凶呢？”文王说：“你大张旗鼓地搞军事训练能不引起商王的警觉吗？你看鸭子在水面上悠然自得的样子吗，人们都说：鸭子踩水暗使劲。这是说它在暗地里使劲蹬水，只是从表面上看不到而已。”

“那九四由豫怎么讲呢？”文王答：“就是把舞蹈动作规范化。”

此卦送达周国，二公子姬发急忙召集宗教、武装、文化等部门的各级领导，研究方案，先从武术界选拔优秀人才，确定规范的二十四式，刺、击、劈、撩，看上去像笨拙的集体舞蹈，再谱写雄壮的乐曲，由武装部门主管训练，宗教部门组织活动，一场隐秘（针对商纣王而言）而又公开的轰轰烈烈的群众大练兵运动就此展开。

【引注：《说文》：“豫，象之大者。”象，《诗·周颂·维清序》：“《维清》，奏《象舞》也。”郑玄笺：“《象舞》，象用兵时刺伐之舞，武王制焉。”孔颖达疏：“谓文王时有击刺之法，武王作乐，象而为舞，号其乐曰《象舞》。”】

三、话说《周易》之“同人”

䷌ 周文王是周国的精神领袖，是周国民众的主心骨，此时深陷囹圄，不禁惆怅万分。他在思考，怎样才能让周国的臣民在自己缺位的情况下，团结一心地渡过难关。他拿过天火卦符，打量着：六二阴爻稳居内卦之中，具有巨大的凝聚力。阴爻居中，以德服人，众人才会团结在你的周围。文王手握刻刀，写下卦辞“同人于野亨”，又写完所有卦爻辞，通过快递送到了周国。

二公子姬发看到《同人》卦辞，像黑暗中看到了光明，召集中层以上干部，学习文王思想，在大会上提出“团结就是力量”的口号，指出“同人”就是同如一人，就是指团结。我们这个集体团结得要像一个人一样，思想一致，有令必行，同悲同喜，患难与共，就没有克服不了的困难。又指出：同人于门、同人于宗，是革命的初级阶段；同人于郊是革命的发展阶段；要想取得更大胜利，必须要做到同人于野。姬发号召紧紧围绕在周文王周围，团结各民族、各阶层人士，壮大我们的力量。后来在伐纣誓师大会上又向所有友邦也提出了这一口号:“同力度德,同德度义。受有臣亿万,惟亿万心。予有臣三千,惟一心。”说只要团结一心,我们即便只有三千人,也足以战胜敌人的十万之众。

学习中有一段爻辞引起了大家的热烈讨论:“九四乘其墉,弗克攻,吉。”四公子姬旦(即周公)解释道:“这是一个弱卦,当我们的部队在外遇到强敌时,后退会遭到敌人掩杀,冲锋是以卵击石,不妨把战车排起来像城墙一样,既可以遮挡敌人的箭矢,又可以激发战士们同仇敌忾的英雄豪气,就没有人能击败我们。这依然是讲团结产生力量。”下面有位时空穿越者讷讷而言:“宋朝人说是我们站在城墙上,不知怎么回事。”周公有点意外:“战车怎么会站到城墙上呢……”

四、话说《周易》之“复”

䷗ 事业的成败,说到底还是人的成败,有一个正确的政治路线,有一个人才济济的团队,才能保证我们的事业蒸蒸日上。周文王想着在骨片上刻了个地雷卦符,对小丁说:“你看,这个卦五个阴爻主动,初九在内,是他们的根。我们要让初九成为他们的家,使他们都回到我们这里来,何愁事业不成功。”说着,文王写了卦辞:“复亨。出入无疾,朋来无咎。反复其道,七日来复,利有攸往。”随着解释:“复亨,指走回来。出入无疾,出去的人总是有各种原因和志向,只要回来就好,不要去怀疑他。朋来无咎,外面的人来投奔我们,也不要去怀疑有什么目的。反复其道,七日来复。七日是指已至人的晚年。到晚年人还是要走回过去走过的路。熙熙攘攘,皆为利去,皆为利来。所以,不管是出去又回来的，还是别处投奔而来的，还是老年回来颐养天年的，我们都要容纳，不要怪罪他们，不可拒人于千里之外。”小丁说：“我看后人说复是阳气生于下。”文王不解：“他们不懂卦象规则，难道还不识字吗？”

小丁想：后人思想太错杂，越看越乱，还是看看爻辞吧。

初九不远复——出去不远就回来了，总算是想着这个家。

六二休复吉——累了，回家休息，家庭是游子的港湾。

六三频复——反复无常的小人。

六五敦复——老成之人回来，是意料中的事。

六四中行独复——“侯爷，为什么六四独自回来呢？”“回来是归宿，众人都被眼前的利益所迷惑，唯六四理智，虽居五阴之中，但没有权威，说话没人听，只好独自回来。做人不要随大流。”

上六迷复——不识时务，错误的道路越走越远。

小丁思索着：《复》卦讲的是人生的道路，其实涵盖了很广领域：做人不慎要迷途知返；做事要拿得起来放得下；做学问要钻得进去出得来；事君讲忠心，不可做反复小人。

五、话说《周易》之“小畜”

䷈ 周文王时称周侯、西伯侯，又被百姓称为圣人，自然是一位伟大的智者。他经常回忆自己祖先的奋斗史和自己继位以来周国的成长经历，应当教育后人不要忘记前辈在艰苦卓绝的环境中，是如何从西边偏远的小山村发展到现在成为举足轻重的诸侯国。忘记过去就意味着背叛。周文王端详着风天卦符：六四阴爻居上卦之正位，小而得贵，具有美好的发展前景。他甚是满意，正要捉刀刻字,忽而脑海中掠过一丝阴影:六四固然位正,但如果像商纣王身边养的小人,一旦成为权臣,岂不扰乱朝纲!思虑再三,慢慢刻出了"小畜亨"三字,后面又刻了"密云不雨,自我西郊"八个字。

小丁自小服侍文王,耳濡目染,有了些文化,看到这里,不禁好奇地问:"侯爷,'密云不雨,自我西郊'是讲述我们国家的发展史,小畜是讲养小牲口。为什么这句话前后意思不同呢?"

文王缓缓地说:"这个卦具有双重性,既有从小发展壮大为巨人的可喜前景,又有小人能发展至乱国奸臣的灾难后果。所谓凡事一分为二即是这个道理。我们从中得到的启示是:既不要忘记我们的革命历史,又要立规矩,把小人关在笼子里,防止他们长大窃权。人的贪欲心是伴随着地位的增长而膨胀的。"

小丁反复看着小畜后面的亨字,不解,小畜怎么亨呢?文王看到这里,微笑着说:"这个亨字不光你不解,恐怕也难倒了后世所有人。记着,凡是带亨字的卦辞,有个语法要求,前面必须加主语'我们',它代表了我们对某些思想和行为的态度。'小畜亨',是说我们要像养小牲口一样控制小人,才会安宁。"

所以"小畜"意在告诉后世君主,养小人要和养小牲畜一样,千万要有防范意识,不要养虎为患。车轱辘都承载不了的重物却让小牲口去拉,不管对家庭来说,还是对国家来说,都是一个错误的选择。

读过历史的人都知道,"春秋五霸"之首的齐桓公养了三个小人以供开心娱乐,起先有相父管仲替他看着笼子,使他们不敢胡作非为,而管仲死后,三个小人便从笼子里跳了出来,胆大妄为,将齐桓公迫害致死。就身边的事来讲,养宠物狗可以,千万不要把藏獒像宠物一样养着。

六、话说《周易》之“小过”

䷽ 周文王是乱世之英雄，可谓是革命家、政治家，自然洋溢着催人奋进的正能量。但同时我们也发现，他有着根深蒂固的奴隶主贵族思想。这两种思想交织在一起，给我们分析卦爻辞带来很大的困扰。这天傍晚，文王在院子里散步，看到东南角一株高大的梧桐树上众多麻雀叽叽喳喳开会，吵得不亦乐乎，不禁开心地笑了起来。回到屋里，拿过刻着雷山卦符的骨片，陷入沉思之中。

本卦象下面二阴爻和上面二阴爻完全相同，标志着阴爻自下而上地完美跨越，人生境界的跨越是可喜可贺的事，值得鼓励。文王重笔写下：“小过亨，利贞。”过指超越，我们要有超越小我的勇气，才有可能成长为巨人，有利于跨越人生境界。这是针对上面二阴爻的断语。针对下面二阴爻，文王却笔锋一转：“可小事不可大事。飞鸟遗之音，不宜上宜下，大吉。”是说，这种人尽管不断追求进步，值得鼓励，可下等人只能做下等人的事，就像小鸟飞进草丛、枝叶中唱着婉转、欢快的歌，低空才是它愉快的天地。

周文王尤其戒备尚武之人，“九三弗过，防之。从或戕之，凶”。九三是尚武之人，这种人过分张扬炫耀，要提防着他，一旦达不到他的要求，他会反叛弑君的。

对“小”的定义是原则性的，本卦中，即便正能量也是有条件的。唯一的正能量体现在五爻中，“六五密云不雨，自我西郊。公弋取，彼在穴。”爻辞的前一部分是追述周国的创业史，引而不发，锲而不舍；后一部分则只是讲周族首领公刘时代吸取外族的先进经验,改善自己的穴居条件而已,依然没有离开小族的范畴。

小丁作为基层群众的一员,自然清楚文王的阶级观念,但他还是很佩服文王的说法。他想:有希望人才活得有意义,乌鸦变凤凰,是人生的一大跨越,是"小过"对社会正能量的一种期盼。现实中,有些人眼高手低,自己没能耐却总是瞧不起别人;还有些人属于烂泥扶不上墙,发了点财就不知天高地厚,成天显摆,要土豪作风,纯粹是"土鳖"财主。看样子精神文明和物质文明一起超越才行啊!

七、话说《周易》之"履"

䷉ 周文王在上一篇《小过》卦中通过卦爻辞写出人间百态,表达了小人得志不可过的理念,这是从社会阶层的角度,以小人为主体来论述的。文王又想,从另一个角度讲,主观意识上存在的小人是不争的事实,他潜伏在社会各个层面,而且对小人的认定往往是一种主观感受,你说他是小人,在别人眼里他未必是小人。其实人的形象是多棱形的,且是发展变化的,他今天是小人,明天也可能就是枭雄,如果不认清这一点,你就可能面临灭顶之灾。

文王拿过审视已久的天泽卦:六三一阴爻独立孤行,五阳爻合伙上下围剿,其势危矣!文王暗笑:五阳爻仗势欺负一个阴爻,但这个阴爻是什么?这是个武士,武士的勇武是天生的,他现在未成气候时任你去践踏,而他一旦成为一个真正的武士,你跪地求饶都来不及了。所以谈谈怎样对待形似的小人,就很有必要了。

文王阅历丰富,总喜欢用生活中浅显的事例来引申出道理,教育涉世不深的年轻人。他在卦符后刻下卦辞:"履虎尾,不咥人亨。"

旁边的小丁天真地问:"侯爷,谁有这么大的胆敢踩老虎尾巴?"

文王听后哈哈大笑:"要知道老虎的尾巴就不会去踩了,有人看到虎尾细,才去踩,但踩上以后才看到是长在老虎身上的,哪里还敢笑呢!不笑是一种态度,说明他有一种敬畏之心。所以我们不要被一些事物的表面现象所蒙蔽,一个人看似很弱小,你就去欺负他,很可能你看到的现象就像老虎的尾巴。而这人一旦有了复仇心后果是很严重的。"

小丁恍然大悟:"小人明白了,侯爷是教育我们要低调做人。您写的'六三眇能视,跛能履。履虎尾,咥人凶。武人为于大君'。就是在讲瞎了一只眼却总想看得比别人清楚,瘸了一根腿却总想跑在别人前头,踩到老虎的尾巴还狂妄地大笑,是不是讲自身能力不强却还瞧不起别人,太争强好胜了也不好呀?"

文王向周围看了看,低声说:"对,商纣王就是这样的人。"

按周文王说的,低调做人,不要小觑你的敌人,履道才会平坦的。

八、话说《周易》之"夬"

周文王在《小畜》《小过》《履》等卦中谈了身份低微或主观上的小人的各种心态和表现。文王作为一个统治者,更关心小人行为对政权带来的巨大危害。他手里把弄着泽天卦:一阴爻孤立在上,五阳爻合聚在下,五个阳爻的中心是九三,九三是武士,而且是不安于现状、蠢蠢欲动的武士，由他带领的一群人统治着朝纲，国君只能像小孩子一样任人摆布。文王遥望着窗外蓝天上被风吹动的几朵白云，想起商王前朝的故事，几个重臣曾把持朝政，而商王只是唯唯诺诺，便按住床几上的甲骨，在卦符后刻上："夬，扬于王庭。"犹豫再三，又写上"孚号"。手下没有人把你放在眼里，你发的号令只能像小孩子说话一样，又有谁去遵从呢！

小丁看到文王脸色凝重，半晌不敢吱声。他知道，国家大事少说为妙，但爻辞写的个人性情，但说无妨的，便谦卑地问："侯爷，九四臀无肤，其行次且。牵羊悔亡，闻言不信。是不是与相术有关啊？"

文王点点头："对，有些暴发户长着一身穷酸相，行路也没有副好走相，一旦手里有了钱，就胡吹海唠，这种人说话你可不要信他。"小丁心想，怪不得有些人借钱买豪车，那就是"牵羊悔亡"，招摇撞骗去啊，他就是吹得天花乱坠，我也不会给他集资筹款的。

九三壮于頄，有凶——一副小人得志、老子天下第一的神情，不凶才怪呢。

九五苋陆夬夬，中行无咎——明明是草，却长得挺直脆硬，好像自己有多么了不起。

看到爻辞基本以评判小人为主，小丁提醒自己：要认识小人，远离小人，不做小人。

九、话说《周易》之"睽"

䷥ 周文王被民众称为圣人，说明他不仅是一位邦国的统治者，也是一位慈善的老者、见识不凡的智者，他在写《周易》时，对人的性情、智慧、世界观浓墨重彩，各阶层、各种观念的人都能鲜活地出现在字里行间，就连稍有文化基础的小丁也经常能在爻辞中找到自己的身影。

文王这天拿过火泽卦符，看看又放下，有一种纠结感，为什么？你看卦象，阳爻的正位应该在奇数爻，阴爻的正位在偶数爻，但这个卦上面五个爻都居反位，而最下一爻则是唯一正确的一爻，如果从社会层面解释，那就是上层人都是错的，只有下层人才是对的，怎么可能呢。想到这里，文王背起手在屋里踱起步来，他要造一个字来准确界定这个卦象。有了——他止住脚步，拿起青铜刀笔，刻了个“睽”。小丁瞪大了眼睛，无比崇拜地说：“侯爷，怪不得人们都说您老是圣人，您造的字简直匪夷所思，癸是天干的最末一位，目是用眼睛看问题，合在一起就是下层人看问题。侯爷是不是说我啊。”文王哈哈笑了起来：“你比他们强多了，后世很多有文化的人都不知道这个字表达的是什么意思。”

文王来了兴致，拿起刀笔，很快写完了六爻爻辞，索性让小丁仔细看。小丁一边看一边挠头，只是不敢言语。“没事，想到什么说什么，不怪你。”小丁壮了壮胆：“侯爷，我怎么看有些地方不对啊，马跑了怎么还能自己回来呢？”文王认真地说：“你问得好，不是有些地方不对，是全不对。”

文王指着一段爻辞：“六三见舆曳其牛，掣其人，天且劓，无初有终。”“你见过车拉着牛，牛拽着人吗？你见过脸上受了刑法后半生过得很好的吗？”小丁摇摇头：“没见过。应该反过来说才对呀。”文王说：“你没见过，但六三见过，他把见到的事物再用脑子筛一下就都成相反的了。”小丁更迷糊了：“六三是个人吗？”文王斩钉截铁地说：“对，六三就是个人，所有的爻题不是指环境，就是指人，是指各色各样的人，我写的就是六三代表的人脑子里所想的。”小丁现在才明白，原来六三、九四不是数目，而是爻辞的主体啊。

小丁看到“九四睽孤，遇元夫，交孚。厉，无咎”。不禁失口笑了起来：“这个没见过世面的孩子，走到外面，看见个男人就认为他很了不起，拜他为义父，不被别人骗才怪呢。”

文王道：“所以说，思想的高度决定人的高度；而身份的高度又影响了他思想的高度。从认识论上说，这些人患了严重的因果关系错乱症。他们把压根儿就不存在的事作为因，然后推导出自认为正确的果，真正的结果是自己处处碰壁，吃亏上当。睽字讲的是一种低级错误，其实许多有身份的人也常常出现这类错误思想。作为领导者，如果也犯这种低级错误，往往会对国家和集体造成长期的、不可弥补的恶果，不可不引以为戒。”

十、话说《周易》之“艮”

䷳ 如果说周文王特别倾注于对人性的探讨，也不尽然，有些卦从卦象上看，确实是各种人性的最佳体现，文章的主题不得不从此处下手。像兼山卦，上面像目，下面两个阴爻顶着个眼睛，不就是小人看世界么，而且两爻相连代表一个面，是指一部分人的世界观，具有代表性。文王于是按象组字：上面写个“目”，以类卦象上四爻；下面写个匕，代表两个阴爻，像人侧着身子看世界。这两个笔画组合在一起就是“艮”，比喻此种人不是从正面看问题。

前面的卦讲的是小人性情，有的是身份定位，有的是人在江湖身不由己，而这个《艮》卦是自身修养不足，导致世界观有偏差。“艮其背，不获其身。行其庭，不见其人。无咎。”文王刚写完这段卦辞，小丁就喊了起来：“怎么会这样呢，看到他的后背，却看不到他的全身；都走到人家的庭院里，却看不见庭院中的人。是不是这人眼神不好啊？”“是啊，”文王说，“他不光眼神不好，脑子也有问题，看到后背（连前身都没看到）看不到全身的人，总是片面地看问题。他看到局部的，却看不到全面的，这叫一叶障目，不见泰山。有人说此为明以察秋毫之末，而不见舆薪。这种人是以偏概全，往往固执己见，不知变通，是典型的经验主义。走到人家的院子里，却看不见院子里的人，现实中常常有些人信奉某些理论而不注重现实，属于教条主义；掌握权力的人因信奉理论而不顾国情，会给集体造成重大损失，形成接连不断的路线斗争。这些问题都需要我们引起高度重视。”小丁似懂非懂地只是点头称是。

看到爻辞，小丁请教：“六四艮其身。显然这是一个智者，能全面看问题，为什么只写‘无咎’而没有其他赞誉之词呢？”“坐而论道，清谈误国，有啥可赞誉的。”小丁又问：“侯爷，我看爻辞初六艮其趾，六二艮其腓，六四艮其身，六五艮其辅。为什么都是自下而上地写人的身体部位呢？”文王答：“不同的部位有不同的职能。用身体部位对应爻位，就如同社会地位和相应职责的关系。社会的主要职能是协调人和人之间的关系，这就要求人们具有集体意识。每个人都处在不同的环境和地位，既然许多人不能全面客观地看问题，还是各扫门前雪，做好你的本职工作吧。超出自己范围的事情，则不在其位不谋其政为好。”

十一、话说《周易》之“讼”

䷅ 由于人的思维观念不同，对一些问题各抒己见也是很正常的，但如果因此而影响了社会的安定团结，可就不是一件小事了，周文王为此沉思起来。他看着天水卦，六个爻中，有五个是反居爻位，只有九五位正，显然多数派的臣属不会信服君主，尽管只有君主是正确的。如果君主强行其事，臣下会不会反而叛之呢？为君者怎样才能让臣下服从自己的意志呢？文王看到卦象五个反爻中有三个身居要职的是阳爻，与九五是同类，表明虽然思想有分歧，但没有根本的利害冲突。而其余两个阴爻是不足为害的。基于对总体形势的把握，为君者应该做的是：避免矛盾升级，以德征服思想徘徊之人；而对居心叵测的小人，则应以威服。文王想到此，审慎地写下了“讼”字。

小丁问：“侯爷，如公之言怎么讲呀？”文王答曰：“公身居官贵之位，自然有威，足以震慑小人；公威望卓著，德足以服君子。为君者要像公一样恩威并重地发号施令，就可化解目前的困境，过于表现君主的强势或过于软弱都无助于事态向有利于自己的方向发展。”小丁仍有不解：“那‘有孚窒’怎么理解呢？”文王笑了起来：“你已经解了。”看到小丁一副茫然神态，文王继续说：“这句话的意思说：像小青年那样简单地意气用事就走不通了。”

小丁指着“九二不克讼，归而逋其邑人三百户，无眚”“九四不克讼，复即命。渝安，贞吉”，又问：“九二爻和九四爻辞都是不克讼，为什么结果不一样呢？”文王答道：“九二居下卦之中，周围都是小人，说明只是一个享有采邑的小主。不克讼的话，宁肯逃回家当地主，也不改变自己的政治观念。九四是朝官，没有根据地，只好转变思想拥护君主。这两段爻辞意在告诉人们，政治思想是建立在经济基础之上的，对他们要区别对待。”

小丁仿佛听明白了，习惯性地向屋子的西南角走去。不知什么时候，小丁请高人做了个时空穿越镜，每次文王写出卦爻辞，他的好奇心驱使他看看后人在说些什么。“侯爷，人们说讼是争讼呢，是臣子负直以相亢。”文王知道这是后人的误解，但只是望着暮色中闪烁的星光，没有说什么。

十二、话说《周易》之“明夷”

䷣《讼》卦中以九五为代表的君主人正理清，属下位反理屈，最终会认清错误而臣服。如果君主昏庸无道呢？周文王一手拿着刻着地火卦符的甲骨，一只手颤抖地捋着长胡须，看上去有些衰老。这个卦象五个爻皆位正，只有六五爻处反位，显然是臣对君错。从外界看，兵熊熊一个，将熊熊一窝，国家会变得软弱可欺。从内部看，君不正则臣生奸佞，而正直之臣却惶惶不可终日。文王本想写点什么，以警示后人，但想到自己目前被昏君囚禁的处境，不禁快刀写了两个字：“明夷。”

小丁对这个话题非常敏感，很久不敢出声，但他知道文王喜欢自己请教好学的精神，还是大着胆子小声说：“侯爷，‘明’字是不是专用于王啊？”文王点点头，他知道，自己稍有不慎就会有掉脑袋的危险，表达敏感问题要用密电码。文王真正钦佩的是商朝开国之君成汤，所以卦爻辞中写的“王”字大都与商汤有关，而现任之王只好用“明”来取代了。“夷字通常指东方人，他们专用弓箭；有的坐姿直腿前伸，对人不敬，或者野蛮无礼，也叫夷。”小丁明白了，“明夷”就是暗指商纣王对大臣残暴无礼。

小丁问：“‘初九明夷于飞，垂其翼。’是鸟飞吗？”文王答：“是一种天象，叫日中乌见，太阳中有黑鸟出现，意味着君王昏暗不明，政局混乱。商又是玄鸟的传人所开创，‘上六不明，晦。初登于天，后入于地’。讲玄鸟怎么上的天，还会怎么回到地上来的。”

小丁想：国家大事和天文知识非自己所能理解，还是到时空穿越镜看个究竟吧。他看了一会儿疾步返回来，附在文王耳边说:“侯爷,不对啊,您写的爻辞被改变了。”他指着六四和六五爻辞,爻辞变成了“六四入于左腹,获明夷之心于出门庭”“六五箕子之明夷,利贞”。文王听后思索了片刻,说道:“这大概是后来事。我不明白写的什么意思,但可以肯定是姬旦写的,只有他才有这种见识和身份能够改动我的文章。也说明我写得确实偏激了些。唉,身后的事是不能以自己的意志来决定的。”

十三、话说《周易》之“蹇”

周文王在西岐被商纣王封为“西伯”,掌征伐临近小邦之大权,当然是威风八面,可现在……想到瞬间风云突变,眼下只是一个阶下囚,不禁惆怅万分。他打量着水山卦符,此卦二阳爻分居五、三位,表明身在外地,仍不失尊贵之位,但二阳爻被阴爻分割包围,不免危机重重,同伴却只能遥相呼应,远水难解近渴。六个爻中唯有初六位反,初爻为足,静而不动,表明步履艰难,一时难以踏上返乡之途。这不正是自己现在的写照吗!一匹瘸了腿的马,就算归心似箭,也无法奋疾扬蹄了,慢慢走着瞧吧!文王想了半天,无奈地写了个“蹇”字。

一个凶神恶煞的狱卒走进来转了一圈,脸拉得比驴脸还长,小丁望着远去的背影,啐了一口。“侯爷,六二王臣蹇蹇,匪躬之故。是不是指王和臣啊?”

文王自从被软禁在这里,饱受了世态炎凉,说道:“不,六二有权而无位,只是王的臣。他们在王面前难,却让我们比他们更难,这就是王臣蹇蹇。我是什么身份,让我在这些小人面前低三下四,做梦!”

小丁明白了,我们因蹇者而蹇,是侯爷在这些小臣面前低不下他那高贵的头颅,才写下“匪躬之故”。

“那九五大蹇,朋来。道理相同吗?”

“当然有区别,大人有了难,过去的朋友都作壁上观,只有自己国家的人才会来看望自己。”噢,原来朋是指大人手下之人。

小丁还有未解之谜:“侯爷,您说的卦象小人听得明明白白,九五和九三遥相呼应,是同类为伴。但我看后人常说阴阳互应是怎么回事啊?”

文王皱着眉头:“你怎么这么糊涂,阴阳是矛盾的对立方,我们为阳,纣王为阴,阴阳互应,难道你想让纣王把你扔到蛋盆里让蛇吃了不成?”

小丁吓得吐了吐舌头,再也不敢言语了。

十四、话说《周易》之“否”

䷋周文王久困羑里。一日闲暇无事,掐指一算,已两年有余,忽闻通报有一周国商人戊来访,俗话说得好:老乡见老乡,两眼泪汪汪。文王见了老友,自是欣喜万分。除了畅叙乡情,文王更想通过这位关系可靠的老乡戊了解周国政局是否稳定。原来自从文王被囚,有些引进的人才思想出现了动摇,二公子姬发经常只与几个志同道合的人在一起开会,圈外的人愈加感受冷落,有的人已经离开周国投奔他乡。文王觉得事态严重,拿过一块甲骨,刻上天地卦符,对商人戊说:“现在的政治形势就如同这个卦,阴阳团伙分明,互不包容,互相排斥。可以从两个方面解释:一是从上下看,阳爻一伙高高在上,阴爻一伙结团在下,各为三爻,实力相当,一旦形成对立,就会党同伐异,造成政局混乱;二是从卦的内外看,大爻在外,小爻在内,大爻出走,是人才流失之象。”

文王说完,在甲骨上写下:“否之,匪人。不利君子贞,大往小来。”随即跟商人戊解释说:“否之,就是不要这样。匪,一个筐子放两样不同属性的东西。匪人,会形成一个团体两种心态。长此以往,就会大人出走,小人进来。”

小丁从时空穿越镜前走了过来:“侯爷,有人写道:天地不交而万物不通也,上下不交而天下无邦也。对吗?”

文王看着窗外的流云:“我讲的是人道、政道,他们讲的是天道,哲学家么。故是人非,这样也好。”

小丁又问:“他们说‘不利君子贞’,是不利君子走正道。贞是正的意思吗?”文王苦笑着连连摇头:“不不,不是这样。贞有贞断的功能,还是指示性代词,这里代指卦象——搞小宗派。如果写‘不利贞’,就是不利于搞小宗派。这里写‘不利君子贞’,就是不利君子搞小宗派。搞小宗派是小人的事,君子怎么能做呢?”小丁听到这里,出了一身冷汗,心想:我对“贞”字一直没有正确理解,这一字之错,岂不全句都错!

商人戊看到九五爻辞“休否,大人吉。其亡其亡,系于苞桑”。抱拳请教:“侯爷,何为系于苞桑,为何两个‘其亡’?”文王问他:“你来羑里的路上是怎么过河啊?”商人戊回答:“小人是乘木筏过河。我看到有大人是坐船过河,当地百姓是身上绑着葫芦游过河。”

文王赞许地说:“你观察得很好,大人过河,前呼后拥,为乘船。百姓单身,是系着葫芦过河。苞桑,就是系着桑条的葫芦。其亡其亡,船上的人你跑你的,他跑他的,自然不是一人所为,大难来临各自飞吗!一个国君如果排斥异己,拉帮结派,一旦灾难来临,这些亲近的小人就会各跑各的,国君孤家寡人,只好像百姓一样,自己系着葫芦过河了。”

文王把商人戊送出院门,叮嘱道:“你回去把卦辞拿给他们看,传达我的话,成大事者不拘小节,一定不要搞宗派主义。”

十五、话说《周易》之“坤”

䷁周文王离开周国以来,二公子姬发、四公子姬旦经常召集会议,学习文王的指示精神,也做了很多行之有效的工作,但每当讨论到目前的国内外局势与周国的发展方向,都形成不了统一意见,最后只好举手表决:派使者请示文王。

文王听完汇报,沉吟了许久,对使者说:“对目前形势的判断正确与否,关系到我们革命事业的成败。”说着拿出一个刻着地地卦符的甲骨片,“你看这个卦,由两个地卦组成,六爻全阴无阳,是没有首领之卦”。便写了“坤元亨”,又写了“利牝马之贞。君子有攸往,先迷后得,主利。西南得朋,东北丧朋。安,贞吉”。讲道:“现在商纣王是孤家寡人,烽烟四起。各方国群龙无首,各行其是。在这种形势下,还是以保守住神赐给我们的这片国土为要。”使者看到坤字中土代表地卦,申是敬神,其意在敬神守土,安而勿动。又仔细看后面的卦辞,主要讲要看清形势而后动。

使者看到爻辞,觉得都难以理解,拱手请教:“初六履霜,坚冰至。坚冰是由水冷凝而成,为何写坚冰至呢?”文王答:“方向很重要,你一步迈错,就有可能酿成大的错误。”

使者问:“六二直方,大。不习,无不利。方是指联合,习是上行。既然讲正直的人联合起来就具有强大的力量,为什么还讲不能上行呢?”文王回答:“天下方乱,过早出头者会成为众矢之的。”

使者又问:“六三含章,可贞。或从王事,无成有终。本卦没有阳爻,为什么还写从王事呢?”文王又回答:“商纣王不是我们的领导,跟着他出征,勿求建功,锻炼锻炼队伍而已。”

使者再问:“上六龙战于野,其血玄黄。怎么讲?”文王又答:“枭龙混战于乱世,没有长远目标和政治策略,不会成气候的。”

文王又说:“《乾》卦和本卦,一个全阳,一个全阴,代表了《周易》的阴阳属性。阴阳是卦象中相互对立的关系,表达了现实社会中的矛盾冲突,所有六十四卦的卦义都由阴阳而来,从这方面说,这两个卦是周易卦象的大宗,六十四卦排序的话,应当排在最前。同时,由此卦还引申出其他卦义:初爻变,就变成地雷卦,即《复》卦;将《复》卦倒过来,就变成上爻变卦——山地卦,即《剥》卦。二爻变,就变成地水卦,即《师》卦;将《师》卦倒过来,就是五爻变卦——水地卦,即《比》卦。三爻变,就变成地山卦,即《谦》卦;把《谦》卦倒过来,就变成四爻变卦——雷地卦,即《豫》卦。分组排列,是排卦规则。既然是分组排卦,每一组中两个卦哪个在前,哪个在后,学问可大了。我把《剥》卦放在前面,上九阳爻就为主动爻,去管治下面五个阴爻;把《复》卦放在后面,五个阴爻就为主动爻,就像游子回家一样回归初九。我把《师》卦放在前面,九二就为主动爻,去统率五个阴爻;把《比》卦放在后面,五个阴爻就为主动爻,来比附九五。我把《谦》卦放在前面,九三就为主动爻,这支军队就可攻打邻国;把《豫》卦放在后面,五个阴爻就为主动爻,围在九四宗庙周围搞活动。排卦方法是形式,主动爻原则是灵魂,这是理解卦义的关键所在,尔等不可不知。”

使者听到这里恍然大悟,脑子突然闪动灵光,又有了新发现:“侯爷,我怎么觉得您说的这些卦象原则,跟造字法是一个道理呢。造字法中,像末,木上划一横,表示树梢;本,木下划一道,表示树根;武,一个人扛着武器走路,表示武士。”

文王拍着使者的肩头:“研究得好。你记着,人们是用逻辑思维来理解世界的，对不同事物常常用相同的思维逻辑来类象推理，就像造字和周易卦象，都可用象形之法、指事之法和会意之法来理解，大家都用这种思维逻辑来考虑问题，你造的字别人才能认识。只是周易卦象隐藏得更深更缜密一些，我之所以能在纣王的监视下敢写这些卦爻辞，就在于此。你明白了这一点，许多难题就迎刃而解了。”

十六、话说《周易》之“屯”

䷂ 寒冬季节，几天暖和的南风后，突然刮起了强劲的北风，鹅毛般的大雪伴随着也飘然而至。周文王穿着羊毛大衣与使者漫步在院外的田边，狱卒远远跟在后面。文王听着使者的进一步汇报，眼睛却若有所思地看着被大雪覆盖的麦田，“你谈的是目前很紧迫的首要问题，前进的方向不明确，阶段性的任务不清晰，有可能导致革命的失败，起码会走很多弯路。目前形势下静以待变，只是短期策略，我们要想掌握战争主动权，必须设计好下一步以及更远的革命路线图。下面我准备了五个卦来回答这个战略性问题。今天就先说第一个卦”。

文王随手在地上捡了根树枝，在雪地上写了一个“屯”字。使者不识，但依据字形知道个大概，“这字上一横代表地，地下一弯代表下行，可为什么这一竖上面很短下面很长且弯曲呢?”文王用树枝指着麦田：“你知道为什么瑞雪兆丰年吗？大雪覆盖在麦苗上，日头出来后，雪花会变成冰水结在地面上，看似加重了地面寒冷，其实它阻隔了寒气的下降，大地像披上了一件棉衣，保护着地下的温度，愈向下愈暖和，麦根不断向温暖的地深处伸展，老百姓称之为麦扎黄泉,能扎多深只有鬼知道。”他停顿了一下继续说道:“根扎得越深,麦子来年春天就会长得越旺,势不可挡啊!”使者知道了,地上的短竖代表初冬时节的麦苗,地下的长曲之线代表麦根,这个字原来蕴含着这么深刻的道理。

文王扫了一眼远处的狱卒,拉着使者:“走,咱们屋里谈。”

他们坐在床榻上,接受了贿赂的狱卒躲了出去,文王拿出五个卦符,分别是水雷卦、泽雷卦、泽火卦、天雷卦、天天卦。问使者:“你看这五个卦有什么共同特征?”使者仔细看了几遍:“侯爷,我看这五个卦都有九五和初九这两个阳爻。”

“对了,这个水雷卦是这五个卦的基础卦,五为君,初为民,两个阳爻居此位,就确立了国家政权的框架。”他把刻有水雷卦符的甲骨拿过来,写上了“屯”。“屯字就是为这个卦准备的。这两个阳爻居此位,就有了革命的起点,名正才言顺。但此卦二阳四阴,阳弱阴强,属于革命的蛰伏期,且六三居位独反,表示兵为弱旅,只能养,不能发。”

使者忍不住抢了话头:“侯爷的意思是表面示弱,暗里壮大人民武装力量。”

文王显然对使者的理解表示赞许,又写了“元亨利贞。勿用有攸往。利建侯”。“你回去告诉他们,这五个卦叫‘元亨利贞’系列卦,标志着革命形势不同阶段的不同战略任务。现在是《屯》卦时期,养兵蓄锐,不要贸然出兵。但养兵不代表不动,要做到外静内动,要积极地建立健全我们的政府职能和组织关系,要保证有条不紊、循序渐进地做好每一项工作,为将来革命高潮的到来打下组织基础。要知道,一个庞大的新的国家会有各种我们想象不到的矛盾出现,提前做好与之相应的制度建设很有必要。”

使者得此真经,恨不得快马加鞭奔回去,但文王让他等待写完其余四卦后再想法一块儿带回周国。

十七、话说《周易》之“随”

䷐吃过上午饭，伯邑考推门走了进来。原来伯邑考是周文王的长子，被商纣王作为人质留在朝歌，做了王驾的马夫，难得看望父亲。已近壮年的他，长得天庭高耸，人中稍短，看见使者倍感亲切。文王让亲随把守门口，拿出一块甲骨，上面刻着泽雷卦符，后面写着“随，元亨利贞。无咎”。下面还写着六段爻辞。

文王指着卦符说：“这是‘元亨利贞’系列卦的第二卦。你们看，这个卦在《屯》卦的基础上在九四爻位上增加了一阳，虽然阴阳数量相等，但阳爻占据五、四、初位，君、臣、民遥相呼应，阳爻力量已明显强于阴爻，这说明双方力量正在发生根本性的转变，我们已经从地下转到地上，由防御转向进攻。在这种有利的形势下，怎样才能保持和扩大我们的胜利成果，就成为这一阶段的重要任务。”

文王呷了一口热水，指着“随”字说：“这个时期的主要工作就是要发动国内各阶层的人民，使他们团结在我们周围，同时感召和笼络各部落的首领，让更多的中间阶层的名人高士来追随我们，然后我们才能一鼓作气消灭敌人。这就是随的精髓所在。”

使者在第一时间得到文王教诲很是兴奋：“侯爷，初九是不是说穷人追随革命，也能出人头地啊？”

文王点点头：“在改朝换代的战争年代，从奴隶到将军是有可能的。”

“六二、六三爻辞是不是讲中间分子不管追随哪个阶层，只要是参加革命都值得鼓励啊？”文王微笑着点点头。

伯邑考看着九四爻辞“九四随有获，贞凶。有孚在，道以明，何咎”。问：“有孚在，是不是指我啊？”

“是的，”文王叹口气，“我们现在是明着追随商王，有你在这里做人质，说明我们是按着商王的道路走的，又有什么错呢？”

旁边的小丁指着爻辞“上六拘系之，乃从。维之，王用亨于西山”，说：“后人说王是侯爷您，说您用享。”

文王一个激灵，出了一身冷汗：“我是侯，什么时候称王了？上面写的亨，咋又变成享了？”

文王点着小丁的额头：“你听着，既然讲追随，这句话不得已要称商纣为王。这句话的意思：他之所以现在悠哉悠哉，是因为有我们在给他支撑着局面。可恨的是疑古派乱点鸳鸯谱，错解字义，扰乱历史，贻误学人。”

十八、话说《周易》之“革”

䷰ 近午的太阳不知不觉越过了树梢，从宽阔的门口射进屋内，照在周文王黑黝黝的脸上，一阵暖意油然而生。文王高兴起来，把使者和小丁叫到身边，指着太阳问：“现在是什么时辰了？”使者不解地回答：“巳时将过，已近午时，侯爷。”

文王拿着卦板：“这应该到了‘元亨利贞’系列卦的第三卦。”他划上泽火卦符，一边说一边写：“革，巳日乃孚。元亨利贞。悔亡。”对他们解释说：“这个卦象是在《随》卦的基础上九三爻又增加了一阳，阳四阴二，阳进阴退，阳盛阴衰，就像巳时的太阳，在它强大的力量面前,阴气即将遁于无形。乃孚,是指新生命的诞生。”

文王转脸问小丁:“你知道上爻和二爻位代表什么?”“侯爷,上爻至高无上,代表宗庙。二爻居下卦之中,代表家主。但这个卦的两个爻都是阴爻。”文王站起来,像是对整个世界发表宣言:“当革命车轮滚滚向前,反动势力即将被击垮的时候,我们应当清醒地看到,旧的体制依然存在,上层建筑和民众思想还会在旧观念中徘徊,旧势力会借助旧思想的影响进行顽强抵抗。这就要求我们在推翻旧政权的同时,还要革除其赖以生存的旧体制。”说到这里,文王将高举的手臂用力地劈了下来。原来这两个阴爻代表即将消亡的旧体制、旧思想。使者听得张着大嘴,因为对他来说,这是很遥远的事情,为什么侯爷会乐观地规划到将来呢。

使者又拱手请教:“九三征凶,贞厉。革言三就,有孚。怎么理解?”文王说:“这叫政治先行。九三一介武夫,能屈人兵,难屈人心,所以讲这样做很危险,必须把政治工作做到头里。革命要多听取各方人士的建言建策,就,是指选择最高明的方案。”

小丁看了时空穿越镜,对文王说:“后人讲虎变、豹变是毛色越变越好看。”文王笑着说:“这帮文人是纸上谈兵,也难怪,他们没养过老虎豹子,不知道老虎豹子的习性,只好这么说。有一句话,叫一虎进林,百兽皆惊。虎有威严,有勇有谋,捕猎时,一般采用潜伏等候或小心接近突然扑击的方法,往往一击成功。豹子体小,威严不足,有勇无谋,凭的是勇猛,如果做大事,一时成功也容易半途而废。”

使者又问:“侯爷,那么占有孚怎讲?”文王放下卦板,没有回答。小丁给使者使了个眼色,没让他再问。

十九、话说《周易》之“无妄”

䷘周文王坐在床几前和使者谈心，喝了口冒着热气的炒麦汤，他想尽可能把将来革命的政治方向和战略思想讲清楚，尤其是大家不以为然的关键问题。“你回去传达给他们，即便将来革命成功了，也只能算是革命道路上迈出的第一步。因为我们讲仁政，在保留敌人性命的同时，也保留了他们的力量，他们军事上失败了，在政治上却不甘心退出历史舞台，仍会寻找时机进行反扑。”文王说着刻了个天雷卦符，“你看，四个阳爻将两个阴爻包围在二、三爻位上，这两个阴爻是失败者”。又在卦符下写了“无妄，元亨利贞。其匪正，有眚，不利有攸往”。

“无妄，是让他们在失败以后无法心存妄想。做到这一点，就要像卦象所显示的：一是要将他们合围在一个地域里，无法形成东山再起的军事力量；二是要降低他们的身份尊严，从意志上摧垮他们。这样才能保证我们的江山永固。所以从这个意义上讲，这是‘元亨利贞’系列卦的第四卦。”

使者知道，这个卦看似简单，其实意义重大。战争是残酷的，许多胜利者往往把战败者杀戮殆尽，那是野蛮的暴行，为不仁；有的战胜者被一时的胜利冲昏了头脑，光是贪图财宝和美女，成为糖衣炮弹的俘虏，放松了阶级斗争这根弦，使敌人得以喘息后卷土重来，是为不智。如何让失败者对新政权俯首称臣、洗心革面、重新做人，是胜利者要想坐稳江山所面临的重大课题。

使者解读卦辞：“‘其匪正，有眚。’我的理解是这些人中如果有人能坚持不心存妄想的正确理念，除非是眼睛有病，看不清形势。"文王点点头。

小丁看着时空穿越镜念："无妄，灾也。"文王看了一会儿小丁，无奈地自言自语："乱了，反了，浅了。"

【注】周武王姬发灭商后正确地执行了文王的战略思想，《史记·殷本纪》载："封纣子武庚、禄父，以续殷祀，令修行盘庚之政。殷民大说。于是周武王为天子。其后世贬帝号，号为王。而封殷后为诸侯，属周。"命管叔、蔡叔围监殷人后裔。"周武王崩，武庚与管叔、蔡叔作乱，成王命周公诛之，而立微子于宋，以续殷后焉。"历史验证了文王的高瞻远瞩。

二十、话说《周易》之"乾"

䷀"今天我要给你讲'元亨利贞'系列卦的最后一卦。"周文王一会儿将两个胳膊抱在胸前，凝望着门外深邃的天空；一会儿背着双手，在屋里踱来踱去。当文王考虑重大深远的问题时总是习惯这样。文王拿出一个刻有天天卦符的骨片，对使者说："你看，这个卦六爻全阳，代表着什么呢？""侯爷，敌人被我们消灭殆尽，天下大治之象。"说完，使者跪在地上给文王叩头："预祝侯爷革命成功！"文王很严肃地说："这是我们为之奋斗的终极目标，但恐怕我是看不到那一天了。只要我们沿着正确的路线前进，这个卦显示的一统天下总会实现。"待使者站起来，文王接着说："从另一面看，全阳无阴，也意味着我们没有了对手，没有了对手，也就失去了前进的动力。有敌人时，做到居安思危很容易；没敌人时，还能做到居安思危、日日进步吗？"使者无比崇敬地看着文王，心想：老爷子无愧圣人的称号，连长治久安的问题都替后代考虑到了。周国夺取天下后，一定会国运长久，罔替不息。

文王写下了“乾，元亨利贞”卦辞，“你用我刚才给你讲的思路解释一下这个字”。使者认真地看了一会儿，回答道：“这个字太阳居上下之中，乞是上升，乾的意思应该是说像升起的太阳一样永远上升。”文王很高兴：“对，不要满足已有的成就，要不断提高，永远进步。”小丁看了一眼时空穿越镜：周公写的是自强不息，讲自己不断超越自己呀！后世还有更经典的：好好学习，天天向上！更高、更快、更强。伟大的人类精神啊！

使者读了一遍爻辞，有些不解：“侯爷，我看爻辞讲的是革命成功的过程，那龙代表什么呢？”

文王说：“龙代表贤人，我们要开创宏图大业，必须有贤人的辅佐才能成功。但初九不为圣君，贤人即便把满腹经纶烂在肚里，也不会去辅佐的。像九三属尚武暴君，龙如为其所用，岂不是助纣为虐？那就不是贤人了。”

使者又问：“为何有两个利见大人呢？”

文王说：“见就指大人出现。我们国家如果真出现了贤人，大人要赶紧去诚心诚意地迎接，这是九二之利见大人。如果贤人创造了辉煌业绩，大人也要居高临下地显示自己的威严，防止其功高震主，这是九五之利见大人。要知道，贤人不一定是永久的贤人，也可能会变成野心家，像上九之龙恃功自傲，容易招致杀身之祸，岂不演变成悲剧？”

最后文王对使者说：“《屯》《随》《革》《无妄》《乾》这五个‘元亨利贞’系列卦讲的是我们的革命事业从初创到转折再到强大直至最后成功，不同阶段应坚持的不同战略思想。弱的时候不可妄动，以免枪打出头鸟，应以积蓄力量为主。形势发生转折的时候要趁热打铁，及时扩大自己的阵营，把中坚力量拉到我们身边来。发展到足够强大时，要不失时机地成立与敌人对等的政府机构，这样可以名正言顺地彻底消灭敌人。革命取得完全胜利后，切忌躺在功劳簿上作威作福，要向更高的目标不断进步。你回去后要给常委会解释清楚我的思想，统一认识，为将来革命形势的转变发展做好思想准备。”

二十一、话说《周易》之“谦”

䷎ 自从周文王被关在羑里，这个京郊小地儿不再那么平静，时不时有马车停靠在这个孤立的大院外面。这一日又有一位故友来探望，谈到了最近国境线上很不太平。原来周国临近的一个小邦历来很守规矩，但他们看到文王被商纣王关押，渐渐胆子大了起来，先是越境抢夺粮食，后来又深入村庄抢夺财物和壮丁。二公子姬发气愤不过，派军队直接打入其首领乌老大的老巢，抢回了些财宝和女人。乌老大不甘心失败，四处联络别的邻邦欲与周国为敌。文王知道乌老大有勇无谋，打败他易如反掌，但问题不在于胜败，而是我方的战争战略上出了问题。文王便对故友说：“我写封信请你带给姬发，告诉他应该怎么做。”

文王拿了块甲骨，刻上地山卦符，说：“我们周国与邻邦的关系就如同卦象所显示的，九三独阳，是我们周国如狼似虎的军队陈列于边境。境外无阳，连能打仗的军队都没有，想消灭敌人如探囊取物，但打仗不能讲一时的胜败，而是看能不能通过战争消灭敌人，壮大自己的力量。”下面刻上卦辞“谦亨，君子有终”。文王对身边的小丁说：“你讲讲看，谦字表示什么。”小丁看看卦符，看看卦辞：“谦字嘛，言和兼的组合。兼就是兼并，别的真看不出来，侯爷。”小丁说完，又贴在文王的耳边说：“我刚才看了一下时空穿越镜，后人一直说谦是山在地下,不冒泡,叫谦虚。真弄不懂他们。”文王嘟囔了一句:“山能跑到地下去?真能想得出。我看该把他们送到前线打仗去,看还谦虚不谦虚。谦虚能创建新政权吗?”

文王正了正前襟,对故友说:“这个卦讲的是战争战略问题,战争的指挥者必须要明白为什么要打仗,怎么去打仗。这个卦九三之兵是动的,表示要打击境外之敌。我写了个兼,是告诉他们,一定要利用战争手段占有与我为敌的邻国的领土,扩大自己的国土资源和人口,我们才会变得更加强大。这是战争的目的。”文王说到这里,眼睛里露出了一丝少见的狡黠:“但战争是复杂的,别国挑衅你,你消灭了他,本是正义之战,也难免落个战争犯子的口实,所以我又写了个言字旁。这有两个含义:一是要师出有名,可以标以扬善惩恶,也可以打着商王的旗号去消灭邻国,要坚持远交近伐的策略,远交得名,近伐得利。二是要做好宣传舆论和政治思想工作,强化宣传机器,让这些战争的理论深入人心,我们才会所向披靡。”这位故友过去只是看到周国日益强大,没想到眼前这位伟大的设计师只用一个字就把战争的胜负划分了出来,简直难以置信。“侯爷,君子有终怎么讲?”“就是不要为眼前小的利益所困扰,要看到事物发展的最终结局。”

小丁指着爻辞“六二鸣谦,贞吉”。“六二居中为静,为什么还要鸣谦?”文王捋着胡须:“小丁提出的问题很关键,鸣是广播,六二在内中,静而不动,在战争前,要把战争的趋势和利益在群众中广泛宣传,激发起人民群众参与战争的热情和斗志,如此则战争未发动,胜券已在握。要知道,宣传的力量是巨大的。”

“小人明白了,”小丁指着爻辞“上六鸣谦,利用行师征邑国”说:“上六位尊而不实,征邑国,就是指打着商王的旗号征伐他国来壮大自己。往大处说,上六的鸣谦就是指向世界人民宣传自己的正义思想了。”

二十二、话说《周易》之“遁”

䷠周文王虽居汤阴之地，但总有各种消息不断传来。最近听说自己的一个猛将在战斗中因敌众我寡，奋战至死，文王唏嘘不已。他想，明知打不过敌人却硬充好汉与敌人决斗，是不理智的行为，俗话说：留得青山在，不愁没柴烧，保存实力是最重要的。文王忍不住写了一卦派人送回国内。

二公子姬发和四公子姬旦拿到骨牌，见上面划着天山卦符，左侧写着卦爻辞，知道意义重大，连忙召集常委会和军事干部集体学习讨论。姬旦主持会议，姬发作了主旨发言，总结了上次遭遇战失败的教训，然后宣读父亲的指示：“遁亨。小利贞。”看着大家茫然的神态，姬旦命人将天山卦符画在一张羊皮上，说：“大家看，这个卦两个阴爻被四个阳爻重压在下面，情形危急，就如同这次战场的形势，敌方兵精粮足，而我方人员枪支匮乏，危如丸卵，父亲因此写了遁（遯）字。豚是小猪，加走字是小猪跑。当大猪来咬小猪的时候，小猪只有跑，没有第二个出路。这是用比喻的方法解释这种策略。这次战斗，我们的勇士发挥了大无畏的英雄主义思想，可歌可泣，但并没有消灭掉敌人的有生力量，反而被敌人消灭殆尽，说明这种牺牲是没有价值的。当敌众我寡的情形下，采取机动灵活的战略战术，避其锋锐，敌进我退，是战术的需要，是不丢人的。”

有个叫虞师的食客抢着说道：“我的理解是阴长阳消，阳者需趁势力强大、功成名就的时候退隐才是正理。”姬发一听勃然大怒：“你一个食客，不懂军事，强者乘胜追击，弱者落荒而逃乃正理，照你之说该进则退，该退反进，我们的革命事业岂不半途而废。拉下去打二十大板。”由此可见，有些想法反正都是理儿，关键看是不是合时宜。

散会后，一个心腹问姬旦：“‘九三系遁，有疾厉，畜臣妾吉。’‘上九肥遁，无不利。’这两段爻辞怎么看着与战争没关系呢？”姬旦说：“对的，遁是种策略，不光用于军事，政治上也是需要的。九三爻辞是讲当你位高权重，被君主猜忌随时有灾难来临时，决不可逞强犯君，而要多养些小臣和妻妾，制造意志消沉的假象，就可躲过一劫。上九是指那些贪腐分子要适可而止，贪心太大迟早要被干掉。遁的形式多种多样，进退有度才是真。保住自己的一世英名，千万不要在阴沟里翻船。”

二十三、话说《周易》之“大壮”

䷡ 周文王把《遁》卦送到周国后，又拿起刻着雷天卦符的骨牌反复思量，不讲集体合作的个人英雄主义会破坏整体战略部署，更有甚者，像这个卦象，四阳在下，没有首领，也没有统一的指挥中心，岂不是一群乌合之众？光凭勇气是难成大事的。文王刻刀一落，写下了“大壮，利贞”。小丁不解：“侯爷，阳爻势力够大的了，为何还要继续加强力量呢？”文王一边写爻辞，一边说：“这个大可不单纯指大爻，而是指领袖，指一个团体的领导层。如果老是讲人多力量大，做事杂乱无章，革命事业何时能成功？你看蚂蚁搬食物，这么多蚂蚁力量的方向却一致，说明它们有一个无形的指挥系统。这个卦阳爻占一到四位，要数量有数量，要力量有力量，就是缺乏阴爻所占据的五六爻位的指挥系统，所以说目前要做的是壮大我们的领导指挥系统，多引进这方面的高智能人才。如果有机会，我到渭水之滨走走，看看那里有没有隐居的高人。”

小丁又开始向更深的层次提问了：“侯爷，小人跟您学了这么多卦，明白了一些卦象规律，阴阳是两种敌对的力量，每一个卦只有一种力量在起主导作用。像《遁》卦，是两个阴爻在起主导作用，指阴爻逃遁；《大壮》卦，是四个阳爻为卦的主题力量，指阳爻要加强力量。那能不能把两种力量反过来理解呢？比如《遁》卦，让阳爻起主导作用；《大壮》卦，让阴爻起主导作用。这样的话，卦辞还能不能这样写呢？”

文王眯缝起眼睛看着小丁，没想到小丁进步这么快，不光能理解卦爻辞的含义，还想探究卦象规则的关键问题。“小丁啊，两个卦的排列次序是有主观性的。你跟了我这么多年，我就破例跟你讲清楚卦象是怎么排列的，卦辞是怎么写的。你知道金字塔吗？顶尖的石头最少，下面的石头最多，这就是少贵多贱。我排卦总是两个一组，像《遁》卦和《大壮》卦，将《遁》卦倒过来就是《大壮》卦，这你是知道的。关键的问题是我把哪一卦放在前面，哪一卦放在后面，顺序是不能改变的。”“我明白了，前面的卦，爻少的起主导作用；后面的卦相反，必须数量多的爻起主导作用。”

“对，我把天山卦放在前面，就是两个阴爻为卦的主体；把雷天卦放在后面，就是以四个阳爻为主体。”文王顿了顿，“其实这只是一组卦前后排列规则的第一个秘密，第二个秘密是……”文王小声说：“是卦辞。那些认为遁是卦名的人其实是看不懂卦爻辞的。”文王找了一块甲骨，画出这两个卦符，说道：“像天山卦，两个阴爻被四个阳爻压迫地没有了生路，怎么办？跑啊，所以我写了个‘遁’。像雷天卦，四个阳爻没有首领，像一群乌合之众，怎么办？加强领导能力啊，所以我写了‘大壮’。”

小丁这时彻底明白了，“侯爷，所谓的卦名，就是主动性卦辞，是解决卦象因素中不利于自己的最佳方案啊!”

小丁激动地几步跑到时空穿越镜前,用手指哗哗地往上拉,王弼、孔颖达、程朱、来知德、李光地……随着上拉,小丁眼泪哗哗流,怎么没有看懂《周易》的呢!

二十四、话说《周易》之“大有”

䷍ 一日闲来无事,周文王跟小丁谈起前朝往事,发出许多感慨。像周国这样一个不断寻求发展壮大打天下的小邦,领导人一般都是从继承人中选举有能力、有威望的人来担当;而像商国大邦,是坐天下之君,是根据祖制来继承王位,就难免生出一些事端。如前面写的《夬》卦,君主懦弱,臣下就会逞强欺凌。还有的幼小之君登基,只能依靠太后垂帘听政,难免宠信外戚和宦官,由此带来政局动荡。谈到这里,文王拿过一个刻有火天卦符的骨牌。“小丁你看,阴小之爻居于五爻尊位,就像嗣位国君的小孩子,根本无法处理国事。这种情形下有几种可能:一是太后掌权,太后会把娘家人请来参政,朝廷就会变成外戚政权;二是宦官小臣参政,不用说肯定会引发政局混乱;三是握有重兵的封疆大吏控制幼君,会出现挟天子以令诸侯的危险,同样不为上策;四是由朝中大臣共同辅佐幼君,这是一种最佳方案,”说着,文王拿刀刻下了“大有元亨”四个字,“小丁啊,记着这句话的意思,当幼君嗣位时,政权交给大人所掌控,国家才会安定。”

小丁很善于举一反三:“我明白了。像这段爻辞:‘九三公用亨于天子,小人弗克。’是指国君应将权力交给有威望的大臣,让他全权处理国政。但‘小人弗克’的小人是指谁呢?”“噢,小人是指九三暗含的那种性狠好斗之人，这种人即便身列大臣之位，依然是小人品性，也不能胜任。所以我写了‘公’，就是要让身份尊贵的、有担当的人来管理军队，才能使国体安康。”

“侯爷，那‘九四匪其彭’怎么讲啊？”“彭是鼓声嘛，九四是最贴近君主的大臣，默默无闻地做事，从不贪功为己。这种不张扬自己的人，尤其可信。”

二十五、话说《周易》之“泰”

䷊ 小丁从《大有》卦学到了一些治国道理，又问：“有了贤人执政是不是国家就可长治久安了？”周文王缓缓说：“那可不一定。主要看体制，要形成一个招贤纳士的体制才能保证国家的长期政局稳定。”说完，文王拿起个骨牌划了个地天卦符：“我们要的是卦象所显示的，小人出去、大人能进来的政治体制。”然后写了个“泰”字。小丁看到这个字是两个人架着中间之人在水上行走，明白了，只有把小人赶出去，把大人请进来，国家才能在危险中得平安。

小丁想，让小人出去只是一种概念，真做起来那可是一个大工程。他看了一眼爻辞，“初九拔茅茹，以其汇，征吉”。吓得冒了一身冷汗，这不是斩草除根，犯罪连坐吗。

“六五帝乙归妹以祉，元吉。”噢，这是用联姻的办法引进外部力量。

小丁总觉得侯爷意犹未尽，却不再给自己多说，《泰》卦看样子不是这么简单。他不知不觉地走到时空穿越镜前，他揉了揉眼睛……

二十年后，姬旦辅佐武王姬发灭商建周、又辅佐幼主成王平三乱，社会趋于稳定。闲暇之时经常给成王解读《周易》，并把卦辞新解写成《大象辞》一同传诸后世。一日，姬旦拿着《泰》卦反复细读，成王请教，姬旦曰："王啊，我看让小人出去、大人进来是没有完整的体制来保证的，我们要以政权为中心来保证国家安稳，就必须养大量的警察、公务员，弹压和管理臣民，这样人民的税负太重，会怨声载道，而且也容易使别有用心的人把握权柄，造成社会动荡。我看，三个阴爻也如同财产，财产属物质形态，也根植于人的内心深处。从哲学上讲，我们把财产放在至高无上的地位，让财产作为无形的权利去管理人们，方可保证我们建立的制度千年万载不变色。"成王听此面露喜色："叔父请详解。"

姬旦把自己写好的《大象辞》捧到成王面前，"象曰：天地交，泰。后以财成天地之道，辅相天地之宜，以左右民"。成王一事不明："这个卦是地天卦，为何写成天地交？""王啊，天尊地卑，我们做臣属的，怎能逆天理而写呢？""对对对，"成王又问，"后是指的夏后吗？"姬旦答："正是，夏后启建立了国家，从此开始了家天下统治，也就有了私有制，财产的多寡成了人们衡量社会阶层的标准，也成了社会安定的镇海石。您想，在夏后启建立国家之前，领导人实行选举制和禅让制，可真正的圣人才几个啊，未免钩心斗角，拉帮结派，行贿拉票，战争此起彼伏。国家的出现，是以私有制的家天下为基础的，从此社会才稳定下来。道理在于，人们不再为权欲而争斗，转而为积累财产而奋斗。"

姬旦把成王领到院子里，指着下人推动着的石磨说："国家就如同这个石磨，我们从它中心打个眼，插上根棍子定在那里，石磨就会围绕着棍子循环转动而不再乱滚。从哲学上讲，这根棍子，就是夏后启给我们确立的财的理念，即私有制。如果我们拔掉私有制这个棍子,改成用权力去推没有中心点的石磨,还不推得碰了东墙砸西墙啊。""左右是指贵贱吗?""对,右为贵,左为贱,财分多寡,民分贵贱,有了贵贱之分,他们就会按部就班,围绕着这个无形的中心自我管理了。"

成王听得眉飞色舞,这么大的哲学道理,让姬旦一点就破了。但仔细一想,不对,"你让我整天推着个大磨盘,太累,我不干。但让别人推,我又不放心。叔父,怎么办好呢?"姬旦笑了起来:"王稍安毋躁。你看周易六十四卦,非阴即阳,阴阳互斗,但谁也离不开谁。当阴阳不平衡时,就会出现分斗;当阴阳平衡时,就会出现合安。阴阳势力的进退,会造成磨盘的自行运转,这是社会法则。用简单的语言概括,这叫一个中心、两个基本点。财作为价值观,是永恒不变的中心点;阴阳是两个基本点的实质,它是以不同的意识形态和社会架构表现出来的。"成王说:"对这一点我有不同的看法,没有强有力的政权去推动,阴阳怎么会自行运转呢?"姬旦说:"有道理,我们把政权力作为助推剂,然后再让阴阳自行运转,方是千年万载的基本法则。"成王连打了两个哈欠:"这是你们哲学家的事情,你先把这个中心点找准了,我的工作也就有着落了。但愿别让我这个做王的整天心神不宁。"

小丁看到这里,站在时空穿越镜前呆呆出起神来:"可惜完美的太极图到明代以后才出现,如果两者结合起来,一个大哲学家岂不要横空出世了!"

确实如此,你看太极图就像一个大磨盘,阴阳鱼不即不离地顶着对方,头强尾弱,弱退则强进,围绕着太极心不停歇地顺时针运转。但如果抽掉极心,就失去了阴阳平衡法则。强者蔓延无制,弱者退至绝路,而消灭了对方自己也失去了生存的意义。所以单一的意识形态容易大起大落,更容易形成毁灭性的后果,究其原因,都是失去太极心所致。找回太极心,就像给各种漂浮的哲学概念找到了家。(关于太极图的精准图式,可参看常光明所著《周易图解》,齐鲁书社 2014 年版,第 141 ~ 147 页)

二十六、话说《周易》之“离”

䷝ 周文王被商纣王幽禁在羑里,虽然失去了自由,但也有了时间冷静地考虑重大的政治路线问题。他想:商王朝延续了六百年的基业,有着牢固的根基,要推翻庞大的商王朝,将是一项长期艰巨的、你死我活的斗争,我们领导层的同志必须有清醒的认识。正在这时,传报闳夭来访,文王高兴地站起来迎接。原来闳夭是周国领导层的核心臣属,为人机智灵活,善与人打交道。跟他谈了些事情后,文王划出火火卦符,对闳夭说:“你来分析分析这个卦象。”闳夭只是略懂一二,搔搔头:“记得人们常说火代表太阳。”“闳夭啊,看问题不能只看表象,要看里面蕴含的实质内容……”旁边的小丁马上灵光一闪:“我看外阳包内阳,为阳包阳,是果仁？不,内阳能动,果仁不会动。是怀孕的母牛,未出生的小牛会动。”

文王很高兴:“有意思。再看看这个字怎么讲?”拿出卦辞:“离利贞,亨。畜牝牛吉。”果然有牝牛,但中心卦辞是“离(離)”,而且离的断辞是利贞亨,畜牝牛的断辞是吉,显然不是同一性质的问题。闳夭文化要高一些,“离为虫兽,隹为翅膀,长翅膀的虫兽,莫非是蛾子?”

文王写完爻辞,说:“好了,我来给你们讲一下。这个卦象属于象形,外面有壳,里面有核,而且是动态之核,整个卦形如网状,是什么呢,是蚕茧。蚕做茧是它的本能,这不足为怪,关键在于蚕化彩蝶。蚕做了茧,结果把自己消灭了,又孕育了一个新的生命,你懂吗?"他看闳夭摇摇头,继续说:"更为关键的是,蚕化彩蝶的一个前提是要破茧才能化蝶。商纣王无道,如同作茧自缚,但他没有勇气破自己的茧来获得新生,只有我们才能做到。"闳夭似乎明白了:"侯爷的意思是我们要利用商纣王的自大来保护我们,给我们创造条件来消灭他。"文王拍了一下手:"很聪明,这叫否定之否定。你回去拿这个卦给同志们讲一下,让他们都明白这个哲学道理,搞革命就不能抱有幻想,不能划江而治,不能政权分立。建立一个新政权,必须以消灭旧的政权为前提。不光是旧的领导者和旧的势力,还包括旧的政治体制。这就是离的内涵。"

闳夭想弄明白卦的所有内涵,问道:"那畜牝牛吉又怎么讲呢?"

"这段卦辞是讲的两个政治理念,前一段讲新政权诞生的前提是旧政权的消亡,后一段讲新政权建立后要保障能世代繁衍不息。两种概念决不能混淆,还要制定出相应的政策保障。"

闳夭知道,这是一个十分重大的政治问题。"这个爻辞:'九四突如,其来如,焚如,死如,弃如。'怎么理解啊?"文王解释:"九四为出外,突如是蛾子从茧眼里钻出来。如果蛾子出茧的时机不当,晚上蛾子会自行投进火里,那就面临着先焚如后死如,而茧被咬破也成了无用之物,只好弃如,此谓两败俱伤。这是讲新政权的诞生选择时机很重要。"

闳夭又问:"'上九王用出征,有嘉。折首,获。匪其丑,无咎。'这句话是不是讲,我们要利用奉王命攻打别国的机会,来壮大自己的力量啊?"

文王点点头:"你对这句话的理解深得'离'字的要旨。"

二十七、话说《周易》之"比"

䷇商纣王的残暴举世闻名，此番闳夭前来看望周文王的目的也是心照不宣。对于将来的革命方向，领导层已经深入学习和探讨，如果革命成功了，应建立什么性质的国家，大家感到很迷茫。其实对这个问题文王也思虑很久，他拿出水地卦来，写上："比吉。原筮，元永贞，无咎。不宁，方来。后夫，凶。"给闳夭解释道："这个卦象五个阴爻围绕在九五周围，如同众星捧月一般，根据这个卦象的提示，我们将要建立的国家和过去的国家体制区别很大，可以把土地分割管理。王只是一个最高领导，对下面只有政治上的隶属关系，经济上不互相依赖，这样就减少了摩擦，但下面必须比附着这个宗主才行，否则就可能失去自己的权力和土地。原筮，是我举的例子，如同烤龟甲之象，呈块状分布。我们要建立一个比殷商更大面积的国家，以现在的生产力发展水平，要达到有效率的管理几乎是不可能的，中央政府对边缘地区鞭长莫及，有了矛盾必然又发动战争，这是我们不希望看到的。最好的办法当然是将这些国土分而治之，由中央任命的诸侯去治理，而这些诸侯大部分是宗主王最可靠的亲缘关系和立过大功的臣属。"闳夭明白了，侯爷指出革命成功后，要建立分封制的国家。

周易卦辞一般由卦象演化而出，具有重大的战略意义，爻辞则侧重于对各阶层的主观要求或事物的演变过程。在本卦初六、六二爻辞中要求家族内部应坚定不移地跟随宗主，这是革命事业的中坚力量；六三指出要警惕心术不正之人，对来比附者也不可全抛一片心;六四要欢迎和发动外部人士来比附自己,防止狭隘的民族主义。

闳夭看到九五爻辞"九五显比。王用三驱。失前禽。邑人不诫,吉"。问:"这爻辞是不是指商王成汤的故事啊?"文王答:"对,显比就是其他首领来比附。六百年前,成汤率领许多部落首领共同推翻了夏桀的残暴王朝,他的成功经验很值得我们借鉴。"

【编者按】周公后来在《比·象》中写道:"象曰:地上有水,《比》。先王以建万国,亲诸侯。"指出先父文王提出了建立分封制的国家,我们正是按照文王的意志去做的,与卦辞意义相同。

二十八、话说《周易》之"晋"

䷢周文王写完《比》卦,又陷入了沉思。建国初期,按照惯例,根据功劳大小,分封王室子弟和有功之臣是很正常的,但和平时期,有些人无功可陈却利用种种关系攀龙附凤,会扰乱正常的朝纲秩序,此种现象必须予以警示。他拿起火地卦,眯起眼睛审视着。此时的小丁察言观色已至炉火纯青,"侯爷,这卦五个反爻,只有六二位正,是不是与家庭主妇有关啊?""噢,不错啊!再看看。"受到鼓励的小丁胆子大了起来:"二阳爻在上,贵而不尊,有名无实。"文王点点头:"这就够了。"捉起刻刀,写了起来。

出去办事的闳夭推门走了进来,看到卦辞"晋,康侯用锡马蕃庶,昼日三接"。"侯爷,这个康侯是不是殷商过去的那个外戚公子啊?"闳夭看小丁的茫然之色,讲道:"据说这个康侯出身低微,凭着姐姐成为王妃被封了个小侯。一次外族进贡了几匹名贵种马,他把自己家的母马轮番与种马交配,希望借此让自己家劣马的后代都成为名马。公马一天最多只能交配三次,你是知道的,他这样急于求成,结果把种马都累得倒毙了,这事成了笑料,一直流传到现在。"文王说:"我讲这个故事,意在抨击那些不择手段来提高自己身份的行为。作为领导要戒备那些投机钻营的小人。""你们俩再看看晋(晉)字怎么理解。"

闳夭说:"日代表君王,至是从上面向下落,应该是下来蚕食君王的财富。"小丁说:"是两个至,说明下来的人多。但谁能有资格在君王的上面蚕食财物呢?"

闳夭指着爻辞:"'六二晋如愁如,贞吉。受兹介福,于其王母。'六二位正,是王母,太后。那一定是太后的家人。"文王严肃地说:"作为领导,不能洁身自律,一人得道鸡犬升天,指使家人蚕食国家财富。将来如果出现这种现象,一定要严惩不贷。"

闳夭说:"侯爷教导的是,'九四晋如鼫鼠,贞厉'。这种人在单位什么本事也没有,出去却仗着领导亲戚的身份招摇撞骗、胡吹海唠。"

文王语重心长地对闳夭说:"战争中,那些立了战功的人获得名誉和财富,是用鲜血和生命换来的。和平年代,有些人投机钻营、不劳而获,这是种丑恶现象。你回去告诉臣属们,要常绷反腐败这根弦,才能保住得来不易的江山。"

小丁看着时空穿越镜:"侯爷,人们说晋是上升呢。""日在下,怎么能说升呢。""有个教授说康侯是咱周国之人。"文王有点不耐烦了:"你不会告诉他,传说商朝也有个康侯吗!"小丁怔了一下,再也没说话。

二十九、话说《周易》之“咸”

䷞周文王有着多年的执政经验，亲自把周国这支队伍从弱小带到现在让商纣王心存忌惮的程度，深知一支队伍的建设最难的是能始终团结如一、始终保持旺盛的斗志。团结是胜利的保障。在《同人》卦中提出团结的口号，严格说，《同人》卦体现的是在弱势中怎么给人以希望，让不同的人聚拢在你周围，靠的是人格的魅力和正义的召唤。而现在，队伍强大了，自己这个当家人却离开了队伍，阴霾布满了周国的上空。新的课题又出现了，周国的看守班子会不会团结一致，保持住胜利成果并不断推向前进呢？他不自觉地把泽山卦拿了过来。

文王写完卦爻辞，对闳夭说：“你该回去了，把我的精神给臣属们传达一下。建立一个什么样的国家是我们对未来的设想，也是奋斗目标，但重在当前的思想和行动。你先看一下这个卦辞。”

闳夭看了卦符，读着卦辞：“咸亨，利贞。取女吉。”“明白了，阴爻围困着阳爻，是危险的时刻。三个阳爻处在三、四、五爻位上，虽然聚于一处，但中心在四爻，四不在尊位，难以服众。咸是指在这种情形下，我们这个领导集体应紧紧地团结在一起，拧成一股绳，团结如钢。”文王很高兴：“你说到点子上了。”“可这句‘取女吉’怎么理解呢？”文王挥挥手：“六十四卦前身主要是预测之术，阴阳相交，有利婚姻，写给算命的看的，各取所需嘛。你只要看懂前面部分就行了。”

闳夭指着爻辞问：“爻辞为什么都是谈身体部位呢？”“哦，‘咸’字从集体的角度是团结，从个体的角度是聚力。不同阶层的人聚力的内容是不一样的，就如同人的身体部位各有其功能，最终是为了一个共同的目标。”

闳夭又问：“三爻为随，四爻为思，五爻为脢，不知怎么理解。”

文王说：“好吧，我给你讲清楚一些。‘九三咸其股，执其随，往吝。’九三之人贪欲心太重，又妄动，跟随得太紧，过于主动，会有不当行为。小不忍则乱大谋，这种人往往因小事的冲动而坏大事，所以我们要注意掌控这类人。

“‘九四贞吉，悔亡。憧憧往来，朋从尔思。’九四位于三阳中心，却不居尊位，凭的是德行和智慧，大家才甘愿听从他的教导。

“‘九五咸其脢，无悔。’人心都是长在胸中，哪有长在脊背上的？此是说九五位尊却无智，能甘愿听从智者的调度，此谓大智若愚。如果你能力不足，只要有贤人辅助，哪怕是哭出来的江山，别人也会说你是明君。

“团结只是一个概念，团体是由众人组成的，能不能结在一起，那就要看每个人做得如何。不同身份和岗位上的人，都能恰如其分地把握好自己的思想和职责，紧紧地聚拢在一起，服从同一个号令，才能称为咸。”

三十、话说《周易》之“解”

䷧ 近几天风和日丽，周文王茶余饭后正在静坐养神，一阵北风刮来，卷起漫天树叶飞舞。环境和心情总是息息相通的。心想：很多时候政局看似风平浪静，但瞬间可能掀起惊涛骇浪，惊慌失措就会引起严重后果。雷水卦正是体现这种危机的最佳卦象。文王把卦符划出来，招呼小丁：“来，你解一下这个卦象。”小丁侧着头，想了想，"侯爷，我看这卦六个爻中有五个是反爻，而且都在下面，说明手下有反叛之象。上六是正爻，孤立无援；阴爻柔弱从静，只有智取，难以武胜。从五个反爻看，两个阳爻各统领一部，说明他们有共同利益却互不从属"。

文王高兴地夸奖了小丁一番，写出了卦辞："解，利西南。无所往，其来复吉。有攸往，夙吉。"说："解是庖丁用于分割杀牛的最佳方法。优秀的庖丁凭着手中的一把尖刀，能游走在牛各个部位的联络处，解得分毫不差。像上六这位仁兄，身为一国之君，被手下人反叛围攻，弄不好就会身败名裂，这就得学习庖丁解牛的方法，冷静下来，找准对手的弱点和不同集团间的分歧点，瓦解敌人。这是'解'字的高明之处。"

小丁领悟道："噢，无所往就是要守住自己的根据地，以静制动吗？"

文王说："当危机出现时要善于观察、分析、化解，要做一个智者。但有些危机是自己造成的，不可不诫。你看看这一段就明白了。""六三负且乘，致寇至，贞吝。"小丁认真地照爻辞讲解起来："六三是贪财的武士，负且乘是打了胜仗回来把战利品放到战车上。至是从天而降，致寇至是导致强盗又突然降临。这是旧的危机解决了，却导致新的危机又出现了。"

小丁对上爻不太理解："'上六公用射隼于高墉之上，获之，无不利。'公站在城墙上射隼也是化解危机吗？"文王道："上六之公身正势弱，据城而守，反叛者也无可奈何。公站在高高的城墙上，居高临下，有志于消灭进犯之敌，足以展示正义的力量。隼为大鸟，擒获大鸟，谓擒贼擒王。这是指要寻找化解危机的思路，不要局限于事情本身。"

小丁问道："我还是不明白，以静制动怎么能化解矛盾呢？"文王一拍巴掌："这个问题好。矛盾的出现，往往是由于主观思想和客观现实不对称的结果。有些矛盾是可以解决的,有些矛盾却是当时解决不了的,不要企望一股脑儿地解决所有问题。随着客观环境的演化或者主观思想的改变,这些矛盾也可能自动就消失了。关键是自己要保持一个正确的方向。”

三十一、话说《周易》之“困”

䷮说起怎样化解危机,周文王的心情久久不能平静,小人遇到危难,可以用“遁”的原则,跑啊!保住命是第一要务。国君遇到危难,只能坚守城池,用“解”的办法化解危机,因为他要跑了,国君的位子也就没有了。大臣如果出现了危机该怎么办呢?如果君主是个残暴之人,如果君主身边多是献媚小人,忠直大臣岂不危机重重?文王从卦堆里找出了泽水卦,阳爻被阴爻包围着,是受小人迫害之象。文王抬起头来,看看窗外灰蒙蒙的雾霾,再看看院门外高高立起的篱笆墙,思量再三,写下了“困”,完整的卦辞是:“困亨,贞大人吉,无咎。有言不信。”小丁脱口说道:“躲回自己的老家去。大人受到陷害,不能找国君申辩吗?”“哼,这种环境下,你说的话还有人信吗?”

“如果人们的地位和思想境界不一样,应对危难应该有区别吧?”

“当然,”文王道,“初六本身出身低微,一旦辞官回乡,就再也没机会出来了。不过还好,有命在嘛!”

“九二就不同了,本身有自己的领地,只要不生事端,还是有机会东山再起的。”

“六三意志不坚强,顺境时意满志丰,一旦受到挫折,就精神颓废,自己把自己隔离起来,最后连家人都远离而去。”

“九四身份高贵,不情愿地回家。不情愿也回来了,将来还会受到重用。”

“九五是藩属之君,受到刑罚,回去等机会慢慢解释吧!”

“上六是王的宗亲,有职无权,一般不会生出事端,就是有危机也不会辞官回家的。但伴君如伴虎啊!”

小丁虽然长期在文王身边,但文王公正开明,上下团结一心,并没有臣属受迫害的先例,对这些道理似懂非懂。“侯爷,您是不是讲每个人应付挫折各有各的道啊?”

“是啊,在危难时首先要明哲保身。思想负担轻,当机立断,该退就退,结果就会好一些。思想负担重,贪恋权贵,仗着身份不甘心败落,恐怕会有更悲惨的结局。我只能写这些,读者遇到麻烦,找准自己在六爻中的位置妥善处理吧!”

此时,文王又想到自己目前的处境,长叹一声,不再说话了。

三十二、话说《周易》之“需”

䷄ 七月的天气,蝉鸣四起,闷热难耐。周文王拿起划有水天卦符的骨板,心里一阵喜悦。二阴爻居上位,是子女享受富贵荣华之卦象,他写了一个卦辞(后来忘了写的是什么字),又写上“有孚光亨,贞吉。利涉大川”。有孚是子女,光是自身发光。意思是虽然出生在富贵之家,仍需要自己努力打拼,不能当一辈子的官二代、富二代。这时,黑压压的乌云从北面天空蜂拥过来,随后赶来的雷公一阵乱劈,地上很快积满了浑浊的雨水。两个冒雨来换班的看守嘀里嘟噜说起当地土话,文王听不太清楚,问小丁,小丁说他们那个村庄许多没有排水设施的家庭被大雨灌了，储存的粮食都泡湿了。文王听到这里，不禁担心起自己的家乡。周国百姓家居许多是半穴式结构，有的年轻人建房不懂预设排水，下大雨后常常被淹没，造成重大的财产损失。文王看了一下手里的卦，八卦之象为水在天上，下雨之卦，正好借这个卦谈谈城镇房屋建设的防水工程问题，有必要设立一项制度。想到这里，他把爻辞以雨水为中心写了起来。

小丁看到卦爻辞很奇怪，问："侯爷，属下从没见您这样写过。""哦，有什么不同？说说看。"小丁说："我看卦辞是按六爻卦象写的，爻辞是按八卦卦象写的。以往都是爻辞从卦象延伸出来写，但这个卦卦辞和爻象根本就没联系。""说得很好，"文王把原来的中心卦辞刮去，改刻了个"需"字，一边自言自语，"还是民生更重要。需是天上的雨，下多大是老天爷的事，管理不慎造成损失就是人祸了。"

小丁觉得"需"字很形象，雨水下到地面被几条沟洫分别流去，"这是讲向外排雨水的事吗？"

文王抚摸着卦牌："是啊，这个卦主要是讲雨水的利弊和防洪的意义。政府光管着盖楼房，铺马路，搞形象工程，地下市政设施跟不上，一下大雨就变成泽国，岂不把好事变成坏事了！下面三爻指耕地，大雨虽然造成不便，但土地本身有吸储功能，下雨是好事。上面三爻就不同了，六四指居民区，'需于血，出自穴'是说盖房子时要预留排水沟，以便雨水能排出去。九五位正，政府有相关政策保障，自然会衣食无忧。上六是老人，'入于穴。有不速之客三人来，敬之，终吉'。政府有关部门要组织一部分有专业知识和经验的老人，经常到建筑工地指导设计施工，形成制度，才能保障百姓不受水灾，安居乐业。"最后，文王说："民生大于天，老百姓的衣食住行才是国家的真正大事。"

三十三、话说《周易》之"习坎"

䷜ 由《需》卦说起水患，周文王又想到了河水。河水是人类的母亲，而一旦河水发起脾气来，却也能毁灭水边的这些子民，防治水患，是国家建设的一项重要工作。文王捏住水水卦符，问小丁："你看这个卦像什么？""我看像两排山，阳爻是两个并排的山脊。"文王摇摇头："是像，但更多的山是一山独秀，没有共性。"小丁又仔细看了看，"是不是一条河啊，两个阳爻像是高高的堤坝"。文王点点头："嗯，有道理，黄河水患是人类的大敌，汛期以前，加固大堤是治理黄河水患的首选办法。你看，河水有两种走势，一是像中间的两个阴爻，是水在河内流淌；一是像外面的两个阴爻，是河水冲出堤坝，会造成很大的灾难。这就是要借这个卦谈的主题：怎样防治水患。"文王说完，在卦符旁写了"习坎。有孚维心，亨，行有尚"。

文王看着小丁："知道习坎的意思吗？""知道，我们家不是都有挡水用的门坎儿吗，欠是上起，坎应该是高于地面，那就是门坎儿。从河边讲就是堤坝了。习（習）像是大雁飞到太阳之上，应该起得很高很高吧。"文王拍了一下手掌："很对，就是这个意思。把堤坝加得高一些，才能阻挡滔滔的洪水。""但后面为什么又不讲堤坝了呢？""这是由此及彼，由自然现象延伸到社会现象。河水泛滥会造成灾害，才去建堤坝，牢固的堤坝才会让河水循着河道走。如果社会秩序出现混乱，也需要建立道德规范，有规矩才成方圆。规矩是法律的根基。有孚是指年轻人，维心是指要教育年轻人像堤坝一样勇于担当，做到行有尚，社会才会安定，这是一个十分重要的社会课题。"

小丁待文王写完爻辞,仔细看了几遍:"明白了,初六和上六是河水出了堤坝,故都是凶。那六三爻辞是怎么回事呢?"文王慢慢道:"传说舜帝派鲧治理黄河,鲧只是加高堤坝,并没有疏浚下游河道,等大水真的来了,泄洪不及时,冲破了城镇附近的堤坝,反而造成了更大的损失,结果鲧被舜帝以渎职罪正法,后来又派鲧的儿子禹治理黄河才见成效。'来之坎坎,险且枕,入于坎窞。勿用。'就是通过这段故事,讲做事情要注重调查研究,找原因想办法看效果,像鲧这种不切实际的做法是不提倡的。"

小丁指着六四爻辞"六四樽酒簋贰,用缶,纳约自牖。终无咎"。问:"祭祀只用少量的祭品,是不是讲节约啊?"文王摇摇头:"不是,我们祭祀是敬天敬地敬鬼神,但治水更讲人为,你用再多的祭品不去付出努力,也不会化险为夷的。工作做好了,才是降伏水灾的保障,人定才能胜天嘛。"

三十四、话说《周易》之"既济"

䷾ 周文王写完《习坎》卦,小丁又提出了新的问题:"侯爷,加高堤坝真能治理好水患吗?"文王摇摇头:"可不是这么简单,这是一项浩大的工程,不然为什么大禹因为治水之功为万人敬仰而开创夏代新纪元呢。"说着,文王拿过刻有水火卦符的骨板,"你看,治好了水患就会阴阳各安其位,百姓安居乐业"。接着,文王在旁边写下"既济亨"。"治水要从两方面入手,一是建坝,二是疏浚。《习坎》卦讲建坝;这个卦阴阳爻各安其位,是讲必须疏浚才能真正驯服洪水，安行其道。自古以来就有江、河、济、淮四渎之说，传说大禹采用疏浚泄洪之法，你想能泻黄河洪水的是哪个河流呢？主要是济水。用济水分洪，黄河才能平安无事，所以既济才亨。”

小丁看着卦符和卦辞，似乎明白了许多，“哦，既济就是用济水平洪。这个卦阴阳爻俱正，是不是最好的卦啊？”文王道：“这要看哪个方面了，刚才是提出了治水的基本原则。从政治层面上说，本卦六爻阴阳间隔，各安其位，互不统领，简直是一个大同世界。但现在是私有制社会，有些人希望拥有更大的权势、更多的财富，不会安于现状，必然会爆发战争和兼并，所以说这种没有领导者的和平安定只是暂时的。小国寡民、邻国相望、鸡犬之声相闻的理想现在来看只是一种幻想罢了，人们应该清醒地认识到这一点。”说着，文王又写了“小利贞，初吉终乱”。

文王写完爻辞，果然如同卦辞，一卦两意“九三高宗伐鬼方”，追述商朝的大国统治路线，大国侵伐小国，即初吉终乱。高宗身为帝王，为何不居九五？盖因本卦阴阳间隔，九五居尊而不贵，反倒是九三居三阳之中，又从武象，有征伐之功。另五个爻写民众防水患之法，从初爻到上六，根据地域不同各取其法。

文王说：“本卦六爻阴阳各居正位，是区别他卦六爻正邪的规范，是周易卦象的大宗。而且由是卦还形成一个极易分辨的卦系，如初爻变，为水山卦即《蹇》卦，卦义为行路；二爻变，为水天卦即《需》卦，卦义为家居；三爻变，为水雷卦即《屯》卦，卦义为武；四爻变，为泽火卦即《革》卦，卦义为宗庙；五爻变，为地火卦即《明夷》卦，卦义为君；上爻变，为风火卦即《家人》卦，卦义为家长。你明白了这个卦象的重要性，才能看懂另外六个卦的中心所在。”小丁听此思索良久，才点头称是。

三十五、话说《周易》之“未济”

䷿ 周文王写完《既济》卦，小丁站在对面，正好倒着看《既济》卦符，“侯爷，《既济》卦倒过来不是六爻皆反位吗？”“是啊，这两个卦是完全相反的，我们应该紧接着写火水卦了。”文王将火水卦划出来，不禁沉思起来。《既济》卦讲的用济水解黄河之危，河水则安行其道，六爻卦象是各安正位。而火水卦六爻反位，如喻河水，是泛滥成灾之象，如喻社会，是天下大乱之象。俗话说：病来如山倒，病去如抽丝。治乱应循序渐进，不可急于求成，便俯身写下了“未济亨。小狐汔济，濡其尾，无攸利”。对小丁说：“本卦六位全失，洪水泛滥，天下大乱之象，再开疏济水已经失去了意义，还是留待将来再做吧！小狐狸在干涸的济水边被上游来水打湿了尾巴，就想离开自己的家，其实黄河水不会流到这里了，哪里也不用去，家里是最安全的。做人也如此，在乱世中，躲在家里最安全，那些站在风口浪尖上被名利迷惑的人，很容易身败名裂的。”

小丁请教道：“《既济》卦九三言高宗伐鬼方，本卦写：‘九四贞吉，悔亡。震用伐鬼方，三年，有赏于大国。’震用伐鬼方和高宗伐鬼方有什么区别呀？”“哦，相同的地方是这两个爻都是三阳爻的中间一爻。不同的地方是一个在内卦，位正；一个在外卦，位不正。作为地域中心大国，欲征伐边缘小国，未出师前讲自卫反击，是为了维护国家安全，理正；出师到国外打仗，理不正，就要讲奉天讨伐，是为了治乱，恢复区域安定。震是雷霆，是天意，所以用震字。做事都要讲个理字才行。”

小丁指着“六五贞吉，无悔。君子之光，有孚吉”问：“这句话是什么意思呢?”“有孚是指子女、年轻人。有所作为的年轻人应当在乱世中展示自己的才华,乱世出英雄嘛!”

停了一会儿,文王又道:“《既济》和《未济》卦是六十四卦的范式,他们注明了六爻的正位概念和反位概念。《未济》卦也是一个系列卦的宗卦,每变一个爻,就产生一个相关爻位性质的卦:初爻变,就变成火泽卦即《睽》卦,是下层民众;二爻变,就变成火地卦即《晋》卦,指家中之人;三爻变,就变成火风卦即《鼎》卦,指尚武;四爻变,就变成山水卦即《蒙》卦,主祭祀学习之事;五爻变,就变成天水卦即《讼》卦,是君正臣反;上爻变,就变成雷水卦即《解》卦,指老人、有名望之人。《既济》和《未济》系列卦的变爻就如同造字法的指事规则,你不知道指事规则,就不会知道卦爻辞含义的。

“谈到这里,又涉及六十四卦写完后怎样排列顺序的问题。首先确定一点,《乾》《坤》卦标明《周易》的阴阳性质,应当排在最前;《既济》《未济》卦标明六爻位的正反性质,可以排在最后。阴阳和六位是周易卦象的大宗,其他六十卦都是在这个大框架中各有演变。至于后人再演变出什么幺蛾子卦象,随他们去吧。”

小丁听到这些,脑海中一幅幅卦符排着队走了过来,上面飘扬着旗帜,旗帜上写着各自的卦辞。《乾》《坤》在前面领队,《既济》《未济》在后面维持秩序,每一个卦都像老朋友般冲它们点头微笑。

三十六、话说《周易》之“家人”

一天,周文王问小丁:“你知道社会的基本单位是什么?”小丁摇摇头:“这个问题太深奥,答不了。”文王拿出风火卦

说："是家庭。家庭安则社会安，家庭乱则社会乱。你看这个卦，二个阴爻安居阳爻之中，说明女人和孩子在家中有规有矩；上九阳爻高居，说明这个家长有威严，但脾气有点暴躁。总体来说，这是一个有秩序的家庭，可以作为家庭模范。家庭是一个小社会，每个小社会稳定了，大的社会秩序还会乱吗！"文王在卦符旁写下了"家人，利女贞"。小丁说："明白了，这句话是说家中之人要遵守家规，尤其是女人有利于这种做。为什么要重点提女人呢？""女人不正家生嫌隙，女人不旺夫助夫则家道败落。人们常说：红颜祸水。夏有妹喜，商有妲己，都是乱国之女，她们把君王的家庭搞乱了，波及朝廷也乱了，这个大厦也就即将倾圮了。所以做领导的管好家属是很重要的。"

文王慢慢地写着爻辞，他为家庭问题单独写一卦，用意是很明显的。人们往往只注重社会和国家发生的引人关注的大事情，而忽略家庭的关键作用，其实家庭秩序的演变是社会重大变革的序曲。一个人思想观念是在家庭土壤里生根发芽的，会给一个人留下终生的烙印。对于宗法制社会来说，家不家则国不国，家庭能不重要吗？

小丁逐句领会着爻辞："'初九闲有家。'是说对下人要设立家规。'六二无攸遂，在中馈。'是说女人要主内。'九三家人嗃嗃，悔，厉，吉。妇子嘻嘻，终吝。'是说一家人乱哄哄，整天咋咋呼呼，家长管不住老婆孩子，会被人笑话的。'九五王假有家……'这怎么讲呢？""唉，天下人尽皆知，纣王宠信狐媚，扰乱朝纲，残害忠良。王应该借家规来治治自己的家了，再不整治就会自食恶果。现在是宗法制社会，家庭、宗族是社会的基本单位，家长、族长必须承担起领导自己那个集体的重担。就一个家庭来说，家长不建立权威，没有威严，这个家会乱的。"

小丁看了时空穿越镜，对文王道："侯爷，后世变得有家没长，一个家庭变成了多元制,许多人成为房子的附庸,这是怎么回事呢?"文王想了想:"山雨欲来风满楼,社会风尚的改变是社会大变革的前奏,它已经超出了意识形态领域的范畴。如果社会的基本单位由宗族演变到家庭,又进而演变为个人,那么每一次演变都标志着社会发生了大的变革,社会管理体制和价值体系也会相应发生重大变化。家庭理念消失了,意味着我们制定的宗法制也要随之解体了,由宗法制产生的思想体系怕也要土崩瓦解了。旧的思想体系瓦解了,新的思想体系必将取而代之。它留给了新社会一个大课题,就是怎样顺势而为。未来的事还是未来人去解决吧!"

小丁想,怪不得后世传统文化日渐式微,原来是它生存的土壤改变了。

三十七、话说《周易》之"颐"

䷚ 近段时间家乡没有来人,周文王心情比较放松。谈到自己家庭格外高兴,自己有九十九个儿子(传说),教育成为生活中的大事。怎样把子女教育成有文化、有教养、有能力、积极向上的好青年,不光是自己家庭的事情,也是整个社会的课题。文王拿过划着山雷卦的骨牌,两个阳爻俨然像两个大人看护着中间四个阴爻代表的孩子。文王执刀写了卦辞:"颐,贞吉。观颐,自求口实。"小丁站在旁边,参照着卦象一边念一边解:"颐,人头眼向下看,应该是照看教育小孩的意思。观是观察,观察孩子的品性特长。观颐,要因材施教。自求口实,是根据自己的特长培养他们自食其力的能力。我懂了,这是侯爷提出教育孩子的基本方针。"

文王爽朗地笑了起来："你真聪明。孩子是我们的未来，不光让他们长大成人，还要让他们长大成才。常言说：十年树木，百年树人。教育就要从娃娃抓起。那种放任自流、树大自直的说法是不对的。"

小丁也越来越追求上进了，总能找出一些关键问题："'初九，舍尔灵龟，观我朵颐，凶。'这个'我'字是指谁呀？""是指初九嘛。树枝有向上生长的，有向下生长的，像柳树枝就是往下生长的，向下生长的为朵。初九是下层人家的孩子，没有接受文化教育，自我成长，不求上进，叫朵颐。上流社会人家建房子用灵龟择吉，然后再埋于屋基下，他既想让自己的家业富贵兴旺，又任由自己的孩子跟不求上进的穷人家的孩子玩耍，让孩子输在起跑线上，将来家道不会衰败吗？"

小丁又问："朵颐、颠颐、拂颐、由颐是指不同的教育方法吗？""对，不同的教育方式会产生不同的结果。朵颐是让其自甘下流、不求上进的教育方法；颠颐是站在上流社会的高度来教育孩子；拂颐是粗暴地打孩子，有人说棒打出孝子就是这种情况；由是规矩，由颐是处处按规矩来约束孩子，用一个模子浇制成品，这样教育出的孩子没有创造力，将来难以在社会上施展才干。可见，教育孩子不光要讲道理，还要用适当的方法，不同的教育方法决定孩子不同的未来。"

文王接着又说："让孩子从小接受教育是对社会提出的要求，其实有的人富贵是天生俱来的。'虎视耽耽，其欲逐逐'是讲的一个人生就虎目大耳的贵人相，他对名望财富的追求会很强烈的，再加上教育培养，将来就是难得的人才。教育决定人生，也决定社会。"

三十八、话说《周易》之“蒙”

䷃ 周文王非常关心儿童教育，闲暇之余经常到宗庙学堂去调研，知道许多教师不得其法，学生毕业后很难在社会上发挥自己的特长，有必要制定正确的教育方针。他闭上眼睛，在脑海里寻找四爻独动的卦符，因为四爻表示祭祀、学习。……好了，山水卦，五个爻皆反位，只有四爻位正，而且四个阴小之爻主动，为儿童学习之卦。文王拿过骨牌，划上卦符，又写上“蒙亨。匪我求童蒙，童蒙求我。初筮告，再三渎，渎则不告。利贞”。

小丁好奇地问：“草覆盖在棚子上，就是蒙了。蒙是什么植物啊？”文王答：“蒙不是某种植物。有些蔓生植物需要搭架，葡萄、葫芦、扁豆、丝瓜、芸豆不都是蔓生植物吗？蒙是搭架让这些植物生长，架子搭多高，植物就能长多长。对于学生来说，老师教的水平高，学生学习的程度就深。蒙就是老师和学生之间教和学的关系，具体意思是要像棚架一样引导学生学习知识。”“明白了，你搭起架子来，蔓生植物就会自己顺着架子生长；老师给学生搭建知识框架，再让学生自己延伸思考。”

文王道：“很对。卦辞中，匪是说我和童不是同一关系，我是教，童是学，不要让学生变成自己的影子。‘匪我求童蒙，童蒙求我’是说我不能要求童一定顺着我的框架攀爬，而是要童根据生长进度自己选择攀爬方向。这叫循序渐进，循循善诱，不可拔苗助长。筮是学习筮法。渎是疏通。‘初筮告，再三渎，渎则不告’是说第一次教童基本知识，第二次、第三次就要童自己去理解贯通，而不是把我的思想强加于人。教学不可用灌鸭式，而是提倡独立思考的学风。”

小丁听到文王作为国君提出这样具体的教育方针，兴奋异常。看了几遍爻辞，觉得本卦与《颐》卦依稀有相同之处，便问：“爻辞讲发蒙、包蒙、困蒙、童蒙、击蒙是不是也讲不同的教育方式啊？”

文王道：“两卦不太相同。《颐》卦两个阳爻看护所有的阴小之爻，是幼童教育，是大人教育孩子；本卦是两个阳爻仅仅看护其中的三个阴小之爻，是有选择地教授学童文化知识，是教与学的互动关系。在这些蒙中，发蒙和其他蒙是不同的，你看卦象，两个阳爻将三个阴爻围在里面，是老师和学生的关系，只有初六不在其中，说明初六不具备接受教育的条件。发(發)，指发射弓箭，它有两个特点：一个是快，一个是针对某个点。发蒙，是速成式教育，指专业技能培训。初六位下且不正，是战俘、罪犯之属，经过培训，让他们从事某项工作，借以改造自己，也可摆脱枷锁之苦。‘九二包蒙’，作为将来的家主，要承担家族内的各种事务，要学习多种知识。‘六四困蒙’，躲在自己的家里学习，从书本到书本，不切实际，多是无用秀才。‘六五童蒙’，储君从小就善于学习，独立思考，将来一定能将事业发扬光大。‘上九击蒙’，学武，但要择品行而授徒。”

文王最后加重语气说：“学习，是为了在社会中具备生存的能力，是没有唯一答案的。愚蠢的老师给学生设定标准答案，只会培养出拿高分的愚蠢学生，将来是搞不出大成就的。要培养学生独立思考的能力，才有创新精神，才会创造成就。这是本卦卦辞的中心所在。”

三十九、话说《周易》之“中孚”

䷼ 这天，周文王吃罢上午饭，泡了一壶茶，看到一片片茶叶竖立在水中，心想：要来客人了。正寻思间，听得院外人喊马嘶，不一会儿，上大夫散宜生风尘仆仆闯了进来。散宜生看到文王还是那么精神矍铄，激动地眼泪流了出来，“侯爷，二公子非要来看望您不可，因为您有话在先，不让任何公子来朝歌，所以我一再坚持才代替他来看望您”。通过交谈，文王了解到自己写的卦爻辞捎回国后，领导班子通过学习落实，周国政治面貌有了很大改善，甚是欣慰，便拉着散宜生的手说：“你来得正好，还有些事情我要给你谈，这几天我写几个卦你拿回去。”

文王从骨牌上划了风泽卦符，“宜生，你看看这个卦有什么特点?”散宜生是文王身边最信任的臣属，经常看文王演卦，对卦象较为熟悉，回答道：“此卦二阴爻居中，为年轻人，又守中道。二阴爻游离于三、四位，穿梭在国界内外，应该是战士，年轻的战士。”“对了。我在想，有了战事，每个国家都可以组建起庞大的军队，但有没有战斗力，还要看战士是不是训练有素、有没有战斗热情、有没有献身精神。”说着，文王在卦符边写了“中孚”二字，迟疑了一下，又写了“豚鱼吉”。文王接着说：“孚指年轻人，在这个卦就是年轻的战士。前面我写的卦谈到教育，教育可使年轻人获得知识，更应该让他们获得力量，我们应当加强对战士的政治思想工作，使他们都成为中正勇敢的勇士。”散宜生看到后面的“豚鱼吉”，心想：猪和鱼繁殖力强，看样子侯爷的意思是这样的后代越多越好。

待文王写好爻辞，散宜生一边读一边体味：“初九虞吉，有它不燕。虞是仁兽，燕……传说商人是玄鸟的后代，那就是指商了。有这样一支仁义之师，就不会有商的存在。霸气！

“九二鸣鹤在阴——这是困境中不减豪情壮志。

”六三得敌，或鼓，或罢；或泣，或歌。——六三是弱旅，遇到强敌，进攻，失败。为失败的耻辱而哭泣，为将来的胜利而高歌，这是一支谱写英雄壮歌的军队。侯爷，怎样才能锻炼成这样的钢铁之旅呢？”

“知耻而后勇，教育产生力量，要加强思想教育，才能培养出这样的中正勇敢的年轻人。”文王说道。

四十、话说《周易》之“贲”

䷕ 周文王一直把散宜生视作自己的左膀右臂，将来许多国家大事都要依靠他去完成。两人促膝相谈，谈到军队建设，谈到国家机器的构成。文王拿出一个骨牌，上面刻着山火卦符，对散宜生说：“我在考虑要建立国家政权的常设安全部队。你看这个卦符有什么含义？”散宜生想了一会儿，“我看上下两阳爻像两堵墙，说明这是谈内部事务，九三阳爻动是军队，负责内部安全的军队，那就是御林军了”。文王点点头：“差不多，我们周国倡导仁义礼信，有犯罪者画地为牢，竖木为吏，无须动用内部武装。但将来成立了大周帝国，版图扩大了，种族也多了，各种矛盾随之而来，原有的制度很难推而广之，一旦有什么差池，就会引发暴乱或有组织的反抗。我想应当挑选优秀的勇士，组建一支由周王直接掌控的、专职的、职责更为全面的部队，重点负责京畿治安和王家安全,扫荡地方叛乱势力。就是出去打仗,也算是一支王牌军,我们可以叫它为虎贲。”说完写了个“贲”字。

散宜生继续看爻辞:

初九贲其趾,舍车而徒——是要求虎贲夹王车疾步而趋,是贲字的原义,要求他们锻炼过硬的腿功。

六二贲其须——要设文职人员,做好后勤管理。

九三贲如濡如,永贞吉——练得汗流浃背,训练要常态化。

六四贲如皤如,白马翰如,匪寇婚媾——王家到境外迎亲,也要有自己的虎贲随从。

六五贲于丘园,束帛戋戋,吝,终吉——还有人承担保卫王家丘园的责任,由于没有战功,薪酬未免少了些。

上九白贲无咎——作为卫士,没有战功,到老都没有官职。

散宜生一开始觉得挺好笑的,老头子未免太细心了,连薪酬少、没官职这样的小事都写得这么详尽,但仔细一想,不是这么简单,便拱手请教:“侯爷能否详解其中道理?”

文王郑重地说:“不要小看这些琐碎事,里面包括两层含义,一是出入王庭的士兵,未免受到权贵腐化的影响,产生骄奢思想,所以必须把训练考核制度化,才能保持战斗力。二是作为领导,通常信任身边的人,久而久之,编就了水泼不进的关系网,有机会接触领导的人,不管有无战功都高官厚禄了,秘书甚至唱戏的都当了将军,那些前线打仗、流血流汗、提着脑袋期望建功立业的官兵一旦断了晋升之路,岂不生变?此谓亡国之道,你作为领导核心成员不可不知。”

散宜生又问:“如果他们没有晋升之路,岂不没有了积极性?”文王说:“我在每个爻辞都写了,要培养他们的荣誉感,不管做什么工作的,都让他们为了荣誉而自觉、努力地工作。”

四十一、话说《周易》之"蛊"

䷑ 周文王对散宜生说:"今天我们在切入主题前先看一个卦。"说着在骨片上划了泽雷卦符,散宜生即刻说:"这是《随》卦,我们学习过,是发动各界人士追随大人开创事业。"文王把卦符反了过来,变成了山风卦,而且六个爻位阴阳与随卦正好相反。"这个卦又如何?"散思考了半晌,"阴爻也代表子女、年轻人。阴爻代替了随卦阳爻的位置,说明与继承父业有关。"文王说:"有道理。但我要说的不是继承问题,而是由谁继承的问题。"随着在山风卦符边写上个"蛊(蠱)"字:"你谈谈对这个字的看法。"散宜生看得眉心都鼓了起来:"我见过皿中有一个虫的字,那是表示皿中食物生了虫;也见过皿中有两个虫的字,是表示皿中虫多。但皿中写三个虫的字没见过。"文王道:"皿中三虫是表示不同种类的虫在一起厮杀,毒性最大的虫才能生存,可见到了关键的时候只有强者才能生存。这是自然界中的优胜法则,在现实中这叫竞争法则。现在是改朝换代的时期,战争的胜负最终还是由人来决定,我们要不拘一格,从竞争中选拔人才,用英才,不用庸才。"

散宜生读了一遍卦辞:"蛊,元亨。利涉大川。先甲三日,后甲三日。""明白了,选拔优秀人才,国家才有希望。先甲是破旧立新的创业期,后甲是我们建设的新时期。甲前甲后代表两个时代,创业时期要用优胜人才,新国家建设后……"

这时,小丁把头探了过来:"侯爷,有人说蛊讲的是因为坏极而变好,才元亨。有的人做了一辈子坏事,偶尔做了一件好事就大张旗鼓地宣传他的先进事迹……"文王不待他说完,道:"这是当权者无能故作托词罢了。坏极而变好，那还要监狱干什么？猜得离谱了。”

散宜生看着爻辞，暗解：干(幹)父之蛊，是凭借能力继承父亲的家族地位，体现种种人间百态；裕父之蛊，是富二代处处炫富。但“上九不事王侯，高尚其事”独独没有干、蛊之字。文王似乎看透了散宜生的心思：“享受利益者，需要制度约束，否则为所欲为。身份高贵又不为继承者，不受利益驱动，其言尤其中肯，勿以妄言而弃之。”

散宜生心想：侯爷如此看重《蛊》卦，说明用人机制关系到革命事业的成败。首先要在思想观念上摒弃以往论资排辈的陈腐观念，唯才是用。逮住老鼠的才是好猫啊！

四十二、话说《周易》之“临”

䷒周文王在周国国内时经常出现在田间地头，关系群众疾苦，以身垂范，教化民众，故有“圣人”之称。文王在考虑怎么才能把密切联系群众、深入实际调查研究作为干部的工作准则。他拿着地泽卦符，对散宜生说：“这个卦从表象上看，两个阳爻在四个阴爻的下面，阳被阴压迫难有出头之日，应该说不吉。但表达周易的最高境界是主动法则，如果把阴爻看作是群众，阳爻看作是干部，阳在阴下，是干部主动居于群众之下，又是一种什么思想境界呢！主动意识可以改变不利的客观因素。所以通过这个卦，要求我们的干部主动深入基层，关心群众，把群众的利益看得高于一切，那我们就会得到群众的真心拥护，这个卦象就功莫大焉。”于是挥刀刻上“临，元亨利贞。至，于八月有凶”。

散宜生看到“临(臨)”字,是看望群众,问寒问暖之意,后面写上“元亨利贞”断辞,就知道卦义非同一般,这是将领导干部的工作作风问题上升到战略思想的高度来谈的,必须引起高度重视。“至”同样是下来,但既不带眼也不带口,说明不是为关心群众下来的。八月气温原本是温热的,而天上刮下来的风却一阵寒似一阵,说明这种干部下到基层不是给群众造福,反而是祸害百姓的,让百姓感到寒心,这样能不凶吗!

散宜生逐一学习,“咸临”,是要求干部全身心地深入基层;

“甘临”,那种口惠而实不至的人要经常检讨自己;

“至临”,那些有职无权的人下来走走也可以;

“知临”,君主发布命令要符合群众利益;

“敦临”,年长的官员也应深入群众中去。

散宜生结合卦象、卦爻辞反复揣摩,逐步意识到“临”的重要意义。

文王对散宜生说:“你回去后一定把这个精神传达给常委会,整顿我们的工作作风,检讨不良习气,树立新风,坚持密切联系群众的正确理念,把群众利益看得高于一切,只有广大人民群众的支持,我们的革命事业才会无往而不胜。”

四十三、话说《周易》之“剥”

䷖ 周文王对散宜生说:“前面我们谈了领导干部的工作作风问题,下一步再谈谈领导干部的管理问题。”指着山地卦符说:“你看,上爻为贵,一个阳爻管理五个阴爻,如果事无巨细,眉毛胡子一把抓,肯定会越管越乱。我们要建立一系列管理体制,既要把事情做细做好，还要简化程序，腾出时间来干些大事。你知道劈木柴有什么窍门吗？”散宜生答：“知道，拿斧子砍树段的小头，木头顺着纹路就裂开了。”“对，就是这个道理，砍准一个点，木头就开了。”文王在卦符旁写了个“剥”字，散宜生知道，剥就是用刀劈裂木柴，如同卦象所显示的，五阴爻从上至下一分为二。其意在告诉我们，搞管理要讲抓重点，以点带面。

文王又指着“六五贯鱼，以宫人宠，无不利”说：“人们到河里抓鱼，都会找根柳树枝从鱼鳃间穿起来，只提拎着树枝子，五六条鱼就轻松拿回家了，管理人同样道理。像后宫这么多宫女，王后怎么能管得过来呢，找个王宠信的有能力的人去管理，你只要抓住这个管事的人就解决了。而像上九所言，小人不懂管理，只能回家管老婆孩子去了（剥庐）。”

散宜生又问：“从初爻到四爻，都是讲剥床不知何解？”文王答：“一阳制五阴，又有多妻之象。一个人如果整天沉迷于床笫之欢，下层人就会变得走不了路（足蔑），一家之主就会被枕边风吹得失去辨别是非能力（辨蔑），有钱的人指望多吃肉才能保持体力（以肤）。像这类人不可重用，连自己都管不了，还能管理好别人吗！”

文王最后对散宜生说：“创建一个国家不易，管理一个国家也不易。你回去后，要制定一些干部管理细则，分工明确，分级管理，责任到人，对那些管不住自己又无所作为者坚决清理出干部队伍。”

四十四、话说《周易》之“恒”

䷟ 小丁最近看周文王一直打量雷风卦符，似乎犹豫不决，便问：“侯爷，这个卦上爻、五爻、初爻都为阴是不是寓意不佳啊？”

文王答道："是不佳。阴爻代表小人、子女、女人，为柔弱，宗庙、君、民都为阴爻，怎么看都不利。但阴爻也代表行善积德，写卦辞的目的在于彰显积极善良，在不利的环境中找出有利于自己的策略，概言之，是主动性法则。这个卦要找出它积极阳光的一面，看样子就是积德行善了。"随即在旁写了个"恒(恆)"字。这个字画的是一只舟在两岸之间，舟的左边还画了一个心字。小丁道："我看到河边的艄公有时把无助的老人和小孩运过河去，就是这个意思了。""是啊，我们就是要倡导这种助人为乐的社会风尚。社会风气的好坏是民族立身之本。"

小丁读了一遍爻辞，有些不解："既然提倡做好人好事，为什么爻辞中凶多吉少呢？还有，贞凶怎么解啊？""我们提倡做好人，是一种理念，并不是搞愚民政策，让大家都去牺牲自我去救济别人。做好事要量力而行，达到好的效果。'初六浚恒，贞凶。无攸利。'贞字的原义是问这样做吉啊？凶啊？贞字代指浚恒，贞凶就是说这样做凶。卦爻辞所有的贞字都这样解。在河流湍急的地方，你自己过河都难保，还怎么去救别人啊！'上六振恒，凶。'水都淹到脖子了，还要举着别人过河，那不是找死吗。人们常说：泥菩萨过河——自身难保。就是做好事也要看客观环境和主观条件。还有'六五恒其德，贞妇人吉，夫子凶'。有的领导者，不去强有力地治理好国家，却学得婆婆妈妈，专以仁善为手段，国家能变得强大吗？"

小丁说："'九三不恒其德，或承之羞，贞吝。'这句话我明白，是指那些打着慈善之名捞不义之财的人，这种人应当受到社会舆论的谴责。不过这段爻辞：'九四田无禽。'不知何意？"

文王答曰："这是换了个角度谈的。禽是狩猎之物，比喻来犯之敌。本卦三个阳爻以九三为中心，九三尚武，外邦软弱必欲伐之，但侵伐须有侵伐的对象且师出有名。外邦没有侵犯你领土，你去伐之为名不正，在舆论上就占了被动。此句意在告诫好战者，不可以自己的意志来任意侵伐他国。”

四十五、话说《周易》之“井”

䷯关于要做好事不要做坏事的精神倡导，看似甚微，社会意义却十分重大，越是小事，越容易植根于老百姓心底，形成整个社会精神文明的升华。周文王心里想着这个主题，在骨板上划了个水风卦符，这是一个典型的八卦概念卦，上卦为八卦的水卦，下互卦是个大水，表示水源源不断，这不就是井吗。文王写了个“井”字。对小丁说：“我们对做个好人的要求并不高。一个品行不好的人，常常做损人利己的事，更有甚者做损人不利己的事。相比而言，你做对自己有利又不去损害他人的事，就算是最基本的做人要求了。如果再能帮助别人，就算是好人了。比如你把家搬走了，你挖的井还留给别人继续使用，这也是一种好人行为。”

小丁知道文王在讲卦辞的意义，往下看了几遍爻辞，说：“‘初六井，泥不食，旧井无禽。’初六爻辞我懂，它是一种天然浅水井，除了人食用，野兽也经常光顾。长期干旱导致水位下降，光剩下稀泥，连野兽也不来了。食用这水井的人宁肯干渴也不去费力再往下深挖，这种不利人也不利己的行为真不值得称道。可‘九二井，谷射鲋，瓮敝漏’就不知何意了。”

文王微笑着说：“那我给你解释一下，我这是借井的话题谈些深层次的社会问题。井中有青蛙你是知道的，甚至都生成了‘坐井观天’的成语。有人看到井中有青蛙，认为它把水弄脏了，于是用箭把青蛙都射死了，你猜怎么样？”小丁把话接过来：“知道，井水真变脏不能食用了。他这样做等于把自家储水用的瓦缸砸烂了。”“对了，青蛙看似不洁，但它是保持井水纯净的环卫工。平时我们看到某个人有缺点，而一旦把这个缺点消灭了，他的优点也不存在了。这句话意在告诉人们，对人要宽容，你能赞赏他的优点，也要容纳他的缺点。过于求全责备，可能适得其反。再者说，我们也不能要求别人一辈子光做好事，不做坏事。”

小丁又问：“‘九三井，渫不食，为我心恻。可用汲，王明，并受其福。’这句话说王应当把甘甜的井水让天下人都享用，才会给自己带来福祉。可为什么把王写在三爻位呢？”文王哼了一声：“此卦论道德水准，不论地位。”

小丁看到四、五、上爻写的都是借井水言利天下即利自身的道理，希望宣传好人好事好思想，暗含贬斥商纣王视天下为草芥的自私败坏品行，便不再言语了。

四十六、话说《周易》之“观”

䷓周文王看着风地卦符，深感加强教化的必要性。本卦二阳爻在上，四阴爻在下，下面的阴小之爻仰望二阳，是观看、学习、敬仰。而高高在上的阳爻，自然是下面人的表率，就像老师站在课堂上、领导站在大会的讲台上、家长在子女面前、国君在臣民面前一样，你可是他们学习的榜样啊。榜样的力量是无穷的，一个好的榜样和一个坏的榜样都会影响一大片。一些领导在台上信誓旦旦、慷慨激昂的发言，台下却干着见不得人的勾当，他们是败坏民风的罪魁祸首。想到这里，文王重重刻下：“观，盥而不荐，有孚颙若。”

这时，小丁从门外走了进来，看到卦辞，禁不住笑了起来，直到笑弯了腰。文王拍了一下桌几:“小丁,严肃点!”小丁这才收住笑,双手在头上撑起个比头大的圈,表示着大头的样子:“我家邻居阿三就是颙若头,成天傻乎乎的。”文王看到他这种滑稽样也笑了起来,旋即严肃地说:“这是报应。这么多人在看着你祭祀祖先神灵,洗了手却又舍不得把祭品供上去,说一套,做一套。对神灵没有虔诚敬畏之心,子女(有孚)便不会受到保佑。举行祭祀,一方面表达对神灵的敬畏,一方面还起着教化民众的作用,要让民众知道,头顶三尺有神灵。老百姓心中没有神灵,没有信仰,就是六神无主,容易产生刁民或邪门歪道;一个民族没有信仰,就如同一盘散沙。再者,我们要通过观礼活动,在民众中形成一根思想主线,知道如何做是对的,如何做是不被允许的。如此,社会才会安定有序。”

小丁知道了,“观”就是观礼,是要求执政者多搞观礼活动,让民众知道礼仪之数,使他们情有所依,心有所畏。但仍有不解之处,“侯爷,为什么爻辞要写观我生呢?”

文王答:“卦辞之意是通过观摩学习而获得生长进步,是总题。生长者指个人,是卦的一个象;生长者指国家,是卦的另一个象。本卦卦象两个阳爻在上,是静态的领导者,身为领导者就果真是天赋王权吗?不是,是由小生长到大,由下生长到上面的,天下为有德者居之。我们要打破那种错误的神权观念,坚持生长理念。从这个角度写‘观我生’,你应该懂得。”

四十七、话说《周易》之“涣”

䷺ 一日,大商的比干丞相来访。比干是当今商纣王的叔父,为人耿直,虽是来探察周文王的改造情况,但谈起朝廷近况,也叹声不已。原来纣王独宠妲己，残杀王后，逼走太子，炮烙谏臣，荒淫无度，现下多路诸侯举旗反叛，众大臣也人人自危。文王送走比干，在屋里踱了一会儿步，伏案写了起来。见小丁走进来，吩咐道："你把前几篇卦爻辞一块找人送到西岐，让姬发他们抓紧制定对策，利用现在的大好时机削弱敌人的力量。"小丁一看，是风水卦符，写了个"涣"辞，不解地说："阳爻占据佳位，为何要写'涣'呢？"文王解释道："你知其一，不知其二。上卦、下卦阳爻各占中位，是下卦不服统领之象，有天下大乱的趋势，我们要积极地推进这个趋势加速发展，就意味着商王朝的加速灭亡，大乱才有大治么。所以我写了个'涣'，就是涣散，促进涣散，让这个腐朽的王朝加速分崩离析。"

小丁知道这是侯爷在当前局势下提出的指导思想，因为周国大臣顾忌侯爷的安全，不会在面上做刺激商王的事，只能在暗中实施策略。"'王假有庙'，又是何意呢？"文王捋着胡须说："假就是凭借。相传夏桀时期天下大乱，成汤将天下豪杰聚集在自己的宗庙之下，共同推翻了夏后王朝，成了天下主。这段故事很有借鉴意义，我们的革命目标，一是联合天下诸侯共同推翻商王朝，二是我们要顺势成为天下主。"

小丁继续看爻辞，渐渐明白，都是讲"涣"的策略。"初六用拯，马壮吉"是让人做商王臣属的思想工作，只有投奔我周国，才能拯救自己。

"九二涣，奔其机，悔亡。"这种涣的方法，是让商臣明白，周国是他们最值得依靠的归宿。

"六三涣，其躬无悔。"六三是小人。对那些脑后有反骨的商朝叛将，必须制服才能收编。

"上九涣，其血去逖出，无咎。"这是身份高贵的商臣，应帮助他们掩饰身份逃出来。

小丁看"六四涣,其群元吉。涣有丘,匪夷所思"不太明白。文王解释道:"涣是化整为零,其群元吉,是把这些人再聚集在一起领导他们。把涣散的人聚集在一起,可不是一般人能做到的,这需要高度的智慧。"

"'九五涣汗,其大号涣。王居无咎。'怎么讲呢?"文王有些疲倦了,"你大碗喝水,出汗时都从汗毛孔析出。王发号施令,雷声大雨点小,没人落实就行了。现在王在宫里待着,我在这里待着,相安无事就好。"

四十八、话说《周易》之"丰"

䷶近午时分,小丁陪着周文王在院里散步,初春时节,乍暖还寒,太阳懒懒地往上走,小丁上指着天空:"侯爷,你看大白天的咋有这么亮的星星呢?"文王一看,果然有一颗星特别光亮,他随即将手放在胸前,念叨了几句,快步走回屋去。落座后跟小丁说:"这颗星叫太白星,主战。太白星与太阳争辉,预示着将有战争爆发,小国将兴,大国将灭。看到这种天象,切勿多言。"小丁果然闭紧了嘴,不再说话。文王一会儿遥望窗外的天空,一会儿闭目思索,拿出一块骨片,在上面刻了起来。

第二天,小丁看到床几上的骨片,划着雷火卦符,卦辞是:"丰(豐)亨。王假之。勿忧,宜日中。"问:"这个卦阴爻占据尊贵之位,应该是个凶卦吧?"文王答:"这要看从哪个角度讲了。一、从卦形看,如豆形,上面装满了粮食,表示丰收满仓。二、从执政者讲,阴爻代表孩子、妇女、乱党,由他们占据尊位,有乱国亡国之象。三、从革命者的角度讲,正好利用乱党的力量把执政者消灭。

成汤能灭夏建商,就是用的这个策略。"

小丁大悟,这个卦辞仍然是一卦两讲。乱世中粮食最珍贵,丰是指应保证粮食的丰收。而"王假之",是用商汤的典故来告诉我们,要借用群雄的力量消灭商纣王朝,关键是你得像太阳一样高高在上地统治着这些人。"侯爷,您为什么老是写成汤的事迹呢?"文王说:"成汤的昨天就是我们的今天,历史就是不同时代的人重复登台表演。"小丁又到时空穿越镜前看了看:"后世清代有个皇帝年号叫咸丰,就是取自咱周易卦。不过我觉得他取的这两个卦有点怪,从咸卦变为丰卦,就是说,阳爻原来占据着五爻尊位,却让位给阴爻,自己跑到初爻去了,这不是拱手把江山送给女人去坐,自己的子孙反受管治吗?"文王气愤地说:"竖子无知,难道整个清代就没有人懂《周易》吗?"

小丁看了一遍爻辞,自己不懂天文,解也是错的,不如请教侯爷。

文王便大致解释了一下:

初九遇其配主,虽旬无咎,往有尚——本卦是小人得势之卦,所以初九作为战俘跟随新主人,应忠心耿耿,这是难得的提高身份的机会。

六二丰其蔀。日中见斗,往得疑疾,有孚发若吉——下层人都去造反了,致使庄稼地里到处杂草丛生。出现了星斗与日头争明的天象,国君出访会引起商纣王猜忌,认为我们会图谋不轨,需要的话应让姬发代访。

九三丰其沛。日中见沫,折其右肱,无咎——都出去打仗了,庄稼地里到处水草丛生。中午时分天上出现小星星,要损伤武将,不会错的。

九四丰其蔀。日中见斗,遇其夷主吉——走到外面,依然到处是战乱,田地荒芜。中午天上出现了星斗,遇到小国国君就跟随他。

六五来章，有庆誉，吉——此卦战乱生在大国，小国反倒安定，麦子颗粒饱满。兵马未动粮草先行，有了后勤保障，战争先胜一筹。

上六丰其屋，蔀其家。窥其户，阒其无人。三岁不觌，凶——战争使得过去王庭高贵的大臣家里变成了一片废墟。

小丁听到这里，既感兴奋，又是唏嘘。

四十九、话说《周易》之“萃”

䷬ 最近周文王相对自由了些，信步来到田地里，蹲下来看着弓身生长的豆苗，问身边的小丁：“你看豆子长得咋样？”此时的豆苗根长在地里，头埋在地表，长长的身杆拱在地上。“我看豆苗的身杆挺壮实了，头该抬起来了。”文王点点头说：“大自然是最好的老师。植物生长初期，没有力量和变幻无常的气候相抗衡，该低头时就低头，等腰杆儿硬了、成熟了，再抬起头来，进入收获期了，这时就可以对着世界宣布：我伟大，我骄傲！”回到屋里，拿起刻刀，又划了起来。

写完卦爻辞，文王招呼小丁看看。小丁见是个泽地卦符，下面三个阴爻，上面一个阴爻，同在地里看到的情形一样，下面根长，上面苗短。这懂。卦辞写了“萃亨”，后面又写了“王假有庙”，似懂又似不懂。文王见他踌踌躇躇，便言道：“‘萃’的表面字义是小草聚集在一起，暗指将弱小者聚集起来。当力量弱小时，等待时机是不假，但终究是消极的态度，容易任人宰割。积极的办法是大家联合起来，难听的话叫抱团取暖，好听的话是人多力量大，之所以在萃的后面写亨，就是指我们要善于鼓动和利用群众的热情，将这些弱小者组织起来。还写‘王假有庙’，是要求我们必须在这场浩大的群众运动中保持领导地位。卦辞是战略思想,爻辞是个体原则,不可同日而语。"

小丁心想:怪不得我老是理解不到位,原来是看到了卦的表象,却没看到阴阳之间的互动关系;看到了阴阳之间的胜负优劣趋势,又缺乏克敌制胜的主动性的战略思想。卦辞可不是简单地描述卦象,而是高屋建瓴地审视卦象,调度各种元素为我所用。就像一场战争,卦象中的阴阳排列就是令人眼花缭乱的战局,卦辞是王者发出的号令,它在调动所有有效的力量消灭对抗之敌。可笑的是,后世之贤却被八卦之象迷瞎了眼,像蚂蚁一样奔忙在迷宫般的字里行间,在点横勾竖组成的沟壑里面寻找新的发现,结果,翻过了一座假借山,又爬过了一座旁通山,最后还是精疲力尽地陷在各种各样的卦象坑里,再也爬不出来了。唉,人们乐在其中,管他呢,还是看看爻辞讲了些什么吧。

初六有孚,不终。乃乱乃萃,若号,一握为笑。勿恤,往无咎——是讲穷人家的孩子聚在一起只能像乱草一样永远成不了器,一定要跟着大人干才有希望。

六二引吉,无咎。孚乃,利用禴——引是拉弓,比喻豆苗的身杆。出不了门的人不能消极等待,要像豆苗长身子一样,长壮实了才能有出头之日。

六三萃如嗟如,无攸利,往无咎,小吝——眼高手低的人,就这种境界了,任由他发牢骚吧!

九四大吉,无咎——十年磨一剑,终于出头了,一定要有信心哦!

九五萃有位,无咎。匪孚,元永贞,悔亡——虽然弱小,但是有高贵的身份,不能随波逐流啊。

上六赍咨,涕洟,无咎——年龄长了,知识却没长,到老了,还要拎着礼物跟别人请教,哭吧!

原来爻辞都扣着个"小"字。

五十、话说《周易》之“升”

䷭ 周文王笑吟吟对小丁说：“你进步很快，看看这个卦该怎么讲？”小丁看是个地风卦，说：“是《萃》卦的反卦，《萃》卦根长苗短，此卦根短叶长，应该是生长之卦。”文王道：“植物是纵向生长，社会学讲横向生长，底部抬高。由自然规律上升到社会学规则，是我们写卦辞的意义所在。”在骨片上写了个“升”。“要让追求上进，提升自己的理念成为社会的主流意识，社会的精神文明才会进步发展。”

小丁记住了卦义，逐爻看下去：

初六允升，大吉——诚信是升的道德基础。是啊，一旦人们都依靠造假、坑蒙拐骗去升官发财，社会岂不成了烂苹果？表面看着光鲜诱人，里面却糜烂不堪。

九二孚，乃利用禴，无咎——升不起来就给神灵烧香上供，天意可以增加群众的信心。

九三升虚邑——虚邑指大国。战争中攻城略地，使小国变成了大国。

六四王用亨于岐山，吉，无咎——商纣王能坐在金銮殿上发号施令，是凭借着我周国靖边之功。同样，我们打着商纣王的旗号也提升了自己的国力。

六五贞吉，升阶——一定要一个阶梯一个阶梯地升，欲速则不达嘛！

小丁知道这些讲的都是上升的法则：要讲诚信、讲天意、讲实力、讲步骤、借力量。当看到上六爻辞却解不透：“侯爷，‘冥升，利于不息之贞’。冥升是暗升，指的什么呢?”文王答:“上六已至高位，这是人们能看得到的。但人的德行高低是没有标准的，人们是看不到的。冥升是指身居高位的人要不断提升道德修养，使自己变得更加完美，德不配位怎么能长久呢!”

五十一、话说《周易》之“大过”

䷛周文王圣名天下传。羑里的族长登门拜访，恳请文王参加自家新房的上梁酒宴，以给家族争光，盛情难却，文王便驾临到了现场。说上梁其实是架屋栋，中间一大厅，两边各一小耳房。木栋是一根弯曲的树干，被粗略地加工了一下，中间还拴了条红布。随着号子声，众人将木栋架上了屋山顶。木栋中间高起，两头下垂，稳稳地落在四个屋山尖上。上梁成功，文王被请到上座，觥筹交错中，见六旬开外的族长精神焕发，笑声朗朗，一个刚会跑的男孩围在膝下，原来是族长刚娶的娇妻所生。

文王回来后感慨不已:人活一口气，树活一张皮。屋栋上拱，方能遮风避雨。人老不服衰，仍能娶妻生子。人在遇到难以逾越的关口时，常常会因气馁而产生恐惧感，但真正令人恐惧的是恐惧本身，要有战胜恐惧、超越自我的勇气才行。于是，文王拿过骨片，刻上了泽风卦符，又写上:“大过栋桡。”小丁看到卦象四个阳爻被二个阴爻包围，阴爻虽势力不大，但虚张声势也足以吓坏胆小之人。卦辞的“大”是大爻，过是超越。大过是大者要勇于超越自我，战胜由阴爻包围所带来的恐惧，而超越的方式就是扬长避短。弯曲的树干本是无用之材，用作屋栋却是个好材料。侯爷的辩证思想果然老辣。小丁根据自己的所见所闻，心里暗解六个爻辞:

初六藉用白茅，无咎——白茅本是无用之物，却可用作祭祀场所的铺垫物，是物总有其用，是人总有所长。

九二枯杨生稊，老夫得其女妻，无不利——年老的男人战胜自己的年龄局限，娶了妙龄女子为妻。老当益壮也是一种精神。

九四栋隆，吉。有它吝——对，屋栋高起是用其所长，如果把屋栋朝下弯着放，那不让人笑话死了！

九五枯杨生华，老妇得其士夫。无咎无誉——年轻的男士被老年妇女征服，成了夫妻，这种“过”该说点什么呢？

九三栋桡，凶——凡事不可过为，树干弯曲得太过，做屋栋会很危险的。

上六过涉灭顶，凶，无咎——年老体弱却强行做自己做不到又不擅长的事，不凶才怪呢！

看样子超越自己不光需要勇气，还要发挥优势，把握力度。

小丁有一事不明：“侯爷，您前面写了个《小过》卦，和这个《大过》卦有什么区别？”文王道：“《小过》卦二阴爻从下跨越二阳爻至上，是跨越式的、物质形态上的超越；《大过》卦实强形弱，是讲要从精神思想上进行超越。”

【注】其时没有铁器，加工木料困难，又多建半地下穴居，屋栋选用弯曲的树干正合适，建成后的屋顶中间高，四面低，上面铺草以避寒霜雨雪。

五十二、话说《周易》之“旅”

周文王问小丁：“你说我们现在是什么人啊？”小丁想：就是囚犯呗。可这话又不敢说，只好摇摇头：“不知道。”文王笑

了:"是旅人么。有吃有喝,凡事不操心,你就当自己是旅人,要端正心态。"说着,文王拿出一个卦,是火山卦符。"这三个阳爻在上卦,贵而不尊;在外卦,居而不中。住在外面,身份高贵,既不尊又不中,不是客人吗。"在骨片上写下了"旅,小亨,旅贞吉"的卦辞。小丁说:"旅字我知道了,但小亨,是小人亨吗?""不。主有主情,客有客道,在外为客者不可托大,要自贬为小,才能够被别人接受,要知道夹着尾巴做人的道理。"小丁做了个鬼脸,这么简单的道理自己都没想通。

小丁再看爻辞:

初六旅琐琐,斯其所,取灾——琐琐,身上挂着玉佩。出去做买卖挣了点钱,穷人咋富,显摆。把自己老家的房子都拆了,做事太绝。

六二旅即次,怀其资,得童仆贞——这个好,把买卖地当作自己的家,不露富。买卖靠养啊!

九三旅焚其次,丧其童仆,贞厉——换一个地方就把原来的处所烧掉,做事不留后路,这种人连僮仆都养不住。

九四旅于处,得其资斧,我心不快——在外面常驻下来,尽管发了财,心却安稳不下来。

"侯爷,六五为什么写'一矢'?上九'易'又怎讲?"

"六五射雉,一矢,亡。终以誉命——山鸡比喻官职。一矢是只有一次机会。旅人射山鸡不中,山鸡跑了。旅人到了别国他乡,想在君主前讨个一官半职,但要珍惜机会,一次机会抓不住,可能终生都没机会了。

上九鸟焚其巢,旅人先笑后号咷,丧牛于易,凶——易字上日下勿。日代表君王。勿是旗帜,是主帅的标志,也主引导前进方向。勿与日合,表示国家的大政方针。易字在这里代表商王穷兵黩武的国策。牛被商纣王征走用去打仗了,商人回不了家了,能不哭吗！”

小丁又产生了联想：“侯爷，您写的这些卦爻辞也算是‘易’吗？”

文王肯定地说：“对，也是‘易’，是我们周国的‘易’。”

五十三、话说《周易》之“姤”

䷫ 一天，小丁突然问：“侯爷，您说到底家是港湾呢，还是老婆是港湾？”周文王笑了起来：“没有老婆怎么算是个家呢。不过你提出了一个很重要的社会问题：家庭中的主从关系。两千年前，人类既已进化到夫权社会。一个国家的权力中心是君。一个家庭的权力中心是夫，这样的家庭才能稳定，社会也才能随之安定。”便在一块骨片上划了天风卦符。小丁一看，根据卦象的指事法规则，初六独阴，卦义应该指下层的小孩或女人。见文王写的卦辞：“姤女壮，勿用取女。”“后不是君吗？怎么和女合成个字呢？”“是啊，女人称王称霸，不就是女汉子吗。女壮，就是为了给姤定性：雄壮的女子。丈夫刚毅主高位，女子和媚主清贵。如果反之，这样的女子你敢娶吗？”小丁吓得吐了吐舌头：“不敢。可唐朝姓孔的说姤卦是‘一女而遇五男，淫壮至甚’。”文王气得拽断了两根胡须：“人言可畏，人言可畏！”小丁知道文王这句话不是很精确，姓孔的怎么敢说圣人的坏话呢？老爷子只是对这种错解的力度表达生气而已。

小丁看到爻辞都是写妇女问题，看上去简单，理解起来还真有难度。

初六系于金柅，贞吉。有攸往，见凶——小丁问：“金柅怎么讲啊？”“是刹车片。初六没见识，找个有车有房的主就有福了，但别出去丢人现眼。”

九二包有鱼，无咎。不利宾——女人主家务事，善于精打细算，家里会丰衣足食，也不要去抛头露面。

九三臀无肤，其行次且。厉，无大咎——泼妇，还长得一身穷相。老公倒霉了。

九四包无鱼，起凶——这种女人，成天往外跑，人家能得吃不了，她能得不够吃的。

九五以杞包瓜，含章，有陨自天——这个老婆，里里外外一把手，什么事都说一不二。但枸杞再大也包不了个瓜，她想得比天还大。小丁又问：“有陨自天，什么意思？”文王甩了一句：“天塌下来了！”

上九姤其角，吝，无咎——脾气跟着年龄长，见谁好说嘴，看谁都不是好人。

小丁想，这个卦从表面上看谈的家庭秩序问题，更深一层谈了人的各种秉性，不同的秉性会有不同的结局。我家邻居刘二自从娶了老婆，整天被熊得跟袜子似的，两口子天天打仗，弄得鸡飞狗跳，四邻不安。他常给我嘟囔：女人当家，房倒屋塌。看样子男人必须保持决策权威，才能保证家庭秩序的相对稳定。可谁知道三千年后社会又会变成什么样呢！真要出现二元制或女人当家，家庭会不会还有稳定的秩序呢？

五十四、话说《周易》之“归妹”

䷵ 周文王划了个雷泽卦符，对小丁说：“你看这两个八卦，一个是长男，一个是少女，阴阳相接，是婚姻之卦。婚姻是家庭生活的开端，故事也最多，我们不能忽略了它。”小丁：“我看这个卦女在内卦，男在外卦，应该是嫁女之象。”“说得对。结婚是男女双方的事，也是双方家长的事，家长把女孩当宝贝疙瘩养着，可结婚后嫁鸡随鸡、嫁狗随狗，撑不起家庭事务就有的受了。”文王说完埋头写起了卦爻辞。

“归妹。征凶，无攸利。”小丁用心思考卦辞：这都是从女方家长的角度来写的，女孩在家称作“妹”，出嫁叫归妹。这又是一卦两讲，内外卦阴交阳是嫁女；如果言出征打仗，叫以卵击石，必凶无疑。可小女出嫁是好事，为什么非要搭上“征凶”呢？“侯爷，是不是归妹暗藏不利啊？”“嗯，有这么点。如果我们的女孩都嫁到外邦去，对方人口越来越多，我们的人口越来越少，岂不是太不划算了。”小丁恍然大悟，怪不得凡谈婚媾的爻辞，阳爻在内卦，阴爻在外卦的总是吉；阳爻在外卦，阴爻在内卦的总是凶呢，原来窍在这里啊。接着又仔细读了几遍爻辞：

初九归妹以娣，跛能履。征吉——原来女孩出嫁了，称谓也变了，男方叫妻，女方叫娣。初九是下苦力的命，样样出色。

九二眇能视。利幽人之贞——未出嫁时善于观察学习，将来准是个理家好手。

六三归妹以须，反归以娣——须是随嫁的侍女，小人一个。回来省亲时摇身变成了娣，人心难测啊！

九四归妹愆期，迟归有时——大龄剩女，早晚要出嫁。

六五帝乙归妹。其君之袂，不如其娣之袂良。月几望，吉——小丁不解，为什么婚姻卦还要写上商王呢？文王道：“这是婚姻思想的最高境界。商王利用联姻大的方国，将来继承君位的都与王有亲属关系，还不得忠心保王啊！”

上六女承筐，无实；士刲羊，无血。无攸利——小丁看到这句爻辞，从心里笑了起来，老剩男找老剩女，男的已经精穷力竭，女的也早就没有了处子之身。变了个词儿来写，可害苦了天下读书人。

五十五、话说《周易》之“渐”

䷴写完了《归妹》卦，周文王接着划了个风山卦符，小丁一看，八卦是少男和长女，还是婚姻卦，只不过变成了内男外女，是以男方为主动，娶外邦之女，肯定吉上加吉。看卦辞，果然是“女归吉”。可卦辞写的“渐”，有点丈二和尚摸不着头，斤是斧头，用作武器，与婚媾又有什么关系呢？文王看他疑惑，“你自己好好想想”。从哪方面想呢？对了，还是一卦两用。从卦象看，内卦九三陈兵国界，攻打弱旅六四，但外卦二阳爻坐镇，形弱实强。九三真要打，恐怕是丢了夫人又折兵。再看“渐”字，大河是自然国界，水代表边界，车停在水边，上面挂着战斧，就是战车了，武士拿着战斧在车上耀武扬威，在水边虚张声势而已，并非真要过河。由此看，“渐”应该是讲战争策略：在对方有实力但兵力尚弱的情况下，我方应高调进行军事震慑，而不要真枪实弹地发起战争。如果把“渐”当作婚姻讲，那就不通了。

小丁仔细看爻辞，发现“渐”与鸿合在一起，变成了“鸿渐”词组，莫非理解错了？渐是在水边虚张声势，震慑敌人。鸿是大雁，为候鸟，习惯在水边觅食、交配，有相似之处。还有，雄雁与雌雁交配前，通常要战胜其他雄雁的挑战，胜利者往往是以气势战胜对手，意思相近。那么“鸿渐”二字就包含了求偶和胜利者两种概念了。这样的话，鸿渐是获得交配权的雄雁，而“鸿渐于”应该是鸿雁实施交配。

初六鸿渐于干。小子厉，有言无咎——雄性鸿雁是在战斗中获得与雌雁交配权的，个头小的就危险了。

六二鸿渐于磐。饮食衎衎，吉——雄雁在水边的大石上与雌雁交配。食禄丰足，吉。

九三鸿渐于陆。夫征不复，妇孕不育，凶。利御寇——雄雁急不可耐，在陆地上就强行与雌雁交配，是不会有结果的。

六四鸿渐于木，或得其桷，无咎——雄雁选择在树杈上与雌雁交配。

九五鸿渐于陵。妇三岁不孕，终莫之胜，吉——雄雁在高高的土山上交配，不得其所。

上九鸿渐于陆，其羽可用为仪，吉——此陆非彼陆，上九之鸿渐已上升到感情的境界，雌雁雄雁中有一方死去，另一方往往会殉情，所以被人们视为从一而终的爱情偶像。

小丁通过反复研读，认为这个卦象包含战争手段和婚媾两个元素。所谓战争，只是采取军事震慑而并非真打；婚媾，雄雁也是用体魄震慑对手与心仪的雌雁喜结连理，亦非真打。还有一点，群居动物大都以雄性为王，率领群众，并独享雌性，如猴王。而鸿雁是一雄只配一雌，并不侵占其他雌雁，集体相对和谐。故而，不管是战争还是婚媾，其主题都是和谐、共存，而非侵伐、掠夺。

小丁想到这里很兴奋，想请教文王印证一下，但看到文王已鼾声大作，只好作罢。

五十六、话说《周易》之“损”“益”

䷨ ䷩ 小丁在周文王的教导下对卦爻辞理解愈来愈深刻，连连受到称赞。这天文王把山泽卦拿出来，卦爻辞已然写在骨板上，第一个字写的是“损”，对小丁说：“这个卦象和《咸》卦相反，《咸》卦三个阳爻在上互卦，表示君主和文武大臣团结一致，能产生强大的正能量。而这个《损》卦三个阴爻在上互卦，表示小人把持朝纲，所以这种邪气要损之。……”小丁不待文王往下讲，连忙请教：“那《损》卦的《覆》卦怎么讲呢？”文王从床几底下又拿出风雷卦：“这个卦阳爻占据五、上，和初爻呼应而不连，是一种道德理念的沟通，使朝野充满了正气，这种正气应当得到加强才对，所以卦辞写‘益’。益就是满溢，应当让世界洋溢着正气。”正说着，侍者端上热腾腾的早饭。趁着文王吃饭的空，小丁走到时空穿越镜前，看了很长时间。见文王吃罢饭，小丁哭丧着脸过来说：“侯爷，不好了，您写的这两个卦的卦爻辞被后人篡改了。”文王一惊：“为什么这么说呢？你还没具体看卦爻辞怎么就断定后人篡改了呢？”小丁说：“我跟侯爷学了这么长时间，知道卦爻辞写作的规则，卦辞是在综合分析卦象的基础上提出的能动性思想，而不是简单的名词定义，而且每个字都有写作的规范。篡改的人根本不懂这些规范。下面我给您举几个例子。”说着，小丁找出一块废旧的骨片把看到的写了出来，然后分析：

一、《周易》中，六十四卦都是独立成篇，卦辞涵盖的内容都是很广泛的，不能简单地约定字义。《损》卦写“上九弗损益之”，把两个卦辞连成一对词组，这是其他卦中从不出现的，等于说这两个卦意义相反，而且字义成了单纯地减少和增加。

二、您写的爻辞中，“公”是权位，而非爵位。一个卦只会出现一个公，在《大有》《鼎》《小过》《解》卦的三四五上爻位各出现过一个公。而在《益》卦中，“六三告公用圭”“六四告公从”。一个卦出现了两个公，这两个公又是爵位，就不对了。

三、您写的爻辞中“王”都是指商王，公和王从不在一个卦中见面。《益》卦“六二王用享于帝”。一是公和王见面了；二是公在王的上面,是僭越,不合礼制。

四、您爻辞的"王"字,写商汤的都是借古喻今,写今王的都是声讨之喻。《益》卦"六二王用享于帝吉"。是用祝福的语词写王,显然是我大周后世之人写的我周王之事。

五、您爻辞中的"元"是指国家,一个卦只能出现一个元。《益》卦"初九元吉""九五勿问元吉"。出现了两个元吉,说明篡改的人对元字误解了。

六、您在爻辞中的"朋"是指接受报酬的下属或外援。《损》卦"六五或益之十朋之龟""六三一人行则得其友"。把朋又改回了钱财概念,用友代替您写的朋,这明显是他人所写。

七、凡"中"字,必居中位才能写。《益》卦"六四中行",此爻不居中位,何来中行呢?

八、"益,利有攸往,利涉大川。"这两个断辞虽有不同之处,但字义重叠,不该同时出现在卦辞中。

九、"或"字为武,主尚动。《损》卦"六五或益之十朋之龟";《益》卦"六二或益之十朋之龟"。阴爻居五位、二位,动从何来?显然他不懂"或"字的内涵。

十、侯爷您写六十四卦,是为了指导我周国革命的发展和建设,属政论文。而这两个卦明显的是记叙文体。还有:"曷之用?二簋可用享。"是卜筮文辞。像是史巫模仿其他卦爻辞而写,一看就是假冒伪劣。

文王听到这里,由悲而喜。悲的是这两个假卦会造成后人对整个《周易》的误解;喜的是想不到小丁进步神速,已经练成了火眼金睛,能够看穿山寨和真品之别。然气愤难消:"如此贻误后人真该重办,是不是史巫所篡改?"小丁想了想:"也未必,史巫应该懂君臣礼仪之别,想问题较缜密。想必是档案管理员在拿回家誊抄时遗失了这两卦,害怕担责,便模仿史巫之笔编造的。"文王挥挥手:“算了,不去推断了。既然你能慧眼识假,后人未必就分辨不出,总有一天会真相大白的。”

五十七、话说《周易》之“大畜”

䷙ 周文王问小丁:“山天卦你怎么理解?”小丁答:“两个阴爻处在四五之位,应该主子女高贵或小人掌权。”文王说:“一爻为指事,两爻为团伙,此二阴爻相连,不应以子女论,应该是宫廷中的小人。本卦四阳爻主动,阳爻为大,将二阴爻围在上卦,有能力控制阴爻,使其不为害。控制的方法是供养,既供养他,还不能让他贻害别人,什么方法最合适?”小丁想了想:“应当像养牲畜一样养他们。”“这个想法好。”文王说着写了“大畜利贞。不家食吉。利涉大川”。小丁用白话解道:“大人有利于像养牲畜一样养小人。他们离开家吃官饭是好的选择。有利于走出国界。”哦,最后一句是讲内强外弱,以我之实攻敌之虚。小丁读了一遍爻辞,发现写的都是养牲之事。

初九有厉,利已——贱牲不养。

九二舆说輹——把车輹卸掉,让牲畜没有机会承担重任。

九三良马逐,利艰贞。曰闲,舆卫。利有攸往——健壮的马匹追逐争强,关在马厩时,应用车围在外面。对人要防止其因宠而骄,因骄而横。

六四童牛之牿,元吉——把小牛关在牛圈里,主人才会安全。人在成长期就应养成遵守规矩的意识。

六五豮豕之牙,吉——“侯爷,阉割过的猪确实能吃,吃了睡,睡了吃,长得也快。”“嗯,养小人就和对太监一样,让他吃饭、完成任务,没有将来。"

上九何天之衢?亨——祭品升到天街,这是牲畜的最高境界了。小人地位太高了,结局也会同此。

五十八、话说《周易》之"巽"

䷸ 小丁对周文王说:"侯爷,您写的都是国计民生的大事,是给各级领导看的,能不能给我们老百姓也说点什么?"文王划了个双风卦符,写上"巽小亨",说:"你这个建议很好。国家大事是上层人士的事情,不需要下层人参与决策。但多数人是平民百姓,应该让这些人明确自己的社会定位和责任定位。这个卦是由两个风卦组成,风卦上面二阳爻,下面一阴爻,向下开口,是领导下达指示之象。阴爻在下面,是命令的执行者,也就是说,下层人的责任就是服从。对军兵来说,服从命令是他的天职;对下级来说,完成领导交代的任务是他的责任;对奴隶来说,听从主人的吩咐是他的生命。要向民众灌输这种思想,让这种意识变成自觉的行为,成为一种道德规范。"小丁想,原来"巽"就是服从啊。看样子六爻都是指服从了。

初六进退,利武人之贞——闻鼓则进,闻金则退,士兵要遵从军纪。

九二巽在床下,用史巫纷若,吉,无咎——君王在家中,亲近之人也要像朝中大臣一样,在床下听候指示,而不可失去尊卑秩序。

九三频巽,吝——皱着眉头不情愿地服从,会受到训斥。

六四悔亡。田获三品——在君王跟前随时等待指示,会有收获。

九五贞吉，悔亡，无不利。无初有终。先庚三日，后庚三日，吉——百年的媳妇熬成婆。继承大位前低调做事，上位后也别秋后算账。

上九巽在床下，丧其资斧，贞凶——身为臣子，却恃功自傲，最终难逃剥夺家产的命运。

五十九、话说《周易》之“兑”

䷹ 周文王写完《巽》卦，不自觉地划了个双泽卦符，泽卦开口向上，是下面向上说话。阴爻虽为小，但在二阳爻之上，故此对不起眼的人也应以和颜悦色的态度讲话。文王想：这个卦给我们一个启示，要创造文明和谐社会，人与人之间的真诚情感是首要问题，应当倡导讲文明、讲礼貌、讲和气的社会风尚。商人常说：和气生财，便是这个道理。于是写了“兑亨，利贞”的卦辞。小丁作为第一读者，很明白卦辞之意，这是要求人们少摩擦，多谅解；少内耗，多团结；说好话，不打架。

初九和兑，吉——百姓之间应以和为贵。小丁心想：这是说人与人之间讲和气，还有一句话：家家有本难念的经，对别人家的矛盾，更应以调和为主，挑拨家庭不和的事少做为宜。

九二孚兑，吉，悔亡——家长保持威严的同时，对孩子还是要表现出温和慈爱才好。

六三来兑，凶——小人主动低三下四地找你说话，可要小心了。

九四商兑，未宁。介疾，有喜——与邻邦和平相商，才会保证将来国家安宁。与那些错误观念划清界限，才有喜而无忧。

九五孚于剥,有厉——如果君主的儿子也要求臣属对自己唯令是从,就危险了。

上六引兑——老年人说话含而不露,表扬你的时候可能暗指你的不足。

小丁问:“礼貌待人,和平相处,能变成社会风尚吗?”文王答:“有些人逢事必讲对错,造成大家关系的紧张。其实人和人之间的认知差距是很大的,用同一个标准很难行得通,有必要用一种理念来中和这些矛盾,使大家都乐于接受对方。好的情绪是最佳媒介。情绪是传染的,你对他以礼相待,他会投桃报李,毕竟和谐社会才能保证大家的共同利益。关键是要有一部分人来引领良好的社会风尚。这是本卦内容的主旨所在。”

六十、话说《周易》之“节”

䷻ 小丁请教周文王:“《兑》卦讲取悦、和谐,但人为财死、鸟为食亡,自私心是人的本性,人与人之间的利益冲突是各种社会矛盾的本源,怎么才能在众多矛盾中取得和谐呢?”文王带着异样的神情看着小丁,没想到他会提出如此尖锐的问题。“这个问题提得好。以往我们对社会行为、社会秩序和社会责任关注得较多,因为这些是稳定社会不可或缺的内容。其实社会矛盾是客观存在的,只要不发展到对抗的程度就很理想了。至于要达到和谐状态,还是寄希望于人们意念中多一些节制,能做到勿嗔勿过,严以律己就趋向完美了。”说着,在骨片上划了个水泽卦符,卦象依次是二阳爻二阴爻一阳爻一阴爻,阴阳间隔有节律,又像竹节一样。在旁边写上卦辞:“节亨。苦节,不可贞。”小丁看到卦辞只写节亨，而不是节大亨或节小亨，显然是要求所有人都应具备这种道德修养，尤其是我们自己要做到这一点。

初九不出户庭，无咎——没有见识的人不要走出房门去发表意见，这也是一种节制，因为不当言论会引发矛盾。

九二不出门庭，凶——作为家长，应当多出去增长见识。言行举止与自己的地位相配，是节制的首要原则。

六三不节若，则嗟若，无咎——贪婪的小人，最应节制自己。

六四安节亨——有修养的人，能随遇而安。

九五甘节吉，往有尚——境界高，以节制为乐。

上六苦节，贞凶，悔亡——不愿节制，自己会有凶。

小丁拿着卦爻辞又想了想，觉得“节”的要点应该是约束自己。

六十一、话说《周易》之“噬嗑”

䷔ 写完《节》卦，周文王说：“我们提出加强思想修养、创造和谐社会只是一种愿景，其实教育不是万能的，必要时还是要用法律手段来解决。”说着划了一个火雷卦。小丁看到卦符，立刻想到了《贲》卦，说道：“这个卦两个阳爻在初上，将另四个卦围在其中，表示处理内部事务。《贲》卦九三阳爻动，提出要建立警察制度管理治安；本卦九四阳爻动，四爻为宗庙祭祀，应该与宗庙祭祀事务有关。”“对，我们就按这个思路去写。”说罢写了卦辞“噬嗑亨，利用狱”。又写完爻辞，叫着护卫到村庄走访去了。小丁认得噬嗑二字，是说巫祝祭祀神灵时念叨出来的、谁也听不懂的语言，代表神灵对疑惑之事的判决。因为小丁确实见到过巫祝在牌子上写上欲断之事，双手捧之，闭着眼睛跪在神像前，身子一阵抖动后，嘴里发出清脆的嘎嘎嘎的声音，再拖着长腔背诵不知哪里学来的经文，然后睁开眼向求测者解释神旨。狱是辩解是非。利用狱，说明文王主张神事神断，人事人断，解决矛盾既要讲神权，更要讲法权。

当小丁再看爻辞时，却搔起头皮来，因为无论如何都解不透爻辞的这个“噬”字：

初九屦校灭趾，无咎。

六二噬肤灭鼻，无咎。

六三噬腊肉，遇毒，小吝，无咎。

九四噬干胏，得金矢，利艰贞，吉。

六五噬干肉，得黄金，贞厉无咎。

上九何校灭耳，凶。

小丁一直将文王奉若神明，讲不通怎么敢乱解呢？只好作罢。

六十二、话说《周易》之“震”

小丁问周文王：“人的修养达到更高的境界应该是怎样呢？”文王答：“应该是喜怒不动其心，荣辱不易其操，万态纷错于前而心常如一。”“那有没有这种卦呢？”“有啊。”文王划出个双雷卦，写了卦辞“震亨。震来虩虩，笑言哑哑。震惊百里，不丧匕鬯”。小丁读着想：下雨时会产生雷电，震是春雷。常言说：春雨贵如油。春雷越是猛烈，雨就下得越大，自然笑言哑哑了。雷声惊闻百里，而主持祭雨者依然神情自若地在雷电激荡中不失其态，可谓高性情、高境界。

初九震来虩虩,后,笑言哑哑,吉——种田人听到惊雷虽然有些胆战心惊,但看到喜人的春雨,自然会高兴地笑起来。此为自然心态。

六二震来厉亿,丧贝,跻于九陵。勿逐,七日得——坐而论道,不被金钱迷惑,越是在危险环境中越是安逸淡然。此为修炼心志。

六三震苏苏,震行无眚——闪电像树枝一样布满天空,无畏者却在闪电中行进。此谓修炼胆识。

九四震遂泥——春雷伴随着大雨纳入泥土中。譬如境界高深之人将雷霆之怒息于无形。此谓深不可测。

六五震往来,厉亿,无丧。有事——作为君主,不光要讲境界,还要关注天象警示。

上六震索索,视矍矍,征凶。震不于其躬,于其邻,无咎。婚媾有言——如果借助长长的雷电之光谋取利益,就错了。那种不敬天畏神的人,会受到天谴。

六十三、话说《周易》之“鼎”

䷱ 周文王对小丁说:“我已经写了六十三个卦,现在只剩下这一个卦了,你看这个卦像什么?”小丁拿过划着火风卦符的骨板:“我看很像鼎的形状。”“确实像鼎。对老百姓来说,鼎是吃饭的家什;对贵族来说,鼎是尊贵的象征。以往我们谈政治,谈军事,谈经济,谈思想,谈教育,但说到底,吃不饱饭不行,让老百姓有饭吃才是硬道理。”文王说着写了卦辞:“鼎,元吉亨。”小丁看到卦辞不解:“侯爷,鼎后写元字,对国君很重要吗?”“那当然,鼎不只是简单的煮食器物。相传大禹收九州之金铸九鼎立于太庙,象征国家和平统一，富裕强盛。此九鼎一直传到现在的商王之庙。再则，从卦象看，本卦与《屯》卦反对，《屯》卦阳爻居初、五位，是大人居此二位，有国体之征；本卦阴爻居初、五位，是孩童居此二位。孩童虽小，既居君位，就象征九鼎之尊，依然是国体的象征凛然不可侵犯。而君王赐臣金鼎，各有规制，尽好自己的责，守住自家的鼎，方可太平无事。你说鼎的意义能不重要吗?”小丁听得连连点头，看样子鼎的另一层含义是君民各居其位，国祚方可久远。

初六鼎颠，趾利，出否。得妾以其子，无咎——百姓家的鼎属贵重之物，高高地挂起来，观而勿用，安守其家。

九二鼎有实。我仇有疾，不我能即，吉——殷实之家。九三有非分之想，我不能和他沆瀣一气。

九三鼎耳革，其行塞。雉膏不食方雨。亏悔，终吉——鼎耳掉，无法得到提拔。小丁想，那些手握兵权的人如果嚣张自傲，离着被君臣杀戮就不远了。

九四鼎折足，覆公悚，其形渥，凶——鼎足断，为下面所伤。维护君主之公，难免被小人陷害。

六五鼎，黄耳金铉，利贞——尊贵之鼎，金铉有力。有实力大臣保驾。

上九鼎，玉铉，大吉。无不利——玉铉高贵无用。显居高位，无为为上。

六十四、话说《周易》之“小丁论易”

周文王被商纣王囚禁在羑里七年，其间，长子伯邑考被商纣王残忍杀害，各路诸侯纷纷举旗反叛，商纣王又想利用文王为其消弭战患，便赦其无罪，赐白旄黄钺，坐镇西岐，并赐文王爵号。

文王回周后，如同龙归大海、虎上高山，大力整饬军备，以实现兴周灭商的宏伟夙愿。由于小丁七年来深得文王教诲，理论水平今非昔比，被任命为周国政策研究室主任。在《周易》思想论坛会议上，小丁批判了筮辞论，指出《周易》是文王战争理论和领导艺术的总结和精华，为将来取得全面胜利奠定了理论基础。同时，他号召领导干部深入学习《周易》思想，提高认识，为创建一个崭新的国家而努力奋斗。小丁还根据周易六十四卦主旨，总结了九大方针政策：

一、关于时局与对策。革命形势的发展是递进式的，在《屯》《随》《革》《无妄》《乾》五个卦中，革命力量由弱小发展为强大，直至取得全面胜利，卦辞提出：我们应当在不同的阶段采取不同的政治策略，推进周国革命沿着正确的道路稳步发展。

二、关于政治体制的构建。指出在《离》《比》《大有》《大畜》卦中，文王曾提出，我们的任务，不光是要消灭旧政权，还要建立一个全新的分封体制国家和相应的政权保障体系。这是获取革命胜利的基本动力。

三、关于战争战略思想。在《师》《豫》《谦》《中孚》《遁》卦中，提出全民皆兵、远交近伐、师出有名的战略思想，倡导英雄主义精神，采取机动灵活的战略战术。

四、关于政治形势与发展策略。在《坤》《涣》《同人》《复》《泰》《大壮》等卦中，提出要审时度势；要坚持不破不立的思想；团结一切可以团结的力量；引进人才，壮大自己，削弱敌人；树立有志者事竟成的坚定信念。在《萃》《升》卦中，指出要树立历史发展观。

五、关于管理体制的建设。在《剥》《蛊》《家人》《贲》卦中提出要善于抓主要矛盾；建立分级管理模式；建立竞争机制；以家族为社会基本架构；建立王家常备军负责京畿治安管理。

六、关于思想建设。在《咸》《否》《讼》《明夷》《临》卦中，提出要团结，不要分裂；要光明正大，不要搞小宗派；要畅所欲言，不要打击报复；要深入群众，不要脱离实际。

七、关于教育体制。在《观》《颐》《蒙》卦中，提出要用宗教约束人心；注重文化教育，教育要从娃娃抓起；提倡独立思考的教育方针。

八、对水利、基本建设的要求。在《需》《习坎》《既济》卦中，指出城镇建设要做好排水工作；要治理好黄河；要因势利导做好各项工作。

九、关于思想修养。在《艮》《睽》《兑》《节》《井》卦中，指出应当改造自己的思想，建立正确的世界观；要做好事，不要做坏事；要树立良好的社会风气；在《夬》《履》卦中，指出做人应保持中庸，切勿恃强凌弱、得志便猖狂；在《鼎》《遁》《困》卦中，指出要恪尽职守，能进能退，识时务者为俊杰；在《解》《震》卦中指出，要斗智不斗力，做人要有度量、有涵养；在《晋》卦中提出，要自力更生，发奋图强。

最后，小丁总结道：以上所述，只是《周易》思想的几大脉络。保证周国革命的最终胜利、完善大国运转的政治经济基础建设和思想建设，是《周易》写作的宗旨。我们要学好《周易》，必须吃透它的三个构成体系：筮卦体系、文字体系、思想体系。周易六十四卦，三百八十四爻，卦卦有主题，爻爻有思想，字字有玄机。我们还可以从字里行间领会到更深刻、更具体的思想含义。如果我们从哲学的高度认识《周易》，它又是无穷无尽的思想源泉。《周易》像我们前进道路上的一盏明灯，革命战争需要它，政治建设需要它，经济建设需要它，文化教育需要它，国家发展需要它。我们要学习《周易》，实践《周易》，必将创造出辉煌灿烂的新纪元。（热烈持久的掌声）

图书在版编目(CIP)数据

周易说解 / 杨吉德著. -- 济南 : 齐鲁书社, 2018.5(2019.12 重印)
ISBN 978-7-5333-3944-9

Ⅰ.①周… Ⅱ.①杨… Ⅲ.①《周易》—研究 Ⅳ.①B221.5

中国版本图书馆 CIP 数据核字(2018)第 061129 号

周易说解
ZHOUYI SHUOJIE
杨吉德 著

主管单位	山东出版传媒股份有限公司
出版发行	齐鲁书社
社　　址	济南市英雄山路 189 号
邮　　编	250002
网　　址	www.qlss.com.cn
电子邮箱	qilupress@126.com
营销中心	(0531)82098521　82098519
印　　刷	日照日报印务中心
开　　本	880mm×1230mm　1/32
印　　张	14.5
插　　页	2
字　　数	370 千
版　　次	2018 年 5 月第 1 版
印　　次	2019 年 12 月第 2 次印刷
印　　数	1001–2000
标准书号	ISBN 978－7－5333－3944－9
定　　价	**42.00 元**